程勇 著

早期儒家文论话语研究

本书出版得到浙江工业大学专著与研究生教材出版基金、浙江省高校人文社会科学重点研究基地经费资助。

中国社会科学出版社

图书在版编目(CIP)数据

早期儒家文论话语研究/程勇著. —北京：中国社会科学出版社，
2015.12

ISBN 978-7-5161-7117-2

Ⅰ.①早… Ⅱ.①程… Ⅲ.①儒家—著作—古汉语话语语言学—
研究 Ⅳ.①B222.05②H109.2

中国版本图书馆 CIP 数据核字(2015)第 283389 号

出 版 人　赵剑英
责任编辑　陈肖静
责任校对　刘　娟
责任印制　戴　宽

出　　版　中国社会科学出版社
社　　址　北京鼓楼西大街甲 158 号
邮　　编　100720
网　　址　http://www.csspw.cn
发 行 部　010-84083685
门 市 部　010-84029450
经　　销　新华书店及其他书店

印　　刷　北京君升印刷有限公司
装　　订　廊坊市广阳区广增装订厂
版　　次　2015 年 12 月第 1 版
印　　次　2015 年 12 月第 1 次印刷

开　　本　710×1000　1/16
印　　张　20.25
插　　页　2
字　　数　323 千字
定　　价　78.00 元

目　录

代前言　我们今天如何研究传统文化

　　这里要谈的是"现代性语境"中的"中国传统文化"研究，此种意义上的传统文化概念本身即属于"现代性话语"建构，因而随着现代性进程及其"自我反思"的曲折冲突，传统文化的时空构成、地理分布、基本结构、价值意义也必然随运流转，而有不断生成、更新的可能，亦呈现出不同的面相。此点至为紧要，不可不察，否则就难以识辨何以经历了 20世纪传统文化研究的三次热潮，"批判继承、综合创新"、"古为今用"也早经确认为传统文化研究的基本原则，几代学人更是穷尽心智、力求深广，研究成果汗牛充栋，可还是有学者痛心于"中国传统文化的活生生的存在，几乎快要消失了，中国传统文化的主流正面临断子绝孙、无以为继的重大危机"①，感慨"百余年来我们从来没有，或者说还来不及对整个的中国传统文化来一次全面的调查"②。因此，问题的实质在于能否依据现代性进程及其"自我反思"所造就的文化语境，确立传统文化研究的适宜之"道"与"技"，前提则是能否真切体认"传统文化"与"当代"的相互生成关系，这其实是研究者的历史性的澄明。20 世纪 90 年代中期以来，国内学界出现了一些新的思想动向，适足以构成传统文化研究之省思，指示其进路，勾勒其前景。

在"全球本土化"语境中"重思中国"

　　澄明语境的重要性在于使研究者以切当的历史性方式，进入伽达默尔

---

①　张祥龙：《思想避难：全球化中的中国古代哲理》，北京大学出版社 2007 年版，第 5 页。

②　夏锦乾：《对中国传统文化的研究需要新的维度》，《社会科学报》2008 年 2 月 14 日。

指明的"解释学循环"，不致成为抽象的研究主体，从而在对自己应持有之价值立场上存在迷误和错失。这是一个前提性问题，因为它要解决"如何"与"为何"言说"传统文化"，而不同的解决方式将研究者的视野引向不同的领域、层次和方向。那么，经历了20世纪的荣辱沉浮，今日的传统文化研究应当在怎样一种政治文化语境中开展，传统文化本身又当呈现出怎样的面相？

无论从情感态度上赞成抑或反对，全球化已经成为当今时代的基本文化语境。肇源自西方特别是美国的全球化，在"本来含义"上隐含着帝国主义的"文化霸权"，这一霸权源于经济支配性力量衍生出的"文化权势"。但在事实上，全球化刺激了保卫、复兴地域文化与民族文化的热情，即使法国、加拿大等发达国家，面对美国大众文化的挑战，也要采取"文化保护主义"政策，以维护本国的民族文化利益。然而，只有多元文化间的"对话"、"融构"而不是"同质化"，才是世界文化发展的走向。"如果我们很容易看到经济和政治领域里的全球化带有某种趋同性特征的话，那么在文化和文学领域，我们便可见到这样两种相辅相成的趋向：文化的趋同性和文化的多样性，而且在当今时代后一种趋向更为明显。"此即罗兰·罗伯逊使用的"全球本土化"（glocalization）的意涵。而在事实上，"包括后现代主义在内的扩大了外延的现代性早已突破了早先的'单一性'而变成了'多元性'和'可选择性'，这已被现代性在亚洲各国的创造性实践所证实"，"可以说，文化建构和理论建构的时代来临了"①。

与之相伴随的就是新一轮的世界政治文化秩序的重构与各个民族国家身份的重新认定。这一文化语境的澄明，使得当代中国学术研究的开展，必须以一种"积极的民族主义"的姿态，在致力于避免"民族根性"丧失的同时保持开放的文化心态。倘若对此缺乏自觉体认，而或照搬西方的种种理论，或墨守"乾嘉汉学"的考据功夫，恐怕都无益于当代中国文化的创造。原因在于，西方理论、"乾嘉汉学"针对不同的时空是好的理论、

① 王宁：《"全球本土化"语境下的后现代、后殖民与新儒学重建》，《南京大学学报》2008年第1期。

精深的学问，但是既然我们并不能全面移植或复制那一时空的存在，那也就不能照搬与墨守，因而也就远离了真正的问题所在。真正的问题存在于"创造"中，而"创造"是朝向未来的，因此真正的问题便是由时代困境逼迫出来却具有超越性的问题。

与此相应，尤其是与中国正在重新成为真正意义的"大国"相应，自20世纪90年代中期以来，一种命名为"重思中国"的思想运动悄然开展。赵汀阳对此做了富于启示性和洞察力的提示："'重思中国'的历史意义就在于试图恢复中国自己的思想能力，让中国重新开始思想，重新建立自己的思想框架和基本观念，重新创造自己的世界观、价值观和方法论，重新思考自身与世界，也就是去思考中国的前途、未来理念以及在世界中的作用和责任。"它针对的是百年来中国人从负面出发的严重自我批评的"检讨中国"的运动，"如果说检讨中国所感兴趣的是'错误'，那么，'重思中国'关心的则是'创造'"，"这不是一个愿意不愿意的问题，而是所处地位和形势所迫的事情。因此，建设性的思想比以往任何时候都显得更加重要"①。显然，"重思中国"旨在重塑中国"思想大国"的形象，这是"实现中华民族伟大复兴"的应有内涵。

这并非空谷足音，而是有其思想脉络。1935年初，王新命、陶希圣、萨孟武等10位教授发表《中国本位的文化建设宣言》，痛心于"从文化的领域去展望，现代世界里面固然已经没有了中国，中国的领土里面也几乎已经没有了中国人"，明确提出"要使中国能够在文化的领域中抬头，要使中国的政治、社会和思想都具有中国的特征，必须从事于中国本位的文化建设"，最终"使中国在文化的领域中能恢复过去的光荣，重新占着重要的位置，成为促进世界大同的一支最劲最强的生力军"。这已开"复兴中华文明"之先声，今日仍令人警醒，但在20世纪的大部分时间里，这种声音始终处在潜流。

这既与我们对"现代性"的理解相关，也与中国的现代性进程、中国在国际政治格局中所处地位相关。事实是，"近百年来的危机，使中国文化的自信心丧失殆尽，文化的主体意识和自觉性都降到了最低点。中华民

---

① 赵汀阳：《天下体系》，江苏教育出版社2005年版，第7、11页。

族的复兴离不开中国文化的复兴，中国文化的复兴必先要有文化之自觉，必先寻回失落了的精神家园"①。显然，"重思中国"首先便是要唤醒这"文化之自觉"，所以，"全球本土化"语境中的传统文化研究必得在"重思中国"的问题框架中展开，而且本身即是这一思想运动的必要构成，否则所谓"重思"便无根基可言，这也是为中国在世界中所处地位及形势所迫而不得不如此的事情。因为在全球化浪潮冲击下，"一个只会运用别人构造的话语系统来进行思维，而不能创造自己独立的概念系统和艺术感觉系统去进行对文化的发现和创造的民族，是永远不可能实现对他者文化的创造性超越的"②。据此，传统文化研究的对象虽是"过去"，却不能满足于将"过去"解释清楚，而是运用"创造"的思路，从"未来"看"过去"。说到底，我们更需要"创造型的智慧"，而不是"知识型的智慧"。而且，就知识而言，也还有道义责任问题。而且，若一种文化传统是有生命和力量的，那就绝不能停留在对那些历史遗存物"复原式"的展示上，而是不断将其生命力延展于时代境遇，在应对时代困境和危机的路途中彰显自身。

这一刚开始起步的思想运动具有世界性意义，因为随着世界格局的重大变化，人类正面临又一次思想创新运动，西方学者也已经开始"重思西方"，因而"重思中国"尽管艰难沉重，却必得启动。然而，并不是所有传统文化的研究者对此都有洞察与体认，表现有三：

1. 袭用"现代启蒙思想家"奠定的"检讨中国"、"揭老底"的思想模式，以此为"现代意识"与"知识分子批判精神"的体现，不能积极正面地看待传统文化的价值。例如对"存天理，去人欲"、"饿死事小，失节事大"之类理学命题，不是从普遍伦理原则阐发其积极意义与生命力，而是一上手就具体化和简单化为"封建意识形态"以从事批判，甚而至今仍有人以谩骂、诋毁孔子为能事，为此不惜曲解经典，这可称为"文化自虐心理"；

2. 一些自觉投入"市民时代的狂欢"的知识分子难以抵抗"平均化"

---

① 景海峰：《20 世纪儒学的三次转折》，《学术研究》2008 年第 3 期。

② 胡惠林：《文化产业发展与国家文化安全》，《上海社会科学院学术季刊》2000 年第 2 期。

与"世俗化"的商业文化的侵蚀引诱，以"猎奇"、"探秘"的眼光看待传统文化，在此视野中，中华民族五千年的文明史成了一部可供茶余饭后消遣的"传奇"，研究者则常被细枝末节的"思想杂碎"和"知识片断"纠缠不休，也就没有能力发明光大中华民族雄强、健全的生存气象和精神元素，这可称为"文化消闲心理"；

3. 貌似有理而难觉察却更为有害的做法是满足于"博物馆员"或"图书馆员"的身份，依照现代学科区划将传统文化材料分门别类、贴签编号，充满敬意地送入各种规格的"档案柜"和"保险箱"。这是一种布尔迪厄所说的"内在于知识分子姿态中的、无迹可寻的限定之中"的"学者偏见"（scholastic fallacy），"从远处、从高处来考察一切事物"，却并不具有对人类社会的"现实关怀"①，尽管"现实关怀"必然要以不偏不倚的学术研究为根据——这也就是要在尊重"我注六经"的基础上展开"六经注我"。即使是历史学研究，依照王学典的分析，"实证研究"只能证实或证伪某些名物训诂中的问题，以及史事的搜求与确定等局部的或范围有限、边界清晰的问题。问题一旦超出这一范围，就不是实证方法所能解决，而非得援用一定的学理来说明不可，这就进入了解释的层面。把"史料学"等同于"历史学"，就是把"手段"等同于"目的"，把"前提"等同于"派生物"。"偏差"是"学术"与生俱来的东西。人们所期望的那种真正的客观和中立，实际上就存在于各种有偏差的"学术史书写"的相互对立、冲突和碰撞中②。这原因在于"从来就不存在与价值判断截然分离的事实判断"，所谓"纯客观研究"实际是"主体逃避对自己置身于其中的生活世界的艰难探索，逃避对主体应当持有的价值导向的确定的一种胆怯行为"③。

因而，这实际上是一种"文化冷漠心理"，没有将传统文化看作"活的精神之流"和中华民族文化生命的"慧根"、"泉源"。其结果是，传统

　　① 布尔迪厄、韦肯特：《反思性社会学的邀请》，见《文化资本与社会炼金术——布尔迪厄访谈录》，包亚明译，上海人民出版社1997年版，第102—103页。
　　② 王学典：《"二十世纪中国史学"是如何被叙述的？——对学术史书写客观性的一种探讨》，《清华大学学报》2008年第2期。
　　③ 俞吾金：《主体迷失与价值错位》，见《俞吾金集》，黑龙江教育出版社1995年版，第65页。

文化的知识以几何级数飞速膨胀——典型表现是各种以弘扬传统文化自居的"国学丛书"、"国学讲演录"的纷纷出场，而"中国智慧"却并不如期而至，自然没有充分的理由参与当代国人日常生活的建构、当代中国文化的建设与中国思想世界的重建，更不可能为创造一个"和而不同"的世界政治文化秩序做出自己的贡献。即使我们不怀疑这些甘做"博物馆员"的研究者对待传统文化的真诚态度，也不能不说，他们提供出的"传统"和"历史"乃是自绝于当代生活的"典籍化"、"材料化"的"传统"和"历史"，而这只能让人们以敬而远之的态度日益疏离于"传统"和"历史"。

作为"地方性知识"的"传统文化"

"重思中国"提示传统文化研究者应当致力于发明传统文化的积极性价值，以重建中国的思想世界，这是一个激动人心的思路，但传统文化本身仍有"知识观"方面的证成问题：在近百年来"向西方学习真理"的"知识观"造就的文化语境中，传统文化如何出场？这不仅关涉传统文化的身份认同，亦决定传统文化的疆域划定和研究方法。如此则"知识观"即成前提性问题，其所以成为问题是因为并不存在清澈、透明的知识，知识总是与一定的情境、权力、制度、组织、性别、生活经验息息相关。

克利福德·吉尔兹提出的"地方性知识"概念首先意味着在西方式的知识体系之外，还存在各种从未进入课本和词典的"本土文化知识"，西方式的知识体系之所以成为"普遍性知识"乃是"建构"的结果，就价值而言与"地方性知识"并无高下优劣之分。这意味着知识形态从一元化走向多元化，虽然"一般性理论"仍在我们中有其信众，但其实质已逐渐空泛，这种企望已逐渐被视为虚妄[①]。据盛晓明的阐发，"地方性知识""不是指任何特定的、具有地方特征的知识，而是一种新型的知识观念。而且'地方性'（local）或者说'局域性'也不仅是在特定的地域意义上说的，它还涉及在知识的生成与辩护中所形成的特定的情境（context），

---

① 克利福德·吉尔兹：《地方性知识——阐释人类学论文集》，王海龙、张家瑄译，中央编译出版社 2000 年版，第 2 页。

包括由特定的历史条件所形成的文化与亚文化群体的价值观，由特定的利益关系所决定的立场和视域等"①。

运用这一概念来指认传统文化，旨在强调其不能为西方知识体系所笼罩的性质，其意义并不因是否符合西方知识体系中的某类真理而定。作为"地方性知识"，其本身即具价值，因为"'地方性知识'完全有理由与所谓的普遍性知识平起平坐，而且对于人类认识的潜力而言自有其不可替代的优势"②。与此相关的就是强调如其所是地展开传统文化研究，这不仅意味着反思性地运用源自西方的学科框架和解释范式，同时也要求运用吉尔兹所强调之"文化持有者的内部视界"，像陈寅恪所说的那样，"神游冥想，与立说之古人，处于同一境界，而对于其持论所以不能不如是之苦心孤诣，表一种之同情，始能批评其学说之是非得失，而无隔阂肤廓之论"③。这种"内部视界"并不必然存在于中国学者身上，假如缺乏反思能力与同情之心，所持仍是"他者视界"，其所注目者只是"他者"关心的问题。

"地方性知识"概念首先意味着批判性，即对"一元化"的"普遍性知识"、"学科知识"的质疑和颠覆，由此而获得一种解放和自我呈现的可能。对传统文化研究而言，由于中国现代学术体制建立的特殊性，这普遍性是依准于西方知识体系的——如张岱年所体认："区别哲学与非哲学，实在是以西洋哲学为表准，在现代知识情形下，这是不得不然的"④，由此形成一个根深蒂固的潜在思想逻辑："凡西方的即合理的，凡合理的即普遍的，凡普遍的即善的"⑤，这就不能不造成对传统文化特性的遮蔽和研究者身份的尴尬。近年来出现在文史哲领域、程度不同的关于"学科合法性"的讨论，体现着学者的"文化自觉"与朝向创造的焦虑，即对传统文化作为"地方性知识"的认同和尊重。

声势浩大的反思运动发生在"中国哲学"研究界。郑家栋富于启示性

---

① 盛晓明：《地方性知识的构造》，《哲学研究》2000 年第 12 期。

② 叶舒宪：《地方性知识》，《读书》2001 年第 5 期。

③ 陈寅恪：《冯友兰〈中国哲学史〉审查报告一》，见冯友兰《中国哲学史》下册，华东师范大学出版社 2000 年版，第 432 页。

④ 张岱年：《中国哲学大纲·自序》，中国社会科学出版社 1982 年版，第 17—18 页。

⑤ 余虹：《能否写"中国古代文学理论史"》，《文学评论》1998 年第 3 期。

地指出：

> 由经学模式向哲学模式的转换，构成了中国学术近现代发展的一个重要方面。而此种转化是通过引进西方的"哲学"观念及其所代表的一整套学术范式完成的。在此种转换中，西方的"学术范式"处于主动的、支配的地位，而中国传统思想内容在很大程度上成为了被处理的材料。而沟通二者的桥梁，就是强调"哲学"观念的普遍性。

这不仅造成对"心性理论"、"天人合一"等"中国哲学"中特殊性问题的忽略，亦造成"中国哲学"界域的难以确定，"其所涵盖的范围差不多是介于传统经学、子学和西方所谓'哲学'之间。""如果说在 20 世纪中国占主导地位的思想范式由经学、子学向哲学的转换中，普遍性的（实为西方的）学术规范是处于主动的方面，那么，在 21 世纪中，如何发掘'中国哲学'自身的创造性潜能将居于更为突出的地位"①。美国的安乐哲也反省说："那些继续使用西方超越语言，用他们熟悉的概念范式重塑中国古典哲学的学者似乎已不会用其他方式看世界了"，"最具有讽刺意味的是，那些由于把某种'基础主义'的东西强加于中国古典哲学而引起的扭曲，在当代中国哲学家的合作努力下正得以长期保存"②。

在这种情形下，即使想"与国际接轨"，也因实际操持的并不是同一套话语而不可能展开实质性的对话。既然如此，对习以为常的思想模式和解释框架予以批判性审理，势必成为传统文化研究正当展开的前提。需要提醒的是，我们需要"非西方"的思路而非"反西方"的逻辑，这不仅是形势使然，也是"大度"、"包容"的"中国思想"的内在要求。然而，也只有拆解了凭借西方的学科框架和解释范式构建起来的传统文化的"七宝塔"，作为"地方性知识"的传统文化才能呈现出本身所具有之活泼泼的开放性。

---

① 郑家栋：《"中国哲学"的"合法性"问题》，见赵汀阳主编《论证3》，广西师范大学出版社 2003 年版，第 283—284、289 页。

② 安乐哲：《和而不同：比较哲学与中西会通》，温海明等译，北京大学出版社 2002 年版，第 32 页。

"地方性知识"概念亦意味着建设性。"地方性知识"的有效性虽然需要本土文化"内部根据"的证明，但并不必然只具备地域性，而是包含不为特定情境所决定的确定内容，作为"大道"之"一察"、"一端"，在人类知识之"整全一体"中具有问题的普遍性与经验的互释性。"地方性知识"不仅在一般意义上扩充着人类对世界与自身的理解，也可在多元文化文明对话的时代扩展演变为"全球性知识"。

任剑涛提出两种"全球性知识"的概念：一种是"同情性的全球性知识"，自身已经没有从"地方性知识"演化为"全球化知识"的可能性，仅仅成为其他文化中人基于"同情"的理由进行描述、研究的对象，满足着研究者对于异质文明、文化关注的兴趣，仅仅具有增进人类学知识储备的研究意义；另一种是"领导性的全球性知识"，是指某种源自特定地域的"地方性知识"，在政治经济实力逻辑的基点上逐渐成为引领"全球知识"进步的文明、文化体系，需要具备知识发生的地方性与知识传播的全球性的统一、知识结构的区域性与知识功能的全球性的统一、知识建构的民族性与知识扩散的全球性的统一。由于西方现代文明、文化居于一个实力支撑加现代性支持的优势位置之上，可以从容地设计文明、文化对话的利益策略，因而是真正的"全球化知识"①。据此可说，"向西方学习真理"的戒条充分表明了 20 世纪中国学人对于这种源自西方"地方性知识"的"全球性知识"的倾心认同，而中国传统文化研究基本是维持其增进"人类学知识储备"的意义——尽管也有梁漱溟、牟宗三、季羡林等学者，在不同阶段表达了对于未来世界要由以儒家为骨干的中国文化主导的坚定信念，这正是为"后发国家"的现代性进程及"现代知识情形"所决定不得不然的事情。

世易时移，在科学、技术、工业等方面取得了前所未有的成就、似乎根基永固的现代西方知识体系，遭遇到内外两方面的挑战：

1. 现代性的多元开展促成了声势浩大的全球性的"民族文化保守主义"与"文化相对主义"潮流，其积极的面向在于拆解了以"自由"、

---

① 任剑涛：《地方性知识及其全球性扩展——文化对话中的强势弱势关系与平等问题》，《厦门大学学报》2003 年第 2 期。

"民主"为关键词的西方人文社会学的权威性质，而"美国民主"曾经被误认为人类历史发展的顶峰，可资全球"后发国家"效法；

2."后现代科学"从内部发起的质疑、解构，认为"现代知识思想"造就了"机械的、科学化的、二元论的、家长式的、欧洲中心论的、人类中心论的、穷兵黩武的和还原的世界"①，而来自物理学和生物学的最新进展，使得"机械论"、"还原论"的世界观与"片断性"的思维方式暴露无遗，以"科学"自诩的"现代思想"基石被彻底动摇了。

西方知识思想在孕育新变，中国传统文化之于西方不再只是一个借以了解"自我"的"他者"——无论中国形象是被丑化还是理想化的，而是可以通过伽达默尔所谓"视界融合"使双方得到丰富和深化，进而为西方提供启示。事实上，不仅"由孔汉思主导的普世伦理所得出的两项基本原则，和儒家'己所不欲，勿施于人'的恕道精神如出一辙。而且宣言中明确指出，孔子思想是基本原则的源头活水之一"②，不仅学界公认后期海德格尔的思想深受老子的影响，而且"当后现代的文化钟摆游荡出西方近代理性思维的囚笼之时，它可能在无意中却接近了东方中国的某些诗学观念和美学精神"③。

有理由认定，最近五十年西方学者针对自家文化传统开展的大规模的反思运动，使得中国的"人文智慧"以及奠基于此的"知识论"闪耀出前所未有的光辉，文化观念的优势使其很有可能成为新的"领导性的全球性知识"，问题在于能否实现前述任剑涛所说的"三个统一"。这就是今日中国学者的学术志业和道义担当，这担当就在于为全人类的幸福生活（政治的、经济的、美学的）提供一种切实可行的规划。

"地方性知识"概念还提供了观察传统文化自身的新眼光。在传统文化内部，也存在"普遍性知识"与"地方性知识"的区分。这提醒我们需要摒弃"华夏中心"、"中原文化中心"的知识观，在时间维度之外特别关注传统文化的空间结构。事实上，先秦诸子思想之兴起流传各有地域

---

① 大卫·格里芬：《后现代科学：科学魅力的再现》，马季方译，中央编译出版社 1995 年版，第 61 页。

② 杜维明：《全球伦理的儒家阐释》，《文史哲》2002 年第 6 期。

③ 陈跃红：《后现代思维与中国诗学精神》，《北京大学学报》1996 年第 1 期。

文化的因缘，比如"三晋之地"是一大土块的性格，由于生活较艰困，人们对于现实的存在感受格外深刻，在与外族的拉扯抗防之中，更体会到了"势力"乃是作为存在基础的一个极为重要的因素；"邹鲁之地"一方面涵容着夏、商、周三代古文化特别是"宗周文化"的教养，另一方面则含着高远之玄思，凝合而成为一深探人之作为一个"文化人"的内在真实；而"湘楚之地"山林沼泽，奇幻浪漫，多富超越渺远之玄思①，故有法家、儒家、道家之滋生，而儒家之成为传统社会的"普遍性知识"乃是政治/文化建构的结果，就其本身价值而言与道、法诸家并无高下优劣之分。

据此可说，种种关于中国文化主流是儒家还是道家的争执其实并无太大意义，因为"中国文化传统并不是单一的、铁板一块的知识体系、信仰系统或行为准则，也不会提供一个统一的观点看法，或统一的思维方式"②。不惟如此，按朱维铮的意见："如果讲'国学'，就必须先确定两个前提，第一，我们现在中华人民共和国的疆域，包括台湾在内，这是我们'国'的空间范围；第二，要承认中华民族是个复合体，'国学'一定要包括各个民族群体"，"而不能说国学的核心就是孔子和儒教"③。杨义也指出："中华民族具有多元一体的结构，但过去的文学史只重视中原文化动力系统而忽视了富于活力的边缘文化动力系统，只重视汉族的书面文学而忽视了少数民族的口传文学。"④ 可以说，传统文化研究的各个领域普遍存在着这种欠缺。

"地方性知识"概念提醒我们较诸以往更清醒地认识到，所谓中国传统文化从地域上说乃是多民族文化的综合体，从层次上说又是上、中、下三层文化互动演生的结果，因而需要摒弃带有明显的权力意味的"正统"与"非正统"的观念，采取包容性的"和而不同"的态度。我们曾经事实上将"中原地区"、"汉民族"与"知识阶层"的"文化"视为传统文化的主体和代表，现在又特别看重"底层性"、"草根性"，似乎不"土得

① 林安梧：《道的错置：先秦儒家政治思想的困结》，见中国孔子基金会编《孔子诞辰 2540 周年纪念与学术讨论会论文集》，上海三联书店 1992 年版，第 508—509 页。
② 张隆溪：《中西文化研究十论》，复旦大学出版社 2005 年版，第 108 页。
③ 朱维铮：《"国学"答问》，《书城》2007 年第 9 期。
④ 杨义：《重绘中国文学地图的方法论问题》，《学术研究》2007 年第 9 期。

掉渣"就不是原汁原味的传统文化。这两种做法不仅表明我们其实对中国文化多元构成的性质缺乏必要的识察，而且其中隐含的话语权力实质上造成了多民族文化间的不平等。

这就意味着研究领域的调整与研究方法的改变，以重绘中国文化的"地图"：我们仍然需要深入探究儒、释、道诸家的思想精义，需要勾勒诸种文化传统间的边界，但显然必须增加"边疆"、"边缘"与"民间"的文化动力，为此又需要特别关注"微观情境"，通过对文本的分析，"深入探究权威、典范与种种社会区分边界交织情境之形成过程，以及在其中个人情感、意图与作为之意义。"用一个比喻来说明，"如一截燃烧中的木杆，烧完的部分已碳化，另一部分仍为木质；若这碳化的与仍为木质的两部分，分别代表汉族与非汉族身份与文化表征，那么，微观情境指的便是这正在燃烧的部分（边缘），以及进行中的燃烧作用。"① 当代中国的民族认同、文化认同奠基于此，这是传统文化研究的现实关怀所在，因而这种调整与改变也就是为时势所迫不得不如此的事情。

---

① 王明珂：《反思性研究与当代中国民族认同》，《南京大学学报》2008 年第 1 期。

第一章　轴心时代的儒家思想:发生与演进

> 周监于二代,郁郁乎文哉! 吾从周。
>
> ——《论语·八佾》

第一节　轴心时代的中国文化图景

一

"自来治史学者,莫不以周秦之间为史事之一大界"①。单就政治治理模式而言,周秦之际是由 "天下万国" 的 "封建诸侯联盟体",向 "一姓王朝" 的 "中央集权郡县体" 的演生嬗替,而与之同时发生并且互动的是文化模式、价值理念、知识形态的整体转型。倘说前者是给作为 "国家" 的 "中国" 打造了肌肉骨骼和制度架构,后者则是为 "民族"、"文化" 意义上的 "中国" 提供了精神血脉和文化基因。这一转型并非一蹴而就,亦非 "断裂式" 的狂飙突进运动,而是 "渐进式" 的超越。

德国思想家雅斯贝斯的 "文明轴心期理论" 认为,在经历了 "史前文明" 和 "古代文明" 之后,以公元前 500 年为中心,在公元前 800 年到前 200 年的时间里,人类的 "精神基础" 同时在中国、印度、波斯、巴勒

---

① 吕思勉:《秦汉史》上册,上海古籍出版社 1983 年版,第 1 页。

斯坦和希腊奠定，这就是人类文明的"轴心时代"。从此直至近代，"人类一直靠轴心时代所产生的思考和创造的一切而生存，每一次新的飞跃都回顾这一时期，并被它重燃火焰，自那以后，情况就是这样，轴心期潜力的苏醒和对轴心期潜力的回归，或者说复兴，总是提供了精神的动力"，"在中国，孔子和老子非常活跃，中国所有的哲学流派，包括墨子、庄子、列子和诸子百家都出现了"①。这一富于想象力、旨在解释世界文明起源多元性的"宏大叙事"，同时也说明了文明源头的智慧对人类社会的持久影响。

　　反思性地运用雅斯贝斯提出的解释框架，充分考虑到夏、商、周三代文明的延续性以及其对"诸子"思想的影响，我们可以将春秋末年至战国这一时段称作中国文明的"轴心时代"。基本情况是，公元前 6 世纪到公元前 3 世纪，共享周代"王官学"的知识和思想资源的儒、道、墨等"诸子百家"学者，出于对社会现实的深刻关切，以"人文理性"思考社会、文化、存在领域中那些根本性的问题，从中发展出各自的政治/文化立场、形上关怀、解释模式，据以审视和反思古代文明成果与历史进程，并对社会/国家形态、文明/文化发展模式进行前瞻性研究。他们对于"古代思想"的延续和更新以及其天才的思想创造，确立了中国文明的基本模式、中国文化的精神气质以及中国人理解自我、社会和文化的意义生成机制，时至今日依然不时闪耀出智慧的火花。

　　这个时代开始于周王朝政治秩序和文化秩序的崩裂。"克商而立"的周虽然是一个有着广大统治区域的帝国，其疆域从关中以至晋、卫、燕、齐，范围数千里，"逮克殷践奄，灭国数十，而新建之国皆其功臣、昆弟、甥舅，本周之臣子；而鲁、卫、晋、齐四国，又以王室至亲为东方大藩，夏、殷以来古国，方之蔑矣。由是天子之尊，非复诸侯之长，而为诸侯之君"②，但在政治控制上却并不如商朝那么成功。据史家考证，周武王之后的所谓"成康盛世"不过四十年左右，周王朝在大部分时间里一直饱受来自分封诸侯和"方国"部族，尤其是夷、獫狁等少数民族的侵扰挑衅。

---

　　① 卡尔·雅斯贝斯：《历史的起源与目标》，魏楚雄、俞新天译，华夏出版社 1989 年版，第 14、8 页。

　　② 王国维：《观堂集林（外二种）》（上），河北教育出版社 2001 年版，第 296 页。

而自公元前 770 年周平王东迁雒邑、建立东周王朝起，周天子更失去了控制诸侯政权的实际力量，反而要靠各国诸侯的扶持、救济和贡献，才能勉强维持其"天下共主"的象征意义。

应当说，周王朝的政治危机是制度性的，与周天子个人的德性、才能没有根本关系。由周公等伟大政治家设计并施行的"封建宗法制"，虽然意在充分利用"血缘姻亲"的默契关系以控制广大疆域，并在周王朝成立之初取得了成功，却有与生俱来的内在缺陷，此即如吕思勉所分析：

> 行封建者虽强，有自亡之道焉。盖既知宗族，即有亲疏，此无可如何之事也。亲亲以三为五，以五为九，至矣，无可复加矣。而立宗法者，必欲以百世不迁之大宗抟结之，使虽远而不散。其所抟结者，亦其名焉而已，其实则为路人矣，路人安能无相攻？况乎封建之始，地广人稀，诸侯壤地，各不相接，其后则犬牙相错矣。封建之始，种族错杂，所与竞者，率多异族，其后则皆伯叔甥舅矣。国与家，大利之所在也。以大利之所在，徒临之以宗子之空名，而望其不争，岂不难哉？此诸侯卿大夫之间，所以日寻干戈也。①

那些拥有经济、军事强力的诸侯国不断互起争端，其强者甚至不断僭越侵削"周王室"的领地。这不但撕去了"封建宗法制"温情脉脉的面纱，使支撑国家和谐秩序的"制度精神"名存实亡，更是直接向周天子统治的"合法性"依据发起了挑战。至周朝临亡的时候，其实际统治的区域只相当于汉代的七个县。

基于制度缺陷的争端既起，便具有"上行下效"的可复制性。于是在诸侯国内部，又有"诸侯"与"卿大夫"、"公室"与"私家"之争："周室既微，礼乐征伐自诸侯出。桓文之后，大夫世权，陪臣执命。陵夷至于战国，合从连衡，力政争强。"②"诸侯"与"诸侯"之间，"卿大夫"与"卿大夫"之间，或联合结盟，或纷争颉颃，局势复杂混乱：

---

① 吕思勉：《中国制度史》，上海教育出版社 2005 年版，第 238 页注十二。
② 班固：《汉书·游侠传序》，中华书局 1962 年版，第 3697 页。

"《春秋》之中弑君三十六，亡国五十二，诸侯奔走不得保其社稷者不可胜数"①。及至战国，"万乘之国七，千乘之国五，敌侔争权，盖为战国。贪饕无耻，竞进无厌，国异政教，各自制断。上无天子，下无方伯，力攻争强，胜者为右，兵革不休，诈伪并起"②，周初那种"溥天之下，莫非王土；率土之滨，莫非王臣"（《诗经·小雅·北山》）的"政治一统"格局不复存在。

政治和文化领域的动荡冲突有其深层的经济学根源。由于铁制农具在春秋后期普遍使用，以及牛耕等新的农业技术的发明，极大提高了个体劳动能力，商品交换体系和交通体系愈益发达，自然的局限不断被打破。迅猛发展的社会生产力创造出更多的物质财富，同时也刺激起占有更多的财富和享乐的欲望，要求在社会体制中获得合法化地位。私有经济崛起的结果是"公田"不治，"私田"开辟，"井田制"以及与之相适应的赋税制度因之摇摇欲坠，私有工商业的兴盛也冲击着"工商食官"（《国语·晋语》）的国家/王室垄断局面。对经济利益的争夺势必延伸至政治文化领域，而体现为利益/理念的博弈较量，于是"私家"与"公室"的斗争一直延续不断，其结果是前者愈隆而后者愈衰。

由制度缺陷和经济原因导致的种种社会冲突，对社会治理模式和政治控制手段提出了新的要求。《左传·成公十三年》记刘子曰"国之大事，在祀与戎"，现在是"戎"（军事、武力）的重要性日渐凸显，而"祀"（祭祀、信仰）的重要性日渐减弱。虽然创自西周初年的"礼乐制度"尚能在社会政治、文化的某些层面发挥其维系社会平衡的纽带作用，但其政治影响力已经微乎其微，而向作为身份认同的文化象征乃至娱乐享受方向发展。崇尚"武力"、推行"法治"，是那些意欲"称霸天下"的国君的主动选择，也是那些专谋自保的弱国诸侯认可的大政方针。

自"礼乐征伐自天子出"转而"礼乐征伐自诸侯出"，再发展到"陪臣执国命"、"大夫专权"、"庶人议政"（《论语·微子》）；从"封建亲戚，以藩屏周"（《左传·僖公二十四年》）的贵族世袭政治体制，到"布

---

① 司马迁：《史记·太史公自序》，中华书局1959年版，第3297页。

② 刘向：《战国策书录》，见严可均辑《全上古三代秦汉三国六朝文》（一），中华书局1958年版，第331页。

衣卿相之局"、"礼贤下士之风"的纷然出现，这一切都标示着"封建宗法制度"和"礼乐制度"不再具有组织和维系社会的合法性，于是，建基于此的一度和谐整齐的"天下"秩序最终分崩瓦解了。

与周天子丧失了掌控"天下"秩序的政治威权相应，从公元前6世纪与公元前5世纪之交开始，建立在"血缘"、"宗法"基础之上，旨在维护上下有差别、等级有次第之"差序格局"的"制度性"的"礼乐文化"也衰落了：

> 及周室衰，礼法堕，诸侯刻桷丹楹，大夫山节藻棁，八佾舞于庭，《雍》彻于堂。其流至乎士庶人，莫不离制而弃本……陵夷至乎桓、文之后，礼谊大坏，上下相冒，国异政，家殊俗，嗜欲不制，僭差亡极。①

周天子失去了对于"礼乐文化"的控制权与分配权，诸侯、公卿乃至士庶的"礼乐"普遍僭越"礼制"的规定，甚至将这种僭越行为视为荣耀，所谓"循法守正者见侮于世，奢溢僭差者谓之显荣"②。这固然可以理解为对于"王室文化"垄断体制的冲击和颠覆，因而带有进步、解放的性质，但考虑到"礼乐"不仅是一种"文化制度"，同时也是一种"政治制度"，则"离制弃本"所体现的乃是"文化政治"逻辑，是企图通过"文化夺权"象征性地实现"政治夺权"。

与此相应，原本具有专属垄断性的"乐舞"教育和演奏机构也遭到沉重打击。"乐人"或由"王室"降至"封国"，或由"公室"转入"私家"，或流转至于民间。例如，在周文化正统嫡传的鲁国，便有"太师挚适齐，亚饭干适楚，三饭缭适蔡，四饭缺适秦，鼓方叔入于河，播鼗武入于汉，少师阳、击磬襄入于海"（《论语·微子》）。"乐师"的流散无疑极大地促进了文化在不同社会层面间的流动和交融，将原为"王室贵族"垄断的知识和技术传播至"民间社会"，因而推动了社会精神文明的整体进

---

① 班固：《汉书·货殖传序》，中华书局1962年版，第3681—3682页。
② 司马迁：《史记·礼书》，中华书局1959年版，第1159页。

步，但同时也表明中央朝廷、诸侯王国已经失去了对"礼乐文化"的制度控制能力。作为一种维系社会平衡和正常运转的意义生产机制，"礼乐文化"已经丧失其应有功能和地位。

事实上，诸侯、贵族已经对作为意义生产机制和秩序象征符号的"礼乐文化"失去了兴趣。当各国"王廷"中盛行的是来自于民间的所谓"新乐"、"世俗之乐"，而其目的只是为了满足诸侯、贵族的声色享乐欲望时，那些与传统"礼制"相匹配的"古乐"、"雅乐"也便会由"形式化"进而走向衰亡。如魏文侯坦言自己"端冕而听古乐，则唯恐卧；听郑卫之音，则不知倦"（《礼记·乐记》），齐宣王自承"寡人非能好先王之乐也，直好世俗之乐耳"（《孟子·梁惠王下》），都表明"新乐"实在具有难以抗拒的魅力，而这魅力绝不是"古乐"、"雅乐"中蕴含的"文化政治"意义。毫无疑问，这种"釜底抽薪"的行径，比那些普遍僭越"礼乐"规制的作为更能导致"礼乐传统"的毁灭。

尤为重要的是，在"礼仪规范"与其象征的"政制意义"之间出现了严重的断裂。这是说，尽管列国诸侯、贵族熟知乐舞歌诗、服装仪容的规矩要求，照章办理，却并不清楚"乐"、"仪"、"服"、"物"中寄寓的"政制意义"与道德精神。例如，公元前537年，鲁昭公访问晋国，"自郊劳至于赠贿，无失礼"，晋侯因此对贤人女叔齐称赞鲁昭公"善于礼"，女叔齐则认为其"焉知礼"。这是因为鲁昭公恪守无违的只是作为外在"仪式规定"的"礼仪"，而非"经天"、"纬地"、"安民"的治国大道，也就是"周政"的基本精神"礼治"。这一价值层面上的"礼"的意义极为重大，"所以守其国，行其政令，无失其民者也。今政令在家，不能取也。有子家羁，弗能用也。奸大国之盟，陵虐小国。利人之难，不知其私。公室四分，民食于他。思莫在公，不图其终。为国君，难将及身，不恤其所"（《左传·昭公五年》）。这就是说，在女叔齐看来，鲁昭公只是熟稔"礼"的外在形式，而不能领会"礼"的内在神髓。

如此一来，"礼乐制度"的"形式化"，势必因其对"礼乐"精神实质的"抽象化"，而最终导向"礼乐制度"的整体衰亡。不仅如此，单就"文化"层面的"礼乐"而论，由于"礼乐文化就是通过一种规定的朝廷/国/家的仪式形式（礼、乐、文）把文化本质化、定型化、审美化和整体化。礼乐文化是一种整合性的文化,礼乐是文化的整合形态"①,则对于"礼乐"原初意义的"遗忘",也不能不导致"礼乐文化"之"整合性"的消失。

二

为当日许多思想家认可的"礼崩乐坏"的判断,描述的正是周王朝"礼乐制度"的整体衰亡,而不仅仅是这一衰亡在文化上的表现。而且,这一判断可以在"文化连续性"的意义上视为春秋战国文化发展的总体趋势,此即如顾炎武所指出:

> 春秋时犹尊礼重信,而七国则绝不言礼与信矣。春秋时犹宗周王,而七国则绝不言王矣。春秋时犹严祭祀,重聘享,而七国则无其事矣。春秋时犹论宗姓氏族,而七国则无一言及之矣。春秋时犹宴会赋诗,而七国则不闻矣。春秋时犹有赴告策书,而七国则无有矣。②

但如以之总括这一时代整体的文化版图,却失之于简单化。即使就"礼乐文化"而言,不仅在思想界一再呈现出"解构"与"重建"的双向运动,而且"春秋时,民族之演进既久,政治之范围日扩,历史之成例日增,即礼制典章亦日繁。又以列国交通,踵事增华,而礼文日密"③,"礼"愈益繁缛,也是事实。而要完整地把握当日的文化图景,便不能不注意到在下述两个层面上展开的文化运动。

第一种性质的文化运动是在"中心"与"边缘"的层面上展开的。按李学勤的考证分析,东周时代列国可以划分为七个文化圈:

1. 以周为中心,北到晋国南部,南到郑、卫,构成影响力虽已减弱但仍不失为重要的中原文化圈;

---

① 张法:《礼乐文化:理解先秦美学特色的一个路径》,《长沙理工大学学报》2006 年第4 期。

② 顾炎武:《日知录·周末风俗》,见黄汝成《〈日知录〉集释》,花山文艺出版社 1990 年版,第 585 页。

③ 钱穆:《国学概论》,商务印书馆 1997 年版,第 36 页。

2. 在中原北面，包括赵国北部、中山、燕国以及更北的方国部族，构成北方文化圈；

3. 齐、鲁和若干小诸侯国，构成齐鲁文化圈；

4. 长江中游的楚国，以及环绕楚的好多周朝封国及方国部族，构成楚文化圈；

5. 淮河流域和长江下游的一些小诸侯国及东南的方国部族，构成吴越文化圈；

6. 西南的巴、蜀、滇等方国部族，形成巴蜀滇文化圈；

7. 关中的秦文化圈，其中楚文化和秦文化的影响尤为深远。[①]

这些地理环境各异、精神气质有别的文化圈域，自有其发生发展的源流统绪。经历夏、商、周三代政治和文化的演进，发展程度较高的"中原（华夏）文化"逐步确立了"中心"地位。其他文化圈虽致力于融合"中原文化"与"本己文化"传统，但由于各种原因一直处在"边缘"位置，其政治和文化的"边缘"性质往往要视其与"周王室"宗族的亲、疏程度而定，而在总体上是一个"华夏化"的文化演进过程。

从此"中心"、"边缘"的视角看，"周王室"实际政治控制力的衰弱，以及随之而来的"礼乐制度"、"礼乐文化"的衰败，倘"就一王定制而论，诚有陵夷衰微之象，就中国之全体而论，未始非民主进步之时"[②]。"诸侯争霸"谋夺的不仅是体现为"土地"与"人口"资源的政治控制权力，对于掌控"文化生产"和"文化资源分配"的权力也颇有觊觎之心，而"争霸"战争的意外结果是不仅刺激了"方国文化"的繁荣，也促进了文化在"中心"与"边缘"、"华夏化"与"地域化"之间的流动，甚至"促进了另一种形式的思想交流，渐次兼并和吞食小国的结果，是使各种地方性的思考汇集到了一起，交通越方便，思想的兼并和融合越厉害"[③]。

第二种性质的文化运动是在"贵族"与"民间"的层面上展开的。

---

① 李学勤：《东周与秦代文明》，文物出版社 1984 年版，第 11—12 页。
② 柳诒徵：《中国文化史》，东方出版中心 1988 年版，第 204 页。
③ 葛兆光：《七世纪前中国的知识、思想与信仰世界》，复旦大学出版社 1998 年版，第 340 页。

这便是"诸子之学"的兴起。诚如钱穆所论:"'王官'是贵族学,'百家'是民间学。"①"诸子之学"的出现,使思想文化的面貌为之一新,乃开中国思想史、文化史一大变局,其中值得注意的有下述三点:

1. "诸子之学"的兴起首先因缘于周代"王官学"的衰败。"古者治教未分,官师合一,学术本诸王官,民间未有著述。此在周时犹然"②,所谓"有官斯有法,故法具于官;有法斯有书,故官守其书;有书斯有学,故师传其学;有学斯有业,故弟子习其业","《易》掌太卜,《书》藏外史,《礼》在宗伯,《乐》隶司乐,《诗》领于太师,《春秋》存乎国史"③。但是随着"周王室"政治控制力和文化威望的衰弱,"官师合一"的政治/文化体制无法延续下去,到春秋后期,原属世禄而代代相传的"王官子弟"已经不能再承袭其掌守的职官事业,于是不断有"失官"、"失职"的事件发生,此即所谓"天子失官,学在四夷"(《左传·昭公十七年》)。

按司马迁的描述,"幽、厉之后,周室微,陪臣执政,史不记时,君不告朔,故畴人子弟分散,或在诸侯,或在夷狄"④。这些"畴人子弟"在从"周室"流向诸侯国和民间的同时,也将"王官"典籍即原为"周王室"垄断的文化和知识传播到四方,"其数散于天下而设于中国者,百家之学时或称而道之"(《庄子·天下》),"'百家'的兴起就是这样地承受'官学'的四散流布而来。前此官府掌守文献,至是便是'百家'著书的开始"⑤。尽管如此,"考诸子师授渊源,以及诸家所称引,则其间多有出入,可以相通",故"谓王官之学衰而诸子兴可也,谓诸子之学——出于王官则不可也"⑥。虽然"诸子"所依据的知识思想资源确乎来自于周代"王官"所掌守之"典籍","王官学"乃是"诸子学"之知识渊薮与思想创发之基地,但"诸子学"与"王官学"并不存在一一对应的关系。

---

① 钱穆:《国史大纲》上册,商务印书馆 1994 年版,第 96—100 页。
② 钱穆:《国学概论》,商务印书馆 1997 年版,第 29 页。
③ 章学诚:《校雠通义·原道》,见叶瑛《文史通义校注》,中华书局 1994 年版,第 951 页。
④ 司马迁:《史记·历书》,中华书局 1959 年版,第 1258—1259 页。
⑤ 金德建:《先秦诸子杂考》,中州书画社 1982 年版,第 6 页。
⑥ 钱穆:《国学概论》,商务印书馆 1997 年版,第 32、34 页。

2. "诸子学"之兴盛还得益于横向上的地域文化的滋养。如儒家起于邹鲁之地，传布于齐、晋、卫；墨家始于宋国，传布于鲁以至楚、秦；道家起源于南国宋、楚之地，后来在楚国和齐、燕有不同分支；法家源于三晋，盛行于秦；阴阳家起于齐、燕滨海之地，随后在楚、秦等国都有较深影响；纵横家则多出于洛阳"王周"之地，周游于各国之间①，其兴起流传各有地域文化的"因缘"。不同地域文化的特殊气质转化成不同思想体系的精神血脉。例如，按林安梧的分析，"三晋之地"是一大土块的性格，由于生活较艰困，人们对于"现实"的存在感受格外深刻，在与外族的拉扯抗防之中，更体会到了"势力"乃是作为存在基础的一个极为重要的因素；"邹鲁之地"一方面涵容着夏、商、周三代古文化特别是宗周文化的教养，另一方面则含着高远之玄思，凝合而成为一深探人之作为一个文化人的内在真实；而"湘楚之地"山林沼泽，奇幻浪漫，多富超越渺远之玄思②，故有法家、儒家、道家思想之滋生。

同时还应注意，既然"诸子之学"皆出于知识精英"救世之弊"的希冀，应"时"而"兴"，则虽然就"天下"大势而言，"诸子之学"是对晚周政治、文化衰败现实的积极回应，但其整顿"世道"、"人心"的具体方略，却不能不针对各"方国"的现实而发。例如，"秦国之俗，贪狼强力，寡义而趋利，可威以刑，而不可化以善，可劝以赏，而不可厉以名；被险而带河，四塞以为固，地利形便，蓄积殷富，孝公欲以虎狼之势而吞诸侯，故商鞅之法生焉"（《淮南子·要略》）。在此过程中便出现了知识精英所代表的文化"大传统"与来自"俗民生活"的"小传统"的互动，"诸子"基于周代"王官学"的知识思想资源，从"小传统"中汲取养分与动力，根据"小传统"基础的变化发展出新的方向，又反过来影响和引导了"俗民生活"的进程。

3. 尤为重要的是，"诸子之学"的兴起鼎盛标志着不掌握"政治权力"却拥有"文化权力"的知识阶层的成型，这便是独立的"新士人"的出现。"士"原本是封建贵族最末的层级，位列"公"、"卿"、"大夫"

---

① 李学勤：《东周与秦代文明》，文物出版社 1984 年版，第 7 页。
② 林安梧：《道的错置：先秦儒家政治思想的困结》，见中国孔子基金会编《孔子诞辰 2540 周年纪念与学术讨论会论文集》，上海三联书店 1992 年版，第 508—509 页。

之后，由于封建时代的文化教育为贵族阶层垄断，故而"士"兼有"等级身份"与"知识道艺"双重意味，但到了春秋后期至于战国，社会等级上下失序，"诸侯争霸"凸显了"人才"的重要性，遂使"士"的"知识道艺"一面逐渐突出并最终成为"士"的身份标识。从来源看，"士"在春秋时期多来自本属"王官"却流入诸侯"采邑"的知识人，以及原属贵族阶层但业已衰落的文化人家族，但从春秋末期到战国时期，受过贵族文化教育的下层"庶人"也有了越来越多的进入这一层次的机会。这也就是如子路等人师从孔子受教的初衷，亦即子夏所说"学而优则仕"（《论语·子张》）。从类型看，范文澜将众多的"士"概分为"学士"、"策士"、"方士"、"食客"四类，至少其中称为"学士"、"文士"的那类人的存在，表明专门化的知识角色和分立的知识阶层已经诞生①。

在思想史和政治史上意义更为重大的变化，则是在自孔子之后，出现了"用文字构成理论对政治发生影响"但已不再"占有政权"者，"他们不从占有政权来保障自己的利益，而用理论规范的社会威望来影响政治"，从而"构成了和政统分离的道统"②。所谓"士志于道"，即以"道"为志业担当，为此"朝闻道，夕死可矣"（《论语·里仁》），"道"具有高于生命的超越性，是"新士人"精神生命之所系。从孔子开始，封建时代"政统"、"道统"、"学统"合一的社会意识结构被打破了，贵族阶层对意识形态基于"血缘身份"和"政治权势"的专权掌控，不再被视为具有天经地义的正当性。于是，"政统"与"道统"便开始出现余英时论及的紧张关系：

> 中国的"道"源于古代的礼乐传统；这基本上是一个安排人间秩序的文化传统。其中虽然也含有宗教的意义，但它与其他古代民族的"道统"截然不同。因此中国古代知识分子一开始就管的是恺撒的事……知识分子不但代表"道"，而且相信"道"比"势"更尊。所以根据"道"的标准来批评政治、社会从此便成为中国知识

---

① 阎步克：《士大夫政治演生史稿》，北京大学出版社1998年版，第18页。
② 费孝通：《论师儒》，见吴晗、费孝通等《皇权与绅权》，天津人民出版社1988年版，第25页。

分子的分内之事。①

　　这就使得"士"的理想生存模式，不会是通过诸如"文吏"一般的技术性工作以谋衣食生计，或者是致力于知识的更新以满足求知欲望，而是要以"道统"传人的身份介入并用"道义"理想转化现实政治，以拯救颓败失序的"世道"、"人心"，而这也就决定了"士"的精神气质与悲剧命运。

三

　　"以道自任"的"士"阶层的崛起给知识生产、文化阐释和思想创造注入了新的质素。所谓"苦难出真理"，面对纷纭变幻的"天下"秩序，感受着时代动荡带来的精神痛苦，先秦"诸子"各自提出其"内圣外王之道"，试图以"道"为思想根基，批评"政治"、"社会"，重新安排人间秩序，申说其文化理想、社会道义和政治批评，从而构成对既定意识形态的抗衡、转化以至挑战。就"外王"而论，"诸子"需要对社会发展的方向、类型、策略提供总体思路，规划理想社会远景；就"内圣"而言，"诸子"需要为人们的"安身立命"提供依据和方法，倡导具有内在合理性的、宁静的乃至超越的精神生活。这就构成了"诸子之学"的两翼，而或偏于"外王"，或偏于"内圣"。

　　"王纲解纽"造成的"思想空间"与"权力结构"的分离，使秉持不同理念和信仰的知识人的思考与辩难享有极大的自由，故而有战国"百家争鸣"局面的出现。而"诸子学"与周代"王官学"之间存在着的隐微而深刻的精神联系，则使得整个中国的"轴心时代"，并不是因为认识到自身的局限而转向超越的无限存在，"理性"的发展不是向神话的诸神进行"伦理的反抗"，更未导致"唯一神论"的信仰。在中国的这一过程里，更多的是认识到"神"与"神性"的局限性，而更多地趋向"此世"和"人间性"，这就是"人文的转向"②，其结果是"在神秘的氛围中生出

---

　　①　余英时：《士与中国文化》，上海人民出版社1987年版，第107页。
　　②　陈来：《古代宗教与伦理：儒家思想的根源》，生活·读书·新知三联书店1996年版，第4页。

了清醒的理性主义，这使中国思想史告别了混沌，仿佛从上古时代'金蝉脱壳'，划出了一道清晰的界限"①。

尽管如此，由于"天下大乱，圣贤不明，道德不一，天下多得一察焉以自好，譬如耳目鼻口，皆有所明，不能相通。犹百家众技也，皆有所长，时有所用……天下之人，各为其所欲焉以自为方"（《庄子·天下》），"诸子百家"对"宇宙时空"、"社会秩序"、"个人存在"这三大思想主题，各有其思路，各有其解说，虽然不乏种种深刻的思想，却"自是而相非"，相互攻讦。例如，"儒家的著作家主张，唯有孔子见到了全部真理，所以其他各家都在儒家之下，虽然在某种意义上也是儒家的补充。道家的著作家则相反，主张只有老子、庄子见到了全部真理，因而道家应当在其他各家之上"②。"道术为天下裂"的结果是使"社会"与"文化"运动缺乏一种整合性思想的据依，虽然也同时造就了自由的思想空间、中国思想创造的"黄金时代"，沾溉后世以迄于今。

就思想的基本方向而言，周秦之际的思想者经历了一个从"反思"到"重建"的过程。所谓"反思"，是要批判性地思考曾经和谐统一的"天下"秩序，何以竟至于陷入"礼崩乐坏"的境地？支撑这一秩序的原则、理念、技术、知识，又是如何失去其"天经地义"的性质？所谓"重建"，则试图根据对历史经验、社会发展趋向与人性的深切把握，重新构建中国的思想世界，重新构建知识思想系统与价值意义体系。"反思"与"重建"构成了逻辑上的递进关系，但与"反思"的"思路"与"言路"不同，"重建"虽有各家之学的思想根基，依据其基本价值观念和文化信念展开，但必得融合各家思想，以形成整合性的思想系统。一般认为，从战国末年即公元前3世纪后半叶开始，知识思想界开始出现了融合、折中的趋势。

这首先表现为对于存在着一个唯一的绝对真理也就是"道"的广泛认同，并且承认"凡人之患，蔽于一曲而暗于大理"（《荀子·解蔽》），希望将"恢诡谲怪，道通为一"（《庄子·齐物论》）；其次体现为在一定程

---

① 葛兆光：《七世纪前中国的知识、思想与信仰世界》，复旦大学出版社1998年版，第314页。

② 冯友兰：《中国哲学简史》，涂又光译，北京大学出版社1996年版，第159页。

度和范围上实现了各家学说的调和、折中，例如荀子对儒家、法家等拥有共同"社会思想话语"的总结和归纳，而庄子则倾力于融合非主流的"道论"各家。而这一"百川汇于海"的思想进程之所以出现，乃是基于两方面的原因：

1. 知识精英的思想建构是对社会时势的响应，在经历了长期的分裂动乱之后，随着秦国统一"天下"的趋势日渐明朗，"统一"已成人民的普遍愿望，所谓"民之所欲，天必从之"（《尚书·泰誓》)，而随着政治疆域由"分"而"合"，思想也渐渐由"分裂"转向"综合"，文化在"华夏化"与"地方化"之间的流动使得各种文化区域日趋混融成为"一个文化共同体"；

2. "百家之学"虽然各有其立场与视界，所谓"诸子之奋起，由于道术既裂，而各以聪明才力之所偏，每有得于大道之一端，而遂欲以之易天下"①，却拥有同一文化语境及其知识思想所由创生的共同来源，与周代"王官学"或直接或间接的关联，使"百家之学"彼此间存在着血脉联系，而非截然对立，从而为融合"百家之学"创造一种整合性的思想系统提供了可能。

在这幅生机勃勃的文化图景上，儒学的"思路"与"言路"不仅鲜明地体现着"轴心时代"知识发明与思想创发的人文转向，更因其通过"经典释义学"而与以周代"王官学"为载体的"上古文化传统"发生的"正相关"，以及在其内部通过积极的自我调整适应了思想融合的大势所趋，较好地实现了思想的延续与更新，从而成为周秦之际文化地图上最为浓墨重彩的一笔。

第二节　儒家思想的发生与演进

一

"原儒"是近代以来饶有兴味的思想史课题，其目的在于通过对"儒"的产生和演变的沿波讨源式的研究，确定"儒学"、"儒家"的文化

---

① 章学诚：《文史通义·言公上》，见叶瑛《文史通义校注》，中华书局1994年版，第171页。

基因、精神气质、历史地位。按照陈来的归纳，近代以来"原儒"的各种学说可分为四种：

1. 史官——儒家，认为"儒"出于"祝史"，以章太炎、郭沫若为代表；

2. 术士——儒家，认为"儒"出于"术士"，以徐中舒、杨向奎、傅剑平为代表；

3. 职业——儒家，认为"儒"出于某种职业，以傅斯年、钱穆、冯友兰、侯外庐为代表；

4. 地官——儒家，认为"儒"出于"司徒"，以何新、刘忆江为代表。①

此外，影响较大的尚有阎步克提出的"儒出于乐官"说②。这些各有文献支持的有关"儒"的发生学研究，标识出儒家身份及其社会文化功能的复杂性。尽管我们依然无法确定"儒"的确切起源，但可以确定如下两个事实：

1. 作为操持相关知识和技术并发挥特定社会功能的一种人，"儒"在孔子以前已经存在，并且其文化身位和社会职能经历了一定演变；

2. 孔子说："今众人之命儒也妄，常以儒相诟病"（《礼记·儒行》），并告诫子夏："女为君子儒，无为小人儒"（《论语·雍也》），可知就在孔子晚年，社会上还存在着以"儒"为贬义而轻诋的现象，且有"君子儒"与"小人儒"的对立。

这构成了我们理解儒学发生的必要背景。孔子的伟大贡献正在于提倡"君子儒"的高远理想，"把士转变成为人格上文化上的担负者，因而完全摆脱了封建身份的束缚，成为文化上的自由人"③。于是一变传统"儒"所操持之"祈禳卜筮相礼"之学，与"礼乐射御书数"之"六艺之学"，而为《诗》、《书》、《礼》、《乐》、《易》、《春秋》"六经之学"，如此则

---

① 陈来：《古代宗教与伦理：儒家思想的根源》，生活·读书·新知三联书店1996年版，第340页。

② 阎步克：《乐师与"儒"之文化起源》，见其《乐师与史官——传统政治文化与政治制度论集》，生活·读书·新知三联书店2001年版。

③ 徐复观：《两汉思想史》第一卷，华东师范大学出版社2001年版，第54页。

思想史意义上之"儒学"得以成立。"孔子自立学门、招纳弟子、收取束脩并教以一己之道，使文教重心转入民间，洵为新式私学之始"①，"把贵族手上的文化及文化资料，通过他的'学不厌，教不倦'的精神，既修之于己，且扩大之于来自社会各阶层的三千弟子，成为真正的文化摇篮，以宏扬于天下，成为尔后两千多年中国学统的骨干"②，奠定了"祖述尧舜，宪章文武"（《礼记·中庸》）的"道统"、"内圣转化外王"的"政统"、"法则六经"的"学统"，如此则文化史意义上之"儒家"得以成立。

因此之故，无论怎么看待儒家学术与周代思想文化传统之间的关系，孔子都确定无疑的是"儒学"（学术系统）与"儒家"（学派团体）的实际创始人。而且，如果遵循历史主义视野，注意到孔子思想修养的阶段性差异，即郭沂所说"礼学"、"仁学"、"易学"三阶段③，那就应当承认孔子完整的知识思想系统完成于其晚年。从孔子开始，"儒"、"儒家"、"儒学"三概念渐趋同一，"儒"渐渐成为孔子一系学者的专名，而发生于"儒家"分化以后"儒者"彼此间的攻击排诋，皆展开自"儒家"内部，当其与政治、文化之"时"、"势"因应冲激，也就造成了"儒学"的歧变演进。

罗伯特·P. 克雷默指出："'儒家'这一用语从一开始就表示它的两重作用：保存并传下古代传统；在变动不定的世界秩序中检讨这些传统的意义。"④ 所谓"两重作用"也就是"儒学"的两个思想方向，而"保存传统"和"检讨传统"的内在关系决定了"儒家"的"温和"性格。在此性格的形成上，孔子对周代"礼乐制度"／"礼乐文化"的认同至为关键："周之德，可谓至德也已矣！"（《论语·泰伯》）"周监于二代，郁郁乎文哉！吾从周。"（《论语·八佾》）其直接的思想文化资源有二：

1. 在"周王室"政治与文化掌控权力衰微以后，依然保存了较为完整的西周"典章"、"文物"的鲁国的思想文化传统。这个传统为孔子的

① 阎步克：《士大夫政治演生史稿》，北京大学出版社 1998 年版，第 131 页。
② 徐复观：《中国经学史的基础》，见《徐复观论经学史二种》，上海书店出版社 2002 年版，第 13 页。
③ 郭沂：《郭店竹简与先秦学术思想》，上海教育出版社 2001 年版，第 563—590 页。
④ 崔瑞德、鲁惟一编：《剑桥中国秦汉史》，杨品泉等译，中国社会科学出版社 1992 年版，第 802 页。

精神生长提供了文化氛围，奠定了文化基因，使其在"列国交争"的混乱年代，依然能够亲身感受"礼乐文化"肃穆庄重的感染力，从而致力于以之为模本进行文化重组和再造，试图使本性高尚优雅却日益"崩坏"的"礼乐文明"复归于"正"，建构一个理想的社会文化秩序；

2. 以"六经"为标志的西周"王官学"传统。"孔子一方面'述而不作'，承继了诗、书、礼、乐的传统，而另一方面则赋予诗、书、礼、乐以新的精神与意义"①，"此种精神，此种倾向，传之于后来儒家，孟子、荀子及所谓七十子后学，大家努力于以述为作，方构成儒家思想之整个系统"②，于是不仅因其对《诗》、《书》、《礼》、《易》等典籍的删削、整理、授受而保存延续了文化传统，更以"温和的突破"方式完成了思想的脱壳过程。

更准确地说，孔子对西周"礼乐文化"的选择，在某种程度上决定于"礼乐"与孔子"生命境界"的相互生成，这是一种创造性的文化互动关系。诚如杨向奎所论："以德、礼为主的周公之道，世代相传，春秋末期遂有孔子以仁、礼为内容的儒家思想。"③孔子对于西周"礼乐文化"的倾心认同使之成为儒学产生的土壤，而其对于"仁"的创造性诠释，则在价值本源上为施行"周公之道"奠定了基础，进而开显出新的文化之路。传世文献表明，"仁"在孔子之前已经有许多论说，但多以之为诸种"德性"之一种，孔子则将其转化为植根于生命、心灵的真性情，提高到"诸德"的核心地位极力阐扬，将其视作"德性"之"本"与"德行"之"全"，并以之为文化反思、社会批判、秩序重建的核心观念。

在孔子，发缘于"夷人"之德性和"尸方"之美德的"仁"转化成为普遍性、人类性的美德④，而有两个基本规定或意义赋予：

1. "仁者，人也"（《礼记·中庸》），意谓"仁者，人之所以为人之理"⑤，是人之为人的根本规定性，这就赋予"仁"以一种"存在论"意

---

① 余英时：《士与中国文化》，上海人民出版社1987年版，第30页。
② 冯友兰：《中国哲学史》上册，华东师范大学出版社2000年版，第57页。
③ 杨向奎：《宗周社会与礼乐文明》，人民出版社1997年版，第285页。
④ 庞朴：《中国文化十一讲》，中华书局2008年版，第99—106页。
⑤ 朱熹：《孟子章句集注·尽心下》，第112页，见《四书五经》上册，中国书店1984年版。

义上的"基源性";

2. "仁"是"爱人"（《论语·颜渊》），是从热爱"自我"生命扩展至热爱"自我"以外的一切人，而一切与人为善、"成人"、"利人"的感情和行为都可以归之于"仁"。①

第一个基本规定决定了"行仁"是一个切近的生活原则，这种"切近性"表现在"为仁由己"（《论语·颜渊》），"我欲仁，斯仁至矣"（《论语·述而》）。其何以如此？"其言有似孔子"的有若说："孝弟也者，其为仁之本与?!"（《论语·学而》）凡人皆有此真挚的血缘亲情，据此处理"自我"与"他人"的关系，便能由"内"向"外"层层推衍。而且，"行仁"是人之为人的必然要求，否则与禽兽无异。

第二个基本规定决定了"行仁"是一个宏大的社会文化理想，这便是由"己欲立而立人，己欲达而达人"（《论语·雍也》），"己所不欲，勿施于人"（《论语·颜渊》），至于"汎爱众而亲仁"（《论语·学而》），"博施于民而能济众"（《论语·雍也》）。

孔子基于真切的"生活经验"与深厚的"文化经验"，将之前关于"仁"的零散论说发展成为系统的具有深厚人文关怀的"仁学"，则儒家的"内圣外王之道"便有了据以推广开来的基点，分别对应于"仁"的两个基本规定。

孔子说："人而不仁如礼何？人而不仁如乐何？"（《论语·八佾》）表明他对西周"礼乐制度"、"礼乐文化"的根源性丧失有切身的体认。假如不具备"仁"的德性，"礼乐"作为"制度"和"文化"就不能对人发生意义。按照他的文化构想，只有以"仁"为根基，依靠血缘亲情的自然衍射、人性的自觉凸显，"礼乐仪文"与其表征的意义之间的裂隙才能弥合，"礼"的"秩序原则"与"乐"的"和谐原则"才能形成互补合一的文化结构，在此基础上也才能形成社会各个阶层都和谐相处、互敬互爱的统一的文明秩序。

孔子说："齐一变至于鲁，鲁一变至于道。"（《论语·雍也》）冯友

---

① 刘文英：《"仁"的本义及其两个基本规定》，见中国孔子基金会编《孔子诞辰2540周年纪念与学术讨论会论文集》，上海三联书店1992年版，第252—266页。

兰据此评价道:在孔子,有一个比"周礼"更高的标准,那就是"道"。虽然他基本拥护"周礼",但他认为对于"周礼"也要有所"损益",经过"损益"的"周礼",才合乎他的理想。这个理想,他称为"道"①。孔子说:

> 大道之行也,天下为公。选贤与能,讲信修睦,故人不独亲其亲,不独子其子;使老有所终,壮有所用,幼有所长,矜寡孤独废疾者皆有所养;男有分,女有归。(《礼记·礼运》)

实现这一"大同"理想的途径,便是以"仁爱之心"在全民范围内推行"礼治主义",所谓"民之于仁也,甚于水火"(《论语·卫灵公》),"使民如承大祭"(《论语·颜渊》),从而突破了"礼不下庶人"的贵族文化传统与政治体制的藩篱,表现出"礼的下移,爱的扩充,从家族、邦国之间无有怨恨,以至天下推许为仁德"②。

这一以"仁"为核心观念展开的文化/文明,是对西周"礼乐文明"的重建(re-culturing),其基本模式是"崇德贵民的政治文化、孝弟和亲的伦理文化、文质彬彬的礼乐文化、天民合一的存在信仰、远神近人的人本取向"③,这是西周"礼乐文明"的理念,"仁"的意义在于为这些文化理念提供了来自"人性"、"人情"、"人心"深处的动力支撑。不惟如此,以"仁"为根基,依"仁"释"礼",周公奠定的"礼乐文化"传统得以从"天人之际"转向"人人之际",具有了更为深厚的人文蕴涵:

> 孔子开始,丰富了社会中的礼乐内容,礼不再是苦涩的行为标准,它富丽堂皇而文采斐然,它是人的文饰,也是引导人生走向理想境界的桥梁。④

---

① 冯友兰:《中国哲学史新编》第一册,人民出版社1980年版,第128页。
② 顾易生、蒋凡:《中国文学批评通史·先秦两汉卷》,上海古籍出版社1996年版,第64页。
③ 陈来:《古代宗教与伦理:儒家思想的根源》,生活·读书·新知三联书店1996年版,第16页。
④ 杨向奎:《宗周社会与礼乐文明》,人民出版社1997年版,第381页。

　　于是，这种文化类型不仅可以如孔子所期望的那样，延续性地发挥"礼乐"在政治、道德、节制情感等层面上的文化功能，亦即"用一套以等级性为内容，以形式性为特征的制度——文化体系去组织一个严密有序的文明社会"①，更带有新的时代精神印记，成为新的"人文化成"之路："若臧武仲之知，公绰之不欲，卞庄子之勇，冉求之艺，文之以礼乐，亦可以为成人矣"（《论语·宪问》）。

　　就"内圣"而言，孔子将原本是贵族称号、指称社会身份地位的"君子"概念，改造为指称以内在道德修养、精神境界为根本标识的"新君子"人格，进而以"尽心"、"知性"、"知天"为提升精神境界之递进途径，以"成性"、"成德"、"成圣"为"君子"修养的阶段性目标，从而为知识精英的"安身立命"指示了新的方向。在此方向上，"仁"不仅仅是"诸德"之核心，或"仁义礼智"所谓"四德"之首，还是贯通"天"、"地"、"人"的根本德性，"是天（终极信念）、地（自然生态）、人（社会与他人）、我（内在自我意识与情感）之间的普遍联系与相互滋养润泽"②，更是"君子"修养之最高的精神境界："被称为全德之名的仁，不是泛指任何一种精神境界，而是确指最高的境界——天地境界。"③ 孔子说"士志于道"、"朝闻道，夕死可矣"（《论语·里仁》），又说"君子谋道不谋食……君子忧道不忧贫"（《论语·卫灵公》），都是对此"知天"、"事天"、"同天"、"乐天"的"终极关怀"之不同方向和层面的描述。

　　正像郝大维、安乐哲指出的那样，"孔子在用新的道德条件来规定君子时，并不先取消官职上和政治上的条件。他所做的是坚持这样的原则，政治上的责任和道德上的发展是两个不可分离、相互关联的方面"，"对于孔子来说，人格的培育与对共同体的责任是相互蕴涵的"④，这很能体现

---

　　① 陈来：《古代宗教与伦理：儒家思想的根源》，生活·读书·新知三联书店1996年版，第266页。

　　② 郭齐勇：《儒学的生死关怀及其当代意义》，见中国孔子基金会编《儒学与二十一世纪》，华夏出版社1995年版，第668页。

　　③ 冯友兰：《对于孔子所讲的仁的进一步理解和体会》，见中国孔子基金会编《孔子诞辰2540周年纪念与学术讨论会论文集》，上海三联书店1992年版，第1005页。

　　④ 郝大维、安乐哲：《汉哲学思维的文化探源》，施忠连译，江苏人民出版社1999年版，第163页。

孔子思想的"社群主义"特色。但这并不意味着孔子缺乏精神超越的追求意识,只是其思路并不脱离"人伦日用之常",是要人在日常生活中"践仁"、"行仁",以"成德"、"成圣"。这里的可能性在于,"仁"是人的精神生命之所依,君子之所以为君子,正是以"仁"为其"体"("体仁"),以始终如一、不间断地"行仁"方能达成。理想的"圣人之境"亦由推极"践仁"的功夫而达致。

并且,孔子论"人"之"完成",实以"天人合一"、"性与天道相贯通"为其极致。孔子讲"下学而上达,知我者其天乎",又讲"穷理尽性以至于命"。所谓"'穷理尽性'的工夫、'下学'之学,实即孔子的仁道。"① 只是在"内圣"层面,"仁道"是向内在的心灵境界用力,是打通自我"生命"与"天道"的隔阂,并在精神活动和道德践履中肯定由此而生的超越性价值:"儒家以存仁立乎其大,即于天地万物一体处认识大生命,体悟自性,护持大我,使人格向上发展,不离开现实世界又能超越现实世界的种种限制,把人的精神提扬到超脱寻常的人与己、物与我相分离的境界。"②

对于真正的儒者来说,一旦体认到这种超越性价值,对于"此生在世"所担负的使命、责任和义务的终极意义就有了深刻的领悟,对于生命的真谛也便能获得深切的体验。于是,虽然承认"道之将行也与? 命也。道之将废也与? 命也"(《论语·宪问》),个体行为不能不受到外在条件的限制,但个体行为的实现尤其是当中体现出的道德价值,却是本原于人之内在的道德抉择,如此则对于外在成败也就无所萦怀,也就永不患得患失,便可如孟子赞扬孔子的那样:"可以速而速,可以久而久,可以处而处,可以仕而仕"(《孟子·万章上》),因而永远快乐:"知者不惑,仁者不忧,勇者不惧"(《论语·子罕》)。所以孔子赞赏颜渊"一箪食,一瓢饮,在陋巷,人不堪其忧,回也不改其乐"(《论语·雍也》),自称"饭疏食,饮水,曲肱而枕之,乐亦在其中矣"(《论语·述而》),慨叹曾点

---

① 李景林:《教养的本原——哲学突破期的儒家心性论》,辽宁人民出版社 1998 年版,第80 页。

② 郭齐勇:《儒学的生死关怀及其当代意义》,见中国孔子基金会编《儒学与二十一世纪》,华夏出版社 1995 年版,第 668 页。

"莫春者，春服既成，冠者五六人，童子六七人，浴乎沂，风乎舞雩，咏而归"（《论语·先进》）的志向，虽然境遇、情境不一，但皆有其所乐之处，而"乐"所表达的正是"仁心"对此超越性价值的深切体会。

二

孔子之后，轴心期儒家思想又有三期发展。

第一期发展的承担者是孔子的直传与再传弟子。孔子死后，"七十子之徒散游诸侯，大者为卿相师傅，小者友教士大夫，或隐而不见"①。他们继承孔子广收门人、兴办"私学"的传统，使儒学迅速成为当世显学。但由于及门弟子的文化背景不同、从师时间有异、气质才能各别、学术兴趣不一，儒门很快分化为若干学派。虽然如此，所谓"七十子后学"还是有一些共同的思想倾向："第一，他们都坚持礼乐的仪式与象征的作用，所以一面传授礼乐制度的知识，一面阐发礼乐文化的意义；第二，他们比较多地凭借古代的典籍，作为思想阐释和理解的文本；第三，他们比较注重历史的依据，他们有一个尧、舜、禹、汤、文、武的历史传说系统，凡是需要，他们常常会反身在历史中寻找不容置疑的依据"，并且在两个思想方向上发展了孔子创立的儒学。这便是越发向"人文"方面即以人的内在"人性"为"终极依据"的趋向，以及转而与"天"沟通、从宇宙方面寻找"终极合理性"的趋向。这两个趋向都表现出建设"儒家形上学"的努力，而在曾子、子思及其门人所作的《大学》、《中庸》中，已经成型为"从格物、致知、诚意、正心等心灵自觉开始，经由修身、齐家、治国的路径，以寻求天下合理秩序建立的思路，也提出了从'天命'、'性'、'道'到'教'，即上天赋予人性，遵从人性的自然流露，不断培养这种合理的感情，使人拥有明澈真诚的性情与品格的方法"②。

第二期发展来自被后世尊称为"亚圣"的孟子。孟子对儒学的创造性贡献有二，一是正式提出儒家的"道统"谱系：

---

① 班固：《汉书·儒林传》，中华书局 1962 年版，第 3591 页。
② 葛兆光：《七世纪前中国的知识、思想与信仰世界》，复旦大学出版社 1998 年版，第182—186 页。

五百年必有王者兴，其间必有名世者。（《孟子·公孙丑下》）

由尧舜至于汤，五百有余岁，若禹、皋陶则见而知之，若汤则闻
而知之。由汤至于文王，五百有余岁，若伊尹、莱朱则见而知之，若
文王则闻而知之。由文王至于孔子，五百有余岁，若太公望、散宜生
则见而知之，若孔子则闻而知之。由孔子而来至于今，百有余岁。去
圣人之世，若此其未远也；近圣人之居，若此其甚也。然而无有乎
尔，则亦无有乎尔。（《孟子·尽心下》）

以此通贯"历史之流"，以把握"人道"、"治道"的大统，并以儒家
"道统"传人自居，自觉回应各种非儒学派尤其是"杨墨之学"的质疑和
责难：

圣王不作，诸侯放恣，处士横议，杨朱、墨翟之言盈天下。天下
之言不归杨，则归墨……杨墨之道不息，孔子之道不著……能言距杨
墨者，圣人之徒也。（《孟子·滕文公下》）

二是汲取道家的思想方法，沿循《大学》、《中庸》的运思趋向，建
构"尽心"、"知性"、"知天"的"仁"的形上学，通过实现心灵的自
觉，解决"仁"、"礼"之间的紧张关系，并在此基础上推衍儒家的"内
圣外王之道"。

孟子认为"人性本善"，而"善端"皆根本于"心"，是人"性"之
所固有，是人"心"之本然状态："恻隐之心人皆有之，羞恶之心人皆有
之，恭敬之心人皆有之，是非之心人皆有之。恻隐之心，仁也；羞恶之
心，义也；恭敬之心，礼也；是非之心，智也。仁义礼智，非由外铄我
也，我固有之也"，故"圣人，与我同类者"，但人也可能受诸种生理欲
望的诱引而背离"心"的本然状态："乡为身死而不受，今为宫室之美为
之；乡为身死而不受，今为妻妾之奉为之；向为身死而不受，今为所识穷
乏者得我而为之，是亦不可以已乎？此之谓失其本心。"所以便要通过
"思"、"学"、"自反"的方法回复"本心"：

耳目之官不思，而蔽于物。物交物，则引之而已矣。心之官则思，思则得之，不思则不得也。

学问之道无他，求其放心而已矣。（《孟子·告子上》）

自反而仁矣，自反而有礼矣，其横逆由是也，君子必自反也。（《孟子·离娄下》）

如是而后则"以仁存心，以礼存心"，在利欲刺激前"不动心"，并致力于扩充内在于"心"的"善端"："有四端于我者，知皆扩而充之矣。若火之始然，泉之始达。苟能充之，足以保四海；苟不充之，不足以事父母"（《孟子·公孙丑上》），如是便可以"成贤"、"成圣"，最终进至"事天"、"乐天"的精神境界。

如何才能达到这样的精神境界？孟子给出的方案是："尽其心者，知其性也；知其性，则知天矣。存其心，养其性，所以事天也。"一个人若能"知性"、"知天"，也就是透彻地把握了"自我"与"世界"的关系，则"万物皆备于我矣。反身而诚，乐莫大焉。强恕而行，求仁莫尽焉"（《孟子·尽心上》）。而其形上学的依据则是"天"、"性"、"心"之间的一体通贯："诚者，天之道也；思诚者，人之道也。"（《孟子·离娄上》）"天"的本性是"诚"，也就是真实无妄的"善"，而人"性"之"善"得自于"天"的赋予："仁义忠信，乐善不倦，此天爵也。"（《孟子·告子上》）故能由扩充己"心"之"善端"而体验到"天道"流行之诚实无妄，由此得以破除"物"、"我"界限，使个人精神与宇宙精神融为一体，这样的人便能"居天下之广居，立天下之正位，行天下之大道。得志与民由之，不得志独行其道。富贵不能淫，贫贱不能移，威武不能屈。此之谓大丈夫"（《孟子·滕文公下》）。

与许多儒者一样，孟子服膺孔子的"道德文章"，坦言"乃所愿，则学孔子"（《孟子·公孙丑上》），更有强烈的"道义"担当意识与救世热忱："昔者禹抑洪水而天下平，周公兼夷狄、驱猛兽而百姓宁，孔子成《春秋》而乱臣贼子惧……我亦欲正人心，息邪说，距诐行，放淫辞，以承三圣者"，"如欲平治天下，当今之世，舍我其谁也？"（《孟子·滕文公下》）气势恢弘的孟子依据儒家的文化价值观，提出一整套旨在"救世之弊"的制度性规划,这便是"仁政"、"王道"总括的由"仁心"外推出的"治世"理想。

孟子相信"有不忍人之心,斯有不忍人之政矣。以不忍人之心,行不忍人之政,治天下可运之于掌上"(《孟子·公孙丑上》),"仁者无敌"(《孟子·梁惠王上》),故能否行"仁政"乃是国家兴衰的根本:"三代之得天下也以仁,其失天下也以不仁,国之所以废兴存亡者亦然"(《孟子·离娄上》),而"天下之本在国,国之本在家,家之本在身","君子之守,修其身而天下平"(《孟子·尽心下》)。这便将"治国平天下"的根本置于"君"的道德修养上,并以之为前提:"君仁莫不仁,君义莫不义,君正莫不正,一正君而国定矣。"(《孟子·离娄上》)所以"君"应当"乐其道而忘人之势"(《孟子·尽心上》),虚心向"圣贤"学习,接受"臣"的谏言;并且,"民为贵,社稷次之,君为轻"(《孟子·尽心下》),"得其民,斯得天下矣"(《孟子·离娄上》)。

因此,"君"当以"仁"为本,"善推其所为":"老吾老以及人之老,幼吾幼以及人之幼"(《孟子·梁惠王上》),"亲亲而仁民,仁民而爱物"(《孟子·尽心上》),使民心悦诚服而从之,这便是与"霸道"相别的"王道",而只有"王道"才是治国的根本大道:

> 以力假仁者霸……以德行仁者王……以力服人者,非心服也,力不赡也。以德服人者,中心悦而诚服也。(《孟子·公孙丑上》)
> 乐民之乐者,民亦乐其乐;忧民之忧者,民亦忧其忧。乐以天下,忧以天下,然而不王者,未之有也。(《孟子·梁惠王下》)

这一构想鲜明地表现出儒家"以道自任"的精神与"以道德转化政治"的努力,即"试图在权力与道德、知识之间建立一个制约圈。君主的权力在现实生活中是至上的,但道德、知识在观念范围内又高于权力,从而给权力以制约"①,因而带有相当浓烈的理想主义色彩。

也正因此,虽然孟子的政治理想以及"王道"、"仁政"、"民贵君轻"

---

① 刘泽华主编:《中国古代政治思想史》,南开大学出版社1992年版,第83页。

等观念，后来成为传统社会"士大夫政治"的基本信念，甚至在一定程度上融入了传统社会的"政治意识形态"，却从根本上不适应"霸道"横行天下、"以攻伐为贤"的战国时代，被人称为"迂远而阔于事情"①也便是显然的了。

三

儒学的第三期发展是战国晚期的荀子。

孔子试图用"仁"为"礼乐文明"的重建确立价值本源，但如何化解外在性的"礼"与内在性的"仁"之间可能存在的冲突，孔子并没有做出明确的论证，而这一存在于儒学内部的思想症结如不能在理论层面得到完美解决，势必影响及儒学思想大厦的坚固。孟子的解决思路是简洁明快地将"仁"、"义"、"礼"、"智"全部纳入"人性"、"人心"，这虽然纵深地拓展了儒家"成贤"、"成圣"的精神之路，但将"仁政"、"王道"的展开标定在君主"仁心"、"善性"的推衍上，很有可能在实践中导致"道的错置"，孟子的思想实质因此是一种理想的"文化主义"和"精神主义"。荀子则"迫于乱世，鳅于严刑，上无贤主，下遇暴秦，礼义不行，教化不成，仁者绌约，天下冥冥，行全刺之，诸侯大倾。当是时也，知者不得虑，能者不得治，贤者不得使，故君上蔽而无覩，贤人距而不受。然则孙卿怀将圣之心，蒙佯狂之色，视天下以愚"（《荀子·尧问》），以极为深刻与冷静的理性纵论"百家"得失，剖析时代症结，推衍了儒家"礼学"之"外在论"，为建立儒家理想社会和文明秩序提供了可操作的思路，而其对儒学的改造更潜含着从"知识话语"转化为"意识形态"的质素。

荀子的冷静首先表现在对"人性恶"的论断："人之性恶，其善者伪也。""性恶善伪"是荀子思想体系的基点，儒家"礼治"、"教化"的"文化政治"理念就由此推导而出：

　　今人之性，生而有好利焉，顺是故争夺生，而辞让亡焉。生而有

---

① 司马迁：《史记·孟子荀卿列传》，中华书局 1959 年版，第 2343 页。

疾恶焉，顺是故残贼生，而忠信亡焉。生而有耳目之欲，有好声色焉，顺是故淫乱生，而礼义文理亡焉。（《荀子·性恶》）

　　人生而有欲，欲而不得，则不能无求，求而无度量分界，则不能不争。争则乱，乱则穷。先王恶其乱也，故制礼义以分之，以养人之欲，给人之求，使欲必不穷乎物，物必不屈于欲，两者相持而长，是礼之所起也。（《荀子·礼论》）

　　而正因"性恶善伪"，所以每个人才要"积学向善"："性者，本始材朴也；伪者，文礼隆盛也。无性则伪之无所加，无伪则性不能自美"（《荀子·礼论》），而都有"成圣"的可能性："涂之人也，皆有可以知仁义法正之质，皆有可以能仁义法正之具，然则其可以为禹明矣"，只需"伏术为学，专心一志，思索孰察，加日县久，积善而不息，则通于神明，参于天地矣。故圣人者，人之所积而致矣"（《荀子·性恶》）；而且，"积学向善"、以"礼义"修身"为人"，并非来自外在的强力规范，而恰恰是基于人之为人的本质性要求："人之所以为人者，非特以其二足而物毛也，以其有辨也……夫禽兽有父子而无父子之亲，有牝牡而无男女之别。故人道莫不有辨，辨莫大于分，分莫大于礼"（《荀子·非相》）。

　　如此看来，虽然荀子的思想基点与孟子针锋相对，但他设计的整顿"人心"、建构社会的方案，却并未突破儒家基本价值观的底线。这就可以理解，为什么尽管荀子不反对"霸道"，认为"王"、"霸"可以相通，"霸道"是"王道"的补充，所谓"上可以王，下可以霸"（《荀子·王霸》），但其理想的政治图景还是"圣人""为政"的"王道"：

　　天下者，至重也，非至强莫之能任；至大也，非至辨莫之能分；至众也，非至明莫之能和。此三至者，非圣人莫之能尽，故非圣人莫之能王。（《荀子·正论》）

　　"圣人""为王"，便能"致贤而能以救不肖，致强而能以宽弱，战必能殆之而羞与之斗，委然成文以示之天下，而暴国安自化矣"（《荀子·仲尼》），使"四海之内若一家，故近者不隐其能，远者不疾其劳，无幽

闲隐僻之国莫不趋使而安乐之"（《荀子·王制》），这与孟子可谓殊途而
同归。

然而，无论是个人的思想气质还是要应对的时代问题，荀子毕竟与孟
子有别。荀子清醒地认识到，在一个社会/精神秩序混乱不堪的时代，人
们不能不以生存欲望和现实利益为思考中心，而将那些超越性的文化价值
和乌托邦的美好想象束之高阁——这种体察虽然未免令人伤感，却更切近
社会现实的真相，但假如一个社会缺乏超越性追求，它又必定是在政治上
无意义的。

对于现实生存与超越性价值，如何才能做到"鱼与熊掌得兼"？荀子
的策略是一方面将"礼"提升为"社会"和"自然"的共同准则：

> 天地以合，日月以明，四时以序，星辰以行，江河以流，万物以
> 昌，好恶以节，喜怒以当，以为下则顺，以为上则明，万物变而不
> 乱，贰之则丧也，礼岂不至矣哉！（《荀子·礼论》）

于是可以凭借这套"宏大叙事"推阐和践行儒家"礼治主义"的政
治文化主张；另一方面则是将"法"、"势"纳入"治道"，"礼"、"法"
并重："古者圣人以人之性恶，以为偏险而不正，悖乱而不治，故为之立
君上之势以临之，明礼义以化之，起法正以治之，重刑罚以禁之，使天下
皆出于治，合于善也"（《荀子·性恶》），"人君者隆礼尊贤而王，重法爱
民而霸"（《荀子·强国》），而正是这样明确的主张使得儒家学术具备了
由"知识话语"向"意识形态"转化的可能性。

荀子的冷静还体现在对儒家人文精神的重建，前提则是对儒学的"自
我批判"。司马迁评论说："荀卿嫉浊世之政，亡国乱君相属，不遂大道而
营于巫祝，信禨祥。鄙儒小拘，如庄周等又猾稽乱俗。于是推儒、墨、道
德之行事兴坏，序列著数万言而卒。"[1] 不满于"鄙儒"的拘谨，试图以超
越性的"道"为引领、以儒家思想为根基整合"诸子之学"的荀子，对
"诸子"进行了系统的总结和批判，其矛头所向，也包括儒家内部诸派。

---

① 司马迁：《史记·孟子荀卿列传》，中华书局 1959 年版，第 2348 页。

在荀子看来,只有孔子、子弓能"总方略,齐言行,壹统类",而像子思、孟子等儒者都是"儒家罪人",因为他们"略法先王而不知其统,犹然而材剧志大,闻见杂博。案往旧造说,谓之五行,甚僻违而无类,幽隐而无说,闭约而无解,案饰其辞而祇敬之曰:'此真先君子之言也。'子思唱之,孟轲和之。世俗之沟犹瞀儒嚾嚾然不知其所非,遂受而传之,以为仲尼、子游为兹厚于后世,是则子思、孟轲之罪也",至于子张、子夏、子游诸派则皆为"贱儒":"弟佗其冠,神禫其辞,禹行而舜趋,是子张氏之贱儒也。正其衣冠,齐其颜色,嘛然而终日不言,是子夏氏之贱儒也。偷儒惮事,无廉耻而耆饮食,必曰'君子固不用力',是子游氏之贱儒也"(《荀子·非十二子》)。荀子认为,他们要么不明儒学"统系",假托"圣人""语态"而造作"五行"学说,以营惑世人之心、悖乱儒家"道统";要么专在衣饰外表上下功夫,故作"圣人"姿态,非但不能弘扬儒家"大道",反倒堕落为孔子曾经批判过的"小人儒",因而都远离了儒家的"真立场",违背了儒者的"真精神"。

基于这种反省,荀子提出:"道者,非天之道,非地之道,人之所以道也,君子之所道也"(《荀子·儒效》),又说"错人而思天,则失万物之情","唯圣人为不求知天"(《荀子·天论》),从而将儒学的致思趋向重新锁定于对现实社会秩序的整顿。荀子又说:"士君子不为贫穷怠乎道"(《荀子·修身》),"权利不能倾也,群众不能移也,天下不能荡也。生乎由是,死乎由是,夫是之谓德操"(《荀子·劝学》),"彼大儒者,虽隐于穷阎漏屋,无置锥之地,而王公不能与之争名"(《荀子·儒效》),以"道义"、"德操"为真正儒者的立身之本,从而将"道义"理想重新置入儒家的"安身立命"之"道"。这两个方面都表现出荀子对于儒家人文精神的回归,其对"道统"与儒者身份意识的坚定信念和充分自觉,实与孔孟一脉相承,因而作为先秦儒家的最后一位大师,荀子并没有离开儒家的根本立场。

第二章　轴心时代的儒家文论话语:资源与范式

> 志于道，据于德，依于仁，游于艺。
>
> ——《论语·述而》

第一节　"前儒家时代"的文论遗产

一

如同任何一种思想学说的创造，儒家文论并非凌空蹈虚、空穴来风，而有其凭依的知识、思想资源，远源是孔子倾心向往的"整合性"的西周"礼乐文明"、"礼乐文化"，近源则是春秋时代有关"诗"、"乐"的一般知识与观念。这些通过教育手段而得以传播和更新的知识和观念，具有超越地域文化限定的普遍性，构筑了一个"公共话语"空间，人们藉以建构社会/文化身份，实现彼此认同，表达政治诉求与文化理想。

刘若愚认为："古文中与 literature 意义最相近者为'文'。"[①] "相近"不等于"相同"，因为"文"的所指具有超越"文学"的广泛性。那么，什么是"文"？许慎解释说："文，错画也，象交文"，段玉裁认为："错当做逪……逪画者，文之本义"[②]，是说"文"的本义是由线条交错而形

---

① 刘若愚：《中国人的文学观念》，赖春燕译，台北成文出版社 1981 年版，第 11 页。
② 段玉裁：《〈说文解字〉注》，上海古籍出版社 1988 年版，第 425 页。

成的一种带有修饰性的形式。这一理解可能与早期人类的文身以及陶器上的编织纹有关。其后,"文"的涵义逐渐扩大和丰富,色彩的交错也可称"文",如《礼记·乐记》所说"五色成文"。更进一步的发展,就是《易传·系辞下》所说"物相杂,故曰文",任何事物只要具有某种"错画性"或修饰性,均可称之为"文"。于是,不仅自然事物有"文",社会事物也有"文"。举凡政治礼仪、典章制度、文化艺术,乃至于人的服饰、言语、行为、动作,均可以"文"称谓,此即刘师培所说:"三代之时,凡可观可象,秩然有章者,咸谓之文"[①]。

这意味着,"文"是一个超越性的概念,无论是人的身体状态还是精神活动,无论是自然现象还是社会组织,当其"可观可象,秩然有章"时,就呈现为"文"——它要有诉诸人的感性的结构与外观,清晰、节制而又光华外溢,但是,任何一种具体呈现方式都只是展现了"文"的无限性的一种可能,而对任何一种有限性的"文"的理解,又必须将其置于整体的"文"中才能恰如其分。同时,"文"也是一个贯通性的概念,通过"文","自我"与"他人"、"人"与"世界"、"现在"与"过去"得以实现交流沟通,因而"文"必然既呈现为时间的序列——"文"的历史,也展开为空间的结构——"文"的类别。当然,对"文"的这些理解,是在后世才逐步明晰化的,但在华夏文明孕育之初,作为一种隐含的解释框架,引导了中国人论"文"的思想方向和言述方式。

那么,对人而言,"文"是如何产生的?人为什么需要"文"?这既涉及对"文"之本体的理解,同时也与"文"的发生学解释相关联。在春秋时代,人们普遍接受的文论观念是"诗言志"。《尚书·尧典》明确记载了这一观念:

> 帝曰:"夔!命汝典乐,教胄子。直而温,宽而栗,刚而无虐,简而无傲。诗言志,歌永言,声依永,律和声。八音克谐,无相夺伦,神人以和。"夔曰:"於!予击石拊石,百兽率舞。"

[①]　刘师培:《广阮氏文言说》,转引自郭绍虞《中国历代文论选》(三),上海古籍出版社2001年版,第599页。

《尧典》成篇晚出，不能将这段文字视作舜帝言谈的实录，但并不意味着"诗言志"的观念也出自后人伪托。据《左传·襄公二十七年》记载，公元前546年，赵文子对叔向所说"诗以言志"，是作为成语来使用的，此时孔子年仅5岁，可证"诗言志"在"前儒家时代"是为人普遍接受的权威性观念。朱自清将其称为中国诗论的"开山的纲领"① 是恰如其分的，但这"开山纲领"无疑具有更大范围的指涉性，并非只对作为一种文学文体的"诗"有效。这不仅是因为，在上古时代，"诗"、"乐"、"舞"一体，因而"诗"所指称的其实是一种"整合性"的文化活动，有"诗"就必有"乐"、"舞"相配合；而且，按前述中国人"文"的概念，"诗"也是"文"的一种呈现方式。

那么，什么是"诗言志"？它蕴含了怎样的文论视野？首要的是对"志"的理解。闻一多认为，"志"的本义是"停止在心上"，"停在心上"亦可说是"藏在心里"。"志"有三个意义：一记忆，二记录，三怀抱，这三个意义正代表诗的发展途径上三个主要阶段。② "志""蕴藏在心"，是"心之所之"，几乎包括所有的"人心"念虑，而有"体"、"用"之分：

1. 从"体"来说，"志"是"人心"对客观事物的记忆，如《礼记·哀公问》："子志之心也"，《国语·楚语上》："闻一二之言，必诵志而纳之"，所云之"志"皆谓"记忆"，也就是《说文》徐笺引戴侗云"心之所注为志，志在焉，则不亡，故因为记念之义"。而当人心中的记忆发"用"在外，就是后世所谓"史"，如《周礼·外史》："掌四方之志"，郑玄注云："志，记也。谓若鲁之《春秋》，晋之《乘》，楚之《梼杌》"，《国语·楚语上》"教之故志"，注云："故志，所记前世成败之书"；

2. 从"体"来说，"志"意指理性的志向、思想，如《论语·公冶长》"子曰：盍各言尔志"，"子路曰：愿闻子之志"，这里的"志"即指人的志向、抱负，如孔子自言其"志"是"老者安之，朋友信之，少者怀之"。当其发"用"在外，如《国语·晋语》："志有之

---

① 朱自清：《诗言志辨序》，见《朱自清古典文学论文集》上册，上海古籍出版社1981年版，第190页。

② 闻一多：《歌与诗》，见《闻一多全集》第十卷，湖北人民出版社1993年版，第8页。

曰：'高山峻原，不生草木；松柏之地，其土不肥'"，意谓"志"是蕴含义理的成语；

3. 从"体"来说，"志"是人心中的情感，如《左传·昭公二十五年》说"民有好、恶、喜、怒、哀、乐，生于六气。是故审则宜类，以制六志"，孔颖达《正义》云："此六志，《礼记》谓之六情"，当其发"用"在外，更多指今日文类意义上的"诗"，如《左传·昭公二十五年》记载郑国六卿为韩宣子赋诗，六卿所赋皆出自《郑风》，韩宣子说："二三君子以君命贶起，赋不出郑志"，所谓"郑志"，就是"郑诗"。

"志"的三层涵义同时意味着对于"诗"的三种理解：1."记事"，如《管子·山权数》云："诗，所以记物也"；2."明理"，如贾谊《新书·道德说》云："诗者，志德之理而明其指，令人缘之以自戒也"；3."言情"，如刘歆《七略》云："诗以言情，情者性之符也"。①

"记事"、"明理"、"言情"，是对"诗"的宽泛理解，或者说是本根性/基源性的理解，意味着"诗"在时间和逻辑意义上的初始状态，这种意义的"诗"无疑超出了现代文学理论所认定的"诗"的疆域，但在春秋时代的文化语境中，其所对应的正是人之"文"："文"是广义之"诗"，"诗"是狭义之"文"。"志"之"体"、"用"表明，"记事"、"明理"、"言情"之"文"乃是"人心"发用之结果，意谓"人心"乃是"人文"之本源，"人文"乃是"人心"之本体的功能。

"志"与"人心"相关，"言"也并无二致。按余虹的分析，在古代，"言"与"语"是有区别的。《论语》所谓"食不言，寝不语"，朱熹注曰："答述曰语，自言曰言。"《礼记》郑注也有"言，言己事。为人说为语"。另《说文》释"言"曰："直言曰言，论难曰语"，张舜徽《说文解字约注》云："所谓直言，但申己意，不待辩论也。论难者，理有不明，必须讨论辩难而后解也。"由此可见，"言"有"自言"、"直言"、"言己事"的含义，这正是中国古老诗思对诗性言说的基本看法。为此，只可说"诗言志"，不可说"诗语志"。"诗言志"的过程是一个自发、自然的过

① 李壮鹰：《中国诗学六论》，齐鲁书社 1989 年版，第 44—47 页。

程，它并不必然要求交流。但无论"志"还是"言"，其本体都是"心"，"志"者，心之志；"言"者，心之言也。①

尽管如此，"诗言志"内在蕴含着交流的必然性要求，因为既然不存在绝对私人性的语言——语言之为语言就在于其所具有的共享性，则"诗言志"之"言"所谓"自言"、"直言"、"言己事"，其实是指"诗"的产生乃是自发、自然的行为，意谓人有内在的"志"而必然发之为外在的"言"，这就是"诗"：

> 诗者，人志意之所之适也。虽有所适，犹未发口，蕴藏在心，谓之为志。发见于言，乃名为诗。言作诗者，所以舒心志愤懑，而卒成于歌咏。故《虞书》谓之"诗言志"也。包管万虑，其名曰心；感物而动，乃呼为志。志之所适，外物感焉。言悦豫之志则和乐兴而颂声作，忧愁之志则哀伤起而怨刺生。《艺文志》云："哀乐之情感，歌咏之声发。"此之谓也。②

二

作为一种古老而源始的文论信念，"诗言志"将"人心"设定为"诗"的本源本体，从而与推崇"摹仿"也就是以外在世界为本根的欧洲"诗学"在根源之地相异，可将其视作"前儒家时代"文论的本体论。依据"诗言志"，"诗"的价值不在于通过"诗"的镜像认识世界，而是经由"诗"了解"人心"，利用"诗"规导"人心"，于是就有"诗教"、"乐教"的"审美政治学"的观念与实践，以及"观诗知政"、"赋诗言志"命题表述的"诗"、"乐"的"政治语用学"，构成了"前儒家时代"文论的功能论。

"诗教"、"乐教"亦即用"诗"、"乐"来教化"人心"的观念源起甚早。《左传·文公七年》记载，郤缺为赵宣子解释何为"九歌"，曾引用

---

① 余虹：《中国文论与西方诗学》，生活·读书·新知三联书店1999年版，第159—160页。
② 孔颖达：《诗大序正义》，见阮元校勘《十三经注疏》，中华书局1980年版，第270页。

《夏书》中的"戒之用休，董之用威，劝之以九歌，勿使坏"，所谓"劝之以九歌"，就包含了这一观念。至于《尧典》所记舜帝让夔"典乐以教胄子"，则表述得更为清晰，"乐教"的首要目标是让那些贵族子弟养成"直而温，宽而栗，刚而无虐，简而无傲"的人格，因为"乐"能对"人心"产生作用。这一认识的前提设定是"诗言志"，亦即"诗"、"乐"是"人心"的发用/表现，既然如此，也就可以用"诗"、"乐"来感化、培植"人心"。

作为晚出文献，《尧典》无疑烙印着后人的追忆乃至某种文化想象，但在周代，"诗教"、"乐教"不仅确然存在，而且被纳入贵族教育体制。吕思勉认为："《诗》、《书》、《礼》、《乐》、《易》、《春秋》，大学之六艺也；礼、乐、射、御、书、数，小学及乡校之六艺也。"[1] "小学"教育中的"礼"、"乐"，"大学"教育中的《诗》、《乐》，都有"诗"、"乐"教化的内容，只是在程度上有所区别。而楚国的申叔时在答问如何教育太子时明确提出："教之诗，而为之导广显德，以耀明其志"，"教之乐，以疏其秽而镇其浮"，"文咏物以行之"，"诵诗以辅相之"（《国语·楚语上》），不仅特别强调了"诗"、"乐"与德性情操的关系，还指出了具体的教育方法。

那么，周代"乐教"的具体情形如何？有哪些内容？《周礼·春官·大司乐》记载说：

> 以乐德教国子：中、和、祗、庸、孝、友。以乐语教国子：兴、道、讽、诵、言、语。以乐舞教国子：舞《云门》、《大卷》、《大咸》、《大磬》、《大夏》、《大濩》、《大武》。以六律、六同、五声、八音、六舞、大合乐，以致鬼神祗，以和邦国，以谐万民，以安宾客，以说远人，以作动物。

"乐德"、"乐语"、"乐舞"的齐整和系统，肯定经过了后世学者的编排，但也无疑有一定的史实基础。这段文字显示"乐教实际上是包括了音乐、诗歌和舞蹈这三位一体的综合教育"[2]，可藉由管窥周代"国子"教

① 吕思勉：《吕思勉读史札记》，上海古籍出版社1982年版，第462页。
② 袁行霈、孟二冬、丁放：《中国诗学通论》，安徽教育出版社1994年版，第23页。

育的史影，也可以从中感受"乐教"在上古时代贵族生活中具有的重大意义。"乐教"的实施者应当对"诗"、"乐"、"舞"的审美感染力有所认识，但"审美"既非设立"乐教"的初衷，更非其最终目的，故此"乐教"的理念可称为"审美政治学"，意谓审美是实现政治目的的手段，而审美本身则是政治生活的文化表征。

所谓"观诗知政"即通过"诗"、"乐"察知民情风俗，了解政治得失。有两个途径，第一个途径是"王官""采诗"："哀乐之心感，而歌咏之声发。诵其言谓之诗，咏其声谓之歌。故古有采诗之官，王者所以观风俗，知得失，自考正也。""孟春之月，群居者将散，行人振木铎徇于路，以采诗，献之大师，比其音律，以闻于天子。"[①] "男年六十、女年五十无子者，官衣食之，使之民间求诗。乡移于邑，邑移于国，国以闻于天子。故王者不出牖户，尽知天下所苦，不下堂而知四方。"[②] 这些描述难免携带了后世儒家对理想政治图景的想象，但从《诗经》编集的情况看，可以肯定，至少在周代，确实存在中央和地方诸侯国的乐官/乐人到民间采集"诗"、"乐"的事实。

第二个途径是"公卿"、"列士"的"献诗"。如《国语·周语上》记载召公谏周厉王"弭谤"时说："天子听政，使公卿至于列士献诗，瞽献曲，史献书，师箴，瞍赋，矇诵，百工谏，庶人传语。近臣尽规，亲戚补察，瞽、史教诲，耆、艾修之，而后王斟酌焉，是以事行而不悖。"《左传·襄公十四年》记载师旷对晋平公说："自王以下，各有父兄子弟，以补察其政。史为书，瞽为诗，工诵箴谏，大夫规诲，士传言，庶人谤。"可知"诗"、"乐"既是天子"听政"、"施政"的必要参考，也是臣僚劝谏天子、补察"王政"的有效手段。

至于"观诗知政"的具体实践，由《左传·襄公二十九年》记载的季札论"乐"，可略窥一斑：

（季札）请观于周乐。使工为之歌《周南》、《召南》。曰："美

---

① 班固：《汉书·艺文志》、《食货志》，中华书局 1962 年版，第 1708、1123 页。
② 何休：《春秋公羊传注疏》宣公十六年《疏》，见阮元校勘《十三经注疏》，中华书局 1980 年版，第 2287 页。

哉！始基之矣。犹未也，然勤而不怨矣。"……为之歌《王》。曰："美哉！思而不惧，其周之东乎？"……为之歌《豳》。曰："美哉荡乎！乐而不淫，其周公之东乎？"为之歌《小雅》。曰："美哉！思而不贰，怨而不言，其周德之衰乎？犹有先王之遗民焉。"为之歌《大雅》。曰："广哉，熙熙乎！曲而有直体，其文王之德乎？"

季札的思路亦即杜预所说"依声以参时政"、"论声以参时政"，从而"知其兴衰"，也就是"从音乐（包括诗歌）的风格上去考察其中所体现的思想感情，从而借以辨别政治优劣，风俗好坏"①。

杨向奎指出："在先秦时代，诗与语言结合，大概有四种用法：一是典礼，二是讽谏，三是赋诗，四是语言。用在典礼与讽谏上是诗的本质；用在赋诗与语言上是诗的引申。"② 用在语言上引申扩展的是"诗"的修饰、文饰性质，后者用以增加言语的文采，或者引用"成诗"以增强言说的力量，如劳孝舆所说："自朝会聘宴以至事物细微，皆引诗以证其得失焉。大而公卿大夫以至舆台贱卒，所有论说皆引诗以畅厥旨焉。余尝伏而读之，愈益知《诗》为当时家弦户诵之书"③。

用在"赋诗"上则是在外交活动中引用"成诗"委婉地表达志向和意图，所谓"交接邻国，以微言相感，当揖让之时，必称诗以谕其志，盖以别贤不肖而观盛衰焉"④。在春秋时代，"赋诗言志"已经成为列国诸侯贵族、士大夫交际酬对的惯例，又可细分为两种情况：

1. 通过"称诗用诗"了解政治志向，典型如襄公二十七年"郑伯享赵孟于垂陇"，郑国子展等七人随从，赵孟曰："七子从君以宠武也，请皆赋以卒君贶，武亦以观七子之志。"于是子展等人赋《草虫》、《鹑之贲贲》、《野有蔓草》等诗，或者表达与赵孟相见的愉快心情，或者表达自己的政治态度和理想抱负，而赵孟也因此了解七人的志意所在，并推断赋《鹑之贲

---

① 张少康、刘三富：《中国文学理论批评发展史》上卷，北京大学出版社 1995 年版，第 20 页。
② 杨向奎：《宗周社会与礼乐文明》，人民出版社 1997 年版，第 374 页。
③ 劳孝舆：《春秋诗话》，广东高等教育出版社 1996 年版，第 66 页。
④ 班固：《汉书·艺文志》，中华书局 1962 年版，第 1755—1756 页。

贲》的伯有"将为戮矣",而"其余皆数世之主也,子展其后亡者也",理由是伯有"志诬其上而公怨之,以为宾荣",对国君心存怨恨,而子展"在上不忘降",虽居"上位"而能自我谦抑。这是对"称诗"者个人政治志向的了解。至于昭公十六年韩宣子对郑国六卿说:"二三子请皆赋,起亦以知郑志",则是要从郑国"六卿"的"赋诗"中了解郑国的政治倾向;

2. 通过"赋诗"表达政治意图,以完成外交活动。如果"赋诗"得当,便会促进外交的顺利进行,否则便导致外交活动的失败,甚至会引出祸乱。"赋诗"得当的例子如文公十三年,郑伯宴请鲁文公,请他代为到晋国去说情,表示愿意重新归顺于晋。郑国子家与鲁国季文子先后赋诗《鸿雁》、《四月》、《载驰》、《采薇》,最终鲁国同意了郑国的请求。"赋诗"不当的例子如襄公十六年,晋平公与诸侯宴会于温,请与会诸国大夫赋诗,提出"歌诗必类",而齐国高厚赋诗"不类",致使晋大夫荀偃大怒,说"诸侯有异志矣",乃与各国大夫一起盟誓:"同讨不庭!"齐国高厚只好仓皇逃归。"赋诗"不当几乎招致战祸。

这些事例表明春秋时代贵族优雅的生活方式,"诗"是显示良好的教养、温文尔雅的谈吐的必不可少的手段,能够流畅和恰如其分地"赋诗言志"乃是身份的象征与合乎礼仪的表现。"诗歌本来是礼乐文化的重要组成部分,即使它的功能发生了重要变化,从仪式化的歌舞乐章成了一种言说方式,但它依然具有某种神圣的色彩,正是这种神圣色彩使它作为言说方式依然可以成为贵族的身份性标志,也使贵族在用这种方式进行交流的过程中感到自己的高贵身份得到了确证"①。虽然"赋诗"和"观志"的双方都是以一种"赋诗断章,余取所求"(《左传·襄公二十八年》载卢蒲癸语)的方式,强调《诗》的政治功能——由此而形成中国的源始"诗论",此即"诗"的"政治语用学",但"诗"本身所具有的审美因素,却也容易造成可称为"生活艺术化"的效果。

三

尽管在春秋时代尚缺"作者"的自觉意识与追求,知识精英是将纵论

---

① 李春青:《论先秦"赋诗"、"引诗"的文化意蕴》,《齐鲁学刊》2003 年第 6 期。

政治、参与政治作为自己的志业——虽然他们也相信"立言"与"立德"、"立功"并为"三不朽"(《左传·襄公二十四年》),但传世文献还是记载了一些有关"创作"的观念,可将其视作"前儒家时代"文论的创作论。

例如,《易·家人·象》曰:"君子以言有物而行有恒。"《艮》卦《六五》爻辞又曰:"艮其辅,言有序,悔亡。"确切地说,"言有物"、"言有序"的语用指向均是"君子"应有的言行态度,并不是直接针对"诗"、"乐"等具有审美性质的"创作"发表的评论,但毕竟涉及如何"发言",而且是与"君子"身份相符的言述要求,也就是切合实际("言有物")与有条理("言有序"),却可以引申为"语文写作"的基本要求。

深入一层的观念与"诗言志"有关。《左传·襄公二十五年》载孔子言:"《志》有之:言以足志,文以足言。"杜预注解:"《志》,古书。"①可见"言以足志,文以足言"渊源甚远,包含两方面的意思:

1. "言志"的过程是"志"→"言"→"文",要最终落实到"文"才完成;

2. "文"与"言"不同,"文"具有修辞性,文采斐然,所以"文"能动人,故孔子紧接着就说"言之无文,行而不远"。

在文论视野中,"言以足志,文以足言"表明人们对修辞的重视,蕴含着对"文"作为"表现性语言"的意识。"志"的完美表达,不能通过日常性的"言"。而既然能"足志"、"足言",则在"志"、"言"、"文"三者间必然存在合一性。

与此类似的是宁嬴所说:"夫貌,情之华也;言,貌之机也。身为情,成于中。言,身之文也。言文而发之,合而后行,离则有衅。"(《国语·晋语》)这段文字本是针对晋国太傅阳处父为人的议论,但宁嬴认为"情"、"言"、"文"应当合一,却可以在美学和文论上发生意义,可理解为对"文"、"质"合一的表述。不仅如此,宁嬴似乎意识到,人作为"肉身化存在",必然有"性情",而"言"正是"身"所必需的文饰,

---

① 阮元校勘:《十三经注疏》,中华书局 1980 年版,第 1985 页。

人的"性情"需要通过"言"才能体现,这一过程也是人的"肉身化存在"建立的过程,所以"言"是人不可或缺的,但"言"又必得体现为"文"的样态,这就将"文"与人的全幅生命一体化,不仅关系人的精神生命,也涉及人的生理性存在。

再进一步的观念就是"中和"。李泽厚、刘纲纪指出,中国古代美学对于同"乐"相连的"和"的认识,是从生理感官上的"和",进到心理、精神上的"和",然后再进到整个自然和社会的"和"。后者正是中国古代美学所追求的最高的"和",也是最高的美。中国古代哲人极其明朗而毫不犹疑地认定,大自然及人类社会按其本性来说是和谐的,而最高意义上的美就在这种和谐之中①。文艺审美应当以"中和"为最高理想和创作原则,而文艺审美表现的"中和"又能促进"人人之际"、"天人之际"的普遍和谐。"和"的观念深植于中国的农业经济形态和血缘宗法社会形态,从经验观察提升为思想意识,进而转化为实践上的自觉追求。从思想意识的演进看,史伯、晏婴对"和"的表述,构成了前后相承的逻辑环节。

一般认为,史伯的表述有两个贡献:1. 对"和而不同"观念的初步表达:"和实生物,同则不继。以他平他谓之和,故能丰长而物归之。若以同裨同,尽乃弃矣",故应去"同"而取"和";2. 对"多样性和谐"观念的明确表述:"声一无听,物一无文,味一无果,物一不讲"(《国语·郑语》)。这些言辞是史伯针对周王偏听偏信、不能广用贤人的政治衰弊而发的,却具有普遍性意蕴。"物一无文"即《易传》所说"物相杂故曰文",而"声一无听"则是史伯时代的普遍观念,所以才被作为论证政治开放重要性的支撑话语。不仅如此,史伯似乎认为,在文艺审美的多样性与政治文明的开放性之间存在某种结构上的同一性,所以政治上的"和而不同"原则可以顺理成章地推论及文艺审美。

其后,晏婴发挥了史伯的思想,明确地将"和乐"与"人心"联系起来:

> 先王之济五味,和五声也,以平其心,成其政也。声亦如味,

---

① 李泽厚、刘纲纪:《中国美学史》第一卷,中国社会科学出版社 1984 年版,第 91 页。

一气、二体、三类、四物、五声、六律、七音、八风、九歌，以相
成也；清浊、大小、短长、疾徐、哀乐、刚柔、迟速、高下、出
入、周疏，以相济也。君子听之，以平其心，心平德和。（《左传·
昭公二十年》）

"声"、"乐"之美在于多样性统一造成的和谐，亦即实现各种相异和
对立因素（如"清浊、小大、短长、疾徐、哀乐、刚柔、迟速、高下、出
入、周疏"）的"相成"、"相济"，使之配合适中、和谐统一，这比只讲
把相异因素结合起来的史伯系统得多。

晏婴的贡献还在于，他明确地将"和乐"与人的精神状态及国家的政
治状态联系起来，从而确认了以"中和"原则从事"诗"、"乐"创作的
意义，这也是西周以迄春秋时代的普遍观念。伶人州鸠就说：

夫政象乐，乐从和，和从平。声以和乐，律以平声。金石以动
之，丝竹以行之，诗以道之，歌以咏之，匏以宣之，瓦以赞之，草木
以节之。……夫有和平之声，则有蕃殖之财。于是乎道之以中德，咏
之以中音，德音不愆，以合神人，神是以宁，民是以听。（《国语·周
语下》）

作为一个乐人，州鸠认为，"和"与"乐"、"政"具有通贯性，所谓
"有和平之声，则有蕃殖之财"，而"乐"、"诗"、"歌"是对此通贯一体
之"和"的不同形式的表现，所以必得"道之以中德，咏之以中音"，这
既可以理解为他对自身所从事的职业的合法性辩护，也可视作他对理想的
"乐"应具备的品质的坚持。无论如何，在州鸠看来，"乐"绝不是供人
消遣娱乐的，而是有重大的政治、文化功能，关系到治国理民乃至与神明
沟通的大事。如此说来，"中和"作为一种创作理想、创作原则，其意义
实在重大。

不过，在"诗"、"乐"评论中直接和明确地表达"中和"观念的还
是季札。在他论"乐"的文字中，"中和"的观念随处可见，尤以论
《颂》最为集中：

　　至矣哉！直而不倨，曲而不屈，迩而不偪，远而不携，迁而不淫，复而不厌，哀而不愁，乐而不荒，用而不匮，广而不宣，施而不费，取而不贪，处而不底，行而不流。五声和，八风平，节有度，守有序，盛德之所同也。（《左传·襄公二十九年》）

　　季札对《颂》的赞辞连用十四个分句，均着眼于"诗"、"乐"所表现的各种情感的恰当的对立统一，以之为"诗"、"乐"的顶点，不仅表述了"中和"之美的理想，同时也暗示了处理与表达复杂情感的方式。

　　史伯是西周太史，晏婴是齐国贤相，季札是吴国公子，州鸠是周景王的乐官，他们的身份、地位不同，却置身于相同的文化语境，都将"中和"视作"诗"、"乐"的创作理想，或者说，在他们看来，"中和"是理想的"诗"、"乐"应当具有的品质。何以如此？因为"中和"的"诗"、"乐"可以通过对"人心"施加积极影响，造就"心平德和"的"君子"与"神是以宁，民是以听"的好政治，于是具有"中和"品质的"诗"、"乐"也就是好政治的审美表征，"先王"正是通过"中和"的"诗"、"乐"以"成其心，平其政"，为后世确立了效仿典范，这典范兼具政治意义与文化意义，而以"中和"为纽结。于是，后人不仅应当效法"先王"，将"中和"作为政治建构的理想，还应效仿"先王"，将"中和"作为"诗"、"乐"创作的原则，原因就在于"诗"、"乐"与"人心"、"政治"存在一体互动性。似乎可以说，尽管史伯、晏婴、季札对"诗"、"乐"的审美性有体验和意识，但他们论"中和"的文化/审美理想首先考虑的是政治问题，是在政治论域中提出的文化/审美理想，因而"中和"也就是运用"诗教"、"乐教"的"审美政治学"和"诗"、"乐"的"政治语用学"而对文化/审美的规范。

第二节　"六经之教"与儒家文论话语建构范式

一

　　"前儒家时代"的文论构成了儒家文论话语建构的知识和思想的背景，但儒家文论并非成型于针对具体文艺实践的系统论说，而是以"经典释义"为主导性的话语建构方式。假如我们将"经学"宽泛地理解为对儒家典籍进行的阐释与研究,则可说儒家文论起始便与经学难解难分。儒家文论至为崇高的理论原则、最具基础性的观念、基本思想方式与话语表达方式,都或者直接取自于经学,或者烙有经学的深重印记。现代文论史家或认为"六经之教"的说法出自汉代儒者的构建,但"马王堆帛书"、"郭店楚简"等新出土文献证明,儒家的"六经之教"确实在孔子晚年已经形成,"六经"文本的定型及其授受流传始自孔子这一传统说法,并非纯出于后世儒者的臆测。

《诗》、《书》、《礼》、《乐》、《易》、《春秋》连称为"六经",依据现存传世典籍,最早见于《庄子·天运》,《诗》、《书》等"六经"已与"先王"的治国大道、彪炳事业相关。而在成篇年代相近的郭店楚简《六德》中,虽然没有明确出现"六经"字眼,但《诗》、《书》等业已实质性地连为一组,缘由在于其中皆蕴含指导夫妇、父子、君臣关系的"圣、仁、智、信、义、忠""六德"之道①。特别是《易》既与"六德"之道相关,则已超越"卜筮之书"的看待视野,这是《易》之成"经"的关挟。可知至迟在战国中后期,"六经"的经典系统已然确定,而且与"儒家"联系在一起,这决定于儒学"温和的突破"性质、"以述为作"的思想和表达方式。

据现存史料,书籍称"经"之举始于战国,而战国秦汉各家的权威书籍亦多有"称经"之例,并不限于儒家,如墨家有《墨经》,道家有《道经》,法家有《法经》,天文家有《星经》,医家有《医经》。春秋战国时代,书籍或称为"书",如《左传·襄公十四年》所载:

> 史为书,瞽为诗,工诵箴谏,大夫规诲,士传言,庶人谤,商旅于市,百工献艺。故《夏书》曰:"遒人以木铎徇于路,官师相规,工执艺事以谏。"

或称为"典"、"册",如《尚书·多士》有云:

---

① 荆门市博物馆编:《郭店楚墓竹简》,文物出版社 1998 年版,第 188 页。

惟尔知惟殷先人，有册有典。

或称为"典籍"，如《左传·昭公二十六年》记述：

王子朝及召氏之族、毛伯得、尹氏固、南宫嚚奉周之典籍以奔楚。

或称为"书契"，如《易·系辞下》追忆：

上古结绳而治，后世圣人易之以书契。

许慎《说文解字》释曰："书，箸也"①，"箸"通"著"。又说："箸于竹帛谓之书。"② 而"典，五帝之书也。从册在丌上，尊阁之也……庄都说：'典，大册也。'""册，符命也。诸侯进受于王者也。象其札一长一短，中有二编之形。"为《说文解字》作注的段玉裁引蔡邕《独断》说："策，简也"，"籍，簿也"。又说："簿当作薄，六寸……引伸凡箸于竹帛皆谓之籍"③，"契，大约也"，并引郑玄云："书契，谓出予受入之凡要。凡簿书之丛目，狱讼之要辞，皆曰契"④。

据此可以说，"书"之用以称谓书籍，盖取其"记录"、"书记"之义，所谓"君举必书……左史记言，右史记事，事为《春秋》，言为《尚书》"⑤，而"典"、"册"、"籍"、"簿"则各有其形制，"典"并非一般之"书"、"籍"、"册"，而是具有特别重要的意义，所谓"五帝之书"，因而受到特别尊崇，故其形制亦大，即所谓"大册"。章太炎认为：

周代《诗》、《书》、《礼》、《乐》皆官书。《春秋》史官所掌，《易》藏太卜，亦官书。官书用二尺四寸之简书之。郑康成谓六经二

---

① 段玉裁：《〈说文解字〉注》，上海古籍出版社 1988 年版，第 117 页。
② 许慎：《〈说文解字〉叙》，见严可均辑《全上古三代秦汉三国六朝文》（一），中华书局 1958 年版，第 740 页。
③ 段玉裁：《〈说文解字〉注》，上海古籍出版社 1988 年版，第 200、85、190 页。
④ 同上书，第 493 页。
⑤ 班固：《汉书·艺文志》，中华书局 1962 年版，第 1715 页。

尺四寸,《孝经》半之,《论语》又半之是也。《汉书》称律曰"三尺
法",又曰"二尺四寸之律"。律亦经类,故亦用二尺四寸之简。惟
六经为周之官书,汉律乃汉之官书耳。①

若此,则"典"亦必用二尺四寸之"简"书写。

至于"经",《说文解字》解释为"织从丝也",释"纬"为"织横
丝也",段玉裁认为:"织之从丝谓之经,必先有经而后有纬。"②"经"之
本义为织布的"纵丝","纬"则是织布的"横丝","横丝"须以"纵
丝"为"纲",方能成织,故而"经"引申为"纲",引申为"纪"。
"经"与"典"的关联见诸《左传·昭公十五年》:周景王与晋国使臣籍
谈问答,称其祖先"司晋之典籍,以为大政,故曰籍氏",事后又讥刺籍
谈"数典而忘其祖"。籍谈回到晋国,告之于叔向,叔向乃就周景王之
"非礼"评论道:

> 礼,王之大经也。一动而失二礼,无大经矣。言以考典,典以志
> 经。忘经而多言举典,将焉用之?

孔颖达《正义》曰:"经者,纲纪之言也。"③叔向所谓"典以志经"
之"典"亦即"典籍",而"经"则是"典"所记写的内容,即"王"
之"纲纪"、"大法"。

"经"又引申为"治理"、"经纶",如《周礼·天官冢宰·大宰》
所记:

> 大宰之职,掌建邦之六典,以佐王治邦国。一曰治典,以经邦
> 国,以治官府,以纪万民。

---

① 章太炎:《国学讲演录》,华东师范大学出版社 1995 年版,第 45—46 页。
② 段玉裁:《〈说文解字〉注》,上海古籍出版社 1988 年版,第 644 页。按:《说文解字》
释"经"本无"从丝"二字,段玉裁注依据《太平御览》卷八百二十六补入,可从。
③ 阮元校勘:《十三经注疏》,中华书局 1980 年版,第 2078 页。

《国语·周语下》亦记："国无经，何以出令？"如此则"经邦国，治官府，纪万民"之"令"与"纲纪之言"，就如同"经"与"纬"的关系。又因春秋之后，学官失守，私人著述增多，"于书有'记'、'传'、'故训'，多离书独立，不若后世章句，即以比厕本书之下；故其次第前后，若不相条贯，而为其纲纪者，则本书也。故谓其所传之本书曰'经'，言其为'传'之纲纪也"①，则"记"、"传"、"故训"与"本书"亦如同"经"与"纬"之关系。此即古书称"经"之二义，而儒家之称"六经"即兼取此二义：

> 六经初不为尊称，义取经纶为世法耳，六艺皆周公之政典，故立为经。夫子之圣，非逊周公，而《论语》诸篇不称经者，以其非政典也。
>
> 三代之衰，治教既分，夫子生于东周，有德无位，惧先圣王法积道备，至于成周，无以续且继者而至于沦失也，于是取周公之政典，所以体天人之撰而存治化之迹者，独与其徒，相与申而明之。此六艺之所以虽失官守，而犹赖有师教也。然夫子之时，犹不名经也。逮夫子既殁，微言绝而大义乖，于是弟子门人，各以所见、所闻、所传闻者，或取简毕，或授口耳，录其文而起义。左氏《春秋》，子夏《丧服》诸篇，皆名为传，而前代逸文，不出于六艺者，称述皆谓之传，如孟子所对汤武及文王之囿，是也。则因传而有经之名，犹之因子而立父之号矣。②

除此之外，儒家称《诗》、《书》为"经"，还有技术上的考虑："儒家尊崇《尚书》，《尚书》各篇分别为先王的'典'、'谟'、'诰'、'誓'，其中'典'字乃取其狭义，与'谟'、'诰'等等并列而又不同。大概是为了避免这广义、狭义的混乱，儒者特别以'经'字取代'典'字，将《诗》、《书》统称为'经'，以'经'字涵盖'典'、'谟'、'诰'、'誓'诸字"，"由于儒家学派的规模较大，形成学派的时间较早，《诗》、《书》

---

① 钱穆：《国学概论》，商务印书馆 1997 年版，第 27 页。
② 章学诚：《文史通义·经解下》、《经解上》，见叶瑛《〈文史通义〉校注》，中华书局 1994 年版，第 110、93 页。

的权威性几乎是超学派的，因而可以推测称经之举当是儒家所创，并受到其他各家的摹仿"①。继起之墨、法诸家——所谓"私家"之言，虽不尽出于"典章"、"政教"，但为强调突出自家学派的地位，与儒家竞争，于是效法儒家，将本学派的重要著作径称为"经"，也是理势之所然，所以"墨家之辨有说，故《墨辨》称'经'。韩非著书，其《外储说》诸篇，自称左为'经'，右为'传'。撰辑《管子》者，题其《牧民》、《形势》诸篇曰'经言'，言统要也"②。

儒家以"经"称谓《诗》、《书》等典籍，旨在强调其具有"经邦治国"、"纲纪群言"的意义，赋予其神圣性质，但《论语》、《孟子》皆不言"经"，直到荀子，《诗》、《书》、《礼》、《乐》始得称"经"：

> 学恶乎始？恶乎终？曰：其数则始乎诵经，终乎读礼。其义则始乎为士，终乎为圣人。真积力久则入，学至乎没而后止也……《书》者，政事之纪也；《诗》者，中声之所止也；《礼》者，法之大分，类之纲纪也……《礼》之敬文也，《乐》之中和也；《诗》《书》之博也，《春秋》之微也，在天地之间者毕矣。（《荀子·劝学》）

> 圣人也者，道之管也。天下之道管是矣，百王之道一是矣，故《诗》《书》《礼》《乐》之归是矣。《诗》言是其志也，《书》言是其事也，《礼》言是其行也，《乐》言是其和也，《春秋》言是其微也……天下之道毕是矣。乡是者臧，倍是者亡。乡是如不臧、倍是如不亡者，自古及今，未尝有也。（《荀子·儒效》）

本是周代文化旧典的《诗》、《书》、《礼》、《乐》，已提升至蕴涵着为儒家"圣人"所体会的"天下之道"、"百王之道"，只能尊奉不能违背之经典，而掌握《诗》、《书》经典解释权的儒者也就分享这种神圣性，理所当然地拥有超越世俗权力的文化身位与文化力量。尤需注意的是，荀子认为"善为《诗》者不说，善为《易》者不占，善为《礼》者不相，

---

① 王葆玹：《今古文经学新论》，中国社会科学出版社 1997 年版，第 34 页。
② 钱穆：《国学概论》，商务印书馆 1997 年版，第 27 页。

其心同也"(《荀子·大略》),将《易》与《诗》、《礼》并立,表明荀子也以《易》为"经",则儒门"六经"在荀子已经定型化。

荀子对《诗》、《书》、《礼》、《乐》、《易》、《春秋》神圣性质的话语建构,固然包含着对其作为周代"政典"和"王官"文献的敬意,但更出自通过推崇儒家典籍(这些典籍已被其他学派视为儒家专有)强化儒家思想权威性的考虑,试图以此增强儒家的应时力和竞争力。而无论是源于话语策略还是真诚信仰,在关于经典神圣性的"叙事"中,经典文本被认为寓含着宇宙、自然、社会、人生的全部真理,儒家"圣人"则是这些真理的守护人和传达者:

> 所谓大圣者,知通乎大道,应变而不穷,辨乎万物之情性者也。(《荀子·哀公》)
> 圣人备道全美者也,是悬天下之权称也。(《荀子·正论》)

而《诗》、《书》、《礼》、《乐》、《春秋》便是对此"天下之道"、"圣人之道"的不同方向和层次的体现,而或言其"志",或言其"事",或言其"行",或言其"和",或言其"微"。这种对儒家"圣人"和儒门经典的极高推崇,可以在学理和信仰层次上证立儒家知识、思想的权威性质,使其拥有天经地义的文化效力。这也就为在现世层面推广儒家的"圣人之道"奠立了情感、信仰和理性根基。儒者通过"经典建构"的话语实践以自重其文化身位的心态因此也昭昭著明,且颇能表征儒者的"人文宗教"信仰和情怀。这其实是儒家"法则六经"之"学统"内在逻辑的自然延展,虽迟至荀子才始予以清晰的表述,但这种思想倾向实际上早在自称"述而不作,信而好古"(《论语·述而》)的孔子那里便已然确立了。

进一步讨论,"经典圣性"的证立建基于对"道"、"圣"、"经"一体性质的心理体认,而这是"经学"发生的重大关节,适如宋濂所说:"天地未判,道在天地;天地既分,道在圣贤;圣贤之殁,道在六经"①。

---

① 宋濂:《徐教授文集序》,见罗月霞主编《宋濂全集》,浙江古籍出版社 1999 年版,第1351 页。

假如没有这种一体性,作为"经典释义学"的"经学"也就没有存在的可能性与必要性。事实上,墨、法诸派也各有其推尊的"圣人",墨家更是明确提出了"道"、"圣"、"经"三者的关系:

> 古之圣王,欲传其道于后世,是故书之竹帛,镂之金石,传遗后世子孙,欲后世子孙法之也。(《墨子·贵义》)

问题在于,"非儒学派"尽管也以《诗》、《书》等古籍为知识思想资源,如《书》之于墨家,《易》之于道家,在其著述中也多称引《诗》、《书》,却致力于自造新声,乃以本学派权威著述为"经",以《诗》、《书》"六经"为"先王之陈迹"(《庄子·天运》记老子语),故而"道"、"圣"、"经"的一体性论证只在于张扬"自性"。

与之不同,儒家尊崇"仲尼,日月也,无得而踰焉"(《论语·子张》载子贡语),将孔子纳入尧、舜、汤、文王的"圣人统绪",则意在强调"六经"中寓含自古之"圣王"尧舜迄于当世"圣人"孔子一以贯之的"大道",而"以正道而辨奸,犹引绳以持曲直,是故邪说不能乱,百家无所窜。有兼听之明而无奋矜之容,有兼覆之厚而无伐德之色"(《荀子·正名》)。"六经"之权威性即据此确立,而儒者矻矻钻研"六经"之"经学"大旨亦据此确定。

"经典圣性"的证立在儒家文论话语建构上发生的意义,就是道出了后世逐步明确化的"宗经"、"征圣"、"明道"说的先声,而"宗经"、"征圣"、"明道"正是儒家文论的最高原则,所以郭绍虞认定"传统的文学观,其根基即确定于荀子"[①]。而其之所以能成为儒家文论的最高原则,便是因其涵摄了自文论构建的基本思路至于"语文写作"的基本程序诸多方面,举其荦荦大者,则有下述三点:

1. "道"、"圣"、"经"的同一性确立了儒家经典文本的典范性,不仅指示了通过"语文写作"传达"圣人之道"的"为文"之路,而且单就具体写作程序而言,经典文本也足以效法。荀子所说"五经"是对

---

① 　郭绍虞:《中国文学批评史》,新文艺出版社 1955 年版,第 18 页。

"天下之道"的不同表现，其中"《诗》言是其志"、"《乐》言是其和"虽然皆有特指，却也指出了"诗"、"乐"所特有的"明道"方式，至于说"《诗》者，中声之所止"，依杨倞的解释："《诗》，谓乐章，所以节声音，至乎中而止，不使流淫也"①，则更是暗示了一种以"中和"为归趋的诗歌创作的理想模式。这些无疑是春秋时代人们的"一般性知识"，但经由儒门典籍的神圣化，便会附着如同宗教信仰般的情感因素，转而成为具有强制性力量的规定；

2. 经典文本的典范性也昭示出必得将"圣人之道"作为文化批评的根基，所谓"凡言议期命，是非以圣王为师"（《荀子·正论》）。荀子批评惠施、邓析便是据此立论："不法先王，不是礼义，而好治怪说，玩琦辞，甚察而不惠，辩而无用，多事而寡功，不可以为治纲纪。"（《荀子·非十二子》）这种强烈的文化信念与批评意向一旦落实在具体的"诗文评"，那就会自然合理地推导出以儒家"仁义之道"为基本标准、以"圣人论说"和"经典文本"为直接依据的批评范式；

3. 儒家文论话语构建的基本思路也由此确立起来，一是致力于论证"道"、"圣"、"经"的同一与贯通，以此确立经典文本的权威性质，如此又发展出关于"文"之本原的基于"历史"或"天道"的论证；二是致力于抽绎经典文本的文体品性与作文规则，以此为各种类型的"语文写作"建立规范。这在《文心雕龙》得到了明确体现，所谓"道沿圣以垂文，圣因文而明道"，所谓"论说辞序，则易统其首；诏策章奏，则书发其源；赋颂歌赞，则诗立其本；铭诔箴祝，则礼总其端；纪传［铭］盟檄，则春秋为根"，所谓"文能宗经，体有六义：一则情深而不诡，二则风清而不杂，三则事信而不诞，四则义直而不回，五则体约而不芜，六则文丽而不淫"②，而成为中国文论的一种基本思想结构。儒家文论得以成为中国文化世界的"普遍性知识"，就其自身话语论证而言，端赖于这两个思路的支撑，儒家的"道统"、"政统"亦随其展开而得以显现，凝化为"文"之"道"与"器"、文论之内在结构与精神意向，这两个前后相

---

① 王先谦：《荀子集解》，中华书局 1988 年版，第 11 页。
② 刘勰：《文心雕龙·原道》、《宗经》，见周振甫《文心雕龙注释》，人民文学出版社 1981 年版，第 2、19 页。

承又相互融渗的环节也构成了儒家文论的主体。

二

"经典释义学"是儒者进入经典知识思想系统的门径，由"法则六经"的"学统"引领出来，其看待视野与释义策略潜在地蕴涵着儒家文论的建构原则与具体主张。由于"经典圣性"的证立与"圣贤崇拜"的成型，这些原则和主张被赋予毋庸置疑的权威性质。

儒家的"经典释义学"可称为"道德理性主义"的释义学，这便意味着儒家"道德主义的释义取径"与"人文理性的解释立场"。关于"人文理性的解释立场"，由孔子对"夔一足"与"黄帝四面"的解释可得到充分了解：

> （鲁哀公）曰："吾闻夔一足，有异于人，信乎？"孔子曰："昔重黎举夔而进，又欲求人而佐焉。舜曰：'夫乐，天地之精也。唯圣人为能和五律，均五音，知乐之本，以通八风。夔能若此，一而足矣。'故曰一足，非一足也。"①
>
> 子贡问曰："昔黄帝四面，信乎？"孔子曰："黄帝取合己者四人，使治四方，不计而耦，不约而成，此之谓四面也。"②

两个神话发生了话语类型的转变，夔和黄帝的"异相"得到了"合理化"、"人文化"的解释，这正是孔子"不语怪力乱神"（《论语·述而》）的表现。

而且，这种理性主义也是"儒"最终"与巫"、"祝"、"史"分途发展的思想根源。孔子晚年所说："赞而不达于数，则其为之巫，数而不达于德，则其为之史……吾求其德而已，吾与史巫同途而殊归者也。君子德

---

① 孔鲋：《孔丛子·记义》，见程荣纂辑《汉魏丛书》，吉林大学出版社 1992 年版，第 332 页。

② 李昉：《太平御览》卷 79 引《尸子》，中华书局 1960 年版，第 369 页。同书卷 365 又记曰"子贡问孔子曰'古者黄帝四面，信乎？'孔子曰'黄帝［取］合己者四人，使治四方，大有成功，此之谓四面也。'"第 1680 页。

行焉求福，故祭祀而寡也；仁义焉求吉，故卜筮而希也"①，不仅指明了"儒"与"史"、"巫"在思想类型上的差异，也表明了孔子"《易》学"之"人文理性主义"的归趋。

所谓"道德主义的释义取径"是说儒家的"经典释义"特别关注道德经验与理念的萃取，这正与儒家"道德理想主义"的建构方向相合。孔子与子贡、子夏"说《诗》"便鲜明地表现出这一旨趣：

> 子贡问曰："贫而无谄，富而无骄，何如？"子曰："可也。未若贫而乐道，富而好礼者也。"子贡曰："《诗》云'如切如磋，如琢如磨。'其斯之谓与？"子曰："赐也始可与言《诗》已矣，告诸往而知来者。"（《论语·学而》）

> 子夏问曰："'巧笑倩兮，美目盼兮，素以为绚兮'，何谓也？"子曰："绘事后素。"曰："礼后乎？"子曰："起予者商也，始可与言《诗》已矣。"（《论语·八佾》）

孔子称许二人"始可与言《诗》"，便是因为他们皆能从"诗"的涵咏中引申出道德教训——此即"以《诗》导志"，子夏从写女子美貌的诗句中体会到的"仁先礼后"无疑是儒家思想的精微之处。这便会形成一种《诗》的解释传统，而既然经典文本已经树立了这样的楷模，而"往圣"、"先贤"也已指示了这样的门径，那么，在由《诗》向"诗"的转化中，也就自然转换为有关文艺创作与接受的准则。

具体释义策略便是孟子明确化了的"知人论世"与"以意逆志"：

> 一乡之善士，斯友一乡之善士；一国之善士，斯友一国之善士；天下之善士，斯友天下之善士。以友天下之善士为未足，又尚论古之人。颂其诗，读其书，不知其人，可乎？是以论其世也。是尚友也。（《孟子·万章下》）

---

① 陈松长、廖名春：《〈马王堆帛书·要〉释文》，见陈鼓应主编《道家文化研究》第三辑，上海古籍出版社 1993 年版，第 435 页。

故说《诗》者，不以文害辞，不以辞害志。以意逆志，是为得之。如以辞而已矣，《云汉》之诗曰："周余黎民，靡有孑遗。"信斯言也，是周无遗民也。（《孟子·万章上》）

这两个释义策略互为联系，正如清人顾镇所说："正惟有世可论，有人可求，故吾之意有所措，而彼之志有可通"，"夫不论其世，欲知其人，不得也；不知其人，欲逆其志，亦不得也。……故必论世知人，而后逆志之说可用"①。孟子兼而用之，而其在文论上的意义，恰如顾易生所言："在中国文学批评史上，孟子首次提出了分析、理解诗义的方法论"②。

将"以意逆志"之"志"解为"诗人之志"自来并无歧义，而"意"当作何解却颇有争议，或以之为"读诗人之意"，或以之为"诗篇之意"。清人吴淇说：

诗有内有外。显于外者曰文曰辞，蕴于内者曰志曰意……汉宋诸儒以一志字属古人，而意为自己之意。夫我非古人，而以己意说之，其贤于蒙之见也几何矣。不知志者古人之心事，以意为舆，载志而游，或有方，或无方，意之所到，即志之所在，故以古人之意求古人之志，乃就诗论诗，犹之以人治人也。③

多数学者认为这一理解似乎更具合理性。④ 那么，以吴淇的分析为基础，细考孟子的解释，可以说，在孟子看来，诗有"诗人之志"、"诗篇之

---

① 顾镇：《虞东学诗》"以意逆志"条，转引自焦循《孟子正义》，中华书局 1954 年版，第 377—378 页。

② 顾易生、蒋凡：《中国文学批评通史·先秦两汉卷》，上海古籍出版社 1996 年版，第 115 页。

③ 吴淇：《六朝选诗定论缘起》，转引自郭绍虞主编《中国历代文论选》（一），上海古籍出版社 1979 年版，第 36—37 页。

④ 蔡钟翔、张少康等认为孟子所说"以意逆志"之"意"就是说诗者之意，只是张先生认为其"意"当是读者对诗意的准确理解。张先生更认为吴淇之说不符合孟子说诗的具体情况，并指出以说诗者之意去理解诗旨、逆取作者的情感志意并非一无所取，而同样能够达到正确的理解。分别参见蔡钟翔、黄保真、成复旺《中国文学理论史》第一卷，北京出版社 1987 年版，第 35—36 页；张少康、刘三富《中国文学理论批评发展史》上卷，北京大学出版社 1995 年版，第 44—46 页。

意"、"辞"、"文"的层次,"诗篇之意"是"作者之志"的体现,但体现
的方式却是多样的,而最终落实于具体的"文"、"辞"。由于语言的局限性
以及写作技法方面的原因,作者所欲表达的情感志意与显现于诗篇中的意
蕴、诗篇意蕴与"文"、"辞"的所指未必完全一致,而或者可能故作"反
语",或者可能故作"夸饰",或者可能容有"偏差",于是在"作者之志"
与"诗篇之意"、"诗篇之意"与"文""辞"、"辞"与"文"诸层次之间,
都可能存在着理解上的断裂,但并非因此就全然不能理解"诗旨"与诗人
的"志意",关键在于如何处理诸层次之间的关系。假如以"文"、"辞"所
指为"诗人志意"的完全表达,便有可能偏离"诗旨"。

　　孟子对于文本结构以及"志"、"意"关系的理解,正与《易传》阐
发的释义理论相合:

　　　　子曰:"书不尽言,言不尽意。"然则圣人之意其不可见乎?子
　　曰:"圣人立象以尽意,设卦以尽情伪,系辞焉以尽其言,变而通之
　　以尽利,鼓之舞之以尽神。"(《易·系辞上》)

　　这里提出了"言"、"象"、"意"的关系问题。孔子认为"圣人之意"
可以传达,但是通过一种"折曲"的方式实现,即"意"→"象"→
"言"→"辞",其中"象"虽特指"卦象",却也在相当程度上涉及文艺
理论上的"象喻"问题,因而具有普遍意义。正如章学诚所言:"象之所
包广矣,非徒《易》而已。……《易》象虽包六艺,与《诗》之比兴,
尤为表里。"① 这便启示读《易》需超越具体"卦辞"、"爻辞"语义的限
制,沿"易象"所指示的意义生成路向洞穿语言的屏障。这在《诗》便
是"比"、"兴"。

　　据此理解孟子针对解诗所说"以意逆志"的释义方法,则适合的读解
方式便是不拘泥于个别文字和词句的所指,而是凭藉"象喻"的体悟方
式,将诗篇理解为"尽意之象",唯此才能超越具体语义的限制,把握诗
篇的整体意蕴,而只有把握了诗篇的整体意蕴,才能最终理解诗人的情感

---

① 　章学诚:《文史通义·易教下》,见叶瑛《文史通义校注》,中华书局 1994 年版,第 18—19 页。

志意。这固然可如后世论者所说，视为孟子对春秋时代"断章取义"的
"用《诗》"方式的一种纠偏——这一传统虽在战国时代已渐成绝响，却
可能潜在地影响着对"诗旨"的理解方向，但孟子的真正意图恐怕还是为
儒家"道德理性主义"的"经典释义学"提供一种可操作的方法，而以
孟子"《诗》学"的精深造诣，这一旨在强调诗歌意义整体构成的方法显
然颇得"诗"之三昧。

然而，在"诗篇之意"与"诗人之志"之间还是存在着意义断裂的
可能，如何能够确定诗人的真正意图？这便要"知人"、"论世"，即探究
时代状况（时代问题、文化语境、精神动向等）以把握诗人的生平遭际、
德性志向、创作心境，由此确定诗人真正欲图表达的情感志意。按孟子的
逻辑，不能"论其世"，便不能"知其人"，不能"知其人"，也便不可
"颂其诗"、"读其书"，这一释义视野的引入在"读者—作品"的解释之
维之外又增加了"读者—作者"一维，如果再加上"读者—时代状况"
一维，则对"诗旨"的解释便实际展开于相当复杂的解释网络。这就会造
成多重的"视野融合"，而因为"读者"是多重释义维度的纽结点，其重
要性不言而喻。孟子耐人寻味地将"读者"与"作者"的关系比作"尚
友"，二者的精神相遇如同朋友之交，能于千载之下深体其心意所向，若
此则如王国维所说："由其世以知其人，由其人以逆其志，则古诗虽有不
能解者寡矣。"① 在此意义上，孟子的"以意逆志"又并不排斥"读者"
之"意"的参与，他反对的是单向的"读者—作品"的解释维度，特别
是脱离诗歌的整体意义结构（"比"、"兴"的诗性结构）寻章摘句、胶柱
鼓瑟式的"说《诗》"方法，期待的是如同朋友之间精神交流般的阅读，
其指向是"人文理性主义"和"道德主义"的。

孟子本人的"说《诗》"实践便树立了这种阅读的典范：

公孙丑问曰："高子曰：'《小弁》，小人之诗也。'"孟子曰："何
以言之？"曰："怨。"曰："固哉，高叟之为诗也！有人于此，越人
关弓而射之，则己谈笑而道之，无他，疏之也；其兄关弓而射之，则

---

① 王国维：《观堂集林（外二种）》（上），河北教育出版社 2001 年版，第 717 页。

己垂涕泣而道之，无他，戚之也。《小弁》之怨，亲亲也。亲亲，仁也。固矣夫，高叟之为诗也！"曰："《凯风》何以不怨?"曰："《凯风》，亲之过小者也；《小弁》，亲之过大者也。亲之过大而不怨，是愈疏也；亲之过小而怨，是不可矶也。愈疏，不孝也；不可矶，亦不孝也。"（《孟子·告子下》）

对《小弁》、《凯风》两诗传达的不同的"怨意"所做的具体分析，显然是基于"知人"、"论世"的了解，对其"所以怨"与"所以不怨"的判断，也是在准确理解"诗旨"的基础上对作者"心意"的体悟，而这种体悟所据则是孟子对"仁"、"孝"的理解。在思孟一系的儒家看来，这种"仁"、"孝"的品质和情感普遍地深居于每个人的灵魂之中，是人的存在依据，因而也是作为读者的孟子与诗人的精神会通。

如此看来，对作品的理解实际是"读者之意"与"作品之意"、"作者之志"三重视域的融合，因而读者的理解能力便相当重要。孟子所说"知言"、"养气"，虽本旨在谈论儒者的精神修养与辨识言语的能力，却也在相当程度上与释义理论相关：

"敢问夫子恶乎长?"曰："我知言，我善养吾浩然之气。""敢问何谓浩然之气?"曰："难言也。其为气也，至大至刚，以直养而无害，则塞于天地之间。其为气也，配义与道，无是，馁也。是集义所生者，非义袭而取之也。行有不慊于心，则馁矣。"……"何谓知言?"曰："诐辞知其所蔽，淫辞知其所陷，邪辞知其所离，遁辞知其所穷。"（《孟子·公孙丑上》）

诚如顾易生所说，孟子"所谓知言的本领植根于养气，而养气就是对自己本性中的善端，循乎自然地加以扩充，不断进行道义的积累。这样就可以成为思想清明、品格伟大的人，气概轩昂、刚正不屈的人，善于分析与运用言辞的人"[①]，而所谓"诐辞"、"淫辞"、"邪辞"、"遁辞"虽不表

① 顾易生、蒋凡：《中国文学批评通史·先秦两汉卷》，上海古籍出版社 1996 年版，第 112 页。

现于诗篇，但孟子对于这些言辞的性质与其形成原因的分析，倒也颇有助于理解"诗篇之意"与"诗人志意"之间的复杂情形。

合而论之，"立象尽意"凸显了经典文本的开放性特征，由此敞开了"经典释义"的广阔空间；"知人论世"、"以意逆志"指明了领悟经典文本原意的途径，由此保障了"经典释义"的纲领性质与"一贯之道"；"知言养气"则强调了解释者的主动性，由此造成"经典释义"与解释者的双向互动。这三者间又有错综关联："尽意"之途在"知人论世"、"以意逆志"，"明象"之前提则是"知言养气"，由此又形成两重"解释学循环"：

1. 对经典"整体"意义的理解有赖于对"局部"文辞的理解，对"局部"文辞的充分理解又决定于对"整体"的理解；

2. 解释者扩充"善端"、积累"道义"来自对经典文本的修习，而对经典本意的充分理解又决定于解释者的内在修养。

可以说，"立象尽意"、"知人论世"、"以易逆志"、"知言养气"已实质性构成儒家"经典释义学"的基本框架，而"六经"的价值转换即由此实现，并在对"六经"的诠释中引领出有关文艺根本精神和文论话语建构思路的理解。

三

司马迁曾引孔子之言："六艺于治一也。《礼》以节人，《乐》以发和，《书》以道事，《诗》以达意，《易》以神化，《春秋》以义。"[①] 这一理解源自西周贵族"六艺之教"的传统，而孔子的伟大贡献在于将《诗》、《书》"六经"释义一元化，遂为后世儒生开辟了新的"经典释义"取径。循此释义取径，孔子便"对《诗》、《书》、礼、乐及《易》，作了整理和价值转换的工作，因而注入了新的内容，使春秋时代所开辟出的价值得到提高、升华"[②]，于是"经学之儒家化从此开始，经书遂变成儒家进行教育的教科书，这种教科书贯穿了西周以来的礼乐文明，即使它

---

① 司马迁：《史记·滑稽列传》，中华书局 1959 年版，第 3197 页。
② 徐复观：《中国经学史的基础》，见《徐复观论经学史二种》，上海书店出版社 2002 年版，第 13 页。

不具有这种内容，儒家的解释也充满了这种文明"①，封建贵族的"六艺之教"于是转为平民儒家的"六经之教"。

《礼记·经解》明确记载了"六经之教"的具体名目：

> 孔子曰：入其国，其教可知也。其为人也，温柔敦厚，《诗》教也；疏通知远，《书》教也；广博易良，《乐》教也；絜静精微，《易》教也；恭俭庄敬，《礼》教也；属辞比事，《春秋》教也。故《诗》之失愚，《书》之失诬，《乐》之失奢，《易》之失贼，《礼》之失烦，《春秋》之失乱。其为人也，温柔敦厚而不愚，则深于《诗》者也；疏通知远而不诬，则深于《书》者也；广博易良而不奢，则深于《乐》者也；絜静精微而不贼，则深于《易》者也；恭俭庄敬而不烦，则深于《礼》者也；属辞比事而不乱，则深于《春秋》者也。

孔子"既修之于己，且扩大之于来自社会各阶层的三千弟子，成为真正的文化摇篮，以宏扬于天下，成为尔后两千多年中国学统的骨干"②，遂以一介布衣而"学者宗之，自天子王侯，中国言《六艺》者折中于夫子"③。

"六经之教"落实于以"正心"、"诚意"为本的修身工夫，在此基础上才能实现"治国平天下"的宏大理想，盖因"自天子以至于庶人，壹是皆以修身为本，本乱而末治者否矣"（《礼记·大学》），而"六经"得以成为儒家"修身"之资，则是因其贯穿了以"仁"为基源的"礼"的精神血脉。此诚如皮锡瑞所言："六经之文，皆有礼在其中。六经之义，亦以礼为尤重"④，而孔子更认定"仁"是"礼"、"乐"的"存在论"根源。《礼记·经解》所谓"温柔敦厚而不愚"、"疏通知远而不

---

① 杨向奎：《宗周社会与礼乐文明》，人民出版社1997年版，第378页。
② 徐复观：《中国经学史的基础》，见《徐复观论经学史二种》，上海书店出版社2002年版，第13页。
③ 司马迁：《史记·孔子世家》，中华书局1959年版，第1947页。
④ 皮锡瑞：《经学通论·三礼》，中华书局1954年版，第81页。

诬"、"广博易良而不奢"、"絜静精微而不贼"、"恭俭庄敬而不烦"、"属辞比事而不乱"的"六经之教"，也正因为有此意义上的"礼"的精神统摄。这种精神虽然有"六经"本文的依据——"六经"因此成为儒家思想的渊府，但更决定于由孔子开创的儒家"经典释义学"的意义赋予。

例如，孔子对《诗》的整体理解是"《诗》三百，一言以蔽之，曰：思无邪"（《论语·为政》），所谓"无邪"，包咸谓之"归于正"①，而所谓"正"者便是"仁"、"礼"和谐在诗篇中的体现，亦即《中庸》所说"喜怒哀乐未发谓之中，发而皆中节谓之和"。孔子评价《关雎》"乐而不淫，哀而不伤"（《论语·八佾》），孔安国说"乐不至淫，哀不至伤，言其和也"②，便从此作解，而"温柔敦厚"之《诗》教亦即沿循这一思想进路而得出。再如，孔子据《鲁春秋》撰作《春秋》，以为"其事则齐桓晋文，其文则史"，"其义则丘窃取之矣"（《孟子·离娄下》），即是以合乎"礼"的精神的"名分"为"笔削"史料所遵循的"义"，也即以此价值准则统摄文辞，所以才能"属辞比事而不乱"，成为后世"为文"的典范。

由"六经之教"直接生发出的文论视野在于文艺审美成为"成人"的助缘、媒介与途径："若臧武仲之知，公绰之不欲，卞庄子之勇，冉求之艺，文之以礼乐，亦可以为成人矣。"（《论语·宪问》）其进阶为"兴于诗，立于礼，成于乐"（《论语·泰伯》），而孔子特别重视"诗"、"乐"："不能诗，于礼缪；不能乐，于礼素"（《礼记·仲尼燕居》），于是学《诗》便不仅为了熟练出使应对之辞，习"礼"便不仅为了掌握礼仪礼节的形式，观"乐"便不仅为了感官娱乐的满足，而"正是以文艺，也就是以美作为净化人性的手段，以达到合乎礼的要求，而后能立于礼，成于乐。乐是最高的境界，因为它可以消灭个人的主观成见而达到'人际'协和的目的。……诗、礼、乐三者本不可分，礼而无诗如礼何，礼而无乐如礼何！""前期儒家尽量使礼仪美化，使诗礼结合，以德解诗，以礼

---

① 阮元校勘：《十三经注疏》，中华书局 1980 年版，第 2461 页。

② 同上书，第 2468 页。

解诗，去掉礼的对等交换的原始意义，也避免礼的枯槁干燥，而绚丽多彩，有诗、有乐、有舞，它美化了人生，净化了人生。"①

这实在是一个高远的理想，而非"政教中心论的功利主义"一语所能完全概括，"它的重大价值正在于它第一次充分自觉地和明确地从人的内在要求出发，而不是从宗教神学的外在信仰出发去考察审美和艺术"②。若说它是功利主义的，那也是"审美功利主义"，因为儒家要求通过文艺审美内在提升人的精神境界，使人人都能维护存养其内在本体之"仁心"，进而"依靠每个有道德的君子去恢复那失去了的黄金时代的文化"，最终目的乃是"为了在将来可以实现完美"③，而不是直接为政治运动和道德播布服务，此正如宗白华所言："孔子是为中国社会奠定了'礼'的生活的。然而孔子更进一步求'礼'之本。礼之本在仁，在于音乐精神。理想的人格，应该是一个'音乐的灵魂'"④。显然，儒家十分清楚："人之为人的显著特征就在于，他脱离了直接性和本能性的东西，而人之所以能脱离直接性和本能性的东西，就在于他的本质具有精神的理性的方面"，"因此，教化作为向普遍性的提升，乃是人类的一项使命。它要求为了普遍性而舍弃特殊性。但是舍弃特殊性乃是否定性的，即对欲望的限制，以及由此摆脱欲望对象和自由地驾驭欲望对象的客观性"⑤。而发现文艺审美的"教化性"——作为"教化"的"礼乐"没有"成人"以外的目的，表明儒家其实具有高明的美学智慧，尽管它首先呈现为政治学的面相。

这一思路的实质是将文艺审美纳入道德圈域，旨在使外在规范最终转化为内在心灵的愉快和满足，文艺审美因此成为沟通内在的"仁"与外在的"礼"的桥梁，这正与儒家致力于弥合"仁"与"礼"的紧张关系相呼应。孟子偏于"内在论"，偏于"内圣"、"尽伦"的方面，便多向"反

---

① 杨向奎：《宗周社会与礼乐文明》，人民出版社 1997 年版，第 377、379 页。

② 李泽厚、刘纲纪：《中国美学史》第一卷，中国社会科学出版社 1984 年版，第 116 页。

③ 张隆溪：《乌托邦：世俗理念与中国传统》，见其《中西文化研究十论》，复旦大学出版社 2005 年版，第 229 页。

④ 宗白华：《美学与意境》，人民文学出版社 1987 年版，第 239—240 页。

⑤ 汉斯-格奥尔格·伽达默尔：《真理与方法——哲学诠释学的基本特征》，洪汉鼎译，上海译文出版社 1999 年版，第 14、15 页。

身而诚"的心灵境界用力,强化"心"同此"理"的共通:"口之于味也,有同耆焉;耳之于声也,有同听焉;目之于色也,有同美焉……心之所同然者何也? 谓理也,义也。圣人先得我心之所同然耳。故理义之悦我心,犹刍豢之悦我口",进而成就"信"、"美"、"大"、"圣"、"神"的人格 (《孟子·告子上》);荀子偏于"外在论",偏于"外王"、"尽制"的方面,更兼综"礼"、"法",便多在制度构架内致思,强调文艺审美在政治意识形态方面的功能:"故必将撞大钟,击鸣鼓,吹笙竽,弹琴瑟,以塞其耳;必将雕琢刻镂,黼黻文章,以塞其目;必将刍豢稻粱,五味芬芳以塞其口",是富国之途 (《荀子·富国》)。于是文艺审美便不仅是"成人"之"持养",也是"治心"的工具,这就有"内圣"与"外王"的儒家文论话语的基本结构,以及由此造成的内在冲突。

第三节　"内圣外王"与儒家文论话语建构向度

一

"内圣外王"最初见于《庄子·天下》,但更适合于表达儒家的理想,其旨在于"内"足以资"修养",而"外"足以"经世"。《礼记·大学》说:"大学之道,在明明德,在亲民,在止于至善",又说:

> 古之欲明明德于天下者,先治其国;欲治其国者,先齐其家;欲齐其家者,先修其身;欲修其身者,先正其心;欲正其心者,先诚其意;欲诚其意者,先致其知;致知在格物。物格而后知至,知至而后意诚,意诚而后心正,心正而后身修,身修而后家齐,家齐而后国治,国治而后天下平。

后儒将其总结为"三纲领"、"八条目","三纲领"即"明明德"、"亲民"、"止于至善","八条目"即"格物"、"致知"、"诚意"、"正心"、"修身"、"齐家"、"治国"、"平天下"。刘述先认为:"前面的五个条目的目的是教育个人做内圣的功夫,而后面的三个条目的目的是推己及人,成就外王的事业","明明德"即内圣的功夫,"亲民"即外王的事业，"止于至善"则是理想的实现与完成。①

　　"内圣"是要实现"专就一个人是人说，所可能有的最高成就"②，是要通过"格物"、"致知"等修养功夫把自己内在所有的"明德"阐发出来，因而是朝向并努力成为所学对象（圣人）的"境界论"，而非志在获取并植入对象信息的"知识论"。在儒家所说"仁"、"义"、"礼"、"智"、"信"诸德中，"仁"具有根本性意义，是"德性之本"与"德行之全"。它是人之为人的根本规定性，所谓"仁者，人也"（《礼记·中庸》），一旦为人而"不仁"，则不仅失去做人资格，文化对其亦不能发生意义："人而不仁如礼何？人而不仁如乐何？"（《论语·八佾》）更是贯通"天"、"地"、"人"的根本德性，是宇宙生命创造精神、生命的潜能与种子，"是天（终极信念）、地（自然生态）、人（社会与他人）、我（内在自我意识与情感）之间的普遍联系与相互滋养润泽"③，因而"内圣"的"明明德"就并非通过"知识程序"将"外在规则"内化为"心灵模式"，而只不过是"自明其明德，复其天地万物一体之本然而已耳，非能于本体之外而有所增益之也"④，所谓"尽其心者，知其性也；知其性，则知天矣"（《孟子·尽心上》）。"内圣"因此是儒家"天人合一"的心灵境界，而"仁者与天地万物为一体的境界也就是美的最高境界"⑤。

　　"内圣"旨在"明明德"，而要"明明德"，就得力行"格物"、"致知"、"正心"、"诚意"、"修身"的功夫，以实现心灵的自觉，培育明澈真诚的性情与品格。以"学"为"养"的儒家继承了西周"诗教"、"乐教"的文化传统，进而从"明明德"的"内圣"修养功夫的视角看待"诗"、"乐"，由此赋予文艺审美一种切关存在意义的根源性。

---

　　① 刘述先：《论儒家"内圣外王"的理想》，见景海峰编《儒家思想与现代化——刘述先新儒学论著辑要》，中国广播电视出版社 1992 年版，第 2 页。
　　② 冯友兰：《中国哲学简史》，北京大学出版社 1996 年版，第 6 页。
　　③ 郭齐勇：《儒学的生死关怀及其当代意义》，见中国孔子基金会编《儒学与二十一世纪》，华夏出版社 1995 年版，第 668 页。
　　④ 王守仁：《大学问》，见《王阳明全集》下册，上海古籍出版社 1992 年版，第 968 页。
　　⑤ 张亨：《〈论语〉论诗》，见其《思文之际论集：儒道思想的现代诠释》，新星出版社 2006 年版，第 73 页。

"子曰:兴于《诗》,立于礼,成于乐。"(《论语·述而》)包咸《注》以为:"兴,起也。言修身当先学《诗》。"① 这只是从成就"内圣"、"成人"的程序、进阶作解,意谓学《诗》乃是"明明德"的起手处,但从精神内涵上讲,"兴于《诗》"是因为"凡诗之言,善者可以感发人之善心,恶者可以惩创人之逸志,其用归于使人得其情性之正"②。在王夫之看来,"诗兴"正是要人从功名利禄的束缚中超拔而出,恢复"本然之心"与生命意义机制:"能兴即谓之豪杰。兴者,性之生乎气者也。拖沓委顺,当世之然而然,不然而不然,终日劳而不能度越于禄位田宅妻子之中,数米计薪,日以挫其志气,仰视天而不知其高,俯视地而不知其厚,虽觉如梦,虽视如盲,虽勤动其体而心不灵,惟不兴故也。圣人以《诗》教荡涤其浊心,震其暮气,纳之于豪杰而后期之以圣贤。"③ 因而,"兴便有仁的意思……诗教从此流出,即仁心从此显现",故"欲识仁,须从学《诗》入"④。

那么,学《诗》如何能使人"明明德"?如何能"使人得其性情之正"?孔子说:

> 小子何莫学夫《诗》?《诗》可以兴,可以观,可以群,可以怨。迩之事父,远之事君,多识于鸟兽草木之名。(《论语·阳货》)

"诗"具有多方面的文化功能,但在"内圣"视野中,这些文化功能聚焦于以"仁"为核心的"明明德",旨在提升人的心灵境界。

1. "兴":孔安国注说"兴"是"引譬连类",而"有意识依凭人心所固有之种种观念意识,连类相及鸟兽草木之种种形态状貌,便是'引譬连类'","即将鸟兽草木诸自然物象,作人伦世界、理性世界相沟通之媒介"⑤,这也就是朱熹所说的"感发志意",即通过"诗"的意象触类相通地"感发"诸如"仁先礼后"之类道德理念,而"多识于鸟兽草木之名"

---

① 阮元校勘:《十三经注疏》,中华书局 1980 年版,第 2487 页。
② 朱熹:《论语集注》,第 33、4 页,见《四书五经》上册,中国书店 1984 年版。
③ 王夫之:《俟解》,见《船山全书》第 12 册,岳麓书社 1998 年版,第 479 页。
④ 马一浮:《复性书院讲录》,山东人民出版社 1998 年版,第 57、157 页。
⑤ 胡晓明:《中国诗学之精神》,江西人民出版社 2001 年版,第 11、15 页。

则是要在"鸟兽草木"与人伦世界之间建立一种以"仁"的情感为纽结的生命共感之关系；

2. "观"："观"不仅如郑玄所说是"观风俗之盛衰"，或朱熹所说"考见得失"，即通过"观""诗"所表现的人的道德感情与心理状态，外向性地了解社会风俗的好坏盛衰，还可通过对他人的道德感情、心理状态的"邪"与"正"、"善"与"恶"的分辨，"反观"自我内心，沉潜反省以"仁"为核心的诸种德性，确认其价值并维护其作为生命意义机制的功能；

3. "群"：孔安国解释为"群居相切磋"，旨在通过探讨诗旨实现朱熹所说的"和而不流"，这是"君子"的修养，所谓"君子矜而不争，群而不党"（《论语·卫灵公》），"君子和而不流"（《礼记·中庸》），而"'君子'的'群'是以普遍性的'仁'为基础的"，"达到'群'的根本途径即在于实现'仁'，在情感心理上把个体陶冶成为具有社会责任感、与人们和谐交往、能自觉行'仁'的人"①；

4. "怨"：孔安国解作"怨刺上政"，朱熹解作"怨而不怒"，未必完全符合孔子的本意，至少如黄宗羲所论："怨亦不必专指上政"②，但"怨"总是有"所以怨"与"所以不怨"的理由，这理由在于以"仁"为基源的"善善"、"恶恶"之分辨，因而通过对"怨诗"之"何以怨"及其表达方式的推究，便可澄明内心固有的"德性"，确认君子应有的"实行"方式；

5. "迩之事父，远之事君"："事父"、"事君"是"君子"的在世担当，可由"事父"推及"事君"，但"何以"与"如何""事父"、"事君"却自有其道，而这与"君子"的"德性"相关，而如朱熹所论："《诗》有《凯风》、《白华》，相戒以养，是有近之事父之道也；又有《雅》、《颂》君臣之法，是有远之事君之道也"，因而可自"诗"汲取有关"事父"、"事君"的道德经验，其核心必然是"仁"、"礼"。③

---

① 袁行霈、孟二冬、丁放：《中国诗学通论》，安徽教育出版社1994年版，第30—31页。

② 黄宗羲：《汪扶晨诗序》，转引自郭绍虞主编《中国历代文论选》（一），上海古籍出版社1979年版，第24页。

③ 朱熹观点具见《论语集注》，第74页，见《四书五经》上册，中国书店1984年版；郑玄、孔安国的注解，具见阮元校勘《十三经注疏》，中华书局1980年版，第2524—2525页。

与孔子对"君子"概念的改造一致，他对"诗教"传统的更新，是以培养以内在道德修养、精神境界为根本标识的"新君子"人格为目标，从而为"诗教"这一历史悠久的教育方式注入新的内涵，于是"诗"不仅与人的"政治生命"相关，也与人的"道德生命"相关，还与人的"文化生命"相关。

所以，孔子又说："不学《诗》，无以言。"（《论语·季氏》）这"言"不是一般意义上的言语表达，而是从"君子"的处身方式立论。孔子说："质胜文则野，文胜质则史。文质彬彬，然后君子"（《论语·雍也》），意谓"人的存在应表现在一种同人类的尊严、教养、智能、才能相称的感性形式之中，而不应表现在一种粗陋鄙野或是空洞虚假的形式之中"①，故而"君子"必得掌握与德性相称的文采斐然的言辞表达能力，所谓"有德者必有言"（《论语·宪问》），"德"是"言"之"体"，"言"是"德"之"用"。"言"不仅是人际交流的工具，更是"德性生命"的开显方式，所谓"圣人之情见乎辞"（《易·系辞下》）。从逻辑上说，一定存在"有言者未必有德"的情形，但这恰恰是儒家反对的，所谓"巧言令色鲜矣仁"（《论语·学而》）。孔子说："《诗》亡隐志"②，蕴藏在内心的"情志"外显为"诗"，而"情志"的抒发又有其境遇性，因而通过考索"诗"的使用场合与具体方法，也就可以掌握切合具体情境的妥帖合体的言语表达方式。

深于"《诗》道"的孔子便是"知言"、"善言"的典范：

> 孔子于乡党，恂恂如也，似不能言者。其在宗庙朝廷，便便言，唯谨尔。朝，与下大夫言，侃侃如也；与上大夫言，訚訚如也。（《论语·乡党》）

端庄、温和、谦逊，对上不谄，对下不骄，这些德性通过切合具体情境的言辞体现出来。而孔子师徒的应答唱酬，则颇能体现"君子"以

---

① 李泽厚、刘纲纪：《中国美学史》第一卷，中国社会科学出版社 1984 年版，第 142 页。

② 周凤五：《〈孔子诗论〉新释文及注解》，见上海大学古代文明研究中心、清华大学思想文化研究所编《上博馆藏战国楚竹书研究》，上海书店出版社 2002 年版，第 152 页。对"隐"字之简文的释文尚有"离"、"吝"诸解，本文从李学勤、庞朴、周凤五诸先生的意见。

"诗性语言"彼此会通"情志"的存在状态：

> 子贡曰："有美玉于斯，韫椟而藏诸？求善贾而沽诸？"子曰：
> "沽之哉！沽之哉！我待贾者也。"（《论语·子罕》）

"子贡从美玉待价而售讽谕孔子应当出仕，义兼比兴，形象生动而音律和谐，实为诗歌……孔子的答辞，一唱三叹，又何尝不像诗"①，于是语言"诗性化"、生活"艺术化"，进而呈现"天人合一"的心灵境界。

这就是曾点对孔子问"志"所作的宛似"赋诗"的回答：

> 莫春者，春服既成，冠者五六人，童子六七人，浴乎沂，风乎舞雩，咏而归。（《论语·先进》）

孔子为何喟然叹曰"吾与点也"？当中蕴含着怎样的精神意向？孔颖达认为："曾晳独能知时，志在浴德、咏怀、乐道，故夫子与之"②，朱熹则认为："其言志，则又不过即其所居之位，乐其日用之常，初无舍己为人之意，而其胸次悠然，直与天地万物上下同流，各得其所之妙，隐然见于言外"③。曾点道出了"性与天道相贯通"的"内圣"境界，"个体心态感到自身完满无缺，与天地宇宙相通，因而生机畅然。德感不仅内在地规定了自足无待于外的精神意向，而且规定了生命体自显的求乐意向。健动不息的生命力无需再有外在的目的、对象和根据，自身的显发就可以获得恬然自得、盎然机趣的生命流行之乐"④，这就是孟子所说的"万物皆备于我矣。反身而诚，乐莫大焉"。这种"乐"是不假外求、不需旁索的"自得之乐"，"是乐的本身，无关心无目的，无任何利害纠葛，是纯粹的精神之乐，绝对的自由之乐"⑤。

---

① 顾易生、蒋凡：《中国文学批评通史·先秦两汉卷》，上海古籍出版社1996年版，第83页。
② 孔颖达：《论语正义》，见阮元校勘《十三经注疏》，中华书局1980年版，第2501页。
③ 朱熹：《论语集注》，第48页，见《四书五经》上册，中国书店1984年版。
④ 刘小枫：《拯救与逍遥》（修订本），上海三联书店2001年版，第144—145页。
⑤ 聂振斌：《理学家的理趣与艺术情趣》，《哲学研究》2004年第6期。

因此之故，"君子"修身必得"成于乐"，因为"大乐与天地同和"（《礼记·乐记》），故能通过"乐"而与"天地"生命相感通，回复到主体、客体分裂之前的"原本状态"，回复到世界和谐的"初生状态"，于是可以"率性起止"，而自然、真诚，"可以赞天地之化育，则可以与天地参"（《礼记·中庸》）。这既是崇高的"道德境界"，同时也是宏大的"审美境界"。

孔子说："志于道，据于德，依于仁，遊于艺"（《论语·述而》），似可以之总括由"内圣"之道发展出来的儒家文论话语。"志于"、"据于"、"依于"的限定，表明"道"、"德"、"仁"之于"君子"人格修养的根本性，但还要"遊于艺"，因为"遊者，玩物适情之谓。艺，则礼乐之文，射御书数之法，皆至理所寓，而日用之不可缺者。朝夕遊焉，以博其义理之趣"[1]，包括"诗"、"礼"、"乐"在内的各种文化活动，是成就"君子"完满人格"日用之不可缺"的功夫。当中包括"反身向内"的"明明德"，也必然伴随某种与审美相通的自由感受，如顾易生所言："'遊'，即反映某种'好'而'乐'的状态，不仅并无贬义，恰恰反映孔子对文艺活动的美育意义的认识"[2]。由"志于"、"据于"、"依于"的限定，还可将"道"、"德"、"仁"推扩为"君子"从事包括文艺审美在内的所有文化活动的根基，这就意味着并不是所有的文艺审美类型都具有正当性，如"郑声淫"，所以要"放郑声"（《论语·卫灵公》），而值得提倡的乃是这样的审美类型：在精神内涵上合乎"仁"的要求即"无邪"（《论语·为政》），具备"中和"的审美品质即"乐而不淫，哀而不伤"、"尽美矣，又尽善也"（《论语·八佾》），同时活动方式亦合乎"礼制"规定而不僭妄。

二

儒家的"外王"之道就是"治国"、"理民"之道，可用四个字概括：从制度说是"礼制"，从理念说是"德政"[3]，贯通二者的则是"仁"的

---

① 朱熹:《论语集注》，第 27 页，见《四书五经》上册，中国书店 1984 年版。
② 顾易生、蒋凡:《中国文学批评通史·先秦两汉卷》，上海古籍出版社 1996 年版，第 71 页。
③ 李宪堂:《先秦儒家的专制主义精神》，中国人民大学出版社 2003 年版，第 229 页。

精神。"外王"之道是儒家文论话语建构的另一维度。在"外王"视野中,"诗"、"礼"、"乐"的功能在于整顿"人心"、和合"天下",建构一个上下有序、协调和睦的社会秩序,这既是"近者悦,远者来"的"政治秩序",亦是"和而不同"(《论语·子路》)的"文化秩序"。

余英时指出:"无论是修己还是治人,儒学都以'君子的理想'为其枢纽的观念;修己即所以成为'君子';治人则必须先成为'君子'。"① 儒家相信,"虽庶人之子孙也,积文学,正身行,能属于礼义,则归之卿相士大夫"(《荀子·王制》),不仅"德"的普遍性可超越"位"的特殊性,而且"德"与"位"可以转换。因此,由"外王"之道引领出的文论话语首先落实于"君子"的担当,体现为对"言谈"、"辩说"之政治文化功能的理解。《论语·子路》记载:

> 子路曰:"卫君待子而为政,子将奚先?"子曰:"必也正名乎!"子路曰:"有是哉,子之迂也!奚其正?"子曰:"野哉由也!君子于其所不知,盖阙如也。名不正,则言不顺;言不顺,则事不成;事不成,则礼乐不兴;礼乐不兴,则刑罚不中;刑罚不中,则民无所措手足。故君子名之必可言也,言之必可行也。君子于其言,无所苟而已矣。"

"正名"之所以是"为政"的第一要务,是因为语言运用得正当与否,会引发文化秩序和政治秩序的连锁反应,所以以"外王"事业为职志的"君子"必得一丝不苟地对待"言辞":

> 修辞立其诚,所以居业也。(《易·文言》引孔子语)
> 君子居其室,出其言善,则千里之外应之,况其迩者乎?居其室,出其言不善,则千里之外违之,况其迩者乎?言出乎身,加乎民;行发乎迩,见乎远。枢机之发,荣辱之主也。言行,君子之所以

---

① 余英时:《儒家"君子"的理想》,见辛华、任菁编《内在超越之路——余英时新儒学论著辑要》,中国广播电视出版社 1992 年版,第 103 页。

动天地也，可不慎乎！（《易·系辞上》引孔子语）

甚至，"诵《诗》三百，授之以政，不达；使于四方，不能专对；虽多，亦奚以为？"（《论语·子路》）

那么，"君子"应当怎样看待和运用"言"？他应当"以仁心说，以学心听，以公心辨；不动乎众人之非誉，不治观者之耳目，不赂贵者之权执，不利便辟者之辞"（《荀子·正名》），应有"辞采"之美，以求"言近而指远"（《孟子·尽心下》），而且"赠人以言，重于金石珠玉；观人以言，美于黼黻文章；听人以言，乐于钟鼓琴瑟"（《荀子·非相》）。反之，对那些"奸言"、"邪说"，则不仅要具备理性分辨能力，所谓"诐辞知其所蔽，淫辞知其所陷，邪辞知其所离，遁辞知其所穷"（《孟子·公孙丑上》），还要坚定自觉地"以正道而辨奸，犹引绳以持曲直。是故邪说不能乱，百家无所窜"（《荀子·正名》），因为"辨说譬谕，齐给便利，而不顺礼义，谓之奸说……圣王之所禁也"（《荀子·非十二子》）。

这样一个"知言"、"善言"的"君子"便可依据"圣王之道"，由"正名"入手重建理想的政治、文化秩序，而从根本上说，"儒者理想中的社会秩序不是依靠外在的法律约束而是依靠人内在的道德自律意识和外在的礼仪象征仪式维持"①，如是儒家又致力于从"礼仪象征"和"道德规范"两个方面考虑"诗"、"乐"的问题，恰正对应于"礼制"与"德政"的"治国"、"理民"之道。

按赵汀阳的分析，"儒家概念的礼包括：（1）社会分配和管理制度，其中包括利益、权力、权利、义务和社会地位的分配和管理……（2）社会身份的识别形式，即一套符号系统，包括社会地位和社会角色的可识别标志，诸如仪式、居所、服饰、车马、礼节等等"，"至于礼乐，则是政治的文化表达，是政治的象征系统"②。"礼"的主体和主旨是"分"："礼者，贵贱有等，长幼有差，贫富轻重皆有称者也"（《荀子·富国》），儒

---

① 葛兆光：《七世纪前中国的知识、思想与信仰世界》，复旦大学出版社 1998 年版，第 262 页。

② 赵汀阳：《坏世界研究：作为第一哲学的政治哲学》，中国人民大学出版社 2009 年版，第 131、130 页。

家理想的社会秩序因此是一种稳定的差序结构，人们皆有与其地位、身份相应的生活方式，谨守"礼制"的规定也就能保障社会的井然有序。如此则"礼"、"乐"就成了政治秩序的符号表征，凡是不合"礼制"规定的"诗"、"乐"、"舞"都不具有正当性/合法性，所以"季氏以八佾舞于庭"、"三家以《雍》彻"，就遭到孔子的严厉批评（《论语·八佾》），因为"审美生活秩序"的僭越同时亦是"政治/伦理秩序"的僭越。

荀子进一步指出，"礼"兼具"养"与"别"的双重功能：

> 礼者，养也。刍豢稻粱，五味调香，所以养口也；椒兰芬苾，所以养鼻也；雕琢刻镂黼黻文章，所以养目也；钟鼓管磬琴瑟竽笙，所以养耳也；疏房檖貌越席床第几筵，所以养体也。（《荀子·礼论》）

> 为之雕琢刻镂黼黻文章，使足以辨贵贱而已，不求其观；为之钟鼓管磬琴瑟竽笙，使足以辨吉凶、合欢、定和而已，不求其余；为之宫室台榭，使足以避燥湿、养德、辨轻重而已，不求其外。（《荀子·富国》）

雕刻、刺绣、绘画、文辞、音乐等皆具颐养身心的功能，是通过"修身"而达到"治心"的目的，亦即通过"礼义"即真实的价值净化、转化感性情欲的原始生命。

儒家相信，"治世必须治心，如果人们普遍道德沦丧，人民集体堕落，那么，无论什么样的政治也恐怕无能为力，无论多么强大的政法制度都无法拯救社会秩序"[①]，而文艺审美则是"治心"的有效手段："绅、端、章甫，舞《韶》歌《武》，使人之心庄"，进而创造一个和谐有序的社会：

> 故乐在宗庙之上，君臣上下同听之，则莫不和敬；闺门之内，父子兄弟同听之，则莫不和亲；乡里族长之中，长少同听之，则莫不和顺。

---

① 赵汀阳：《坏世界研究：作为第一哲学的政治哲学》，中国人民大学出版社 2009 年版，第 107 页。

故听其《雅》《颂》之声，而志意得广焉；执其干戚，习其俯仰屈伸，而容貌得庄焉；行其缀兆，要其节奏，而行列得正焉，进退得齐焉。故乐者，出所以征诛也，入所以揖让也……故乐者，天下之大齐也，中和之纪也，人情之所必不免也。（《荀子·乐论》）

所以儒家尤其看重"礼乐"的政治意义："乐者，圣人之所乐也，而可以善民心，其感人深，其移风易俗，故先王导之以礼乐而民和睦"（《荀子·乐论》），"君子明于礼乐，举而措之而已"（《礼记·仲尼燕居》）。

在荀子看来，求美、求愉悦是人的本性："目好色，耳好声，口好味，骨体肤理好愉佚，是皆生于人之情性者也，感而自然，不待事而后生之"，"乐者，乐也，人情之所必不免也，故人不能无乐"（《荀子·性恶》、《乐论》），耳目感官亦具有天然的审美感知能力与分辨能力："目辨白黑美恶，耳辨音声清浊，口辨酸咸甘苦，鼻辨芬芳腥臊，骨体肤理辨寒暑疾养，是又人之所常生而有也，是无待而然者"（《荀子·荣辱》）。不过，并不是所有的审美生活都有助于净化和提升现实生命，例如"妖冶之容，郑、卫之音，使人之心淫"，鄙俗的审美生活甚至会危及国家安全："乐姚冶以险，则民流僈鄙贱矣。流僈则乱，鄙贱则争，乱争则兵弱城犯，敌国危之。如是，则百姓不安其处，不乐其乡，不足其上矣。故礼乐废而邪音起者，危削侮辱之本也"，文艺审美与社会风俗、精神气象息息相关："凡奸声感人而逆气应之，逆气成象而乱生焉。正声感人而顺气应之，顺气成象而治生焉"（《荀子·乐论》）。既然如此，对文艺审美予以制度建构，便是创造完美社会之所必需，至少包括：

1. 确立文艺审美典范，所谓"制《雅》《颂》之声以道之，使其声足以乐而不流，使其文足以辨而不諰，使其曲直繁省廉肉节奏，足以感动人之善心，使夫邪污之气无由得接"，"以道制欲，则乐而不乱"（《荀子·乐论》）；

2. 对文艺审美的品质、类型、方式予以裁断，所谓"声，则凡非雅声者举废；色，则凡非旧文者举息"（《荀子·王制》），要知道"其服组，其容妇，其俗淫……其声乐险，其文章匿而采"（《荀子·乐论》）乃是

"乱世"的征象;

3. 在"分官任职"的官僚体制内设立职能部门,如"掌教六诗"的"太师"有审查文艺合法性之责:"修宪命,审诗商,禁淫声,以时顺修,使夷俗邪音不敢乱雅,太师之事也"(《荀子·乐论》),至于"诸侯"与地方长官也有推行监督之责:"劝教化,趋孝弟,以时顺修,使百姓顺命,安乐处乡,乡师之事也","论礼乐,正身行,广教化,美风俗,兼覆而调一,辟公之事也"(《荀子·王制》)。

与荀子偏于"外王"之道的"礼制"制度一面不同,孟子更强调"外王"之道的"德政"理念一面。这是因为荀子对人性的阴暗面有更多的体认,而孟子认为人皆具有内在的可完善性,则政治的根本目的即在激发、呵护、引导、培育人的"善性",亦即实现人的道德的完善:"以力假仁者霸……以德行仁者王……以力服人者,非心服也,力不赡也。以德服人者,中心悦而诚服也",能否施行"仁政"则是国家兴衰存亡的根本:"三代之得天下也以仁,其失天下也以不仁,国之所以废兴存亡者亦然"(《孟子·公孙丑上》、《离娄上》)。"仁政"乃是人人都能充分实现和发展其"善端"的政治,国家则必然是"仁政"与"仁人"互动生成的机制,因为外在的"仁政"与内在的"善性"存在一体通贯性。

在"仁政"的制度构想中,文艺审美乃是重要的建构力量。《孟子·尽心上》说:"仁言不如仁声之入人深也,善政不如善教之得民也。善政民畏之,善教民爱之。善政得民财,善教得民心。"赵岐解释说:"仁言,政教法度之言也;仁声,乐声雅颂也。"① 如此则"善教"也就是"乐声雅颂"的"礼乐""教化":"仁之实,事亲是也;义之实,从兄是也……乐之实,乐斯二者,乐则生矣,生则恶可已矣,恶可已则不知足之蹈之,手之舞之。"(《孟子·离娄上》)这种"乐"并不需要也不指向外在对象,亦非单纯生理感官享受,而是由于对"仁义"的悦慕因而同时亦是对自我价值的肯定而引发的内在体验。作为人生的意义机制,这一内在体验是"审美体验"与"道德体验"的同体,并先于二者的分化。

至于何以"仁声"可以为"教",则从"人性论"而言,人心皆具

---

① 阮元校勘:《十三经注疏》,中华书局 1980 年版,第 2765 页。

"善端",以及相同的感官和审美判断力:"口之于味也,有同耆焉;耳之于声也,有同听焉;目之于色也,有同美焉。至于心,独无所同然乎?心之所同然者何也?谓理也,义也。圣人先得我心之所同然耳。故理义之悦我心,犹刍豢之悦我口。"(《孟子·告子上》)从"国家论"而言,既然国家存在的根本意义在于充分实现和发展人心所具之"善端",则设立"文教"/审美制度以激发"善性"、存养"人心",也就是能使"民"心悦诚服的合理性的政略,而"得其心,斯得民矣"(《孟子·离娄上》)。

孟子更依据"性善论"与"仁政论",认为"今之乐犹古之乐","王者"应当"与民同乐",而这正是"圣王"意识的当代体现:"古之人与民偕乐,故能乐也"(《孟子·梁惠王》)。这一思想看来超逸出孔子"放郑声"的规制,但孟子同样排斥"淫""乱"失度、不合"仁义"原则的文艺审美活动,所以称述孔子"恶郑声,恐其乱乐"之论,并说"君子反经",以为"经正则庶民兴,庶民兴,斯无邪慝矣"(《孟子·尽心下》),若此则"今乐"、"古乐"之辨的真实意义在于强调"评价音乐高下应看音乐本身,不在其时代的今古或其他"[①],因而是从儒家思想内在视野出发而在"新乐"勃兴的战国时代要求重建儒家"礼乐秩序"。由是发展出儒家理想社会建构的两条思路,一条是自上而下的"仁声"之"教",意在通过文艺审美而"己欲立而立人,己欲达而达人"(《论语·雍也》);一条是自下而上的"与民同乐",意在通过文艺审美而"泛爱众而亲仁",最终都服务于实现审美性的政治风俗境界。

问题是,由谁来担承文艺审美的制度建构?尽管文艺审美的实质是由悦慕"仁义"而生发之内在且具有超越性的存在体验,凡人皆具"恻隐羞恶恭敬是非之心",故从逻辑上说均有同质的审美判断的精神能力,又具有相同的审美感官,但孟子以为"无恒产而有恒心者,惟士为能"(《孟子·梁惠王下》),"人之所以异于禽兽者几希,庶民去之,君子存之"(《孟子·离娄下》),"王子垫问曰:士何事?孟子曰:尚志。曰:何谓尚志?曰:仁义而已矣"(《孟子·尽心上》),则唯有以"道"自任的

---

① 顾易生、蒋凡:《中国文学批评通史·先秦两汉卷》,上海古籍出版社 1996 年版,第110 页。

儒家知识精英"能够超越个人的工作岗位（职事）和生活条件的限制而以整个文化秩序为关怀的对象"①；另一方面，尽管"王侯"握有实际的政治权柄，但孟子说："古之贤王好善而忘势，古之贤士何独不然？乐其道而忘人之势，故王公不致敬尽礼，则不得亟见之。见且由不得亟，而况得而臣之乎？"（《孟子·尽心上》）故"以位，则子君也，我臣也，何敢与君友也？以德，则子事我者也，奚可以与我友？"（《孟子·万章下》引子思语）则唯有以"道"自任的儒家知识精英握有"道"的权威，是"道"的承担者，有资格引导国家审美文化的建设。

三

儒家"内圣外王"的理想奠基自孔子，孟子、荀子各自发挥其"外推"、"内转"之一端，以应对时世。不过，对于真正的儒者来说，"人格的培育与对共同体的责任是相互蕴涵的"，"政治上的责任和道德上的发展是两个不可分离、相互关联的方面"②。因此之故，"内圣"与"外王"绝不是可以打成两截、互不搭界的"生活世界"和理想意愿，而是必然存在生存论上的"互证"／"互动"关系：

> 明明德者，立其天地万物一体之体也；亲民者，达其天地万物一体之用也。故明明德必在于亲民，而亲民乃所以明其明德也。③

但就儒学整体而言，看似贯通圆融的"内圣外王"实有不可解开的困结，这便是"社会宗法血缘联结体"与"道德联结体"之间的"存在论"断裂。儒家承认社会自然性的血缘联结基础，期望给予道德整合，以建立"血缘联结体"与"道德联结体"同一的社会结构，但由于缺乏独立的"法"的约制，便不能保证实际的政治秩序与规范（"礼"）的控制者——天子一定基于道德性的真实感（"仁"），"德"的普遍性并不能转化为

---

① 余英时：《士与中国文化》，上海人民出版社1987年版，第98页。
② 郝大维、安乐哲：《汉哲学思维的文化探源》，施忠连译，江苏人民出版社1999年版，第163页。
③ 王守仁：《大学问》，见《王阳明全集》下册，上海古籍出版社1992年版，第969页。

"位"的特殊性,于是"内圣"便不能如所愿望地开出"外王",而"道统"与"政统"、"学统"也无法取得平衡。

这种断裂也造成儒家文论话语的结构性冲突。徐复观指出,"礼乐"的意义"乃在于对具体生命中的情欲的安顿,使情欲与理性能得到谐和统一,以建立生活行为的'中道',更使情欲向理性升进,转变原始性的生命,以成为'成己成物'的道德理性的生命,由此道德理性的生命,以担承自己,担承人类的命运。"① 这实际上也是儒家文论话语建构的精神逻辑所在,无论"内圣"抑或"外王",当都以此为根基。儒家把"仁"看作人之为人的根本德性,"人"、"己"、"物"、"我"、"天"之间的交流通贯,就是以"仁"的根本德性为纽结,因而文艺审美从本源意义上说乃是对此"道德真实感"("诚")的"情意性开显",而其文化功能也便是造就"情欲"与"理性"谐和统一的道德理性的个体生命,这不能不说是一种十分高远的文化理想。

儒家推崇"德政"、"仁政"、"王道",便试图在"礼制"的制度架构里普遍地落实这一高远理想,即通过"礼乐教化"使人人都能维护存养其内在本体之"仁心",进而建立"和合统一"的理想国,这也就是"人文化成天下"的社会理想,其境界也极高,带有鲜明的"审美乌托邦"色彩。儒家相信通过"外推"与"内转"的精神实践便能实现这两种高远的理想,并坚信"非圣人不得为王"(《荀子·正论》),殊不知,既然无法保证轨持社会秩序的统治者一定是有德居位的"圣王",更无法保证统治者一定真诚认信儒家的文化与社会理想,则"礼乐教化"的理想便实际蜕变为专制秩序的建构方略,与之结伴而行的文艺审美也就成为专制王权的"催眠术"与清洗过滤思想意识的"意识形态机器"。这种结构性的思想症结非儒家文论自己所能解决,因而也就注定了儒家的"审美乌托邦"只能是一个理念,是一个关于政治、文化与审美的理想模型。

---

① 徐复观:《谈礼乐》,见李维武编《徐复观文集》第二卷,湖北人民出版社 2002 年版,第 97 页。

第三章　经学成型与汉儒思想质素:传承与更新

天下有道，以道殉身；天下无道，以身殉道。

——《孟子·尽心》

第一节　汉代思想世界的重建

一

若就思想史自身发展脉络而言，汉代思想世界的重建，恰如蒙文通所指出的："以道术发展之迹寻之，实周秦之思想集成于汉代，若百川之沸腾，放乎东海而波澜以息也"①。不过若从"知识政治学"的视野审查，从"知识人"、"知识生产"、"政治实践"、"政治/文化体制"、"意识形态建构"之间的勾连关系看，所谓汉代思想世界的重建，其内涵包括互为关联的两方面：

1. 汉代"知识综合体"的结构发生了重大的变化。以"大一统"帝国政治/文教制度的解释权与控制权为核心，在儒、法、阴阳、黄老诸学派的知识人展开的思想较量中，儒学由"子学"形态、"民间学"形态嬗变为"经学"形态、"王官学"形态，跃居为"王朝国家"的"政治意识形态"，为解释、建构和组织新帝国的政治、文化乃至日常生活，提供了

---

① 蒙文通：《论经学遗稿三篇》，见其《经学抉原》，上海人民出版社 2006 年版，第 208 页。

价值系统、意义生成模式。与此同时，儒家经学也以"标准性知识"的面目引导乃至垄断了知识生产的可能路向，以至于在某种程度上可以说，"经学形成以后，严格意义上的诸子之学已经不复存在了"①;

2. 儒家的知识生产与思想构建在文化立场和精神意向方面发生了根本性转折，此即如严正所论:"孔孟等儒者希望通过对周礼的阐释，以唤醒世人和统治者对周礼的崇拜和实践，而秦汉之际的儒者则主要是为一个新生的朝代提供全面的文化建设，提供系统的意识形态"，"经学家们的任务不是挽救现实的混乱，而是站在统治者的角度，思考如何治理国家，如何论证国家统治的合法性。特别是儒学独尊后，经学与意识形态合流，成为官方哲学，没有了先秦儒学的强烈的现实批判精神"②。

要恰当地理解这些变化，固然需要追踪、溯源"诸子之学"自身的话语逻辑及发展脉络，不同知识人群体的精神气质与生命意趣指向，但更为关键的则是要考察时代变动提出的新问题与不同"知识/利益集团"的思想和理念的碰撞激荡，当中或显或隐地体现着各自的政治/文化诉求。

正如徐复观所说:"两汉思想，对先秦思想而言，实系一种大的演变。演变的根源，应当求之于政治、社会、尤以大一统的一人专制政治的确立，及平民百姓的完成，为我国尔后历史演变的重大关键;亦为把握我国两千年历史问题的重大关键。"③ 作为中国历史的重大转折期，崛起于草莽的刘汉王朝承"嬴秦"之余绪，由松散的"封建联盟"向"大一统"帝国的转折，以及与之相应的一系列政治、社会制度变革，不仅确立了此后两千年间中华帝国的基本政制框架和社会组织形式，而且也深层次地规定了知识精英从事思想创造与知识生产的精神逻辑与意义指向。"大一统"终于从长久以来知识人的理论想象和庶民百姓的内心愿望变为现实，人们有理由对新王朝抱有美好期望和参与热情。

然而，"大一统帝国"不仅需要政制和疆域上的"大一统"，也内在地吁求实现思想上的"大一统"，因而如何适应新的时代需要，在"诸子"思想由分裂转向综合的基础上，折中融合，整合出一套统一的思

① 吴雁南等:《中国经学史》，福建人民出版社 2001 年版，第 85 页。
② 严正:《五经哲学及其文化学的阐释》，齐鲁书社 2001 年版，第 442、443 页。
③ 徐复观:《两汉思想史·自序》，华东师范大学出版社 2001 年版，第 13 页。

想，完成新的帝国政制的合法性论证——特别是刘姓王朝的"治统合法性"论证，遂成为汉代思想世界重建的中轴线和主导脉络。毫无疑问，这会对包括儒者在内的知识人群体的社会文化身位及其生存定向产生普遍而深刻的影响。至于影响的程度如何，则不但要视其思想质素与新的政治文化现实的适应性而定，更重要的因素是那些"得大道之一端"、"欲以道易天下"的士人，能否主动寻求进入帝国政治文教体制、实现知识思想与政治实践互动的合适途径，既能保证自家学术思想和社会文化身位的异质性，同时又能实现"知识话语"的普遍化，唯此才能实现政治／文化利益的最大化。

事实上，士人的社会文化身份一向变动不定。在周代，由于精神生产和知识传授被王室贵族所垄断，此时的"士"兼具"等级身份"与"知识道艺"双重意味，但到了春秋后期以至于战国，随着传统社会组织形式的解体、"诸侯争霸"格局的形成，"士"的"等级身份"意味渐次褪去，"知识道艺"的意味渐次凸显，并最终固化为其身份标识与生存资本。这是因为，孔子与儒家学派的出现打破了"封建"时代的"士"之"学"、"事"不分的传统，开始形成分立的相对专门的文化活动与独立的士人群体。但经过秦王朝的短暂动荡波折，进入汉代，"随着原先出路纷纭的士人逐步被纳入大一统国家的社会政治秩序，通过向皇帝求仕谋衣食生计，进而求取功名，就几乎成为士人惟一堂皇的自我实现方式。战国时代那股具有无限丰富性和勃勃生机的汹涌浪潮，终于导入有着一定之规的渠道。这支从旧体系中分化、蜕变出来，为旧的社会结构所难以包容的新力量，终于被从游离于政治体制的状态中完全吸收下来，并且作为一个基本单元，嵌入、固着于新的社会政治、经济和文化结构，从而渐次脱去其原先以游徙、无根为特色的存在状态"①。

问题在于，秉持不同政治理念、人文关怀、文化信仰的士人，如何才能做到"一方面要坚持本己的知识类型，另一方面又要兼采别的知识类型，以此加强自身的应时力"②，贡献于新的思想世界的重建？战国以来

---

① 于迎春：《秦汉士史》，北京大学出版社 2000 年版，第 114 页。

② 刘小枫：《臆说纬书与左派儒教士》，见其《个体信仰与文化理论》，四川人民出版社 1997 年版，第 562 页。

"百家竞鸣"的自由创造,由此转变为以"大一统"政制的正当性为核心论题的思想博弈,其目的则在于将调和/综合之后的知识与思想转变为刘汉帝国的"治统意识形态"。话语/政治权力的争夺因此势不可免,最终,儒学由春秋战国时期的"子学"形态演进为"经学"形态,并在与"非儒学派"的交锋中一跃而成为统治意识支柱和"王官学",成为判定知识生产合法性的"标准性知识"。

这便需要考察儒学的转折历程及其话语构建的思路。钱穆有言:春秋时代表贵族文化立场的"王官之学"逐渐流散到民间来,成为新兴的"百家之学"。"'王官'是贵族学,'百家'是民间学","孔子是开始传播贵族学到民间来的第一个。孔子是开始把古代贵族宗庙里的知识来变成人类社会共有共享的学术事业之第一个","开中国史上民间自由讲学之第一声"[①]。阎步克也说:"孔子自立学门、招纳弟子、收取束脩并教以一己之道,使文教重心转入民间,洵为新式私学之始。"[②] 事情还不止于此,费孝通认为自孔子之后,就"构成了和政统分离的道统",出现了"用文字构成理论对政治发生影响"但已不再"占有政权"者,"他们不从占有政权来保障自己的利益,而用理论规范的社会威望来影响政治"[③]。以"道统"传人的身份介入并用"道义"理想转化现实政治,拯救"世道"、"人心",也就成为儒家的在世志业。

先秦儒家实际上也存在着不同的学术路向——《韩非子·显学》就说孔子死后"儒分为八",这既与孔子本人思想修养的阶段性差异有关,不同阶段的及门弟子所得于"夫子"的"知识道艺"因之有所不同,也与孔门弟子的天赋秉性、问学兴趣有关,同时还涉及对于"谁得孔子真传"、"谁是儒家领袖"的权力之争,故有"传道之儒"、"传经之儒"、"政事之儒"的分化[④]。即使三位代表性人物孔子、孟子、荀子的思想也颇有差异,以至于有些学者认为并不存在某种"一以贯之"的儒家文化传统——

---

① 钱穆:《国史大纲》上册,商务印书馆 1994 年版,第 96—100 页。
② 阎步克:《士大夫政治演生史稿》,北京大学出版社 1998 年版,第 131 页。
③ 费孝通:《论师儒》,见吴晗、费孝通等《皇权与绅权》,天津人民出版社 1988 年版,第 25 页。
④ 颜炳罡:《"儒分为八"的再审视》,见庞朴主编《儒林》第一辑,山东大学出版社 2005 年版,第 136—153 页。

如顾颉刚就说"孟子决不是纯粹的孔子之徒"①，至于荀子与孔子、孟子相比，更是存在重大变异。

这提醒我们应当理性地看待和分析儒家内部的思想分歧，这种分歧显然来自"儒者"与"社会"的"互动"在知识生产和思想创造层面的"映射"。不过，就总体精神气质和问题意识而言，作为"理念/利益集团"的儒家仍有其一脉贯通之处："相对于商、韩而言，孔、孟对于正在日益分化发展的政统吏道，对官僚政治的构成原则、组织方式和运作规程，对行政的技术意义，是很少投注其中、设身处地地给予真正、切实的关注的；他们更多的是处身其外，来申说其文化理想、社会道义和政治批评"，"在学士角色事实上是相当专门化了的时候，孔、孟为自己所确定的安身立命之处，最终是在于师道之中"，而"在战国政统与道统日趋分途之时，相对于法家而言，儒家的立场、事业就显得是不在政统之内、而在道统一方了。乐师司礼司教、专务诗书礼乐，但并不直接涉身行政事务一点，依然构成了儒者的社会性格"②。

就此而言，庄子学派嘲讽儒者"既上无君侯有司之势，而下无大臣职事之官，而擅饰礼乐，选人伦，以化齐民"（《庄子·渔父》），倒是准确揭示了儒者的生存意愿及其尴尬处境，这在相当大程度上来自儒者对于"道统"尊严与士人身份意识的坚定信念与充分自觉。例如，《礼记·儒行》就清楚地表述了儒者对于自己的"身份想象"："儒有上不臣天子，下不事诸侯，慎静而尚宽，强毅以与人，博学以知服，近文章，砥厉廉隅，虽分国，如锱铢，不臣不仕，其规为有如此者。"

对此，徐复观认为："把士转变成为人格上文化上的担负者，因而完全摆脱了封建身份的束缚，成为文化上的自由人"，"这是孔门教化集团的一种努力，一种成就"③，这是就儒家的"士人"身份意识而言。刘蔚华认为："从西周末到春秋时期，在社会上逐步形成了一个在野的士阶层，他们拥有官府散失而一部分为民间保存着的文化典籍和知识。"儒者来自于没落贵族后裔和庶人，"成为最先出现的一批来自民间的拥戴者，他们

①　顾颉刚：《秦汉的方士与儒生》，上海古籍出版社 1978 年版，第 36 页。
②　阎步克：《士大夫政治演生史稿》，北京大学出版社 1998 年版，第 189—190 页。
③　徐复观：《两汉思想史》第一卷，华东师范大学出版社 2001 年版，第 54 页。

的作为在于运用官方曾经提倡过的礼乐制度、伦理道德反过来要求统治者,希望统治者能够实行贤者政治,推行德治主义政策"①,这是就儒家的政治立场而言。余英时认为:"知识分子以道自任的精神在儒家表现得最为强烈"②,这是就儒家的"道统"意识而言。

三者之中,"道统"意识具有统摄性,儒家的"士人"身份意识和政治/文化信念都决定于儒家的"道义"担当精神,所以孔子说:

> 士志于道,而耻恶衣恶食者,未足与议也。(《论语·里仁》)
> 天下有道则见,无道则隐。邦有道,贫且贱焉,耻也;邦无道,富且贵焉,耻也。(《论语·泰伯》)

孟子的言辞则更加激烈:

> 天下有道,以道殉身;天下无道,以身殉道……故士穷不失义,达不离道……穷则独善其身,达则兼济天下。(《孟子·尽心上》)

而"由于荀子处在大一统政府建立的前夕,知识分子多少已感到政治上的低气压,所以荀子对'道尊于势'的观念似不及孟子所持之坚。但他并没有丧失儒家的基本立场,故仍以儒者之所以可贵即在于其所持之道。更重要的,他虽偶有敷衍世主的尊君之说,然论及君臣关系却一再强调'从道不从君'的原则。这仍然可以看作是'道尊于势'的观念在一种新的政治形势之下的委婉表现"③。

至于荀子弟子称颂他"德若尧舜,世少知之;方术不用,为人所疑。其知至明,循道正行,足以为纪纲。呜呼贤哉!宜为帝王"(《荀子·尧问》),固然难免虚荣美誉之嫌,仍可旁证荀子依然坚持疏离"政统"而推尊"道统"之根本立场。尤其应当注意,这种"德若尧舜"、"宜为帝王"的崇高推举在秦汉之后的"专制社会"中,是无论"师"抑或"弟

---

① 刘蔚华、赵宗正主编:《中国儒家学术思想史》,山东教育出版社1996年版,第56—57页。
② 余英时:《士与中国文化》,上海人民出版社1987年版,第34页。
③ 同上书,第39—40页。

子"均不敢想象与企望的，当中显然隐含着儒家的某种政治/文化冀望与
自我期许。

二

假如既有政治理念、社会秩序、文化体制与儒家的政治/文化构想相
去甚远，对于"道统"的推尊以及士人独立身份的强调，势必导致对于既
定政治文化秩序及其所依据之政治理念的批评，以及对于既定政治文化体
制的自觉或被迫的疏离，尽管儒家宣扬的"先王之道"、儒者拥有的古典
文化传承者的身份、儒家构想的乌托邦社会都令人着迷。事实是，尽管孔
子、孟子、荀子均具备从事现实政治实践的愿望与才能，也均依据儒家的
"仁义之道"勾绘出"既美且至"的理想政治图景，并不遗余力地游说诸
侯以施行自己的"治政"主张，为此甘愿遭受诸如"陈蔡之厄"的磨难
和"丧家之犬"的讥讽，然而无一例外地以退出现实政治、讲学著述为人
生结局，清楚表明其政治/文化理念与志在"争霸称雄"的列国诸侯信守
的"谋国方略"存在冲突，而这种被概括为"尚德"与"尚力"、"王
道"与"霸道"的冲突确能揭明儒家政治思想和文化信念的底线。

不过，这也绝不是说儒家具有某种现代"批判知识分子"的精神气质，
总是抱着"不与现实合作"的态度，这种态度本身适足以表明其批判性。
事实上，儒家思想的内在逻辑和强烈的道义担当精神推动着每一个儒者积极
投身政治实践和社会运动，只是真正的儒者总能坚守儒家思想底线和基本文
化立场，总能恪守"道尊于势"的信条，像孔子那样"可以速而速，可以
久而久，可以处而处，可以仕而仕"（《孟子·万章上》），当条件不允许，
就在"经典注疏"中"守先以待后"、"寓开来于既往"而已。

也正因此内在思想逻辑的推动，虽然儒家饱受秦始皇"焚书坑儒"以
及秦末兵燹之祸，以至于人才凋零、"书缺""简脱"，却屡蹶屡振，始终
未曾忘怀以儒家的"王道"理想改造社会、收拾"人心"的宏愿，为此
在修正儒家学说以使其更具实效性和世俗性的同时，也尝试调整其过于理
想化的生存姿态。因为汉帝国的开国君臣多出身卑微，既缺乏对于新王朝
气象的创造性构思，又亟欲确立"庶民王朝"的"法统"，更因为忙于对
内平定叛乱、对外抗御匈奴，汉初一如"秦制"，而出于"休养生息"与

逆反"暴秦"之经济的和政治舆论的需要,在意识形态领域,直至汉景帝时期,"帝国统治者主信黄老,儒家的论说未有社会法权。以华夏国家礼制传承为在世担当的儒者,积极地想要恢复周制,开始了争取帝国统治者的活动"①。这时迫切需要的是"摸着石头过河"的实践,而不是"纸上谈兵"式的玄想。

所以,当那个被司马迁赞为"希世度务,制礼进退,与时变化,卒为汉家儒宗"的"故秦博士"叔孙通撤去"儒冠"而为"楚制",以投合素来不喜儒士的汉高祖刘邦所好,便表明先秦儒学孟子一系的"理想主义"色彩渐褪,荀子一系的"理性主义"和"实用主义"昭显。至于"作汉礼仪,因为奉常,诸弟子共定者,咸为选首,然后喟然兴于学"②,则更具某种范型意义,表明儒家知识人已经找到了进入"体制文化"的门径,不但成功地将儒家世代传承的"华夏国家礼制"观念转化为新帝国的"宫廷政治仪轨",而且在新帝国政治架构中确立了儒者的社会身位与儒家知识思想的政治文化功能。经此扭转,儒学渐具意识形态质素——广义的意识形态即是"一种综合性的观念体系,以及根据这种观念体系从事政治的企图和实践"③,包括"体制化"了的"观念性"与"物质性"的文化与社会存在,虽然先秦儒学本身就带有相当强烈的行动性与实践性。

其后,陆贾将"仁义"作为"五经六艺"意义的归结,试图以此重建人伦关系,建立秩序井然的社会形态。在他看来,"礼义不行,纲纪不立,后世衰废;于是后圣(王利器注谓孔子)乃定《五经》,明《六艺》,承天统地,穷事察微,原情立本,以绪人伦,宗诸天地,纂修篇章,垂诸来世,被诸鸟兽,以匡衰乱",故若"鹿鸣以仁求其群,关雎以义鸣其雄。《春秋》以仁义贬绝,《诗》以仁义存亡。《乾》、《坤》以仁和合,《八卦》以义相承。《书》以仁叙九族,君臣以义制忠。《礼》以仁尽节,乐以礼升降"④。贾谊也尊奉"六艺",而以"礼"为枢纽,认为如能修治

① 刘小枫:《臆说纬书与左派儒教士》,见其《个体信仰与文化理论》,四川人民出版社1997年版,第562—563页。
② 司马迁:《史记·刘敬叔孙通列传》,中华书局1959年版,第2720—2723、2726页。
③ 阎步克:《士大夫政治演生史稿》,北京大学出版社1998年版,第9页。
④ 陆贾:《新语·道基》,见王利器《新语校注》,中华书局1986年版,第18、30页。

"六艺"之道，即能创造"阴阳天地"、"人与万物"的"和合"秩序："先王为天下设教，因人所有，以之为训；道人之情，以之为真。是故内本六法，外体六行，以与《书》、《诗》、《易》、《春秋》、《礼》、乐六者之术，以为大义，谓之六艺"，并说"六理六美，德之所以生阴阳天地、人与万物也，固为所生者法也……是故著此竹帛谓之《书》，《书》者此之著者也，《诗》者此之志者也，《易》者此之占者也，《春秋》者此之纪者也，礼者此之体者也，乐者此之乐者也"①。

可以发现，陆贾、贾谊申述其政治/文化主张的思想资源与立论依据，都是儒家世代相承的《诗》、《书》、《易》、《礼》、《春秋》。然而，陆贾强调"道莫大于无为"，以为"君子之为治也，块然若无事，寂然若无声，官府若无吏，亭落若无民，闾里不讼于巷，老幼不愁于庭"②，这些思想分明取自"黄老之学"，故王利器认为陆贾的思想"兼儒、道二家，而为汉代学术思想导乎先路"③；贾谊亦强调"法制"的重要性，将其与儒家"仁义之道"相辅翼，以为"仁义恩厚，此人主之芒刃也；权势法制，此人主之斤斧也"④，而被时人目为"法家"，史家班固也判定"贾谊、朝错明申韩"⑤，故此在后来儒生的心目中，陆、贾二人都绝非"醇儒"。

可以说，陆、贾二人阐明儒家经典意义的"兼采"思路及其话语缀合方式，体现了战国以来学术融合的大势所趋，影响及于汉儒"经典释义"及其话语建构的基本模式，至于其之所以没有成为刘汉帝国意识形态的支柱，则是因为：

1. 从理论构成看，更注重政治实践策略的陆、贾二人，尚未构建出沟通"天"、"地"、"人"、"神"的包罗万象的知识与思想系统——例如董仲舒的"公羊春秋学"，足以适应刘汉帝国最高统治者"润色宏业"的需要；

2. 从现实处境看，陆、贾尚处于秦汉大战后民生凋敝、国力复苏之

---

① 贾谊：《新书·六术》、《道德说》，《二十二子》本，上海古籍出版社 1986 年版，第755 页。

② 陆贾：《新语·无为》、《至德》，见王利器《新语校注》，中华书局 1986 年版，第59、118 页。

③ 王利器：《〈新语校注〉前言》，中华书局 1986 年版，第 11 页。

④ 贾谊：《新书·制不定》，《二十二子》本，上海古籍出版社 1986 年版，第 736 页。

⑤ 班固：《汉书·司马迁传》，中华书局 1962 年版，第 2723 页。

时代，黄老之学"无为而有为"政治策略的要义正在于"与民休养生息"，更适合扭转民生凋敝的时代困境，而像儒家期望的"兴礼乐，改正朔，易服色"等"文化改制"构想还只是停留在理想层面，不具备实践的可能性。

这也就可以理解，为什么虽然陆、贾二人提出的具体的政事意见多被采纳，但他们推崇的儒家的基本文化价值（"仁"、"义"、"礼"）及其载体——"五经六艺"的经典系统，并没有因此而获得社会政治法权和权威地位，成为帝国统治意识的基本构件。

尽管如此，陆、贾的"思路"与"言路"还是给后继的儒家知识精英以极大启迪。他们不断融构儒家的"仁义观"、"王道理想"与其他学派的知识/理念，与黄老道家争夺社会思想法权的斗争并未消歇——典型事件即《齐诗》学者辕固与黄生争辩"汤武革命""受命"，并谓《老子》书为"家人言"①，同时也在尽力争取最高统治者的支持，以使儒学不仅仅是"国家典礼"所需之技术性知识，或者满足个人修养之需的历史和古典文化知识，还是具有充分解释效力和实践能力的观念体系。

时至为皮锡瑞所称"经学昌明"、"经学纯正"之汉武帝时代②，适逢汉室"承平"既久，国力充盈，人才鼎盛，而汉武帝刘彻雄才大略，亟欲有为，渴望践行"五帝三王之道"，不满于黄老学之"尚无为"、"持卑弱"、"自谦抑"，于是"一代大儒"董仲舒乘机而起，"真正为儒家学说重建或奠定庞大的理论框架，并使之转化为民族国家意识形态"。尤其是在建元元年（公元前 140 年）应制的"天人三策"中，强调了思想文化的统一之于"大一统"帝国政治实践的必要性，不仅建构起"阴阳配性情，五行配五常，以天人相应为理论，凸显君主权威，并建立相应制度与法律"③的新儒学，而且"推明孔氏，抑黜百家。立学校之官，州郡举茂材孝廉，皆自仲舒发之"，为儒学的"制度化"、"国家化"提供了具体的

---

① 班固:《汉书·儒林传》，中华书局 1962 年版，第 3612 页。
② 皮锡瑞:《经学历史》，中华书局 1959 年版，第 70 页。
③ 葛兆光:《七世纪前中国的知识、思想与信仰世界》，复旦大学出版社 1998 年版，第373、386 页。

实施策略，故此班固赞其"令后学者有所统壹，为群儒首"①。

需要指出的是，尽管"武帝、宣帝皆好刑名，不专重儒。盖宽饶谓以法律为《诗》、《书》，不尽用经术也。元、成以后，刑名渐废。上无异教，下无异学。皇帝诏书，群臣奏议，莫不引经义，以为依据。国有大疑，辄引《春秋》为断"②，但以儒家学说为主要思想资源建构起论证刘汉王朝"治统"正当性的意识形态，这一工作在汉武帝时代已经基本完成，因为"所谓儒学意识形态，乃是汉武帝及其近臣们将儒术尽可能扩展、延伸之后，包括了有利于专制集权政治的种种观念、策略的结果"③。事实上，从战国儒家后学开始，经由汉初陆贾、贾谊等人，直到董仲舒完成的儒学转型，将法家的"集权专制"与注重"刑"、"法"的思想，以及黄老学的"刑"、"德"思想，道家的"天道观"，阴阳五行家的"阴阳"、"五行"理论，都融会到以"仁义"为关键词的儒家学说中来，其面貌已远非孔子将《诗》、《书》、《礼》、《乐》、《易》、《春秋》作为知识、思想资源与教学课程开宗立学之初可以想象。此间情形正如范文澜所说："董仲舒对西汉统一事业的贡献，就在于他把战国以来各家学说以及儒家各派在孔子名义下，在《春秋公羊》学名义下统一起来"，正是因为儒学性质已经发生了这样巨大的变化，所以"自从汉武帝立官学，两汉学术上只有儒家派别间的争辩，不再有儒与非儒不同学派的斗争"④。

另一个具有典范意义的人物是公孙弘，不仅他本人"以治《春秋》为丞相封侯，天下学士靡然乡风"⑤，极大地刺激了知识阶层的政治热情及对功名利禄的追求，且其建议汉武帝为"博士"置"弟子员"，开设"经艺之试"，规定"能通一艺以上，补文学掌故缺；其高弟可以为郎中"，更是为经学的发展提供了制度保障，也为作为知识道义担当者的儒生大量进入国家官僚体制开启了方便之门。于是，汉初如申公在家"设教授徒"之"私学"，逐步为由中央政府和各郡国兴办的官方学校所替代，

①　班固：《汉书·董仲舒传》，中华书局1962年版，第2525、2526页。
②　皮锡瑞：《经学历史》，中华书局1959年版，第109页。
③　于迎春：《秦汉士史》，北京大学出版社2000年版，第83—84页。
④　范文澜：《中国通史简编》第二编，人民出版社1964年版，第111—112、51页。
⑤　班固：《汉书·儒林传》，中华书局1962年版，第3593页。

其目的也由钻研"圣""贤"前后相继之"道"与"古典文物制度"，逐渐转变为以培养政治人才为主，此正如班固所说："自武帝立《五经》博士，设科射策，劝以官禄，迄于元始，百有余年，传业者寝盛，支叶蕃滋，一经说至百余万言，大师众至千余人，盖禄利之路使然也"①。

据张金吾考证，"昭帝时，增博士弟子员满百人。宣帝末，增倍之。元帝好儒，能通一经者，皆复数年，以用度不足，更为设员千人。郡国置五经百石卒史。成帝末，增弟子员三千人，岁余复如故。平帝时，增元士之子，得受业如弟子，勿以为员。岁课甲科四十人为郎中，乙科二十人为太子舍人，丙科四十人，补文学掌故云。顺帝阳嘉元年，试明经下第者补弟子，增甲乙科员各十人。质帝本初元年，令郡国举明经年五十以上、七十以下诣太学，自大将军至六百石，皆遣子受业。岁满课试，以高第五人补郎中，次五人太子舍人，又千石、六百石、四府掾属、三属郎、四姓小侯，先能通经者，各令随家法，其高第者上名牒，当以此赏进"②，遂使"公卿大夫士吏彬彬多文学之士"③。正如赖肖尔所分析的："遵从儒家传统的学者们进入起初是纯粹法家类型的政府……结果受过教育的人成为国家的支持者而不是反对者"，"通过一种新的教育制度和未来官员的选拔制度，一个有效率的官僚阶层开始发展起来"④。

官吏的"儒生化"对汉代社会的政治、文化乃至普通民众的日常生活都产生了极大的影响，而这种从秦代的"以吏为师"向"以师为吏"的绝大变化，"一方面使得中国的政治意识形态和政治运作方式兼容了礼乐与法律、情感与理智，一方面使得中国的知识阶层被纳入了王朝统治的范围之内，改变了整个中国知识阶层的命运"⑤。

---

① 班固：《汉书·儒林传》，中华书局 1962 年版，第 3594、3620 页。
② 张金吾：《两汉五经博士考》，商务印书馆 1937 年版，第 5—6 页。
③ 班固：《汉书·儒林传》，中华书局 1962 年版，第 3593、3596 页。
④ 费正清、赖肖尔：《中国：传统与变革》，陈仲丹等译，江苏人民出版社 1996 年版，第 71—72 页。
⑤ 葛兆光：《七世纪前中国的知识、思想与信仰世界》，复旦大学出版社 1998 年版，第 378 页。

第二节　儒家经学的成型

一

儒家经学就是以《诗》、《书》、《礼》、《易》、《春秋》等文本为对象的诠释学，这些文本不是一般意义上的典籍，而是具有神圣性质并成于"圣人"之手。至于这些典籍之所以被称为经典，不仅是因为它们产生的年代足够古老，与中国文化/中国民族的产生同步，更重要的原因在于，它们奠定了中国文化/中国民族的基本性格，影响了其后历史的进展，并在历史发展的关键时期持续性地闪现出思想的光辉。所以徐复观认为："经学奠定中国文化的基型，因而也成为中国文化发展的基线"①，蒙文通更强调："由秦汉至明清，经学为中国民族无上之法典，思想与行为、政治与风习，皆不能出其轨范。虽二千年学术屡有变化，派别因之亦多，然皆不过阐发之方面不同，而中心则莫之能异。其力量之宏伟，影响之深广，远非子、史、文艺可与抗衡"②，可见儒家经学在中国思想文化史上无以匹敌的意义。

不过，儒家经学并非一蹴而就，而是在历史中逐渐形成，孔子则处于关键性的地位。这不仅因为孔子作为"圣之时者"而"集大成"（《孟子·万章下》），是《易》、《书》、《诗》等夏、商、周三代典籍的维护者和传承者，更因其奠立的"法则六经"的儒家"学统"，使以后成为中国文化骨干的"儒学"与"经学"密不可分，所以皮锡瑞认为："经学开辟时代，断自孔子删定《六经》为始。"③原因在于，"经过孔子的整理和删削后，儒者们有了系统的理论和明确的经典依据，经学开始出现和发展。在某种意义上，可以说儒学的产生与发展和经学的产生与发展是同一过程"④。

---

① 徐复观：《中国经学史的基础·自序》，见《徐复观论经学史二种》，上海书店出版社2002年版，第3页。

② 蒙文通：《论经学遗稿三篇》，见其《经学抉原》，上海人民出版社2006年版，第209页。

③ 皮锡瑞：《经学历史》，中华书局1959年版，第19页。

④ 严正：《五经哲学及其文化学的阐释》，齐鲁书社2001年版，第13页。

但若仔细追究，"儒学"与"经学"的内涵又毕竟颇有不同。不仅严格意义上的"儒学"出现的时间早于"经学"，"儒学"概念所指涉的学问领域广于"经学"，"经学"指涉的文本也不能涵盖"儒学"的全部著作。例如，《汉书·艺文志·六艺略》没有收录《子思》、《曾子》、《孟子》、《荀子》这些儒家著作，而归入"诸子略"；至于"程朱理学"的代表人物程颢、程颐的《二程文集》，以及朱熹的《朱文公文集》，也只是列入《四库全书·集部》，未能分享"经"的尊荣。

尤为重要的是"从汉代及其后的经学来看，经学是官学，是一种统治学说或者说意识形态学说，经学的对象即经典是由国家指定的，它们的标准解说也由国家确定，研究经典的目的是为了致用。只有同时满足这几个条件，才是经学；这也是经学与儒学、与一般的经典解释学的区别"①。所以哲学史家冯友兰将整部中国哲学史分为"子学时代"与"经学时代"，认为"董仲舒之主张行，而子学时代终；董仲舒之学说立，而经学时代始"②。经学史家周予同也说："自汉武帝罢黜百家，独尊儒术，设立五经博士，从而《易》、《书》、《诗》、《礼》、《春秋》'五经'就被封建专制政府所'法定'"，"经学成立于前汉，动摇于民国八年五四运动以后，而将消失于最近的将来"③。

上引论断涉及两种看待"经学"和"经学史"的眼光，一类强调"经学"与发端于秦汉的中华帝国"政教制度"、"政治意识形态"的关联，另一类则侧重"经学"与奠基自夏、商、周三代的中华民族文化传统的关联，这正与晚清以来中国知识界"反思中国"与"重思中国"的两种思想运动恰相对应。从"反思中国"的思想立场立论，则"经学被作为统治阶级的意识形态，只要一提及经学便称之为'经学教条'。即便按照'取其精华，去其糟粕'的精神看待传统文化，经学也是属于应该去除的'封建性的糟粕'"；而从"重思中国"的思想立场立论，则不但"儒家经学思想作为中国文化的根基和价值本原，从总体的历史作用看，是应

---

① 陆玉林：《中国学术通史·先秦卷》，人民出版社 2004 年版，第 453 页。
② 冯友兰：《中国哲学史》上册，华东师范大学出版社 2000 年版，第 25 页。
③ 周予同：《周予同经学史论著选集》，上海人民出版社 1996 年版，第 654、627 页。

该加以正面肯定的"①，而且具有通过"创造性转化"以重塑民族国家文化认同的可能。不惟如此，如果我们了解儒学在中国历史进程中经历的"意识形态化"的实际情形，意识到"儒学"实际有"知识话语"与"意识形态话语"的区分，那就应当看到上述两种"看-法"其实均能切近"历史实存的经学"，因而有其存在的理据，只要补足标明这理据，便皆能成立并构成理解"经学历史"的视域，因而不容偏废。

需要强调指出的是，儒学从"知识话语"向"意识形态话语"的转移，并不尽是学术的自然演变过程，其发生学助因盖有"内"、"外"两面："内"的一面即儒家学术自荀子始而昭显的自我调整，经由战国儒生杂采融通诸如道、法、阴阳五行学派的"知识话语"，以适应时代变动引发的政治、文化需要，"经学"之规模大体具备，这可视为儒家知识人对于"经典之学"的自我规范；"外"的一面即专制帝国自汉武帝始而彰著的文教策略的调整，诸如"国家政制"、"皇权意识形态"乃至具体"政治实践"的合法性，都需要基于经典文本的权威性，这可视为"皇权政治"对于"经典之学"的制度规范。正是由于新帝国"文化政治"的规范要求，以及期望实践"礼教"政治/文化传统的儒者的不懈努力，由孔子整理、编纂而为儒家后学尊奉不移的《诗》、《书》、《礼》、《易》、《春秋》，才得以"圣化"为"神性经典"、"治统法典"，而阐释、阐明与研究此种意义上的"经典之学"才获得了"经学"的专称。在此意义上，儒家"经学"也就成了与"民间学"相对而言的"王官学"，而且与"封建联盟制"之周王朝的"王官学"有别，是"一人专制"之"一统"帝国的"新王官学"。

如此一来，儒家"经典文本"何由获取"权威性质"这一关键提问，便转换成"儒家知识人"与"皇权意识形态"如何塑造"经典"的问题，而正是在此三者相互塑造的历史进程中，"经典"作为"文化权威"的地位才牢不可破地树立起来，"经学"作为"经典释义学"也才因此而拥有统摄性、弥散性、普遍性的文化力量。

---

① 姜广辉：《经学思想研究的新方向及其相关问题》，见其主编《中国经学思想史》第一卷，中国社会科学出版社 2003 年版，第 5 页。

二

经过荀子的话语构建，"六经"已约略具备某种神圣性质，于是问题就成了：在儒门后学中，究竟是谁"真正"地掌握了这些经典？谁又有资格来判定这种"真性"？这种资格又是如何获得的？这就必然会引发儒家内部的冲突较量，因为这一问题不仅涉及能否维持儒家思想的纯粹性，更与能否实现儒者的现实功利欲求相关。不过，从荀子对经典的推崇，再到汉儒的"经典神圣意识"，几乎可以说没有障碍，一个重要的原因就是"荀子通过经典的传授影响了大批弟子，而弟子又凭借经典的解释和阐发渐渐控制了文化话语的权力，在《诗》、《书》、《易》、《春秋》和《礼》的传授系统中，荀子处于枢轴的位置"①。沿着荀子的思路，汉代儒生继续赋予《诗》、《书》等经典文本以"圣性"，并进一步阐明"经典圣性"之所由来，于是就有"神义圣性论"与"天义圣性论"两条"神圣化"经典的取径。

生活在西汉元帝时代的《齐诗》学者翼奉在《奏封事》中说：

> 臣闻之于师曰，天地设位，悬日月，布星辰，分阴阳，定四时，列五行，以视圣人，名之曰道。圣人见道，然后知王治之象，故画州土，建君臣，立律历，陈成败，以视贤者，名之曰经。贤者见经，然后知人道之务，则《诗》、《书》、《易》、《春秋》、《礼》、《乐》是也。②

既称"闻之于师"，可见其说有承传。这是说《诗》、《书》、《易》、《春秋》、《礼》、《乐》诸"经"均为"圣人"慧心"见道"而后的创作，而"道"乃是"天地"所"视"／"示"之于"圣人"的，至于"圣人"处理人间事务无非是效法"天地"的普遍规则，因而"经"之神圣性是来自于或分享了"天"的不可置疑性或超越性，这种超越性是因为无穷大

---

① 葛兆光：《七世纪前中国的知识、思想与信仰世界》，复旦大学出版社 1998 年版，第 266 页。

② 班固：《汉书·眭两夏侯京翼李传》，中华书局 1962 年版，第 3172 页。

的"天"无法被"主观化"。在古代中国，"天"是最高的"哲学"概念，也是最大的"文化"和"宗教"概念。

与翼奉的说法类似，《白虎通·五经》也说："经所以有五何？经，常也。有五常之道，故曰《五经》。《乐》仁，《书》义，《礼》礼，《易》智，《诗》信也。人情有五性，怀五常不能自成，是以圣人象天五常之道而明之，以教人成其德也"，如"伏（羲）始王天下，未有前圣法度，故仰则观象于天，俯则观法于地，观鸟兽之文，与地之宜，近取诸身，远取诸物，于是始作八卦，以通神明之德，以象万物之情也"①。这是说"五经"为"圣人"之"象天五常之道"所作，取法宇宙运行的普遍规则，模拟万物生化的真实情状，不但有"成人"之功，亦可与"神明"交流沟通，则"经"之神圣性无疑来自"天"的赋予。若考虑《白虎通》的撰集，始因于东汉章帝刘炟在"白虎观"诏令儒者论议"《五经》同异"以统一"经义"，而实际上是对今、古文经学诸家"经说"的规范统一，则可说翼奉"闻之于师"、班固笔录的儒生共议之"经典的天义圣性论"，实在是汉代儒生的共同信念。

与之并存的是经典的"神义圣性论"，这一看待视野来自方士色彩浓郁的"纬书家"，而同样为汉代儒生普遍信仰。纬书《龙鱼河图》曰：

> 伏（羲）氏王天下，有神龙负图出于黄河。法而效之，始画八卦，推阴阳之道，知吉凶之所在，谓之河图。

《尚书中候》曰：

> 周公摄政七年，制礼作乐。成王观于洛，沈璧。礼毕王退，有玄龟，青纯苍光，背甲刻书，上跻于坛，赤文成字，周公写之。

《春秋演孔图》曰：

---

① 陈立：《白虎通疏证》，中华书局 1994 年版，第 447 页。

得麟之后，天下血书鲁端门曰:趋作法，孔圣没。周姬亡，慧东出。秦政起，胡破术。书纪散，孔不绝。子夏明日往视之，血书飞为赤鸟，化为白书，署曰演孔图，中有作图制法之状。

《春秋感精符》曰:

孔子受端门之命，制春秋之义，使子夏等十四人求周史记，得百二十国宝书，九月经立。[①]

"河图洛书"、"玄龟血书"、"端门受命"，这类"神话叙述"塑造了儒家先圣的"神人大巫"形象，而《易》、《书》、《春秋》等经典均为"圣人"受自"神谕"的"作品"，意味着"经"之"圣性"得自于"神明上帝"的"神性"。而且，不仅"纬书家"赋予儒家"经书"以神秘气息，以此增强"经书"的权威性，立足于古文经学以整合今、古文经学的"通儒"郑玄也说:"六艺者，图所生也"，以为"河图洛书，皆天地神言语，所以教告于王者也"[②]，并多引"纬书"以解"经"，可见这些说法在汉代儒生群体中也具有相当广泛的影响力。

经典的"天义圣性论"与"神义圣性论"，表明在"圣人"、"经典"与"儒生"之间存在着不同的塑造关系。如是则"学究天人"还是"感通神人"，标识着两种类型的儒者形象，隐含着两种类型的政治/文化理念，即"取法天地之道辅政兴治"与"以神道设教立国"，而既然有儒家"圣人"昭示于前，则汉代儒生亦可取法于后，以此切入汉代国家"文教制度"的设计与文化政治实践。无论如何，将编订自周代"王官"典籍而为儒家独守的"五经"看作是具有神圣性的文本，相信当中寄寓着"救世"、"治国"的"大道"，所谓"《六艺》者，王教之典籍，先圣所以明天道，正人伦，致至治之成法也"[③]，足以"为万世开太平"，这是汉

---

① 安居香山、中村璋八:《纬书集成》，河北人民出版社 1994 年版，第 1149、415、578、745 页。

② 郑玄:《六艺论》，第 1、3 页，见《经义知新记》(丛书集成初编本)，中华书局 1985 年版。

③ 班固:《汉书·儒林传》，中华书局 1962 年版，第 3589 页。

儒在诠释"五经"时秉持的普遍性的文化信念与解释前提。

然而，那些坚持儒家理想主义的儒者标榜"经典圣性"的真正目的，却是藉此以"道"为思想根基，批评政治、社会，重新安排人间秩序，申说其文化理想、社会道义和政治批评。这是因为，既然"经典"具有"圣性"，则拥有"经典"的儒者必具"道统"自尊，亦即拥有优势的"文化身位"和"话语权力"，而且此身位与权力超越于政治、社会等级身份之上，因为"人道"、"治道"皆以"天道"、"神道"为根本依据。故而，无论是坚持经典的"天义圣性论"，还是高倡经典的"神义圣性论"，最终均以"人道"为归宿，因此实质上是"人义化"的"天义圣性论"与"神义圣性论"。对此，西汉善言"灾异"的李寻说："善言天者，必有效于人"①，清人唐晏说："古曰通天地人曰儒。西汉儒者经学，无不有天地人之道在焉。故通天地者，所以治人也"②，清楚地揭示了汉代儒家知识人造作"经典圣性论"的真实心态。

三

进一步考虑，汉代儒生对"经典圣性"的证立，虽然可以在学理和信仰层次证成经典的权威性质，使其拥有不言而喻、无可置疑的文化效力，但并不因此就能使儒家经典获得作为"国家政教法典"的充分根据，知识人的"个体性信仰"与"政治意识形态"在诉求对象和话语性质方面都有不同。正如马克思所说："理论在一个国家实现的程度，决定于理论满足这个国家的需要的程度"③，因此还得看儒家知识人对经典意义的解释与阐发，能否适应"一人专制"的"政制正当性"与刘汉王朝"治统合法性"论证的需要，能否为新帝国的"文治""武功"、社会组织与动员、政治秩序维持提供具有充分说服力的根据和方略，而这就与儒学"意识形态化"的历程相一致。

这也就是说，只有当儒家学术成为"王朝国家"的"政治意识形态"

---

① 班固：《汉书·眭两夏侯京翼李传》，中华书局 1962 年版，第 3188 页。
② 唐晏：《两汉三国学案》，中华书局 1986 年版，第 65 页。
③ 马克思：《〈黑格尔法哲学批判〉导言》，见《马克思恩格斯选集》第一卷，人民出版社 1972 年版，第 10 页。

的核心，作为其知识思想渊薮的经典文献才能相应获得"国家政教法典"的身份，而作为"经典释义学"的"经学"也才能成为新帝国的"王官学"。这意味着，儒家经典的"国家化"、"体制化"与经学的成立，确是儒学"意识形态化"的必然结果。"儒学意识形态"的成型，意味着儒家经典不再仅是儒者们自我标榜的知识、思想资源，而是已经成为论证国家"文教制度"具有天经地义的权威性的"圣经"、"宝典"；在"官学"中设立"五经博士"而以"诸子"著作为辅翼，为"五经博士"置"弟子员"，开设"经义之试"，将经典的传习授受纳入国家"文教制度"当中，则表明"经学"已经被确立为新的"王官学"。这些都是前所未有的巨变。此后"诸子之学"都不得不依附于"经学"以谋生存与发展，而"经学"则以"六经之义"为评判标准，试图将"诸子之学"纳入自身的架构，个中情形即如班固所说："今异家者各推所长，穷知究虑，以明其指，虽有蔽短，合其要归，亦《六经》之支与流裔"[1]。然而也正因为"学术既然定于一尊，经学遂成了利禄的捷径，学术的正宗与政权的正统互相利用，搅在一起了"[2]。

不仅如此，儒家"经学"一跃而成为新的"王官学"，也使得儒家经典获得了普遍性的文化力量，儒家经典及其"经典释义"具有某种"堂皇叙事"的性质。如汉顺帝刘保诏问郎顗："又阳嘉初建，复欲改元，据何经典？宜以实对"[3]，而汉武帝的政治、军事、文化伟业，即依"土德""改正朔"、"易服色"、"定官名"、"兴礼乐"，对内实现政治版图上的"大一统"，对外实现对匈奴的"大复仇"，皆以儒家经典为直接的权威性依据。甚至，汉武帝在元朔元年（公元前 128 年）册立卫子夫为皇后，也要在诏书中"引经据典"："朕闻天地不变，不成施化；阴阳不变，物不畅茂。《易》曰：'通其变，使民不倦。'《诗》云：'九变复贯，知言之选。'朕嘉唐虞而乐殷周，据旧以鉴新"[4]，而引用《易》、《诗》

---

① 班固：《汉书·艺文志》，中华书局 1962 年版，第 1746 页。

② 侯外庐、赵纪彬、杜国庠、邱汉生：《中国思想通史》第二卷，人民出版社 1957 年版，第 313 页。

③ 范晔：《后汉书·郎顗襄楷列传》，中华书局 1965 年版，第 1066 页。

④ 班固：《汉书·武帝纪》，中华书局 1962 年版，第 169 页。

成句的真实目的在于取“变”义而为废黜前皇后陈氏、转立卫氏的合法性立说。

史籍表明，有汉一代，不但皇帝为了推行政治举措而向经典文本寻求依据和支持，甚至“后”、“妃”也熟谙此道，如大儒孔光因畏惧王莽，请求告老还乡，王太后遂下诏：“《书》曰：‘无遗耇老。’国之将兴，尊师而重傅。”[①] 这固然使得政治生活文采斐然，但同时也未免不是一种假象，即以经典的神圣性和权威性掩盖了动机的真实性、现实的残酷性。反之，执政者也不能不考虑建立在儒家价值观念基础上的社会舆论，例如郅恽上书以为“汉历长久，孔为赤制”，“刘氏享天永命”，劝谏王莽宜“就臣位”，“莽大怒，即收系诏狱，劾以大逆。犹以恽据经谶，难即害之，使黄门近臣胁恽，令自告狂病恍惚，不觉所言。恽乃瞋目詈曰：‘所陈皆天文圣意，非狂人所能造。’”[②] 志在篡位的王莽之所以不敢轻易处置和他唱反调的郅恽，“难即害之”，就是因为郅恽握有所谓“经谶”依据。

儒家经学在人伦日用方面的普遍影响表现在汉代社会生活的方方面面，举凡日常生活、人际关系、社会风尚、个人修养，无不打上经学的深刻烙印，尤其是社会风尚从西汉“疏阔狂放”到东汉“稳重谨厚”的转变，更与今、古文经学的变迁有着内在关联。需要注意的是，虽然儒家的文化信念和生活观念在儒学成为“国家宗教”之前已经渗透进民间传统，但“儒教社会”、“儒教中国”的最终形成却不能不归功于“儒学意识形态”的强力规范，不仅“仁”、“义”、“礼”、“智”、“信”等基本文化价值继续为汉儒传承，而且“事实上，孝悌观念之深入中国通俗文化主要是由于汉儒的长期宣扬。汉儒用阴阳五行的通俗观念取代了先秦儒家的精微的哲学论证，但儒教的基本教义也许正因此才冲破了大传统的樊篱，成为一般人都可以接受的道理”[③]。以“循吏”为代表的坚持“礼乐教化观”的儒者，在社会形态的“儒教化”和儒家文化观念的“普遍化”过程中发挥了十分重要的作用，他们以建立和维护儒家文化秩序为“道义”担当，而以“经学”所提供的文化精神与“文教”策略为思想和行动的根

① 班固：《汉书·匡张孔马传》，中华书局1962年版，第3363页。
② 范晔：《后汉书·申屠刚鲍永郅恽列传》，中华书局1965年版，第1025页。
③ 余英时：《士与中国文化》，上海人民出版社1987年版，第144页。

柢,"其结果是将儒家思想学说中的价值观念与行为准则一方面由教育与管理传播到了平民,一方面由制度与文本渗透到了法律"①,最终使儒家的文化价值及其符号象征得到了普遍性的认同,而战国、"嬴秦"以来新的民族认同和国家认同也就建立在儒家文化认同的基础之上。

总而言之,当作为"理念/利益集团"的儒家知识人群体凭借"神圣化"、"意识形态化"了的"五经",介入"大一统"帝国的体制文化建设,并使之在各社会阶层拥有了普遍效力时,儒家经典文本的"文化权威"性质、"国家法典"地位已经牢不可破。

于是,"经学成了绝对的显学,而对绝对权威的经典的解释之学也由此成了中国知识精英思想中知识的来源与真理的凭据:在经典及其注释中人们可以获得所有的知识,在经典及其注释中真理则拥有了所有的合理性"②。毫无疑问,作为"华夏民族"生存经验的哲学表述、历史记录、审美想象,《诗》、《书》、《礼》、《易》、《春秋》等典籍中蕴涵着与传统社会的经济基础和体制结构相适应的知识、技术、思想资源,但其之所以成为社会成员普遍认同、遵奉不移的经典,还有赖于"经典文本"与"儒家知识人"、"王朝意识形态"、"帝国体制文化"错综复杂的相互诠释与塑造。

第三节　汉儒的生存姿态与在体品质

一

马宗霍曾经简明扼要地概述"两汉经学"的基本面貌:"自六经燔于秦而复出于汉,以其传之非一人,得之非一地,虽有劝学举遗之诏,犹兴书缺简脱之嗟。既远离于全经,自弥滋乎异说。是故从其文字言,则有今古之殊;从其地域言,则有齐鲁之异;从其受授言,则有师法家法之分;从其流布言,则有官学私学之别。"③ 如欲考察汉代儒生游移于"道统"

---

① 葛兆光:《七世纪前中国的知识、思想与信仰世界》,复旦大学出版社1998年版,第387页。

② 同上书,第414页。

③ 马宗霍:《中国经学史》,商务印书馆1998年版,第35页。

与"政统"、"学术"与"政治"之间的生存姿态，则"经学"、"经术"不失为一对有益的分析范畴。①

"经学"与"经术"之名，均见于《汉书》、《后汉书》。在多数情况下，二者语义并无区别，如同是对儿宽之学术修养的记载，班固或称许其"明经术"，或记其"见上，语经学。上说之，从问《尚书》一篇"②。这可能与修史者看待经学的方式有关。班固、范晔都秉持"经世致用"的儒家观念，故在他们看来，"经学"与"经术"实质上并无分别，最终目的都在于实现"以学术转化政治"这一儒家的"文化政治"理念。即使如此，在运用"经学"、"经术"概念描述儒生官僚的学问修养时，还是表现出些微差异。当班固、范晔侧重于儒者的学问传承，以及经典的一般精神与意义时，时用"经学"一词，如范晔叙及伏生家学时说："自伏生以后，世传经学，清静无竞，故东州号为'伏不斗'云"③，又说刘般"将家属东至洛阳，修经学于师门"，并记载班固在上疏中称道郭基"经学称于师门，政务之绩，有绝异之效"④，均取"经学"之"学问传承"语义；而且，说"儒者试经学，文吏试章奏"⑤，则明确地将"经学"规定为"儒者"入仕所应具备的知识背景，而与习学"章奏"、偏重技术的"文吏"区分开来，强调的是"经学"授受者乃是儒家所传、儒者所守之"道"。

而当班固、范晔的叙述重心在儒生凭借经学知识与修养进入官僚体制，并以之为立论依据"与问政事"，则多用"经术"概念，如记樊准上疏："以经术见优者，布在廊庙。故朝多皤皤之良，华首之老。每谠会，则论难衍衍，共求政化"⑥，于此可知怀持"经术"的儒生相互论难的目

---

① 朱维铮指出：汉代人已经重视儒术与经学的区别，在《史记》中，司马迁传儒林或传公卿，倘指学问或学人，必用"文学"，倘指方法或手段，必用"儒术"，二者从不混用。《汉书》也是如此，不过或改文学为"经学"，或称儒术为"经术"，其时所以如此，因为术重实用，学贵探索。见其《中国经学史十讲》，复旦大学出版社2002年版，第10页。

② 班固：《汉书·律历志》、《公孙弘卜式儿宽传》，中华书局1962年版，第974—975、2629页。

③ 范晔：《后汉书·伏侯宋蔡冯赵牟韦列传》，中华书局1965年版，第898页。

④ 范晔：《后汉书·刘赵淳于江刘周赵列传》、《班彪列传》，中华书局1965年版，第1304、1332页。

⑤ 范晔：《后汉书·邓张徐张胡列传》，中华书局1965年版，第1506页。

⑥ 范晔：《后汉书·樊宏阴识列传》，中华书局1965年版，第1125页。

的是"共求政化"。而《尚书》学者夏侯胜每讲授，常谓诸生曰："士病不明经术；经术苟明，其取青紫如俯拾地芥耳。学经不明，不如归耕"①，似更能说明"经术"与仕途的紧密关系。而在手握权柄的外戚、大将军王凤看来，所谓"经典之学"，其功用只在"术"之一途：

　　（东平王刘宇）上疏求诸子及《太史公书》，上（汉成帝）以问大将军王凤，对曰："臣闻诸侯朝聘，考文章，正法度，非礼不言。今东平王幸得来朝，不思制节谨度，以防危失，而求诸书，非朝聘之义也。诸子书或反经术，非圣人，或明鬼神，信物怪；《太史公书》有战国纵横权谲之谋，汉兴之初谋臣奇策，天官灾异，地形阨塞：皆不宜在诸侯王。不可予。不许之辞宜曰：'《五经》圣人所制，万事靡不毕载。王审乐道，傅相皆儒者，旦夕讲诵，足以正身虞意。夫小辩破义，小道不通，致远恐泥，皆不足以留意。诸益于经术者，不爱于王。'"对奏，天子如凤言，遂不与。②

　　这从一个方面反映出中央政府对诸侯"藩国文化"的"意识形态"控制——所谓"诸子书"之"反经术，非圣人"、"《太史公书》有战国纵横权谲之谋"的判定皆出自"治统意识形态"，但王凤明确地将"五经"的学问称为"经术"，却颇有代表性地显示了最高统治层对儒家"经典之学"的态度，这种态度从《汉书》、《后汉书》记载的帝王诏书中也并不难看到。

　　至于汉灵帝刘宏诏问蔡邕"灾异"一事，"经学"与"经术"二词并见，更可明显见出二者的区别所在："以邕经学深奥，故密特稽问，宜披露失得，指陈政要，勿有依违，自生疑讳。具对经术，以皁囊封上。"汉灵帝之所以向蔡邕稽问有关"灾异"的事情，是因其"经学修养"深奥，而征问的内容则是"披露失得，指陈政要"；而在蔡邕的上疏中，对"妇人干政"、"小人在位"还有以"方技"、"篇赋"、"小文超取选举"诸多时弊提出批评，并说"感激忘身，敢触忌讳，手书具对"③，可知其"具

---

① 班固：《汉书·眭两夏侯京翼李传》，中华书局 1962 年版，第 3159 页。
② 班固：《汉书·宣元六王传》，中华书局 1962 年版，第 3324—3325 页。
③ 范晔：《后汉书·蔡邕列传》，中华书局 1965 年版，第 1998—1999 页。

对经术"的真正目的在于"辅政"、"兴治"。由此可知，"学"的目的在于"通经"，"术"的旨归在于"致用"，"致用"当以"通经"为前提，而"通经"却未必仅归于"致用"。

且看一个在经学史上非常有名的故事：

> 始元五年，有一男子乘黄犊车，建黄旐，衣黄襜褕，著黄冒，诣北阙，自谓卫太子。公车以闻，诏使公卿将军中二千石杂识视。长安中吏民聚观者数万人。右将军勒兵阙下，以备非常。丞相御史中二千石至者并莫敢发言。京兆尹不疑后到，叱从吏收缚。或曰："是非未可知，且安之。"不疑曰："诸君何患于卫太子！昔蒯聩违命出奔，辄距而不纳，《春秋》是之。卫太子得罪先帝，亡不即死，今来自诣，此罪人也。"遂送诏狱。天子与大将军霍光闻而嘉之曰："公卿大臣当用经术明于大谊。"①

依据"《春秋》大义"，隽不疑迅速解决了使上自丞相御史下至庶民百姓困惑莫名又十分紧急的局面，恰当地显明了"通经"以"致用"的实际情形。"经明行修"因此成了褒举知识人进入仕途的重要标准，所谓"苟能修身，何患不荣"②也因此成为儒生甘愿皓首穷经的坚定信念。

然而，通过《后汉书·逸民列传》的记载，我们又可发现另外类型的知识人。例如，井丹"通《五经》，善谈论，故京师为之语曰：《五经》纷纶井大春"，梁鸿"博览无不通，而不为章句"，法真"博通内外图典，为关西大儒"③，他们同样"经学"修明，品德高尚，而均幽隐在野，不与政事，其"高洁异秀"者甚至能与帝王分庭抗礼："若薛方、逄萌，聘而不肯至；严光、周党、王霸，至而不能屈"④，说明"通经"还有政治功利目的（"致用"）之外的意义指向。就其淡泊名利而以《诗》、《书》"自娱"的记载看，他们对"学"的理解或可如徐幹所论："学也者，所

---

① 班固：《汉书·隽疏于薛平彭传》，中华书局 1962 年版，第 3037—3038 页。
② 东方朔：《答客难》，见班固《汉书·东方朔传》，中华书局 1962 年版，第 2865 页。
③ 范晔：《后汉书·逸民列传》，中华书局 1965 年版，第 2764—2765、2774 页。
④ 同上书，第 2757 页。

以疏神、达思、怡情、理性，圣人之上务也"①，亦即提升个人的精神境界，而"索道于当世者，莫良于典。典者，经也。先圣之所制；先圣得道之精者以行其身，欲贤人自勉以入于道。故圣人之制经以遗后贤也，譬犹巧倕之为规矩准绳以遗后工也"，"是故圣人以其心来造经典，后人以经典往合圣心也，故修经之贤，德近于圣矣"②。

　　这就是说，在这群知识人眼里，儒家经典不啻开辟了一条达到最高人生境界的道路，"经"即"常径"，循由"经典"所指示的"路径"，终可到达"圣人"的境界。应当说，这也是儒家学统的重要方向，例如孔子极为称道被其视作接班人的弟子颜回："一箪食，一瓢饮，在陋巷，人不堪其忧，回也不改其乐，贤哉回也！"故而在答鲁哀公问时说："有颜回者好学，不迁怒，不贰过，不幸短命死矣。今也则亡，未闻好学者也。"（《论语·雍也》）如此，"经书标准性内容，对于人类精神所支配的种种生活来说，无论在内在的道德教化层面还是在外在的实际应用层面，都是广泛而普遍的依据"，"在中国精神史上，经书拥有本质的意义"③。

二

　　进而言之，"经学"的语用指向是《诗》、《书》、《礼》、《易》、《春秋》蕴含的具有普遍性的政治、文化和形而上意义。从"文化政治"的基本理念说，"经学"之士将以"仁"为实质、以"礼"为实现途径的"王道理想"视为人类社会的至高境界、历史发展的终极目的，坚信经典文本中蕴含着推行"王道理想"的"历史"、"天道"、"人性"依据，而其致力寻绎的结果是建构了一套以"五经释义"为基础的历史哲学、政治哲学、文化哲学，其核心是"天人之学"。

　　"经术"的语用指向则是依据"五经释义"开展的实际政治实践，其中透显的是儒家知识人的"体制文化立场"，他们把维护现有政治秩序与

　　① 徐幹:《中论·治学》，见程荣纂辑《汉魏丛书》，吉林大学出版社1992年版，第567页。
　　② 王符:《潜夫论·赞学》，见汪继培、彭铎《潜夫论笺校正》，中华书局1985年版，第11、13页。
　　③ 加贺荣治:《中国古典解释史·魏晋篇》，转引自葛兆光《七世纪前中国的知识、思想与信仰世界》，复旦大学出版社1998年版，第408页。

意识形态的平衡稳定视为"在世志业",而表现出两种情形:

1. 竭力修补理想政治与现实之间的偏差,努力在儒家推崇的文化价值与实际政治实践之间建立起某种契合关系,甚至试图依据"王道理想"规划现实政治图景,如杜钦以"天人之学"为据倡导"仁义政治":"王者法天地,非仁无以广施,非义无以正身;克己就义,恕以及人,《六经》所上也"①;或者依据"经义"竭力化解"苛政",如陈宠"为理官,数议疑狱,常亲自为奏,每附经典,务从宽恕,帝辄从之,济活者甚众",又以为"《春秋保乾图》曰:'王者三百年一蠲法。'汉兴以来,三百二年。宪令稍增,科条无限。又律有三家,其说各异。宜令三公、廷尉平定律令,应经合义者,可使大辟二百,而耐罪、赎罪二千八百,并为三千,悉删除其余令,与礼相应,以易万人视听,以致刑措之美,传之无穷"②;或者直陈政治弊端,如王吉引《诗》上疏谏昌邑王罢游猎、京房以"《春秋》灾异"为据建议罢免权臣石显③,均能透显儒者的"道义"担当精神,尽管已经在相当大程度上做了修正;

2. 干脆放弃儒家的理想信念,运用经典文本记载的古代"制度礼仪"的知识与技术,满足"在上者不甘于卑近,而追慕前古盛治,借以粉饰太平,夸炫耳目"④ 的心理、政治的需要,典型如公孙弘:"每朝会议,开陈其端,使人主自择,不肯面折庭争。于是上察其行慎厚,辩论有余,习文法吏事,缘饰以儒术。上说之","尝与公卿约议,至上前,皆背其约以顺上指"⑤。所以"《齐诗》学"大师辕固初见公孙弘,就一语道破其心术:"公孙子,务正学以言,无曲学以阿世!"⑥ 而史家班固则有如此批评:

自孝武兴学,公孙弘以儒相,其后蔡义、韦贤、玄成、匡衡、张

---

①　班固:《汉书·杜周传》,中华书局 1962 年版,第 2674 页。

②　范晔:《后汉书·郭陈列传》,中华书局 1965 年版,第 1554 页。

③　班固:《汉书·王贡两龚鲍传》、《眭两夏侯京翼李传》,中华书局 1962 年版,第 3058—3061、3161—3162 页。

④　钱穆:《国学概论》,商务印书馆 1997 年版,第 88 页。

⑤　班固:《汉书·公孙弘卜式兒宽传》,中华书局 1962 年版,第 2618、2619 页。

⑥　班固:《汉书·儒林传》,中华书局 1962 年版,第 3612 页。

禹、翟方进、孔光、平当、马宫及当子晏咸以儒宗居宰相位,服儒衣冠,传先王语,其醖藉可也,然皆持禄保位,被阿谀之讥。①

目的在"曲学阿世"、"持禄保位",形式是"缘饰"、"阿谀",正是这类"知识官僚"(士大夫)操持"经术"的实质所在。如此一来,"从公孙弘所开创的官僚路线上,孔子所维持的道统,已不复成为王天下的规范而成了歌功颂德支持皇权的饰词了"②,甚至可以说"由弘以前,儒之道虽郁滞而未尝亡;由弘以后,儒之途通而其道亡矣"③。

单就"经学"而论,若进一步探究其学理取向和话语建构路径,则可析出三种儒学模式:"微言大义"、"训经解诂"、"灵知秘传"。相较而言,今文经学偏重于"微言大义"的儒学模式,古文经学偏重于"训经解诂"的儒学模式,谶纬经学偏重于"灵知秘传"的儒学模式。

所谓"微言大义",是认为《诗》、《书》、《礼》、《易》、《春秋》当中潜含着"圣人"的"治世理想"("大义"),但这种理想是以一种精妙隐晦的方式表达出来的("微言"),故此需要以虔诚的态度,通过细读经典文本来体会"圣人心性"。而且,既然是"微言",那也就不是一般人所能解读,能解"大义"者必定具有某种特殊气质禀赋,能穿越"文字"的障蔽与"圣人心性"相通。作为经典诠释的一种路径,强调"圣人"之"大义"的"微言"表达,是经典"天义圣性论"的表现;强调"圣人"之"微言"的"大义"指向,则表明汉儒的思想兴趣所在,诚如蒙文通所指出:"微言是微见其义之言,所谓'当世君臣有威权势力',是以'隐其书而不宣,所以免时难也'。所谓'所褒讳贬损不可以书见,口授弟子。'正是因为微言的内容是'经世之志',是'天子之事',是'一王大法',是新的一套理论,是继周损益的一套创造性的革新的制度,这和宋儒所谓性命之道才是微言的意思全然不同。"④ 之所以说"今文经学"偏重于此种儒学模式,是因

① 班固:《汉书·匡张孔马传》,中华书局 1962 年版,第 3366 页。
② 费孝通:《论师儒》,见吴晗、费孝通等《皇权与绅权》,天津人民出版社 1988 年版,第 37 页。
③ 方苞:《望溪先生文集·又书儒林传后》,四部备要本,第 32 页。
④ 蒙文通:《孔子和今文学》,见其《经史抉原》,巴蜀书社 1995 年版,第 162 页。

为在"古文经学"中也同样存在着诸如"制度规划"之类的政治学路向，所谓"今古文皆述圣经，尊孔教，不过文字说解不同而已"①。

"训经解诂"之所以成为一种儒学模式，其直接的始因在于，由于秦始皇的"文化禁闭"政策与秦汉之际的社会动荡，先秦儒学典籍的保存与受授均遭到极大破坏，以至于出现"一人不能独尽其经，或为《雅》，或为《颂》，相合而成"②的局面，如此则对于经典文本的"文字"及"名物"、"制度"的训解，因时间遥远的缘故渐成专门之学。更为实质性的原因则是西汉末年一批试图重新诠释经典、更新儒学知识系统的儒生，在互为支撑的"政治意识形态"和"今文经学"的双重压力下，不得不开发出的"释经"取向。这也就是说，在"两汉经学"中其实是有两个层次上的"训经解诂"：

1. 在技术层次上，是"通经"的基本手段和方法，这无论今文经学、古文经学还是谶纬经学，都必得运用；

2. 在本身即构成"学"的足够理由的层次上，则反映出汉儒的"知识主义"兴趣，不仅"耻一物之不知，有事之无范"③，而且"在注释经典的形式中强调的不是神秘体验也不是任意想象，不是对圣贤哲理的敬虔心情也不是对微言大义的钩玄索隐，而是历史、事物以及语言文字的确定性知识，是对经典的学术性诠解"④。

在此意义上，可将"古文经学"作为"训经解诂"之儒学模式的典型，诚如皮锡瑞所说："前汉今文说，专明大义微言；后汉杂古文，多详章句训诂"⑤。

"灵知秘传"作为一种儒学模式，强调的是体悟"圣心"的神秘性，以及对于事物理解的"秘言"性质。其所依据的是经典的"神义圣性论"，亦即相信《易》、《书》、《春秋》等均为"圣人"受自"神谕"的"作品"，而认信此种儒学模式的儒家知识人，则将"自我"标举为阐释"圣王"之

---

① 皮锡瑞：《经学历史》，中华书局 1959 年版，第 93 页。

② 刘歆：《移让太常博士书》，见班固《汉书·楚元王传》，中华书局 1962 年版，第 1969 页。

③ 范晔：《后汉书·张衡列传》，中华书局 1965 年版，第 1903 页。

④ 葛兆光：《七世纪前中国的知识、思想与信仰世界》，复旦大学出版社 1998 年版，第 430 页。

⑤ 皮锡瑞：《经学历史》，中华书局 1959 年版，第 89 页。

"秘言"、真理在握的特殊阶层,即使在儒家内部也具有特殊地位。这种特殊性体现在,不但从知识思想的实质来说,由"灵知""秘传"的是一种"秘言式的救世知识论",而从文体上说,所谓"秘言"的性质则是源于"楚风"的鬼气弥漫的神章灵篇①,而且由于他们可以直接感通"圣人心性",也就可以造作堪与"经典"等价的"纬书",从而高于那些专一"注经"、"释经"的儒门同侪。谶纬经学固然是此种儒学模式的典型,而当高倡"阴阳"、"五行"、"天人之学"的汉儒由"知识理性"折入"宗教信仰"一途,也往往而然。这也就是周予同所说:"汉代五经家,不仅今文学家与谶纬有密切的关系,就是古文学家及混淆今古文学家者,其对于谶纬,也每有相当的信仰。至于反对谶纬的,如《文心雕龙·正纬》篇中所举的'桓谭疾其虚伪,尹敏戏其深瑕,张衡发其僻谬,荀悦明其诡诞',都是完全出于个人见解的超脱,和经学学统上没有多大的关系。"②

总之,在汉代"经学"所指涉的范围里,实际存在着"经学"与"经术"两种同以经典为资源与根底而取向不同的文化/政治理念类型。以"经学"与"经术"为分析框架,可见出"今文经学"与"古文经学"并非如后世想象的那样冰炭不能相容,如郑兴"好古学,尤明《左氏》、《周官》",然其上疏论政,亦以今文经学之"灾异说"为据:《春秋》以天反时为灾,地反物为妖,人反德为乱,乱则妖灾生","国无善政,则谪见日月,变咎之来,不可不慎,其要在因人之心,择人处位也"③。甚至,被后世史家视作"经学正宗"的"今文经学"、"古文经学"与看似荒诞无稽的"图谶"、"纬学"也多有相通,这不仅表现在"谶言纬语"所依托的"阴阳五行"的思想地基与"今文经学"实不可分,还表现在那些硕学通儒也往往认信"谶纬",典型如实现"今古文经学""一统"的郑玄:"博稽《六艺》,粗览传记,时睹秘书纬术之奥。五年春,梦孔子告之,曰:'起,起,今年岁在辰,来年岁在巳。'既寤,以谶合之,知命当终。"④

---

①　刘小枫:《臆说纬书与左派儒教士》,见其《个体信仰与文化理论》,四川人民出版社1997年版;王利器:《谶纬五论》,见其《晓传书斋集》,华东师范大学出版社1997年版。

②　周予同:《周予同经学史论著选集》,上海人民出版社1996年版,第56页。

③　范晔:《后汉书·郑范陈贾张列传》,中华书局1965年版,第1223、1221页。

④　范晔:《后汉书·张曹郑列传》,中华书局1965年版,第1209页。

而"师法"、"家法"的出现固然意在维护经学授受的纯洁严谨，或如王先谦所说："汉儒治经，最重家法，学官所立，经生递传，专门命氏，咸自名家。三百余年，虽《诗》分为四，《春秋》分为五，文字或异，训义固殊，要皆各守师法，持之弗失，宁固而不肯少变，斯亦古人之质厚，贤于季俗之逐波而靡也。"① 然而倘从"经术"的层面看，则在"儒学意识形态"已然成型、儒生也已分化为不同的利益集团的情形下，对"师法"、"家法"的推尊不过是为了保证思想意识的统一而已。例如，孟喜"《易》学"作为一种学说，自有其存在的价值，在其突破田生的"师法"的同时也自立了"师法"，但当"博士缺，众人荐喜，上闻喜改师法，遂不见用"②。至于徐防上疏建议："博士及甲乙策试，宜从其家章句，开五十难以试之。解释多者为上第，引文明者为高说；若不依先师，义有相伐，皆正以为非"③，更清晰地表明"师法"、"家法"早已逸出"学"的层面，成了获取政治地位和功名利禄的手段。如此则对经书文本的"个人性思考"，就转而成为带有某种强制性的"普遍认同"，思想创造便渐渐步入了贫乏时代。

三

当新帝国的官僚体制经由"经术"向知识阶层开放，"明经取士"成为制度，与之相应的"士大夫政治"文化亦逐渐定型，"学经"也便成了那些渴望改变生存处境、实现人生抱负的知识人的金光大道，是获取政治权力与经济利益的简捷途径。典型如桓荣：

> 荣初遭仓卒，与族人桓元卿同饥厄，而荣讲诵不息。元卿嗤荣曰："但自苦气力，何时复施用乎？"荣笑不应。及为太常，元卿叹曰："我农家子，岂意学之为利乃若是哉！"

至其得拜"少傅"，赐以"辎车"、"乘马"，乃"大会诸生，陈其车

---

① 王先谦：《诗三家义集疏·序例》，中华书局1987年版，第8页。
② 班固：《汉书·儒林传》，中华书局1962年版，第3599页。
③ 范晔：《后汉书·邓张徐张胡列传》，中华书局1965年版，第1501页。

马印绶，曰：'今日所蒙，稽古之力也，可不勉哉！'"可以想见，对于那些尚未"入仕"的儒生来说，这番号召该有多么巨大的鼓动性！至于"荣每疾病，帝辄遣使者存问，太官、太医相望于道。及笃，上疏谢恩，让还爵土。帝幸其家问起居，入街下车，拥经而前，抚荣垂涕，赐以床茵、帷帐、刀剑、衣被，良久乃去……荣卒，帝亲自变服，临丧送葬，赐冢茔于首山之阳"①，这又是多么令人欣羡的荣耀！

对此，史家范晔评价说："伏氏自东西京相袭为名儒，以取爵位。中兴而桓氏尤盛，自荣至典，世宗其道，父子兄弟代作帝师，受其业者皆至卿相，显乎当世。子曰：'古之学者为己，今之学者为人。'为人者，凭誉以显物；为己者，因心以会道。桓荣之累世见宗，岂其为己乎！"②像桓荣这样的"经学世家"的"累世见宗"，有力证明了"邹鲁之地"流传的谚语"遗子黄金满赢，不如一经"③ 的真理性。

然而，虽然儒家知识人自视甚高，自认为是国家的栋梁、最宝贵的资源，所谓"士者，国之重器；得士则重，失士则轻"④，自己的人格、德性足以为"王者师"，甚至"天子不得臣，诸侯不得友"⑤，但是"一人专制"的君主却并不理会这些，而自有其"实用主义"的用人策略。汉武帝刘彻与汲黯的一番对答，就清楚地表明了这一点。汲黯认为，刘彻虽"求贤甚劳，未尽其用，辄已杀之，以有限之士恣无已之诛，臣恐天下贤才将尽，陛下谁与共为治"，刘彻答曰："何世无才？患人不能识之耳。苟能识之，何患无人？夫所谓才者，犹有用之器也。有才而不肯尽用，与无才同，不杀何施！"⑥ 以"器"视"才"，关注的重心自然在其"术"而非其"学"。

既然如此，对于知识人来说，是坚守"学"，还是曲用"术"？是"术"因"学"转，还是"学"随"术"变？这当中有重要的分际，而

---

① 范晔：《后汉书·桓荣丁鸿列传》，中华书局 1965 年版，第 1251、1253 页。
② 同上书，第 1252、1261—1262 页。
③ 班固：《汉书·韦贤传》，中华书局 1962 年版，第 3107 页。
④ 班固：《汉书·杨胡朱梅云传》，中华书局 1962 年版，第 2919 页。
⑤ 范晔：《后汉书·郭符许列传》，中华书局 1965 年版，第 2226 页，此为范滂称颂郭太之语。
⑥ 司马光：《资治通鉴·汉纪十一·世宗孝武皇帝中之上》，上海古籍出版社 1987 年版，第 131 页。

与儒生的生存姿态和政治/文化心态息息相关。并且，既然"学"、"术"业已分途，则"道统"、"学统"与"皇权"的冲突势不可免，徘徊于二者之间的儒生也势必处于相当矛盾尴尬的境地。

　　蒙文通曾如是区分"今文经学"、"古文经学"："简切说来，便是跟着皇帝的一派就叫作今文，皇帝不爱的一派便叫古文。"① 自从儒学"意识形态化"以后，皇帝不仅借助知识阶层苦心孤诣重组的文化力量巩固了政治权威，如董仲舒论证"君、国一体"，"君主"的权威具有不可置疑的合理性："国之所以为国者德也，君之所以为君者威也，故德不可共，威不可分。德共则失恩，威分则失权。失权则君贱，失威则民散。民散则国乱，君贱则臣叛"②；而且，皇帝还要反过来通过"政治权力"控制"意识形态"，不仅要做"政治领袖"，还要做"精神领袖"。例如，"学官"制度与"明经取士"制度的设立，就不能排除将儒家"学统"控制在皇帝一人手里的用心，因为诸如"经典的定型"、"五经博士的设立"这些关键问题最终都取决于皇帝，至于像"石渠阁"、"白虎观"之类的"经学会议"，更分明是皇帝试图塑造自己"亦君亦师"之形象的舞台，而《石渠议奏》、《白虎通义》之类的经学著作则是帝王"称制临决"的产物。

　　在此情况下，自居为意义与价值的"解释者"与"指导者"的儒家知识人，他们对于"学统"的"道义"标榜，自然会招致祸端。例如，桓谭"极言谶之非经。帝大怒曰：'桓谭非圣无法，将下斩之。'谭叩头流血，良久乃得解"；例如，"帝尝问（郑）兴郊祀事，曰：'吾欲以谶断之，何如？'兴对曰：'臣不为谶。'帝怒曰：'卿之不为谶，非之邪？'兴惶恐曰：'臣于书有所未学，而无所非也。'帝意乃解。兴数言政事，依经守义，文章温雅，然以不善谶故不能任"③。桓谭、郑兴均坚守"古文经学"的"知识理性"、"依经守义"，反对"谶"之荒诞、妖

---

　　① 蒙文通：《经学导言》，见其《经史抉原》，巴蜀书社 1995 年版，第 15 页。
　　② 董仲舒：《春秋繁露·保位权》，见苏舆《春秋繁露义证》，中华书局 1992 年版，第174—175 页。
　　③ 范晔：《后汉书·桓谭冯衍列传》、《郑范陈贾张列传》，中华书局 1965 年版，第 961、1223 页。

妄,殊不知"以谶起家"的光武帝刘秀是以"谶"为正典,"谶"兼具"政治经典"与"文化经典"二重性,如此才能在"文化政治"层面保证其"治统"正当性,因而也就容不得臣僚否认或非议"谶言"的"文化经典"性质。

相较而言,"尤明《左传》、《国语》,为之《解诂》五十一篇"的贾逵就聪明得多。汉章帝时,贾逵奉旨比较《左传》与《公羊传》、《穀梁传》的优劣,建议将《左传》立于"学官"、为置"博士弟子",理由是除了与《公羊传》相比有同有异,有"义长"之处,更是因为"《左传》合于图谶,利于解决争讼不息的汉代帝王统系问题"①,所谓"《五经》家皆无以证图谶明刘氏为尧后者,而《左氏》独有明文。《五经》家皆言颛顼代皇帝,而尧不得为火德。《左氏》以为少昊代皇帝,即图谶所谓帝宣也。如令尧不得为火,则汉不得为赤。其所发明,补益实多"。这固然可以理解为儒家"实用理性"的一种表现,甚至可以同情地理解为知识精英对于"政治正确"的"图谶"话语的策略性引用,但无论如何都清楚地表明,在"皇权"面前,儒家"学统"并不具有自足、自立的性质。至于史家范晔的慨叹,尤能揭出以"皇权意识形态"为轴心的"学"的实质:"桓谭以不善谶流亡,郑兴以逊辞仅免,贾逵能附会文致,最差贵显。世主以此论学,悲矣哉!"②

再深入一层,那些坚守儒家理想的政治、文化理念并以"道统"传人自居的儒生,不能不与论证"一姓王朝"、"一人专制"合法性的"治统意识形态"发生冲突,与"皇权"的对抗在所难免,如眭孟:

> 孝昭元凤三年正月,泰山莱芜山南匈匈有数千人声,民视之,有大石自立,高丈五尺,大四十八围,入地深八尺,三石为足。石立后有白鸟数千下集其旁。是时昌邑有枯社木卧复生,又上林苑中大柳树断枯卧地,亦自立生,有虫食树叶成文字,曰"公孙病已立",(眭)孟推《春秋》之意,以为"石柳皆阴类,下民之象,泰山者岱宗之

---

① 李景明:《中国儒学史·秦汉卷》,广东教育出版社 1998 年版,第 370 页。
② 范晔:《后汉书·郑范陈贾张列传》,中华书局 1965 年版,第 1237、1241 页。

岳，王者易姓告代之处。今大石自立，僵柳复起，非人力所为，此当
有从匹夫为天子者。枯社木复生，故废之家公孙氏当复兴者也。"孟
意亦不知其所在，即说曰："先师董仲舒有言，虽有继体守文之君，
不害圣人之受命。汉家尧后，有传国之运。汉帝宜谁差天下，求索贤
人，禅以帝位，而退自封百里，如殷周二王后，以承顺天命。"孟使
友人内官长赐上此书。时，昭帝幼，大将军霍光秉政，恶之，下其书
廷尉。奏赐、孟妄设妖言惑众，大逆不道，皆伏诛。①

作为"《春秋》公羊学"大师董仲舒的再传弟子，眭孟的悲剧在于，
他所说的"汉帝应承顺天命，让位于贤人"虽有"历史"与"经典"的
依据——尧舜禹禅让的"传说"以及《春秋》的"一王大法"、"通三
统"，并因此而暗含着对于时政的批判，却并不符合希望国祚永享的刘汉
王朝的意识形态需要，所谓"妖言"云云正是出自于"皇权意识形态"
的判定。

由此可知，不仅"学统"的"正"与"非"最终取决于"皇权"，
由此引发今文经学、古文经学、谶纬经学的明争暗斗；而且，对"经典释
义"的"正"与"非"的裁判权同样掌握在"皇权"手里。假如儒生不
能审时度势地调整其理想主义的"治道"主张，而是固守其"受命"、
"革命"理论，试图挑战"皇权"的威严，与"一姓王朝"的根本利益发
生冲突，则无论儒家"道统"可以被追溯得多么久远，涉及多么神圣的人
物，也照样会被弃之不理。即使在东汉享有堪相媲美甚至高于"五经"的
"国家法典"性质的谶纬，当其不符合权力掌控的需要，也一样难逃遭绌
的命运，如杨厚以"明图谶"登进，然而邓太后"问以图谶，厚对不合，
免归"。而其所以不合者，据《袁山松书》记载，乃是因为"邓太后问厚
曰：'大将军邓骘应辅臣以星不？'对曰：'不应。'以此不合其旨"②。

儒家知识人的尴尬与矛盾正由"学统"、"道统"与"皇权"的冲突
而来：一方面，他们要竭力维护"学统"、"道统"不容侵犯的自足性与

---

① 班固：《汉书·眭两夏侯京翼李传》，中华书局 1962 年版，第 3153—3154 页。
② 范晔：《后汉书·苏竟杨厚列传》，中华书局 1965 年版，第 1048 页。

尊严，并从此"象征"获得话语权力，以划定和裁判事实与行动的价值和意义，推行其理想的政治/文化模式，如"《春秋》公羊学"学者严朋祖所说:"凡通经术，固当修行先王之道，何可委曲从俗，苟求富贵乎"①，这是对儒生推尊"道统"之应然性的直接表白，而兼通"五经"的鲁丕制止赵王刘商移住"学官"的举动更是颇具象征意义:

> 赵王商尝欲避疾，便时移住学官，（鲁）丕止不听。王乃上疏自言，诏书下丕。丕奏曰:"臣闻礼，诸侯薨于路寝，大夫卒于嫡室，死生有命，未有逃避之典也。学官传五帝之道，修先王礼乐教化之处，王欲废塞以广游谑，事不可听。"诏从丕言，王以此惮之。②

因为"学官"乃是"传五帝之道，修先王礼乐教化之处"，所以鲁丕维护"学官"的纯洁与神圣就等于维护了儒家"道统"，也就等于维护了自己作为儒家"道统"传人的尊严，赵王刘商"以此惮之"的态度虽然直接缘于皇帝的诏书，但毕竟承认了"道统"比"权势"更尊，以及拥有"道统"权威的儒家知识人的文化力量。

另一方面，当由"学"进入"术"的层面，一切都要以"皇权"尊严和"皇朝"利益为思考的轴心和价值评判的根据，并唯此才能进入"体制文化"圈层时，儒家知识精英又不能不适当妥协，唯此才能使儒家的政治、文化理念真正成为实际控制或渗透于"生活世界"的"意识形态"。事实上，儒生的政治/文化身位发生了"从直接拥有确认价值与意义的话语权力的帝王之师友，到间接依靠灾异祥瑞的感应来恳请君主认可价值与意义的帝王之臣下"③ 这样巨大的变化，他们固然可以坚守信仰，以耿介姿态介入文化建设与政治实践，甚至敢于触犯"龙颜"，如东汉明帝刘庄派樊儵审理广陵王刘荆一案，樊儵奏请"诛荆":

---

① 班固:《汉书·儒林传》，中华书局1962年版，第3616页。
② 范晔:《后汉书·卓鲁魏刘列传》，中华书局1965年版，第883—884页。
③ 葛兆光:《七世纪前中国的知识、思想与信仰世界》，复旦大学出版社1998年版，第385页。

帝怒曰："诸卿以我弟故，欲诛之，即我子，卿等敢尔邪！"儵仰而对曰："天下高帝天下，非陛下之天下也。《春秋》之义，'君亲无将，将而诛焉。'是以周公诛弟，季友鸩兄，经传大之。臣等以荆属讬母弟，陛下留圣心，加恻隐，故敢请耳。如令陛下子，臣等专诛而已。"帝叹息良久。①

像樊儵这样据"《春秋》大义"以折"帝王之怒"的事情虽不在少数，但是，当"政治权力"只为满足帝王一己私欲而无限膨胀，失去其本应具有的"理性"与"公义"，儒家士大夫也就不能不采取实际而灵活的策略与态度，苦心孤诣地以建构和维护"意识形态"的话语方式，传递其对儒家文化价值的坚定信念。

这似乎是更为现实的道路，然而也面临极大的风险，因为儒生的"本真声音"有可能被"治统意识形态"话语遮蔽。例如，将帝王尊为"天子"无疑是一种强化其权威性的"意识形态"话语，但当中隐含的实是儒生抑制"君权"的企图，因为他们才是"天意"的解释者，因诠释"天意"而"为王者师"，指导"王朝国家"的政治、文化建设。而且，既然帝王贵为"天子"，他就应遵从"天命"的召唤与安排，"天命"规定了其政治合法性，但是"民之所欲，天必从之"、"天视自我民视，天听自我民听"（《尚书·泰誓》），如果不能顺应"民心"，造福"百姓"，其政治合法性就一定会发生变更，就会出现新的"受命而王"的"天子"。而儒生之所以大谈"灾异"，甚至于造作"图谶"之"妖言妄语"，则无非是"以为人主至尊，无所畏惮，借天象以示儆，庶使其君有失德者犹知恐惧修省"② 而已。可是，在王朝政治"你方唱罢我登场"的历史鼎革中，"治统意识形态"语义始终凸显，而儒生的真实意图却湮没不彰。

四

既然《诗》、《书》、《礼》、《易》、《春秋》已被"制度化"为"国家

---

① 范晔：《后汉书·樊宏阴识列传》，中华书局1965年版，第1123页。
② 皮锡瑞：《经学历史》，中华书局1959年版，第106页。

法典"，无论在意识领域还是实践领域都拥有永恒的颠扑不破的真理性与权威性，如匡衡谓"六经者，圣人所以统天地之心，著善恶之归，明吉凶之分，通人道之正，使不悖于其本性者也。故审六艺之指，则人天之理可得而和，草木昆虫可得而育，此永永不易之道也"①，于是"依经立论"就成了"经学"、"经术"两种志业与人生的开展原则与精神逻辑。

在"经术"层面上的"依经立论"，是皮锡瑞概括的"以《禹贡》治河，以《洪范》察变，以《春秋》决狱，以三百五篇当谏书"之类实践，"惟汉人知孔子维世立教之义，故谓孔子为汉定道，为汉制作。当时儒者尊信《六经》之学可以治世，孔子之道可为弘亮洪业，赞扬迪哲之用。朝廷议礼、议政，无不引经；公卿大夫士吏，无不通一艺以上。虽汉家制度，王霸杂用，未能尽行孔教；而通经致用，人才已为后世之所莫逮"②。而之所以如此，一个原因是"独尊儒术后，皇帝对大政的处理常引据经典，对能通经致用、断事符合经义的官员多予重视和信任"，无论出自"润色鸿业"、确定"法统"的意识形态需要，抑或基于皇帝个人的兴趣爱好，无论对于渴望入仕以求功名利禄的士人，抑或志在实现"道义"担当的儒者，皇帝的倾向性乃至率先垂范（征引儒经"训政"、援引经义"施政"）都是极为明确的定向。

另外一个原因则是"儒家经典被君主和公卿大臣以及一般士人知识分子看作治国的纲领"，于是"政治活动的合理性，要由经学证明；评价事物的优劣、政事的是非，品物论人都把经典作为标准；皇帝下诏书，臣民上书言事，都以经书作为价值判断的标准"③。无论是基于真诚的文化、政治理念，还是出自"缘饰政治"的需要，对于操持"经术"的士大夫来说，引用经书"成句"，将"经义"与现实政治实践紧密结合，可使自己的对策、行动享有权威性。由于这种权威性根植于经书所载之"天道"、"历史"的依据，而"天道"为"圣人"所"领悟"，"历史"为"圣王"所"开辟"，于是就易于获取皇帝的青睐与支持，甚至可能对其施加制约力量。而当士大夫坚持的儒家文化价值与皇权利益发生尖锐冲突时，"引

---

① 班固：《汉书·匡张孔马传》，中华书局 1962 年版，第 3343 页。
② 皮锡瑞：《经学历史》，中华书局 1959 年版，第 90、26 页。
③ 刘泽华：《中国政治思想史集》第二卷，人民出版社 2008 年版，第 109 页。

经据典"还有可能为其从容引退留有余地,如此则"依经立论"几乎是必然选择的生存模式。

这种生存模式展开于儒家"教旨"与王朝国家"意识形态"结成的同一/对立的悖论式语境。"同一"始于董仲舒的"大一统"论:"《春秋》大一统者,天地之常经,古今之通谊也。今师异道,人异论,百家殊方,指意不同,是以上亡以持一统;法制数变,下不知所守。臣愚以为诸不在六艺之科孔子之术者,皆绝其道,勿使并进。邪辟之说灭息,然后统纪可一而法度可明,民知所从矣"①,从而使"经学话语"具有了政治/文化霸权,进而在汉章帝"称制临决"的《白虎通》中形成为系统的经学构架,其功能是为现有社会结构和运行模式提供合法性论证,所以"依经立论"实是刘汉王朝政治文化认同建构的话语实践策略。

至于"对立",则根源于儒生对"君子理想"和"王道理想"的推尊。他们不愿眼见"儒教的理想主义"形质分离,被抽象化、技术化、形式化为"虚假意识"、"堂皇叙事"——"儒教即孔、孟的德治政治,在实际甚形困难,但如果一般社会,不能彻底地进行于文化的话,到底能不能行这种理想主义实是疑问。这以孔子时代为始,无论怎样的时代,真正儒教的理想主义实行的时代总是没有的"②,他们坚持"从道不从君"的原则,"守道以立名,修身以俟时,不为穷变节,不为贱易志,惟仁之处,惟义之行"③,而这不能不与"皇权意识形态"发生龃龉冲突,若此则"依经立论"成了儒生凭其道德/文化权威与皇帝的政治权威相抗衡的话语实践策略。

无论"同一"抑或"对立",均以"依经立论"为其形式表现,遂造就了"经学话语"的双重性。而"所谓循经义施政的实质,则取决于儒经之义与君主之利的一致和重合;当儒家理想主义的治道主张与之发生偏离和矛盾时,君主无疑是从皇权直接利益出发,权衡现实利害施政,儒家经义只剩下装潢门面的附会缘饰功能了"④。

---

① 班固:《汉书·董仲舒传》,中华书局 1962 年版,第 2523 页。
② 本田成之:《中国经学史》,孙俍工译,上海书店出版社 2001 年版,第 104 页。
③ 桓宽:《盐铁论·地广》,见王利器《〈盐铁论〉校注》,中华书局 1992 年版,第 209 页。
④ 刘厚琴:《儒学与汉代社会》,齐鲁书社 2002 年版,第 27 页。

不过，由于对经典文本的解读不同，所引"经义"的不同，本旨在解决问题的"依经立论"反倒可能造成"言人人殊"、最终无以据守的政治困局。这意味着，哪怕是面对同一政事难题，依据不同立场和视角，引用不同的"经义"，甚至是引用同一经典文本，也有可能得出不同的结论。例如，汉宣帝时西羌反叛，派军征伐，张敞建议允许罪人"出粟赎罪"，以解决军需耗费，"以豫备百姓之急"，而萧望之、李强指责这是"开利路以伤既成之化"，张敞则批评萧望之等人"可与守经，未可与权"①，双方都引经据典，而发挥儒家"重民"思想，但结论迥然不同。至其流弊所及，在"从政"被视为"职业"而非"志业"的官僚群体中间，依据"经义"裁切现实、横议政事，遂"为政治诡辩论提供了最广阔的活动地盘。因为在这种思维方式中实践不是第一位的，参政者又缺乏主体意识，经义又有极大的随意性，空话、套话、假话弥漫于朝廷和官场。空话、套话、假话泛滥，政治诡辩论必然相伴生，朝令夕改，都是有理的"②。结果是不仅"政治生活"的严肃性被严重削弱，政令举措的频繁更迭使臣民无所依从，"社会"、"人心"缺乏整合性和凝聚力，而且也助长了儒生"竞论浮丽，忘謇謇之忠，习諓諓之辞"③ 的陋习，最终强化了皇帝"乾纲独断"的权威性——既然儒生官僚各执一词、莫衷一是，那就只好依赖"皇帝一人"的裁决，这些都最终削弱了儒家经典的政治/文化权威性。

在"经学"层面"依经立论"的表现，首先和最为突出的就是以"说经"、"注经"作为阐发个体思想的唯一合法方式，盖因"'六经'定于至圣，舍经则无以为学"④，经典中已经蕴涵了所有的知识主张，所谓"天地之为万物郭，《五经》之为众说郛"，因此"书不经，非书也；言不经，非言也。言、书不经，多多赘矣"⑤。"汉儒说经之书，具见两汉儒林传及艺文志。综其立名，各有不同。"其名目繁多，盖有"传"、"故"、"解故"、"故训传"、"微"、"说"、"说义"、"记"、"章句"、"注"、

---

① 班固：《汉书·萧望之传》，中华书局 1962 年版，第 3275—3277 页。
② 刘泽华：《中国政治思想史集》第二卷，人民出版社 2008 年版，第 114 页。
③ 范晔：《后汉书·樊宏阴识列传》，中华书局 1965 年版，第 1126 页。
④ 钱大昕：《经籍纂诂·序》，见陈文和主编《嘉定钱大昕全集》九《潜研堂文集》，江苏古籍出版社 1997 年版，第 378 页。
⑤ 扬雄：《法言·问神》，见汪荣宝《法言义疏》，中华书局 1987 年版，第 157、164 页。

"通"、"笺"、"学"、"释"、"删"、"难"、"解"、"条例"、"训旨"、"异同"、"谱学"、"图学",然"立名虽繁,而通行之体,则不外乎传、注、章句三者"①,像王充那样能够独标文体、自立新说者实属凤毛麟角。

经典注释的基本原则是"疏不破注,注不破经",这一原则基于"经典神圣"的信念,强调对经典"本真意义"的忠实维护,又反过来强化了经典的绝对权威地位。"师法"、"家法"即是从此"释经"原则转出的规范——"凡学皆贵求新,惟经学必专守旧。经作于大圣,传自古贤。先儒口授其文,后学心知其意,制度有一定而不可私造,义理衷一是而非能臆说。世世递嬗,师师相承,谨守训辞,毋得改易。如是,则经旨不杂而圣教易明"②,但当其与"政治权力"结合,限定了经典阐释的疆界和方向,经典文本已经有了标准化的解释,早期儒家"经师"在经书注释中体现出的相对独立的思想和自由论辩的精神便逐渐消失,保守、模拟之风盛行。而在利禄的引导下,"博学者又不思多闻阙疑之义,而务碎义逃难,便辞巧说,破坏形体;说五字之文,至于二三万言。后进弥以驰逐,故幼童而守一艺,白首而后能言;安其所习,毁所不见,终以自蔽"③,甚至不惜"私行金货,定兰台漆书经字,以合其私文"④,表明"经学"已经走到穷途末路。

另外,若按陈寅恪所主张的:"神游冥想,与立说之古人,处于同一境界,而对于其持论所以不能不如是之苦心孤诣,表一种之同情,始能批评其学说之是非得失,而无隔阂肤廓之论"⑤,则还应以汉代社会文化的"内部视界"体察汉儒"释经"的"心情"。就此而论,所谓"依经",对"微言大义"、"训经解诂"、"灵知秘传"三种儒学模式来说,是指其均以"经"为具有超越性的"文化本体"——"经"的超越性意味着"经"既难以被解释主体的"主观性"充分化解,亦难以被具体的社会文化充分"语境化",而"立论"("释经")即是对"经"之哲学的、历史

①　马宗霍:《中国经学史》,商务印书馆1998年版,第56页。
②　皮锡瑞:《经学历史》,中华书局1959年版,第139页。
③　班固:《汉书·艺文志》,中华书局1962年版,第1723页。
④　范晔:《后汉书·儒林列传》,中华书局1965年版,第2547页。
⑤　陈寅恪:《冯友兰〈中国哲学史〉审查报告一》,见冯友兰《中国哲学史》下册,华东师范大学出版社2000年版,第432页。

的、宗教的"本真内涵"的复现/解码,尝试经由这种话语/精神实践朝向并接近"圣人心体"——因为这些内涵皆来自"圣人"的心灵体认与心意体现,最终接近和把握"道"——因为这些内涵是"道"的不同方面和层面的体现,而且也只有通过"释经"才能接近和把握"道"——最高深澄澈的智慧、最广博精粹的知识:

> 天下无二道……圣者法天,贤者法圣……先王之遗道,亦天下之规矩六律而已。①

> 舍舟楫而济乎渎者,未矣;舍五经而济乎道者,未矣。弃常珍而嗜乎异馔者,恶睹乎其识味也?委大圣而好乎诸子者,恶睹其识道也?②

既然如此,"要准确理解和领悟经典中的圣人之意,必须尽量排除自己的主观意向,使自己的认识和理解符合经典而不是相反"③,而"注释"只不过是通达"圣人本真"的津梁。

如此设定"自我"与"经典"的关系,当中无疑寄寓了儒生"学成圣人"、"优入圣域"的渴望,因而是生存论的自我定位,涉及如何"安身立命"这类事关人生根本意义的问题,如此则绝非"知识论"意义上的关系设定,而是以"信仰"为根本动力结成的准宗教关系。这种关系基于如下事实,作为上古三代文化之总结,《诗》、《书》、《礼》、《乐》、《易》、《春秋》提供了"转化气质"、"提升境界"的可能,而"经典"之为"经典",本就要求"接受者"去适应它而不是相反。这也就意味着,"释经"就是将"自我"投入"经典"开放出的意义之域,它具有圆满自足的性质,因而也具有自我封闭性,潜心"经学"的儒生完全可以在"释经"活动中安顿"性命",而不必理会世事变迁、人情冷暖。

这也同时造成"在'经'这样一个能指符号上积淀着中国古代士人

① 董仲舒:《春秋繁露·楚庄王》,见苏舆《春秋繁露义证》,中华书局1992年版,第14页。
② 扬雄:《法言·吾子》,见汪荣宝《法言义疏》,中华书局1987年版,第67页。
③ 王文亮:《中国圣人论》,中国社会科学出版社1993年版,第379页。

主体赋予它的最狂妄的文化本体独占意识"①，对于"圣人心体"的领悟，对于"道"的把握，都非普通人所能胜任。"方士化"的汉代儒生更运用种种修辞手段，塑造其与"圣人"之间颇具神秘性质的"心性联系"，这种联系有类于基督教士与耶稣基督，而儒生亦具有强烈自觉的"圣徒"意识和"选民"意识。这种话语构造同时强化了"经"和汉代儒生的文化权威地位，"经"的"本体化"使其成为"信仰的对象"而非"认识的对象"，而儒生成了这样一种知识阶层，他们"才智出众"、"道德高超"，是"稀有罕见之人"，"支持、维护的正是不属于这个世界的真理与正义的永恒标准"②。

当此"真理"、"正义"和思想权力不可避免地与"实用主义"、政治权力发生摩擦时，"他们一方面高悬绝对的非实用的价值观，以此来抗拒世俗社会的侵蚀，批判世俗社会非文化的倾向，一方面顽强地恪守古典知识，以这种普通人难以把握的知识来保持自身在思想文化领域中的独占地位，同时也保证自身与其他阶层的距离与差异"③，"古文经学"一派儒生最终遁入对古典"制度"、"文物"的知识性诠解中，其真实"心情"亦可从此作解，而不仅仅是不满于"今文经学"的"空言义理"、"谶纬经学"的"向壁虚构"。恰成悖论的是，汉代儒生的"文化本体独占意识"在塑造其与"经"的权威性、独一无二性的同时——儒学的"意识形态化"、儒者的"官吏化"已使其与先秦时期"民间儒家"独守"六经"以"守先待后"不同，亦有可能因其所持极端的理想主义而使其"经典释义"与政治文化现实脱节——他们讲了一大堆动听的道理，却与"社会"、"人心"的实际需要无关，如是则"经典释义"也就成了没有灵魂的"文字游戏"——这绝非经学家的初衷，却是其"经学话语"构造的逻辑必然。

---

① 杨乃乔：《经学的学术宗教地位和"经世致用"》，《求索》1995 年第 5 期。

② 爱德华·赛义德：《知识分子论》，单德兴译，生活·读书·新知三联书店 2002 年版，第 12 页。

③ 葛兆光：《七世纪前中国的知识、思想与信仰世界》，复旦大学出版社 1998 年版，第424 页。

第四章　今文经学文论话语建构:问题与方法

> 道者，所繇适于治之路也，仁义礼乐皆其具也。
>
> ——董仲舒《天人三策》

第一节　今文经学的思想、信仰及其内在悖论

一

若说儒家"经学"是以《诗》、《书》等"经书"为对象的诠释学，则"今文经学"就是以"今文经书"为对象的诠释学。然而"今文经书"并不是一个具有"自明性"的概念，可以从其本身得到界定，而必须置于儒家经学史和汉代学术史、文化史的语境脉络中才能得到正确理解。对于何为"今文经书"的认定，涉及至少两个方面的因素，一是"经书写本"所采用的文字形式，二是对"经书写本"产生影响的支配性的政治和文化力量，这些力量不但在"经书写本"上留下了印记，也最终造成了"今文经学"的成立。

一般认为，"今文"的文字形式是"隶书"，故此"今文经书"也就是用"隶书"字体"传写"的"经书本子"："隶书，汉世通行，故当时谓之今文；犹今人之于楷书，人人尽识者也。……汉初发藏以授生徒，必改为通行之今文，乃便学者诵习。"① 而且是汉代"官学"中"博士"所用

---

① 皮锡瑞:《经学历史》，中华书局 1959 年版，第 87—88 页。

的"教本":"汉兴,设立《五经》博士官;博士们所用的经书本子是用汉时流行的隶书写的;隶书在汉时,好像我们现在用的楷书,所以叫做'今文',就是用现代文字书写的意思。"① 但是也有学者认为:"仅注重于是否今文还是古文,不足以鉴定其为今文经抑或古文经。若是着眼于祖本是否为古文,亦不足以做到今古文经的鉴别。古文经可能有'今书'或今文写本,今文经亦可能有古文祖本,例如伏生所藏的古文《尚书》即是西汉今文《尚书》的直接来源。唯着眼于抄本的时间才算是把握了正确的标准;所谓今文经仅限于汉武帝元朔五年或稍迟写定的经书今文写本,除此之外,凡有古文祖本的经书传本,不论是隶体还是古籀,都可能属于古文经的范围。"②

这些"限定性"解释各有其成立的历史根据与时代因应性,若以发展的眼光看待"今文经书"的形成,则需溯源先秦学术,而"秦始皇焚书"是一大关键。据钱穆考论:

> 周季之学,类别为三:官史为一系。《诗》、《书》、《礼》、《乐》,即鲁人儒书为一系。诸子百家为一系也。《诗》、《书》、《礼》、《乐》,亦古代官书传统,与官史同为古文。诸子百家,则多晚出今文。……自始皇二十六年同书文字,至三十四年焚书,前后已八年。秦正字之法既严,治古文者,非徒无用,而又得罪,其人乃益寡。③

经历嬴政"焚书"之祸、秦末兵燹之祸,以"学"立"身"、以"经"为"本"的儒家人才凋零,由于"书缺简脱",能释读"古文"的人也为数不多,以至于在汉兴七八十年后还要合众人之力释读新出文献,如"《泰誓》后得,博士集而读之"④。为便于教授生徒,扩大儒家的政治文化影响,争取社会思想法权,经学先师将"时人"难以识读的"古文"改写为"隶书",也是因应"时势"之"权变",所谓"经师之不得不读

---

① 周予同:《周予同经学史论著选集》,上海人民出版社1996年版,第1页。
② 王葆玹:《今古文经学新论》,中国社会科学出版社1997年版,第60—61页。
③ 钱穆:《国学概论》,商务印书馆1997年版,第74页。
④ 刘歆:《移让太常博士书》,见班固《汉书·楚元王传》,中华书局1962年版,第1969页。

者，不能使汉博士及弟子员悉通周古文故"①。

但是，这种改写也造成了另外的问题：因"经书"的"口耳相传"而难以避免的记忆偏误，对"经书"文本理解的不同，以及各地文字的差异，都有可能导致"经书写本"的不同，而"经书写本"的不同又可能进而导致解释歧义，从而出现"言人人殊"的局面。这不仅仅是一个关涉儒家经典能否完整顺利地传承的学术性问题，在"五经"特别是《春秋》升格为"国家法典"的汉武帝时代，更是一个根本影响及"政治法统"合法性、国家"文教制度"正当性的"文化政治"问题，其重要性不容小觑。对于汉武帝而言，这一问题可能更具敏感性，因为他不但因为《春秋》"公羊学"的"大居正义"才保住了帝位继承权②，而且还需要以"春秋公羊学"为领袖的经学，为其"文治"、"武功"提供"天道"与"历史"的依据，如"大一统"、"大复仇"、"通三统"之类，如此其"建藏书之策，置写书之官"③就确实可能包含着整一"五经""写本"的意图。至少有一个合乎逻辑的推测：既然"雄才大略"的汉武帝经常训示"臣下""具以《春秋》对"，则双方必得以一个法定/钦定的《春秋》"写本"为前提和基础，如此才可能实现"统一意志"之目的，而且确保不会从中发展出具有潜在威胁的阐释。

不过，这种意图似乎并没有得到彻底和严格地贯彻。虽然不再可能存在针对"皇权意识形态"的批判意识——例如早期经学家关于"受命"、"革命"的探讨，但出于儒生潜在的"文化本体独占意识"，尤其是受功名利禄的直接诱导，今文经学的后学为了争夺"经典"的解释权——这不仅关涉谁才能真正掌握"圣人"通过"经"表达的"真理"和"正义"问题，更意味着对"明经取士"制度的控制权，多凭己意臆解"经传"，造成"经传之文多无正定"的后果，无论从"经学"还是"经术"的角度都需要"整齐脱误，是正文字"④。于是，东汉灵帝熹平四年（公元175

---

① 龚自珍：《太誓答问·总论汉代今文古文名实》，见王佩诤校《龚自珍全集》，上海古籍出版社1975年版，第75页。

② 苏诚鉴：《汉武帝"独尊儒术"考实》，《中国哲学史研究》1985年第3期。

③ 班固：《汉书·艺文志序》，中华书局1962年版，第1701页。

④ 范晔：《后汉书·文苑列传》，中华书局1965年版，第2617页。

年），蔡邕与杨赐、马日磾等"奏请正定《六经》文字。灵帝许之，邕乃自书丹于碑，使工镌刻立于太学门外。于是后儒晚学，咸取正焉。及碑始立，其观视及摹写者，车乘日千余两，填塞街陌"，"自后《五经》一定，争者用息"①。虽然此时距汉武帝元朔五年（公元前124年）已近三百年，发生于今、古文经学两派儒生之间的种种纷争也早已明朗化，但同样有助于我们理解汉武帝统一"经书写本"的大致情形，而之所以史书对此具有"政治"、"文化"双重意义的大事件没有明文记载，则很有可能是因为经典文本的"今书化"乃是当日知识界的共识，史家并不觉得有必要特别予以指出。

基于上述基本史实，如下两个判断就是可以成立的：

1. 以"隶书"这一当时的通行文字写定的"今文经书"的出现，其初是为了适应在战后文化荒芜年代教授和传播儒家"经籍"的需要，而这种不得不然（难免会因文字的转写导致信息的损耗）的选择从文字形式上决定了"经书文本"的"今文"性质；

2. "今文经书"的"标准写本"是在"皇权政治"与儒生的共同努力下完成的，不但直接体现了"皇权意识形态"的需要，也暗含着儒生的政治/文化冀望，而这就在"思想法权"上决定了"今文文本"的"经书"性质，对今文经学的成型与演进而言，这无疑是更为深刻的影响。

而"今文经书"之"标准写本"的出现，亦不仅具有文献学、版本学的历史价值，而是具有更其重要的思想史、文化史意义：

1. 从诠释学视野看，"标准写本"实现了基于不同地域文化和师承源流的早期经学派别在"经籍文本"上的统一，因此使今文经学"义理"的统一具备了初步可能性，这对经学自身发展和新帝国的意识形态建构都具有基础意义；

2. 从传播学视野看，"标准写本"为使儒家的基本文化价值"植入"汉代"生活世界"的各个层次、在全社会产生普遍影响准备了媒介基础，当其与"循吏"的不懈努力相结合，就促成了原本属于"精英文化"的儒学的"俗世化"进程，这对儒学的"制度化"与汉代文化精神建构都

---

① 范晔：《后汉书·蔡邕列传》、《宦者列传》，中华书局1965年版，第1990、2533页。

具有奠基意义。

与"今文经书"的流变同趋，今文经学也经历了由"众声喧哗"到"异口同声"的演生。有两种因素在此过程中起着关键性的作用：

1. 虽然严格地讲起来，"孔学"、"儒学"与"经学"并非一回事——不但"儒学"范围大于"经学"，"孔学"范围窄于"儒学"，而且思想类型也有不同，但以原属周代"王官学"的《诗》、《书》、《礼》、《易》、《春秋》为知识思想资源构筑儒家的学术体系，乃以孔子为始，故从儒家学派源头而论，三者又具有精神同质性。当"七十子后学"尤其是孟子、荀子将儒学推向"邹鲁文化圈"之外，与齐、楚、晋、梁、赵之地域文化糅合，便出现了带有地方色彩的经学派别，例如"邹鲁派的学术传到齐国，便和百家言混淆起来，于是便有齐学；邹鲁的学术传到三晋，便和古史派混淆起来，于是孔门便有晋学"。在众多学派中，势力最大、影响最巨者为"齐学"、"鲁学"，二者思想风格不同，"就汉世言之，鲁学谨笃，齐学恢宏，风尚各殊者，正以鲁固儒学之正宗，而齐乃诸子所萃聚也"①。

可以想象，在今文经学各派之间，肯定也像荀子批判孟子一样，围绕"谁是儒学正统"这一焦点，就"经典释义"的问题与方法发生过争论。不过，随着儒学"意识形态化"进程的日益明晰，今文经学诸派的"经典释义"方向逐渐聚焦于刘汉帝国政治/文化制度合法性的论证，最终由一种"地方性知识"升格为规范全社会所有知识生产和思想创造的"意识形态"。今文经学的成功并不完全由其自身力量决定，也由一些偶然因素促成。例如，按朱维铮的分析，汉武帝登极之初田蚡、赵绾、王臧等人与窦太后的冲突，"所谓隆推儒术，旨在贬斥黄老之术，而这场理论纷争，又无非是一场不流血的宫廷政变密谋的掩护"②，这似乎从源头上决定了今文经学的"缘饰"属性。

2. 即使如此，在一些无损于国家"文教制度"的细枝末节的问题上，"齐学"、"鲁学"之间仍有纷争："盖诸生各以己国之私学，衡秦人之法教与建立。各国礼制，本自不同，齐鲁之学，因之以异。《公羊》言'岁

---

① 蒙文通：《经学抉原》，上海人民出版社 2006 年版，第 29、85 页。
② 朱维铮：《儒术独尊的转折过程》，见其《中国经学史十讲》，复旦大学出版社 2002 年版，第 80 页。

则三田'，《穀梁》言'四田'，而《王制》与《公羊》同，与《穀梁》异。《王制》言：'公侯皆方百里，伯七十里，子男五十里。'而《公羊》以'伯子男同一爵'。"① 那些坚持儒家理想主义的"经生"、"儒士"希望也相信可以通过"依经立论"的方式实现对现实政治的引导和规约，但这些有关"封建制度"的历史图景的争执，实在是远离了"当代问题"——尽管也不触动刘汉王朝"治统意识形态"的稳固性和"皇权政治"的合法性，难以引起皇帝的"政治"关注，当然不妨有"知识"上的兴趣。

真实的情况是，这些争执有可能成为志在"通经入仕"的儒生获取名利的手段，而这种知识阶层的"内耗"倒是有助于帝国秩序的维护，于是便在皇权的默许下一直保持其各执一词的局面，皇帝也没有必要"称制临决"、定其是非。可当意欲在意识形态领域特别是"官学"中谋求一席之地的古文经学势力日益壮大，构成了严重威胁时，今文经学各派便暂时搁置争端，联袂对付来自儒家经学内部的敌手，于是就有融合"齐学""鲁学"、"在国家宗教领域享有巨大权威的后氏《礼》学"的出现②，于是就有今文经学从统一"一经"诸家之学到统一"五经"诸家之学的进程，虽然这种统一也只是相对而言罢了。

可以说，今文经学能够最终成为其宣称的"刬灭暴秦"、"受命而王"的刘汉帝国的意识形态构成要件，是在至少两种"权力场域"中历史性地完成的：

首要与核心的无疑是"今文经学"与"专制皇权"结成的"权力场域"，其结果是学术性的"知识文化"变成政治性的"权力话语"，个体性的"生存模式"转为社会性的"生活格式"，具有相对独立性的"思想信仰"制度化为强制性的"意识形态"，这些变化进而导致了"非儒学派"被黜落为经学辅翼，最终结局便是儒学由先秦时期的"民间学"变成了刘汉帝国的"王官学"，由"百家学"多元中的"一元"变成了"一家独大之学"。"今文经学"与"皇权"的博弈，使儒家学术获得前所未

---

① 蒙文通：《经学抉原》，上海人民出版社 2006 年版，第 86 页。
② 王葆玹：《今古文经学新论》，中国社会科学出版社 1997 年版，第 99—106 页，引文见第106 页。

有的尊荣地位，深刻地影响了帝国政治文化以及国民心性的构造，但也为此出让了儒者的精英批判意识与独立思想的权利。例如，早期今文经学基于"天下非一人一姓之天下"的儒家政治理念而阐发的、作为政权交替正当形式的"征诛"与"禅让"，就很少再有儒者以之作为思考的主题，这既与"一姓王朝"的政治高压有关，同时也未免不是儒家知识人主动选择的"文化政治"策略。

其次是"今文经学"与"古文经学"结成的权力场域，其结果是为了控制国家文教制度的解释权、制度资源的分配权，以获取最大化的政治/经济利益，当然也不排除实践自己的政治/文化理念的意图，今文经学各派别暂时消泯了对"谁是儒家正统传人"的"兄弟之争"，并从汉初自由吸纳"古文经传"的养料以为己用——如对《左传》材料和观点的借鉴，转而不遗余力地排斥异己的古文经学。当刘歆开始提倡"古学"，试图将"古文经学"纳入儒家"学统"与"博士"教育体制时，"诸博士或不肯置对"，在其依托"古文经传"对今文经学的缺陷提出批评后，"诸儒皆怨恨。是时名儒光禄大夫龚胜以歆移书上疏深自罪责，愿乞骸骨罢。及儒者师丹为大司空，亦大怒，奏歆改乱旧章，非毁先帝所立"①，这并非在学理层面就学术本身开展的辩难，而是运用政治权力及其"符号象征"罗织罪名以压制学术。尽管古文经学最终也没有撼动今文经学在意识形态领域里的主宰地位，却在个体性学术层面对知识人产生深刻影响，而且这种在经学内部开展的话语权力之争不期而然地导致了经典信仰的低落。

二

究其实质，"今文之学能自相同者，帝王称制临决之故也"②。西汉宣帝时期旨在"平《公羊》、《穀梁》异同"的石渠阁经学会议，东汉章帝时期"论《五经》同异"的白虎观经学会议，都意在以"皇权意识形态"为轴心平衡经学各派的不同势力。"《石渠议奏》今亡，仅略见于杜佑

---

① 班固：《汉书·楚元王传》，中华书局1962年版，第1967—1972页。
② 蒙文通：《经学抉原》，上海人民出版社2006年版，第68页。

《通典》。《白虎通义》犹存四卷，集今学之大成。十四博士所传，赖此一书稍窥崖略。"① 故此如欲了解今文经学的思想与信仰，也就只有从《白虎通义》入手。

按张广保的分析，《白虎通义》是两汉"制度化经学全书"，是"汉代既正宗又权威的经学著作，其中保存了两汉今文经学的主要思想"，"是思想体系与制度体系的统一"②。这一独特性造成了《白虎通义》"经学话语"的双重性质：一方面，全书所论经学主题，既关涉政治、军事、经济等经国方略，又言及百姓日常生活的各个方面，其核心是对"一姓专制"帝国的政治、社会、文化制度的维护，是经"帝王称制临决"而确定的施政纲领与意识形态，亦即所谓"国宪"；另一方面，依据"五经"的"经义"推阐各项"典章制度"的内在意义，又是对于儒家基本文化价值、"经典"蕴含的普遍精神与意义的集中阐发。若依据话语"显"、"隐"性质而提出"显性话语"与"隐性话语"的分析框架，可以说对于普遍性、原理性"经义"的阐发（显性话语），隐蔽于对现存制度合法性的意识形态辩护（隐性话语）之后。正因为《白虎通义》具有双重性质，故而任继愈将其视为"制度化了的思想"，是一部简明扼要的"经学法典"③，而金春峰则认为其中许多重要条目并非"关于制度的法典式的规定"，而是汇集不同观点的学术说明和解释④。

《白虎通义》的"显性话语"是对现存制度合法性的意识形态辩护，这种辩护依据的是经过"经生"、"儒士"强化了的"天道崇拜"与"圣人崇拜"，分别构成论证现存制度合法性之"天道"与"历史"的根据。"天道崇拜"源于小农生产模式对自然的依赖性，以及对自然认识的有限性，以对自然的直观经验为基础。《天地》篇运用秦汉时期的"一般性知识"，描摹了一幅宇宙万物演生的图景，此即由"天"→"地"→"元气"（"太初"）→"形"（"太始"）→

---

①　皮锡瑞：《经学历史》，中华书局 1959 年版，第 117 页。

②　张广保：《〈白虎通义〉制度化经学的主体思想》，见姜广辉主编《中国经学思想史》第二卷，中国社会科学出版社 2003 年版，第 379、385 页。

③　任继愈主编：《中国哲学发展史·秦汉卷》，人民出版社 1985 年版，第 473 页以下。

④　金春峰：《汉代思想史》，中国社会科学出版社 1997 年版，第 489 页。

"质"（"太素"）:

> 天……居高理下，为人镇也。地者，元气之所生，万物之祖也。
> 地者，易也。万物怀任，交易变化。

> 始起先有太初，然后有太始，形兆既成，名曰太素。混沌相连，
> 视之不见，听之不闻，然后判清浊，既分，精曜出布，庶物施生，精
> 者为三光，号者为五行。五行生性情，性情生汁中，汁中生神明，神
> 明生道德，道德生文章。①

在此认真而富于想象的解释中，"世界不仅是形质的，而且有情性、
含神明、容道德、纳文章，换言之，神明世界、人文道德等社会属性也是
承自上天，是天意的体现"②。进而，《五行》篇将"阴阳"、"五行"与
"四季"、"四方"、"四色"、"五音"、"五帝"、"五神"相配合，"在空间
上又与律（乐律）、历（月历）、日（干支）一一相连，在时间上与历史
上的朝代更迭一一相符，这样，神秘而又神圣、沉默而又有序的宇宙法则
就成了一切合理性的来源"③。

"天道崇拜"为论证以"三纲六纪"为网线编织成的等级制社会，提
供了似乎毋庸置疑、天然合理的根据。《三纲六纪》篇论证:"何谓纲纪?
纲者，张也。纪者，理也。大者为纲，小者为纪。所以张理上下，整齐人
道也。人皆怀五常之性，有亲爱之心，是以纲纪为化，若罗网之有纪纲而
万目张也"，而且"君为臣纲，父为子纲，夫为妻纲"，"敬诸父兄，六纪
道行，诸舅有义，族人有序，昆弟有亲，师长有尊，朋友有旧"④，从而
将传统社会中的所有人际关系罗致其中，而"君"之地位尤其特出:"民
臣不可一日无君"，"以天下之大，四海之内，所共尊者一人耳"⑤。自
"君"而至"民臣"的名分、地位、称号、谥号、祭祀诸多事项，各有与

---

① 陈立:《白虎通疏证》，中华书局1994年版，第420—421页。
② 张荣明:《中国的国教:从上古到东汉》，中国社会科学出版社2001年版，第272页。
③ 葛兆光:《七世纪前中国的知识、思想与信仰世界》，复旦大学出版社1998年版，第
390—391页。
④ 陈立:《白虎通疏证》，中华书局1994年版，第373—374页。
⑤ 陈立:《白虎通疏证·爵》、《号》，中华书局1994年版，第33、47页。

其在"三纲六纪"中所处位置相应的规定，而"人道"之"三纲六纪"又从根本上源于"天道"：

> 君臣、父子、夫妇，六人也。所以称三纲何？一阴一阳谓之道，阳得阴而成，阴得阳而序，刚柔相配，故六人为三纲。
> 三纲法天地人，六纪法六合。君臣法天，取象日月屈信，归功天也。父子法地，取象五行转相生也。夫妇法人，取象人合阴阳，有施化端也。①

"人道"的核心与顶端是"君"，而"君"的威权与神圣受之于"天"，如《爵》篇解释"天子"："天子者，爵称也。爵所以称天子何？王者父天母地，为天之子也"；如《三正》篇解释"王者受命改制"："明易姓，示不相袭也。明受之于天，不受之于人，所以变易民心，革其耳目，以助化也"，解释"治统"的"文"、"质"类型："所以承天地，顺阴阳。阳之道极，则阴道受，阴之道极，则阳道受，明二阴二阳不能相继也"②。如此一来，以"君"为中心的社会秩序和国家形式，以及"文"、"质"相继的政制模式，就都是天地间不变的"常道"，是人类社会的必然选择。

从叙事逻辑（话语建构的规则）特别是"事实/人心论证"的角度说，"天道崇拜"建基于"天道"与"人道"的若合符契，因此《白虎通义》亦以"人道"解释"天道"，在尝试说明世界的结构模式与运行机制的同时，也同样构成对"人道"之正当性的证立。例如对"天道"之宇宙运行机制的解释，《天地》篇谓："天道所以左旋，地道右周何？以为天地动而不别，行而不离，所以左旋。右周者，犹君臣阴阳，相对之义也"，《日月》篇谓："日行迟，月行疾何？君舒臣劳也"③，皆以"人道"之"君臣之义"做"映射"/比拟式理解。这种"天"、"人"互释的做法无疑有其经验观察的基础，可以看作是对"人—世界"的"伦理主义"

---

① 陈立：《白虎通疏证·三纲六纪》，中华书局 1994 年版，第 374—375 页。
② 陈立：《白虎通疏证》，中华书局 1994 年版，第 2、360、368 页。
③ 同上书，第 422、424 页。

的一体化解释，这也是一种"有机主义"和"有情论"的世界观，但就意识形态话语建构而言，这些解释仍然意在阐明：既然"天道"、"地道"、"日行"、"月行"都表征着"君臣之义"，则诸如"君臣阴阳"、"君舒臣劳"等"意识形态设定"的合法性也就毋庸置疑。

"圣人崇拜"则从一个切近"人心"的角度论证了"圣人"的神圣性。《圣人》篇谓：

> 圣者，通也，道也，声也。道无所不通，明无所不照，闻声知情，与天地合德，日月合明，四时合序，鬼神合吉凶。
>
> 圣人皆有异表。《传》曰："伏羲日禄衡连珠，大目山准龙状，作《易》八卦以应枢。"黄帝龙颜……颛顼戴干……帝喾骈齿……尧眉八彩……舜重瞳子……禹耳三漏……皋陶马喙……文王四乳……武王望羊……周公背偻……孔子反宇……圣人所以能独见前覩，欲神通精者，盖皆天所生也。①

"圣人"皆具超迈常人的天生禀赋，拥有超凡"德性"与绝异"貌相"，而"非圣不能受命"② 的判断，在"文化政治"的理想层面固然是以"圣"规定"王"，体现了儒家以"德性"、"伦理"规约"政治"的理念，但在现实层面则等于是为"受命而王"的"皇帝"享有"圣人"品质开辟了通道。

循此逻辑，"受命而王"的"汉帝"也必定具有超凡"德性"与神异"貌相"，可列入"圣王"谱系，堪为"生民"垂宪立则。史家司马迁、班固都曾描述汉高祖刘邦的神异降生与不俗相貌，如班固写道：

> 母媪尝息大泽之陂，梦与神遇。是时雷电晦冥，父太公往视，则见交龙于上。已而有娠，遂产高祖。……高祖为人，隆准而龙颜，美须髯，左股有七十二黑子。③

---

① 陈立：《白虎通疏证》，中华书局 1994 年版，第 334、337—340 页。
② 陈立：《白虎通疏证·圣人》，中华书局 1994 年版，第 336 页。
③ 班固：《汉书·高帝纪》，中华书局 1962 年版，第 1—2 页。

无论这种可称作"政治神话"的叙事是源于史家"今文经学"修养的文学虚构，还是受制于意识形态压力而对历史真实（如一些学者猜测的刘媪偷情野合而生刘邦?）的曲笔掩饰，都塑造了刘汉帝国开国皇帝的神圣性质，这也同时在"圣人崇拜"文化语境中确证了刘汉王朝"治统"的正当性。而公元 57 年，东汉明帝刘庄行"辟雍"、"明堂"之礼，"正坐自讲，诸儒执经问难于前，冠带缙绅之人，环桥门而观听者盖亿万计"①，其谓博学大儒桓郁："我为孔子，卿为子夏，起予者商也"②，则是"汉帝"对自我"圣王"形象的塑造，欲图集"政治领袖"、"精神领袖"于一身，经学观念已与意识形态的堂皇叙事交织一体。

在《白虎通义》中，"圣人崇拜"的另外用意是为"儒学意识形态"的正当性提供论证。其话语逻辑是，既然儒家"圣人"也具有超凡"德性"："道无所不通，明无所不照，闻声知情，与天地合德，日月合明，四时合序，鬼神合吉凶"，则其"承天而制作"③ 之"典章制度"、依据"天道"施行之"教化"，就都应遵奉不悖，这是一种与"信仰"纠缠在一起的基于经验直观的"素朴理性"。同时还应考虑到，"中国古人实际上并非出于纯粹的崇拜之心，而是以功用的眼光来看待圣人及其经典之权威的，即试图借助圣人经典包含的世界普遍法则、无所不能的智慧来解决社会人生的所有问题"④，这也是与建基于小农经济的社会状态的长期稳定平衡相适应的文化模式。

《五经》篇如此称颂孔子"定《五经》"的伟大意义：

> 孔子未定《五经》如何？周衰道失，纲散纪乱，五教废坏，故五常之经咸失其所，象《易》失理，则阴阳万物失其性而乖，设法谤之言，并作《书》三千篇，作《诗》三百篇，而歌谣怨诽也。
>
> 《乐》仁，《书》义，《礼》礼，《易》智，《诗》信也。人情有五性，怀五常不能自成，是以圣人象天五常之道而明之，以教人

---

① 范晔：《后汉书·儒林列传》，中华书局 1965 年版，第 2545—2546 页。
② 范晔：《后汉书·桓荣丁鸿列传》注引《东观记》，中华书局 1965 年版，第 1255 页。
③ 陈立：《白虎通疏证·京师》，中华书局 1994 年版，第 158 页。
④ 王文亮：《中国圣人论》，中国社会科学出版社 1993 年版，第 407—408 页。

成其德也。①

这是说，"人"不能自然地成其为"人"，而必得经过"教""化"，"教"之目的在"化"，而"化"即"化性起伪"（《荀子·性恶》），即"人文化成"（《易·贲·象辞》），使人"成其德"亦即"成人"，而"所以成"者为"仁义礼智信"五种基本文化价值，"所以教"者为"五经"，故有"五经之教"："温柔敦厚，《诗》教也。疏通知远，《书》教也。广博易良，《乐》教也。洁静精微，《易》教也。恭俭庄敬，《礼》教也。属词比事，《春秋》教也"，"学以治性，虑以变情"，"其有贤才美质，知学者足以开其心，顽钝之民，亦足以别于禽兽而知人伦"②，这是"尚学"的儒家最为擅长的领域，而"教化"也是儒学"制度化"、"意识形态化"的支点。若此则"圣人崇拜"就是推行"儒学意识形态"、"五经之教"的逻辑前提，二者也存在互动关系，儒家"圣人"的尊荣地位因"儒教社会"的成型而得以巩固强化。

《白虎通义》的"隐性话语"是对儒家"经典"蕴含的普遍精神与意义的阐发。这些精神与意义可总括为"王道理想"，体现于经书所记具体的典章制度、礼仪规范中，核心观念有"德治"、"民本"、"尚贤"诸项。参与"白虎观经学会议"的儒生运用这些观念解释汉帝国"政制"及其符号象征的内在意义，确定无疑地带有"缘饰"现实政治的目的，但也不可否认当中潜含着儒家"以学术转化政治"的一贯努力。

与"法治"相对而言的"德治"，是指以"道德"为核心原则、衡量标准与施政方针的政治模式。《白虎通义》对"官爵"称号、"考黜"标准的解释，均着力阐发其中蕴涵的"道德"意义，即试图将官僚制度设计引向"伦理政治"的轨道。如《爵》篇解释"公"、"卿"、"大夫"之爵称："爵者，尽也。各量其职，尽其才也。公之为言公正无私也。卿之为言章也，章善明理也。大夫之为言大扶，扶进人者也"，《号》篇解释"帝"、"王"之号："号者，功之表也。所以表功明德，号令臣下者也。

① 陈立:《白虎通疏证》，中华书局1994年版，第445、447页。
② 陈立:《白虎通疏证·五经》、《辟雍》，中华书局1994年版，第448、254、263页。

德合天地者称帝，仁义合者称王，别优劣也"，均以"德"释"位"，而以"君子"为"以天子至于民"的"道德之通称"①，则是将儒家的"君子"人格泛化为全体社会成员的共同标准，至于"以为人无生得贵者，莫不由士起。是以舜时称为天子，必先试于士"，所以"王者太子亦称士"②，则在回溯"官爵"制度初创本意的同时，对实际上"生而得贵"的"太子"提出了德性方面的规定。

再如《考黜》篇说：

> 诸侯所以考黜何？王者所以勉贤抑恶，重民之至也……能安民者赐车马，能富民者赐衣服，能和民者赐乐则，民众多者赐朱户，能进善者赐纳陛，能退恶者赐虎贲，能诛有罪者赐鈇钺，能征不义者赐弓矢，孝道备者赐秬鬯。

这是综合"考黜"对象的道德水准与文治武功予以赏赐黜罚，而且应当以"德"为首要标准③，因为"君子上德而下功"④。既然官僚体制的"梯级化"因"德"而定，则施政方针以"德治"为主、以"刑政"为辅也就是必然的了，所以《五刑》篇说："圣人治天下，必有五刑何？所以佐德助治，顺天之度也"；而《封禅》篇则为那些自觉践行"德政"的"王者"给出美好承诺："天下太平，符瑞所以来至者，以为王者承天统理，调和阴阳，阴阳和，万物序，休气充塞，故符瑞并臻，皆应德而至"⑤，在"天道崇拜"的文化语境中，这无疑是富于感召力的政治愿景。

对"考黜"制度内在意义的阐发已经表现出"重民"思想，而以"民"为"本"正是《白虎通义》解释四十四项典章制度的原则之一，可视作"德治"原则的进一步落实和推阐。如《号》篇谓："王者，往也。天下所归往"，"不扰匹夫匹妇，故为皇"，《巡狩》篇谓："考礼义，正法

---

① 陈立：《白虎通疏证》，中华书局 1994 年版，第 17、43、48—49 页。
② 陈立：《白虎通疏证·爵》，中华书局 1994 年版，第 21 页。
③ 陈立：《白虎通疏证》，中华书局 1994 年版，第 302—303 页。
④ 陈立：《白虎通疏证·礼乐》，中华书局 1994 年版，第 115 页。
⑤ 陈立：《白虎通疏证》，中华书局 1994 年版，第 437、283 页。

度,同律历,叶时月,皆为民也",《谏净》篇谓:"明王所以立谏净者,皆为重民而求己失也",《封公侯》篇谓:"列土为疆非为诸侯,张官设府非为卿大夫,皆为民也","名山大泽不以封者,与百姓共之,不使一国专也"①,明确指出"王者"之"分封""建官"、"制礼""设律"的政治举措,均应体现"重民"、"为民"的原则。可以认定,造作这些带有鲜明儒家色彩的意识形态话语的儒生,意在通过恢复制度创作的本意,挽救已经沦为利益垄断机制的国家机器——"君"无疑是这一垄断体制的最大获益者。因此,"重民"思想一方面是对以小农生产模式为基础的政治、经济体制的苦心维护,另一方面也试图限制"君"之私欲,因为"天地之性人为贵,人皆天所生也,讬父母气而生耳",故"爵人于朝者,示不私人以官,与众共之义也。封诸侯于庙者,示不自专也"②。当"与众共"、"不自专"的政治理念与"贤人政治"模式、"重民之至"的"考黜"制度结合在一起,"王者""以民为本"的理想似乎就具有实现的可能性了。

按儒家的政治观,"王者"推行"重民"之"德治",必得倚赖"贤人",故而《白虎通义》在阐释各项"政典"立意时,也将"尚贤"、"尊贤"原则贯穿其中。如《阙文·贡士》篇在解释"贡士"制度时,明确将"尚贤"作为"治国之道"的"根本":"治国之道,本在得贤。得贤则治,失贤则乱。"《封公侯》篇则论及"俊贤"辅政之"天道"依据:"王者所以立三公九卿何?曰:天虽至神,必因日月之光。地虽至灵,必有山川之化。圣人虽有万人之德,必须俊贤。三公、九卿、二十七大夫、八十一元士,以顺天成其道。"再如《京师》篇释"禄制":"有能然后居其位,德加于人,然后食其禄,所以尊贤重有德也",《王者不臣》篇释"王者臣五不名"之制:"(先王老臣)不名者,贵贤者而已……盛德之士不名,尊贤也"③,其义甚明,"尚贤"、"尊贤"既体现了"天人相应"之"理",亦是"圣王"所必行之"事"。若此则"德治"、"重民"、"尚贤"三原则具有内在思想脉络,"尚贤"是"德治"应有之义,"德治"以"民"为"本",而共同支撑儒家理想的社会蓝图。

---

① 陈立:《白虎通疏证》,中华书局1994年版,第45、237、288、289页。
② 陈立:《白虎通疏证·诛伐》、《爵》,中华书局1994年版,第216、23页。
③ 陈立:《白虎通疏证》,中华书局1994年版,第586、129、163、325—326页。

　　这些有关"王道理想"的解释/说明，就基本精神而言，并不与先秦儒学相悖，表明今文经学仍然坚守儒家理想主义的政治、文化立场，并未全然蜕变为"虚假意识"，沦落为"缘饰"黑暗政治的技术和工具，当此立场体现为制度规划时，也就必然会对"君"的权力予以制约，敦促其践行"德治"、"重民"、"尚贤"的原则。按张广保的分析，《白虎通义》限制最高"王权"的方式有三种：

　　1. "约之以德"，此即培植"君"的"德性"使其可以进行自我约束，这一工作的实质是要通过各种教育手段来塑造"圣王"；

　　2. "约之以天"，即在"君"的世俗最高权力之上设立超越性的"天"对其行为予以制约；

　　3. "合之以制"，即通过强调"君"在政治体制中的角色功能，使其自觉接受体制约束，表现为以"天子"为"班爵"序列之一级，此即如顾炎武所论："为民而立之君，故班爵之意，天子与公侯伯子男一也，而非绝世之贵"，"故知天子一位之义，则不敢肆于民上以自尊"[1]。

　　"约之以德"体现了儒者欲为"帝王师"的自我期许，亦强调了"经学教育"的重要性，"合之以制"虽试图将"王权"纳入制度规约，但仍需以"君"的自觉为前提，但实际上，"在中古专制主义时期，君主很少受到约束，能使他们感到畏惧的，不过是上天的权威"[2]，故而"约之以天"就成了限制最高"王权"的核心方式，而且也是儒者申说其政治文化理想唯一可行/自保的方式：通过对"灾异"、"谴告"谕示意味的解释，威慑恣行嗜欲的"君主"，使其退而修"德"，自愿接受体制的约束，进而遵循儒家"道统"、"王天下"的规范施行"德政"，此即如皮锡瑞所论："当时儒者以为人主至尊，无所畏惮，借天象以示儆，庶使其君有失德者犹知恐惧修省。此《春秋》以元统天、以天统君之义，亦《易》神道设教之旨。汉儒藉此以匡正其主"[3]。

　　对《白虎通义》"经学话语"双重性质的分析，有助于同情地了解汉

---

　　① 张广保：《〈白虎通义〉制度化经学的主体思想》，见姜广辉主编《中国经学思想史》第二卷，中国社会科学出版社 2003 年版，第 302—319 页。
　　② 王葆玹：《今古文经学新论》，中国社会科学出版社 1997 年版，第 271 页。
　　③ 皮锡瑞：《经学历史》，中华书局 1959 年版，第 106 页。

儒的生存困境及其话语策略。他们切身感受着"皇权意识形态"压力，但又不情愿放弃"道统"原则，放弃与"君权"抗衡的努力。为了促进与小农经济相适应的社会形态的稳定发展，他们必须赋予"君"以至高无上的权力，唯此才能阻止"贵族""封建"制的历史复辟，为实现以"天下大同"为模本的"大一统"奠定制度基础；而从儒家政治文化立场而言，他们又祈愿以"王道理想"引导和规范政治实践，希望通过对"君"施行"经学教育"以塑造当代"圣王"，将保存于历史记忆／想象中的儒家乌托邦变为现实。

就此而言，今文经学宣称的"王者有改道之文，无改道之实"，不能仅理解为汉儒"对专制制度的意识形态辩护"，因为按其内在思想逻辑，所谓"道之实"乃是尧、舜、禹、汤、文、武历代"圣王"共同遵奉而经由"经书"传递的"王道理想"，"德治"、"民本"、"尚贤"是"受命而王"的"王者"施政的基本纲领，可是由于"天下非一家之有"①，所以必得有"改正朔"、"易服色"等"文化政治"实践，以此"符号象征"谕示"天下"新王朝已经诞生，"王道"历史拉开了新的帷幕。又因为"德治"诸义本是从"天道"中自然引领出来的，"受命而王"与"天道"本然之"德治"诸义，在基于"天道"信仰的"存在论"上处于同一层次，故"天子""有德"，"天"便降下"符瑞"以示嘉奖，"天子""失德"，"天"便降下"灾异"以示惩戒，进而剥夺其"受命而王"的资格，这就构成对"有改道之文，无改道之实"的限定。问题在于，这套话语策略奠基于"天道"这样一个主要基于信仰的假定，而儒生对"天意"的解读、传达也有类于"独断论"，假如最高统治者对此二者都不以为然，则儒生的良苦用心只有付诸东流。

第二节　董仲舒的文论话语建构

一

董仲舒恰如先秦思想与汉代思想的分水岭，汉代"阴阳五行化"的儒

---

①　陈立：《白虎通疏证·百王不易之道》、《存二王之后》，中华书局 1994 年版，第 365、366 页。

学理论正是在其手中才得以最终定型，虽然"自然天道"思潮以及"阴阳"、"五行"的话语架构已经在《荀子》和《易传》中留下了痕迹。在企图通过"经典重诠"整一先秦学术、实现意识形态重组的同时，董仲舒也建构出一种"大一统"的"文论构型"，意在运用"天时自然法理"将原始儒家的文化/文艺思想"真理化"，进而通过"意识形态化"而成为国家文化体制的构件。

所谓"文论构型"是指可在"文论"上发生意义的思想模型，虽然当中包含着可以直接运用于"文学研究"的理论因子，但其本身却不能直接作为"文学理论"来看待。这一概念的提出，是为了在现有学科建制/规范与那些无法归入某一体制的古代思想材料之间，辟出一片过渡性的思想和言说空间，从而可以依照中国文化内在视野理解"中国文论"。"文论构型"概念一方面表明董仲舒代表的今文经学家类似言说的"经学研究"而非"文学研究"的实质，另一方面表明其中又确实包含着甚至可以直接运用到"文学研究"中的观念、方法与进路，可以按照现代学科建制/规范被构建成为"文学思想"、"美学思想"，并在相应的学科系统中得到定位和表述。

所谓"天时自然法理"是今文经学话语建构的基本原则，要求依据"天道"安排社会秩序、文化类型、治理模式。董仲舒建构的思想与生活世界，以"天时自然法理"为支撑，具体表述为"天人合一"与"天人感应"："所谓天人合一，即是指天的系统与人的系统有相似的结构，可一一对应；所谓天人感应，即是指天的系统与人的系统可以相感、沟通，相互发生影响"①，亦即"天"与"人"具有一体互动性质。"天时自然法理"的文化背景是农耕文明对于"天"、"人"根本关系的感性经验，以及从中发生的想象性知识，但对于今文经学来说，其提出的精神动源是要论证儒家"文化政治"理念的合法性并使其"制度化"。就文论而言，由此对世界的"解释"/"虚构"，可以引申出"文作为德之显现"这一经学文论核心命题，由于"天"是"人"的最终依据，"人文"源于"天文"，"人文"实为"天德"之显现。

---

① 王葆玹：《今古文经学新论》，中国社会科学出版社 1997 年版，第 269 页。

在董仲舒,"天"兼具"自然"、"道德"、"神明"三义,如谓:"天之道,有序而时,有度而节,变而有常,反而有相奉,微而至远,踔而致精,广而实,虚而盈",这是"自然"意义上的"天";"天者,百神之大君也。事天不备,虽百神犹无益也",这是"神明"意义上的"天";"仁之美者在于天。天,仁也。天覆育万物,既化而生之,有养而成之,事功无已,终而复始,凡举归之以奉人。察于天之意,无穷极之仁也"①,这是"道德"意义上的"天"。董仲舒对"自然义之天"、"神明义之天"的言用指向都聚焦于"道德义之天",于是"阴阳"、"五行"无不具有道德属性,"天地"运行本身就是"德"的显现:

　　天地之行美也。是以天高其位而下其施,藏其形而见其光,序列星而近至精,考阴阳而降霜露。高其位所以为尊也,下其施所以为仁也,藏其形所以为神也,见其光所以为明也,序列星所以相承也,近至精所以为刚也,考阴阳所以成岁也,降霜露所以生杀也。

　　地卑其位而上其气,暴其形而著其情,受其死而献其生,成其事而归其功。卑其位所以事天也,上其气所以养阳也,暴其形所以为忠也,著其情所以为信也,受其死所以藏终也,献其生所以助明也,成其事所以助化也。②

这些表述体现了"天尊地卑"以及"仁"、"忠"、"信"等德性的赋予,而"天道之大者在阴阳。阳为德,阴为刑;刑主杀而德主生。是故阳常居大夏,而以生育养长为事;阴常居大冬,而积于空虚不用之处。以此见天之任德不任刑也"③,"天常以爱利为意,以养长为事,春秋冬夏皆其用也",所以"仁,天心"④,"天"的核心"德性"就是"仁",就是

---

　　① 董仲舒:《春秋繁露·天容》、《郊语》、《王道通三》,见苏舆《春秋繁露义证》,中华书局1992年版,第333、398、329页。
　　② 董仲舒:《春秋繁露·天地之行》,见苏舆《春秋繁露义证》,中华书局1992年版,第458、459页。
　　③ 董仲舒:《举贤良对策》,见班固《汉书·董仲舒传》,中华书局1962年版,第2502页。
　　④ 董仲舒:《春秋繁露·王道通三》、《俞序》,见苏舆《春秋繁露义证》,中华书局1992年版,第330、161页。

"生生"，故"天之生民，非为王也，而天立王以为民也。故其德足以安乐民者，天予之；其恶足以贼害民者，天夺之"①。在"存在论"意义上，"天"、"王"、"民"之关系的核心在"生"，而"予之"、"夺之"正是"天"之"仁"的体现。

对于最高存在的"天"之"道德主义"的构想，暗示出"文作为德之显现"的进路。不仅"文"要表现的对象世界是"德"之象征，如董仲舒类似于《韩诗外传》的对于"水"之"德"的譬喻式描写：

> 水则源泉混混沄沄，昼夜不竭，既似力者；盈科后行，既似持平者；循微赴下，不遗小间，既似察者；循镵谷不迷，或奏万里而必至，既似知者；障防山而能清净，既似知命者；不清而入，洁清而出，既似善化者；赴千仞之壑，入而不疑，既似勇者；物皆困于火，而水独胜之，既似武者；咸得之而生，失之而死，既似有德者。

而且，在董仲舒看来，"以类合之，天人一也"②。因此之故，在从"形体"至于"性情"的各个层面上，"天"与"人"具有异质同构性，"天的系统"与"人的系统"具有"映射"关系：

> 人之形体，化天数而成；人之血气，化天志而仁；人之德行，化天理而义。人之好恶，化天之暖清；人之喜怒，化天之寒暑；人之受命，化天之四时。人生有喜怒哀乐之答，春秋冬夏之类也。喜，春之答也；怒，秋之答也；乐，夏之答也；哀，冬之答也。天之副在乎人。人之情性有由天者矣。③

基于"情性"的"天人同构"，人工制作之"文"也就可分享"天"

---

① 董仲舒：《春秋繁露·尧舜不擅移、汤武不专杀》，见苏舆《春秋繁露义证》，中华书局1992年版，第220页。

② 董仲舒：《春秋繁露·山川颂》、《阴阳义》，见苏舆《春秋繁露义证》，中华书局1992年版，第424—425、341页。

③ 董仲舒：《春秋繁露·为人者天》，见苏舆《春秋繁露义证》，中华书局1992年版，第318—319页。

之"德"及其衍化方式,例如"中和"观念:

> 中者,天下之所终始也;而和者,天地之所生成也。夫德莫大于
> 和,而道莫正于中。中者,天地之美达理也,圣人之所保守也。①

诚所谓"天地自然乃是一大规矩,圣人合德,乃是一大技巧"②,"中和"之所以成为儒者对文艺审美之理想风格的基本规定,不仅在于其符合"人道",更因其是体现"天道"的普遍性形式,因而只有具有"中和"品质的"人文"才能享有"天地"的生命活力。

二

按董仲舒的思路,因为"天地之精所以生物者,莫贵于人。人受命乎天也,故超然有以倚。物疢疾莫能为仁义,唯人独能为仁义;物疢疾莫能偶天地,唯人独能偶天地",因此唯有"人"有能力积极参与"天地"化生万物的过程:"天地人,万物之本也。天生之,地养之,人成之。天生之以孝悌,地养之以衣食,人成之以礼乐,三者相为手足,合以成体,不可一无也"③。但是"人"与生俱来地不具备圆满的"善性",或者说,此"善性"尚处于潜在状态,需要被激发出来并有赖于后天的养成:"人之诚,有贪有仁。仁贪之气,两在于身","天两有阴阳之施,身亦两有贪仁之性。天有阴阳禁,身有情欲柜,与天道一也",而这一工作是由"王"承担的:"天生民性有善质,而未能善,于是为之立王以善之,此天意也","王承天意,以成民之性为任者也"④。"善"与"性"的"存在论"区分恰如"米"与"禾":"善如米,性如禾。禾虽出米,而禾未可谓米

---

① 董仲舒:《春秋繁露·循天之道》,见苏舆《春秋繁露义证》,中华书局1992年版,第444页。

② 钱穆:《略论中国文学》,见其《现代中国学术论衡》,生活·读书·新知三联书店2001年版,第253页。

③ 董仲舒:《春秋繁露·人副天数》、《立元神》,见苏舆《春秋繁露义证》,中华书局1992年版,第354、168页。

④ 董仲舒:《春秋繁露·深察名号》,见苏舆《春秋繁露义证》,中华书局1992年版,第294、296、302页。

也。性虽出善，而性未可谓善也。米与善，人之继天而成于外者也，非自天所为之内也。天所为，有所至而止。止之内谓之天，止之外谓之王教"①，作为沟通"天"、"人"的环节，"王教"概念的引入将"文作为德之显现"的命题由"天"落实于"人"，凸显出"圣王制作"的本源性与超越性，使"教化"的文论观念成为可能：

1. 人类历史进程体现的是"天意"，本质是"天"生生不已之"仁"，所以从逻辑上说"受命之君，天之所大显也"，也因此得到"民"心悦诚服的拥戴，而其"文教"事业的开展必得始于"天意"、"民心"的根源之地："彼之所受命者，必民之所同乐也。是故大改制于初，所以明天命也。更作乐于终，所以见天功也。缘天下之所新乐而为之文曲，且以和政，且以兴德。天下未徧合和，王者不虚作乐。乐者，盈于内而动发于外者也。应其治时，制礼作乐以成之。成者，本末质文皆以具矣。是故作乐者必反天下之所始乐于己以为本。"上古"圣王"的文化创制就是典范：

> 舜时，民乐其昭尧之业也，故《韶》。韶者，昭也。禹之时，民乐其三圣相继，故《夏》。夏者，大也。汤之时，民乐其救之于患害也，故《護》。護者，救也。文王之时，民乐其兴师征伐也，故《武》。武者，伐也。四者，天下同乐之，一也，其所同乐之端不可一也。作乐之法，必反本之所乐，所乐不同事，乐安得不世异？是故舜作《韶》而禹作《夏》，汤作《護》而文王作《武》。四乐殊名，则各顺其民始乐于己也。②

"圣王""作乐"体现了"天人合一"，而"作乐""反本"也就要是回归"天意"、"民心"合一。所以《韶》乐于"昭尧之业"，《夏》乐于"三圣相继"，《護》乐于"救于患害"，《武》乐于"兴师征伐"，肇始之端并不相同，所以有所谓"世异"，而所体现之"天人合一"却是"圣

---

① 董仲舒：《春秋繁露·实性》，见苏舆《春秋繁露义证》，中华书局1992年版，第311页。

② 董仲舒：《春秋繁露·楚庄王》，见苏舆《春秋繁露义证》，中华书局1992年版，第18、19—22页。

王"之"乐"本始之根,此即"盈于内"而"天下同乐之"者。也正因此,"圣王作乐"绝非为满足纯粹"官能主义"之"享乐",而是指示出返"德"之"实"的路向。

2. 当本根性的"道"落实在"人的系统",就是"所繇适于治之路也,仁义礼乐皆其具也"①。"圣王"体"天"之"仁"而成"人"之"性",由于"民""性而瞑之未觉",恰如置身于黑暗的生存境域,不能了悟与呈现自我存在的意义,必得"待外教然后能善"②,于是"圣人事明义,以照燿其所闇,故民不陷。《诗》云:'示我显德行。'此之谓也。先王显德以示民,民乐而歌之以为诗,说而化之以为俗"③。"圣王""因天地之性情,孔窍之所利,以立尊卑之制,以等贵贱之差。设官府爵禄,利五味,盛五色,调五声,以诱其耳目,自令清浊昭然殊体,荣辱踔然相驳,以感动其心,务致民令有所好"。

而之所以唯有"圣王"能够为"万民"打开通往作为"本然世界"的"治世"之路,则是因为"天地神明之心,与人事成败之真,固莫之能见也,唯圣人能见之。圣人者,见人之所不能见者也","至意虽难喻,盖圣人者贵除天下之患。贵除天下之患,故《春秋》重,而书天下之患徧失……天下者无患,然后性可善;性可善,然后清廉之化流;清廉之化流,然后王道举"④。本来"人受命于天,有善善恶恶之性,可养而不可改,可豫而不可去,若形体之可肥臞,而不可得革也。"所以"爱人之大者,莫大于思患而豫防之","圣王"虑及"民之情不能制其欲,使之度礼,目视正色,耳听正声,口食正味,身行正道,非夺之情也,所以安其情也",于是"声响盛化运于物,散入于理,德在天地,神明休集,并行而不竭,盈于四海而讼咏"⑤。"圣王"创制的"人文"可与"天地"、

① 董仲舒:《举贤良对策》,见班固《汉书·董仲舒传》,中华书局 1962 年版,第 2499 页。
② 董仲舒:《春秋繁露·深察名号》,见苏舆《春秋繁露义证》,中华书局 1992 年版,第 298、303 页。
③ 董仲舒:《春秋繁露·身之养重于义》,见苏舆《春秋繁露义证》,中华书局 1992 年版,第 265 页。
④ 董仲舒:《春秋繁露·保位权》、《郊语》、《盟会要》,见苏舆《春秋繁露义证》,中华书局 1992 年版,第 173、397、140—141 页。
⑤ 董仲舒:《春秋繁露·玉杯》、《俞序》、《天地施》、《正贯》,见苏舆《春秋繁露义证》,中华书局 1992 年版,第 34、162、470、144 页。

"神明"相通，则"文"之为"德"也可谓大矣。

3. "圣王"是"天"与"人"联系的枢纽，上达"天意"，下治"万民"，所谓"取天地与人之中以为贯而参通之……王者唯天之施，施其时而成之，法其命而循之诸人，法其数而以起事，治其道而以出法，治其志而归之于仁。仁之美者在于天"①。"圣王"内化"天"之"仁"，施行"德治"、"教化"，效法"天"之"阴阳"、"五行"的运行模式，建立"礼乐文明"、"礼乐文化"秩序，使"万民"、"万物"都回复其"正"的生命初始状态。"万民"真诚咏颂"圣王""承天理人"之"德"之"功"，"歌之以为诗"，"诗人美之而作"，表明在"圣王""制礼作乐"以"教化""万民"，与"万民"美颂"圣王"之间，存在顺向的承递关系，"文"即"圣王""承天理人"之"德"的顺向"显现"。

反之，若"天子""淫佚衰微，不能统理群生，诸侯背畔，残贼良民以争壤土，废德教而任刑罚。刑罚不中，则生邪气；邪气积于下，怨恶畜于上。上下不和，则阴阳缪盭而妖孽生矣"。于是便会出现"诗人"刺讥，例如："受禄之家，食禄而已，不与民争业，然后利可均布，而民可家足。此上天之理，而亦太古之道，天子之所宜法以为制，大夫之所当循以为行也。……及至周室之衰，其卿大夫缓于谊而急于利，亡推让之风而有争田之讼。故诗人疾而刺之，曰：'节彼南山，惟石岩岩，赫赫师尹，民具尔瞻。'尔好谊，则民乡仁而俗善；尔好利，则民好邪而俗败。"而"《春秋》之所讥，灾害之所加也；《春秋》之所恶，怪异之所施也。书邦家之国，兼灾异之变，以此见人之所为，其美恶之极，乃与天地流通而往来相应，此亦言天之一端也"②，在此情形中，"文"仍然是"德"的"显现"，不过是一种逆向的以"失德"昭示"有德"的"显现"而已。

4. "圣王"的超越性不仅表现为现世层面的"承天理人"，因此而使"万民"的"生活世界"得以澄明，使其得以确认自身的生存意义，与"禽兽"截然划界，所谓"万民之性善于禽兽而不得为善，知之名乃取之

---

① 董仲舒：《春秋繁露·王道通三》，见苏舆《春秋繁露义证》，中华书局1992年版，第329页。

② 董仲舒：《举贤良对策》，见班固《汉书·董仲舒传》，中华书局1962年版，第2500、2521、2515页。

圣"。而且,"圣王"因其对最高真理("道")的掌握而获得历史的超越性:"先王之遗道,亦天下之规矩六律已。故圣者法天,贤者法圣,此其大数也。得大数而治,失大数而乱,此治乱之分也"①,"圣人之所命,天下以为正。正朝夕者视北辰,正嫌疑者视圣人"。"圣王"之"道"蕴含于《诗》、《书》等经典,经典文本因此获得神圣性质。

正是经由这种转换,以"六艺"/"六经"为"养"的儒家观念才获得可能性与正当性:

> 《诗》《书》序其志,《礼》《乐》纯其美,《易》《春秋》明其知。六学皆大,而各有所长。《诗》道志,故长于质。《礼》制节,故长于文。《乐》咏德,故长于风。《书》著功,故长于事。《易》本天地,故长于数。《春秋》正是非,故长于治人。②

儒生以能解读蕴含于"六经"中的"圣王"信息的"君子"自居,对于重塑当世"圣王"也抱有强烈自信,在此意义上,"六艺"/"六经"兼具"体"、"用"二义:既是"人"之"成德"的归宿,即"志"、"美"、"知"所表达诸义,也是通往此一归宿的道路,即"序"、"纯"、"明"所表达诸义。所以"君子以天下为忧"、"君子生以辱,不如死以荣"③,固然有充分理由被解释为"作者"应有品质,但同时更是儒者表达政治信念、展现生存姿态的一种方式,他们因此而拥有以经典传递的思想观念、文化价值规范现世文化创造的充分理由。

三

需要深入分析的是董仲舒文论话语的性质及其建构方式。显然,那些有关"诗"、"乐"的话语是在"经典释义"的过程中引领出的,其语用

---

①　董仲舒:《春秋繁露·深察名号》、《楚庄王》,见苏舆《春秋繁露义证》,中华书局1992年版,第304、14页。

②　董仲舒:《春秋繁露·深察名号》、《玉杯》,见苏舆《春秋繁露义证》,中华书局1992年版,第304、35—36页。

③　董仲舒:《春秋繁露·盟会要》、《竹林》,见苏舆《春秋繁露义证》,中华书局1992年版,第141、62页。

指向是"五经"特别是《诗》与《春秋》的"义"与"法"。《诗》与《春秋》不仅存在于"诗集"与"史书"的意义层次，作为"经"，它们是"王道理想"与"治世规范"的凝聚性"书写"。在此意义层次，经典"文辞"乃是"圣人"体悟的"天道"（真理）的符号显现，因此具有神圣性和隐微性，例如"《春秋》之为学也，道往而明来者也。然而其辞体天之微，故难知也"，"辞不能及，皆在于指，非精心达思者，其孰能知之"①。

在将"五经"普遍视为"信仰对象"而非"知识对象"的时代，对经典"文辞"神圣性的赋予，可使如董仲舒之"精心达思者"关于经典"义法"的表达同样具备某种真理性，但是也可能导出相反而深刻的质疑：既然经典"文辞"具有神圣而隐微的性质，又如何能保证关于经典"义法"的某种表达一定是合乎"圣人""心意"的表达？从逻辑上说，既然经典"文辞"具有"体天之微"的神圣性，则经典"义法"的超越性也就不可能为"人"全部化解，又如何能够以有限的"知识"形式表达出来？董仲舒既不能走到彻底的"信仰"立场，又不能采取彻底的"知识"立场，便有可能陷入话语困境。

董仲舒说："所闻《诗》无达诂，《易》无达占，《春秋》无达辞。"②这是对其解释方法的明确表达，目的在于为其"经典释义"提供方法论证明，藉此使其赋予经典文本的"当代解释"分享经典的真理性质，同时也可使那些传统文本获得针对"当代生活"的切合性质。如此则《春秋》便可"当一王新法"，是孔子为后世"立法""以致太平"的宪章纲领："孔子明得失，差贵贱，反王道之本，讥天王以致太平。刺恶讥微，不遗小大。善无细而不举，恶无细而不去，进善诛恶，绝诸本而已矣"，故"《春秋》论十二世之事，人道浃而王道备"③。

董仲舒深信自己的解释切合"圣心"，几乎因此惹来杀身大祸：

---

① 董仲舒：《春秋繁露·精华》、《竹林》，见苏舆《春秋繁露义证》，中华书局1992年版，第96、50页。

② 董仲舒：《春秋繁露·精华》，见苏舆《春秋繁露义证》，中华书局1992年版，第95页。

③ 董仲舒：《春秋繁露·王道》、《玉杯》，见苏舆《春秋繁露义证》，中华书局1992年版，第109、32页。

仲舒治国，以《春秋》灾异之变推阴阳所以错行，故求雨，闭诸
阳，纵诸阴，其止雨反是；行之一国，未尝不得所欲。中废为中大
夫。先是辽东高庙、长陵高园殿灾，仲舒居家推说其意，草稿未上，
主父偃候仲舒，私见，嫉之，窃其书而奏焉。上召视诸儒，仲舒弟子
吕步舒不知其师书，以为大愚。于是下仲舒吏，当死，诏赦之。仲舒
遂不敢复言灾异。①

跟随董仲舒学习《春秋》"公羊学"的吕步舒，居然将老师依据
"《春秋》灾异"的"推说"视为"大愚"，可见在对"经典释义"的信
念与释义方法之间存在着怎样的裂痕！

具体来说，"《诗》无达诂"的释义方法本来意味着"经典释义"的
多种可能性，而任何一个今文经学家都自信，本只是一种释义可能的自我
解释是唯一正确的解释，这就在"释义多元性"与"解释唯一性"之间
产生不可调和的冲突。但假如拒绝这一方法论，则今文经学的若干申论又
实际上不可能得出。所谓"见其指者，不任其辞。不任其辞，然后可与适
道矣"②，作为具体阐释方法，就其概括的"辞—指—道"的文本层次这
一抽象原则来说，确乎可以指向文本诠释的层次性、多义性，但作为读解
《春秋》的具体门径，既然"指"与"道"有伦理政治哲学的明确限定，
则"不任其辞"实际具有相当强烈的独断性质。

例如，董仲舒解释《春秋》之"辞""元年春王正月"：

《春秋》之序辞也，置王于春正月之间，非曰上奉天施而下正人，
然后可以为王也云尔。

《春秋》之道，以元之深正天之端，以天之端正王之政，以王之
政正诸侯之即位，以诸侯之即位正竟内之治。③

① 班固：《汉书·董仲舒传》，中华书局 1962 年版，第 2524 页。
② 董仲舒：《春秋繁露·竹林》，见苏舆《春秋繁露义证》，中华书局 1992 年版，第 51 页。
③ 董仲舒：《春秋繁露·竹林》、《玉英》，见苏舆《春秋繁露义证》，中华书局 1992 年版，
第 62、70 页。

作为编年史书标明年代的通行体例，"元年春王正月"可能因为使用"周历"而暗含着使"天下""诸侯"一统于周"天子"的意思，《春秋公羊传》就这样解释说："元年者何？君之始年也。春者何？岁之始也。王者孰谓？谓文王也。曷为先言王而后言正月？王正月也。何言乎王正月？大一统也。"但这已经是一种"曲诠"，因为"若《左氏》之义，不问天子诸侯皆得称元年；若《公羊》之义，唯天子乃得称元年"①，而在董仲舒这里，《春秋》开篇的书写体例又被赋予"圣王""承天理人"的深意。

重要的是，通过对先儒思想材料的"真理化"曲诠，董仲舒重诠/改写了经典文本的意涵，消弭了"传统"与"当下"之间的距离，使"五经"以一种切合"当下"政治/文化语境的方式参与汉代文化的建构，使其"文论构型"在"学"与"术"两个向度上都表现出"大一统"性质，适应了"大一统"的政治现实对文化规范的需要：

1. 在信仰层次上，与秦汉社会盛行的"天道"信仰相应，董仲舒不仅为先儒思想材料承载的文化价值奠定了形而上基础，也将今文经学的文论话语"一统"于"天道"信仰。对于"文"之"性情"、"道德"的探究和表述，因为"天"的"至大无外"性质而具有"本原论"意义："有着自然哲学本体意义的'天人合一'观对文学思想的影响，使董仲舒对文学性情的探求，亦具有了文学发生与创造的本体意义"②，而"圣人"体悟"天道"而创造的"五经"文本，也因此享有至高无上的"大本"品格：

> 惟圣人能属万物于一而系之元也……圣人思虑不厌，昼日继之以夜，然后万物察者，仁义矣……义出于经，经传，大本也。③

　　① 《春秋公羊传注疏·隐公元年》传文与徐彦《疏》，见阮元校勘《十三经注疏》，中华书局 1980 年版，第 2196 页。
　　② 许结：《汉代文学思想史》，南京大学出版社 1990 年版，第 99 页。
　　③ 董仲舒：《春秋繁露·重政》，见苏舆《春秋繁露义证》，中华书局 1992 年版，第 147—149 页。

　　这意味着,虽然"五经"文本各有其发生的历史背景——例如《诗》篇之或"美"或"刺"就各有所据,但就其存在的究竟依据说,则"本"/"原"于"天"。

　　因此之故,对"五经"文本的信仰与对"天"的信仰也就具有"存在论"意义上的"同一性"。并且,既然"道之大原出于天,天不变,道亦不变"①,则对于"五经"文本的信仰也便具有永恒的性质,"宗经"的儒家文论话语于此获得了强大的信仰支撑。

　　2. 以"天道"信仰为形上根基的文论话语落实在"义理"层次,便是"一统"于"治道"/"王功"。不惟董仲舒诠解《诗》之"美"、"刺"如此,其对《春秋》创作动机与文旨的解释也循此逻辑:

　　　　周道衰废,孔子为鲁司寇,诸侯害之,大夫壅之。孔子知言之不用,道之不行也,是非二百四十二年之中,以为天下仪表,贬天子,退诸侯,讨大夫,以达王事而已矣。②

　　孔子承"西狩获麟,受命之符"之"天意","然后讬乎《春秋》正不正之间,而明改制之义。一统乎天子,而加忧于天下之忧也,务除天下所患"③。而衡量"治道"/"王功"的标准是对"天"之"仁"的遵循或背离,"圣王"之"利五味,盛五色,调五音"等文化创造正是"因天地之性情","所以变民风、化民俗也。其变人也易,其化人也著,故声发于和而本于情,接于肌肤,藏于骨髓"。

　　至于"仁义礼乐",既是"天地"运行的普遍机制,也是在人类社会实现"王道"理想的工具:"道者,所繇适于治之路也,仁义礼乐皆其具也"④。即使如《春秋》"文成数万,其指数千",有奥妙繁复的内涵,但其精义不外乎此,如此则"宗经"之"文"亦须以推动"王道"实践为

---

① 董仲舒:《举贤良对策》,见班固《汉书·董仲舒传》,中华书局 1962 年版,第 2519 页。
② 司马迁引董仲舒语,见《史记·太史公自序》,中华书局 1959 年版,第 3297 页。
③ 董仲舒:《春秋繁露·符瑞》,见苏舆《春秋繁露义证》,中华书局 1992 年版,第 157—158 页。
④ 董仲舒:《举贤良对策》,见班固《汉书·董仲舒传》,中华书局 1962 年版,第 2499 页。

文化功能指向，而这又会进而形成为评价"文"之价值的标准。

3. 作为《春秋》"公羊学"大师，董仲舒对于国家制度的构想、对于"王"的政治哲学规定，都根植于对《春秋》"微言大义"的诠解："案《春秋》之文，求王道之端，得之于正。正次王，王次春。春者，天之所为也；正者，王之所为也。其意曰，上承天之所为，而下以正其所为，正王道之端云尔"，"为人君者，正心以正朝廷，正朝廷以正百官，正百官以正万民，正万民以正四方"。这体现了孔子"政者正也"（《论语·颜渊》）、《中庸》"修身齐家治国平天下"的政治/文化理念。

然则"王者"如何能"正"？那就是要皈依"儒教"，内化并在社会意识领域推广儒家的基本文化价值："仁谊礼知信五常之道，王者所当修饬也；五者修饬，故受天之祐，而享鬼神之灵，德施于方外，延及群生也"，为此需要选择"一统"于儒家文化精神、以"宫廷文化"为中心的文化创造与传播模式，运用制度力量实现国家文化的"一统"：

> 诸不在六艺之科孔子之术者，皆绝其道，勿使并进。邪辟之说灭息，然后统纪可一而法度可明，民知所从矣。①

如此一来，不仅对儒家经典的信仰、对"五经"精神的阐发都能在实践层面落实，而且借助国家机器、意识形态的强制性力量，实现了对审美文化的"体制性建构"，"五经"的"义"、"法"成为文艺审美创作的典范。

4. 运用糅合儒学与非儒学说的"天道化"叙事策略，董仲舒将继承自"原儒"的文论思想"一统"于通过"阴阳"、"五行"运转而实现的"天"与"人"的一体互动。他将儒家"仁义礼智信"的基本文化价值与"东西北南中"五方相配合，而"天下之草木随阴阳而生落，天下之三王随阴阳而改正，天下之尊卑随阴阳而序位"②，"自然"、"人事"和"天道"因此而得以统一。如此则不仅作为儒家"审美乌托邦"的"礼乐文明"、"礼乐文化"，可在"阴阳五行"的整体解释模式中论证其必然性与

---

① 董仲舒：《举贤良对策》，见班固《汉书·董仲舒传》，中华书局 1962 年版，第 2501—2505、2523 页。

② 董仲舒：《春秋繁露·基义》，见苏舆《春秋繁露义证》，中华书局 1992 年版，第 350 页。

可能性,所谓"身之有性情也,若天之有阴阳也"①,"质朴之谓性,性非教化不成;人欲之谓情,情非度制不节。是故王者上谨于天意,以顺命也;下务明教化民,以成性也;正法度之宜,别上下之序,以防欲也;修此三者,而大本举矣","故圣王已没,而子孙长久安宁数百岁,此皆礼乐教化之功也"②;而且,儒家文艺审美的理想"中和"也基于"阴阳"的对立统一和"五行"相生的调谐:"天地之道,虽有不和者,必归之于和,而所为有功;虽有不中者,必止之于中,而所为不失","阳者天之宽也,阴者天之急也,中者天之用也,和者天之功也"③。

更进一步说,"盈于内而动发于外"的"诗"、"乐"之所以能够感人至深,"王"之所以能够"与民同乐",也可在此整体解释框架中得到终极解释:"人有喜怒哀乐,犹天之有春夏秋冬也。喜怒哀乐之至其时而欲发也,若春夏秋冬之至其时而欲出也,皆天气之然也,其宜直行而无郁滞,一也","天有阴阳,人亦有阴阳。天地之阴气起,而人之阴气应之而起,人之阴气起,而天地之阴气亦应之而起,其道一也","美事召美类,恶事召恶类,类之相应而起也"④,"人心"、"人情"与"天地","自我"与"他人",都因"阴阳"、"五行"的运转流通而能实现"同类相应"、"同类相感"。"如果去掉古代所不可避免的神秘解释,其关键就在:要把(一)音乐(以及舞蹈、诗歌)的节律与(二)自然界事物的运动和(三)人的身心的情感和节奏韵律相对照互应,以组织、构造一个相互感应的同构系统。"⑤

以"天道"、"圣人"信仰为基石,以"阴阳"、"五行"理论为支撑,董仲舒建构了一个粗糙、芜杂但又具有延展能力的文论话语体系。先秦儒家对于"文"之本原、功能、创造、接受的零散论述不仅系统

---

① 董仲舒:《春秋繁露·深察名号》,见苏舆《春秋繁露义证》,中华书局 1992 年版,第 298 页。

② 董仲舒:《举贤良对策》,见班固《汉书·董仲舒传》,中华书局 1962 年版,第 2515—2516、2499 页。

③ 董仲舒:《春秋繁露·循天之道》,见苏舆《春秋繁露义证》,中华书局 1992 年版,第 447 页。

④ 董仲舒:《春秋繁露·如天之为》、《同类相动》,见苏舆《春秋繁露义证》,中华书局 1992 年版,第 465、360、358 页。

⑤ 李泽厚:《华夏美学》,见其《美学三书》,安徽文艺出版社 1999 年版,第 235 页。

化，也"真理化"了。问题是，虽然董仲舒具有实践儒家"王道政治"的崇高理想与"希圣希贤"意识，故能"遭汉承秦灭学之后，《六经》离析，下帷发愤，潜心大业，令后学者有所统壹，为儒者首"，至有"三年不窥园"之举①，因此使其文论话语蕴含着与先儒一脉相承的民本思想、道德精神、王道理想，但其为现实政治文化语境决定的意识形态的文论视域，却有可能使先儒思想材料原本包含的多重语义单一化为"治道"／"王功"。至于其对"圣王"品格与使命的赋予，对"君者民之心，民者君之体"关系的规定，又有可能使"文"狭隘化为以"皇权"为中心的"载道"、"教化"工具。当此潜含语义在"皇权意识形态"话语中膨胀，抑制其他可能语义的生成——例如对于个体情感体验的强调与重视、对于"诗"、"乐"颐养个人性情的理解，则民本思想、道德精神、王道理想这些为儒生珍视的"真价值"，就都有可能蜕变成为"天子"歌功颂德的"堂皇叙事"。

第三节　礼学、诗学、春秋学与儒家文论话语建构

一

董仲舒的"文论构型"得到了齐、鲁、韩三家"《诗》学"、"今文《礼》学"、"《春秋》公羊学"的呼应与延伸，共同构成今文经学文论话语的整体框架。虽然因为诠释对象的不同，通过"经典释义"阐发的文论话语各有侧重，如"今文《礼》学"突出了"礼乐教化"，三家"《诗》学"突出了"美刺"、"致用"，"《春秋》公羊学"突出了"义法"、"尚用"，但诠释前提则一："经"是"圣人"体悟"天道"之"创作"，故应效法"圣人"制作"经典"的用意与方法。而且，因为今文经学的兼容趋势，经学家多由"专经"转向"五经兼治"，诸"经"之"学"相互"发明"、互为诠解渐成风气，当今文经学完成了"意识形态化"而成为强制性的思想，分散于诸"经"之"学"中的文论话语便趋于一致。

"今文《礼》学"的文论话语主要集中于《礼记》有关"诗"、

---

① 班固：《汉书·董仲舒传》，中华书局 1962 年版，第 2526、2495 页。

"礼"、"乐"的诠释。有两点需要先行说明:

1.《礼记》有戴德与戴圣编纂的两个传本,被称作《大戴礼记》、《小戴礼记》,由于《大戴礼记》"到了唐代就佚失了四十六篇,留存至今的只有三十九篇"①,难窥其全貌,而且今本三十九篇也以史料价值见长,所以探讨"今文《礼》学"的文论话语也就只能以《小戴礼记》为本,而径称之为《礼记》;

2.《礼记》阐发的儒家礼学思想,有"礼义"、"礼乐"、"礼法"等不同层次和路向,按阎步克的分析:

> 对"礼"所体现的原则加以阐发而日益升华出来的义理,当其积累到一定程度的时候,便将成为理念体系而有别于具象仪文,对之可名之为"礼义"。同时"礼"之政治方面和文化方面,又将因社会分化而出现分离。偏重从文化角度,并特别地重视"礼"中的乐舞歌诗、服装仪容的那些方面,强调其文化的意义,基于这种态度所看到的"礼",我们可以称之为"礼乐"。而偏重从政治方面,强调乐、仪、服、物的政制意义,并将官制、军制、法制、田制等等都纳入其统摄之中,那么从这一角度所看到的"礼",我们不妨称为"礼法"。以"礼"为教,我们称为"礼教"。②

在文论上发生意义的主要是"礼乐"的思想路向。

通过阐发"礼乐"的精神、价值和功能,"今文《礼》学"试图为"大一统"的文化政策提供基于"天道"、"圣人"与"经典"的论证,所以其看待视域也是"礼乐者道之具":"礼节民心,乐和民声,政以行之,刑以防之:礼乐刑政,四达而不悖,则王道备矣",而"礼"、"乐"与法治和行政都是实现"王道"的手段:"礼以道其志,乐以和其声,政以一其行,刑以防其奸:礼乐政刑,其极一也,所以同民心而出治道也"(《礼记·乐记》)。虽然"礼"、"乐"的政治文化功能不同:"乐者为

---

① 王文锦:《大戴礼记解诂·前言》,中华书局1983年版,第7页。
② 阎步克:《士大夫政治演生史稿》,北京大学出版社1998年版,第183页。

同，礼者为异"，但均旨在"节民心"、"和民声"，重在"治心"，而"政"、"刑"旨在"一其行"、"防其奸"，重在"治行"，各有存在价值，但相较而言，"礼"、"乐"更具有本源性，因为"治心"、"成民性"才是根本性的政治问题，而"教之以政，齐之以刑，则民有遁心"（《礼记·缁衣》）。

"圣王"施行"礼乐教化"，使"国"不但是管理"身体"的"刑政机器"，而且是塑造"心灵"的"意义机制"，就不仅可以圆满解决利益和权力的分配问题，也能圆满解决精神生活、文化价值问题：

> 乐极和，礼极顺，内和而外顺，则民瞻其颜色而弗与争也，望其容貌而民不生易慢焉。故德辉动于内，而民莫不承听；理发诸外，而民莫不承顺。故曰："致礼乐之道，举而错之天下无难矣。"（《礼记·乐记》）

于是就可实现儒家的理想政治图景："暴民不作，诸侯宾服，兵革不试，五刑不用，百姓无患，天子不怒，如此则乐达矣。合父子之亲，明长幼之序，以敬四海之内，天子如此，则礼行矣"（《礼记·乐记》）。

进而，运用"天道化"的叙事策略和"阴阳"、"五行"的话语构架，在"天"、"人"同构互感的宏大背景中，"今文《礼》学"提出"礼乐""教化"存在之正当性的三层根据：

1. 在"天道"层次，"礼乐"存在的究竟根据是"天地"："礼乐偩天地之情，达神明之德，降兴上下之神"，"乐者，天地之和也；礼者，天地之序也……乐由天作，礼以地制"，"乐者敦和，率神而从天；礼者别宜，居鬼而从地。故圣人作乐以应天，制礼以配地。礼乐明备，天地官矣。天尊地卑，君臣定矣；卑高已陈，贵贱位矣；动静有常，大小殊矣；方以类聚，物以群分，则性命不同矣。在天成象，在地成形，如此则礼者天地之别也。地气上齐，天气下降，阴阳相摩，天地相荡，鼓之以雷霆，奋之以风雨，动之以四时，煖之以日月，而百化兴矣，如此则乐者天地之和也"（《礼记·乐记》），意谓"礼乐"体现的是"天地"存在和运行的根本原理，有"天地"便有"礼乐"，所以说"明于天地，然后能兴礼乐"（《礼记·乐记》）。"礼乐"的"天道化"，将本源于乡俗状态的

"礼"与作为原生性的功能方式的"合爱"之"乐",连带当中蕴涵的生成于华夏文明源头的人际关系与道德价值,提升为具有普遍意义的社会组织模式。

2. 在基于"天道"信仰的"人道"层次,《礼记》认为"人"的内在"心"、"性"易于受外"物"的诱惑而"好恶无节",进而引发世界混乱:

> 人生而静,天之性也;感于物而动,性之欲也。物至知知,然后好恶形焉。好恶无节于内,知诱于外,不能反躬,天理灭矣。夫物之感人无穷,而人之好恶无节,则是物至而人化物也。人化物也者,灭天理而穷人欲也。于是有悖逆诈伪之心,有淫佚作乱之事。是故强者胁弱,众者暴寡,知者诈愚,勇者苦怯,疾病不养,老幼孤独不得其所。(《礼记·乐记》)

至于"乐"又与"性"、"情"存在亲切、直接的关联性:"德者,情之端也;乐者,德之华也;金石丝竹,乐之器也。诗言其志也,歌咏其声也,舞动其容也,三者本于心然后乐器从之。是故情深而文明,气盛而化神;和顺积中,而英华发外,唯乐不可以为伪"(《礼记·乐记》)。

对此,徐复观解释说:

> 乐的三基本要素,是直接从心发出来,而无须客观外物的介入,所以便说它是"情深而文明"。"情深",是指它乃直接从人的生命根源处流出;"文明",是指诗、歌、舞从极深的生命根源向生命逐渐与客观接触的层次流出时,皆各具有明确的节奏形式。乐器是配上这种人身自身上的明确的节奏形式而发生作用、意义的。经乐的发扬,而使潜伏于生命深处的"情"得以发扬出来,使生命得到充实,这即是所谓"气盛"。潜伏于生命深处的情,虽常为人所不自觉,但对一个人的生活,实有决定性的力量。[①]

---

① 徐复观:《中国艺术精神》,广西师范大学出版社2007年版,第21页。

此即儒家"乐教"、"诗教"得以成立的"心性"根据,"是故先王慎所以感之者,故礼以道其志,乐以和其声"(《礼记·乐记》),运用"礼乐"引导、调和以成"人"之"性",也就是避免陷入混乱无序状态的根本手段。

3. "礼乐"本乎"天道"、"人心",但只有"圣王"才有资格"制礼作乐":"敦乐而无忧,礼备而不偏者,其唯大圣乎!"(《礼记·乐记》)"虽有其位,苟无其德,不敢作礼乐焉。"(《礼记·中庸》)其创制原理是:

> 本之性情,稽之度数,制之礼义。合生气之和,道五常之性,使之阳而不散,阴而不密,刚气不怒,柔气不慑,四畅交于中而发作于外,皆安其位而不相夺也。然后立之学等,广其节奏,省其文辞,以绳德厚。律大小之称,比终始之序,以象事行。使亲疏贵贱长幼男女之理,皆形见于乐。(《礼记·乐记》)

而目的不在于满足官能享受的需要,而旨在恢复"人道"之"正"亦即"生命初始"状态:"非以极耳目口腹之欲也,将以教民平好恶,而反人道之正",进而创造一个普遍和谐的世界:"大人举礼乐,则天地将为昭矣。天地䜣合,阴阳相得,煦妪覆育万物,然后草木茂,区萌达,羽翼奋,角觡生,蛰虫昭苏。羽者妪伏,毛者孕鬻。胎生者不殰,而卵生者不殈"(《礼记·乐记》),其理据在于:"能尽其性,则能尽人之性;能尽人之性,则能尽物之性;能尽物之性,则可以赞天地之化育;可以赞天地之化育,则可以与天地参矣。"(《礼记·中庸》)"圣王""制礼作乐"而使"自然"、"人事"、"宇宙"互感互通,形成"天"、"地"、"人"、"神"和合的美好境界。

细绎《礼记》文脉,可知礼学家"礼乐教化"观的实质是"寓礼于乐",所谓"使亲疏贵贱长幼男女之理,皆形见于乐",因为"乐胜则流,礼胜则离。合情饰貌者,礼乐之事也"(《礼记·乐记》)。将"礼"的精神化入具有普遍感染性的"乐",将外在规范转化为内心自觉,无疑是有效的"治心"途径,遂有以"礼"为中心的"乐教"问题:

　　乐也者，圣人之所乐也，而可以善民心。其感人深，其移风易俗，故先王著其教焉。

　　制《雅》《颂》之声以道之。使其声足乐而不流，使其文足论而不息，使其曲直繁瘠廉肉节奏，足以感动人之善心而已矣，不使放心邪气得接焉，是先王立乐之方也。（《礼记·乐记》）

　　而从逻辑上说，"移风易俗"必得以"知风俗"为前提，"风俗"不同，则所以"移易"者亦自不同："五帝殊时，不相沿乐；三王异时，不相袭礼"（《礼记·乐记》）。

　　而既然"乐"通达"人心"，则"观风俗"的途径就是"观乐知政"，盖因"乐者，音之所由生也，其本在人心之感于物也"，由"人心感物"之必然，社会生活得以显现于"声音"：

　　治世之音安以乐，其政和；乱世之音怨以怒，其政乖；亡国之音哀以思，其民困：声音之道与政通矣。

　　宫为君，商为臣，角为民，徵为事，羽为物。五者不乱，则无怗懘之音矣。宫乱则荒，其君骄；商乱则陂，其官坏；角乱则忧，其民怨；徵乱则哀，其事勤；羽乱则危，其财匮。五者皆乱，迭相陵，谓之慢，如此则国之灭亡无日矣。（《礼记·乐记》）

　　基于"乐"与社会生活的相通／"映射"关系，便可"审声以知音，审音以知乐，审乐以知政"，所以也就有"天子五年一巡狩……命大师陈诗，以观民风。命市纳贾，以观民之好恶，志淫好辟"的政治／文化制度设想，"陈诗纳贾，所以观民风俗，是欲知君上善恶也"（《礼记·王制》）。

　　但是，并非所有"人心""感物而动"而"发之于外"的"乐"都具有充分的正当性。虽然"乐者，乐也，人情之所不能免也。乐必发于声音，形于动静，人之道也"，"情动于中，故形于声；声成文，谓之音"，凡"人"都能"感物而动"而形成"乐"，但"乐者，与音相近而不同"（《礼记·乐记》），有节奏和旋律的"声"才是"音"，而"乐"还进一步要求乐器和舞蹈的配合，意谓"乐"具有最强的形式性。更重要的是，"乐者非谓黄钟、大吕、弦歌、干扬也"，唯"德音之谓乐"，"乐者，德之华也"，"乐者，通于伦理者也。是故知声而不知音者，禽兽是也。知音而不知乐者，众庶是也。惟君子为能知乐"（《礼记·乐记》），"乐"又须具备最强的社会规范性。

因此之故，动物只能倾听"自然之声"，而人可以欣赏艺术性的"声"、"音"，进而只有"君子"才有能力分辨何种审美性的"声"、"音"才是真正的"乐"："郑音好滥淫志，宋音燕女溺志，卫音趋数烦志，齐音敖辟乔志。此四者，皆淫于色而害于德"，也才能从"乐"中获得真正的快乐："君子乐得其道，小人乐得其欲。以道制欲，则乐而不乱；以欲忘道，则惑而不乐"（《礼记·乐记》）。所以当"端冕而听古乐，则唯恐卧；听郑卫之音，则不知倦"的魏文侯问"古乐"、"新乐"如何时，子夏回答说："今君者所问者乐也，所好者音也"（《礼记·乐记》），堪当承担"教化"之"乐"的一定是"圣王"创制的与"俗乐"对立的"雅乐"。

二

虽然都属今文经学，三家"《诗》学"的风格也略有不同。与"经学"发生的地域文化特征及其融合趋势相关，《鲁诗》好古敏求、迂谨精慎，《齐诗》时有奇创、渐至恢诡，晚出的《韩诗》虽与"齐鲁间殊"，然其言"仁义顺善之心"，多与《鲁》合；言"灾异推步之术"，又与《齐》同①。但是，虽然"汉兴，鲁申公为《诗》训故，而齐辕固、燕韩生皆为之传。或取《春秋》，采杂说，咸非其本义。与不得已，鲁最为近之"②，已经表现出改造"《诗》说"的努力及不同风格，但这种风格的形成绝非一时之可能。例如，"齐《诗》之学，宗旨有三，曰四始，曰五际，曰六情，皆以明天地阴阳终始之理，考人事盛衰得失之原，言王道治乱安危之故"③，就得力于夏侯始昌尤其是翼奉的着力阐扬，而与汉初传

---

① 许结：《汉代文学思想史》，南京大学出版社 1990 年版，第 59—60 页。
② 班固：《汉书·艺文志》，中华书局 1962 年版，第 1708 页。
③ 陈乔枞：《〈齐诗翼氏学〉疏证叙》，见《续修四库全书》总第 75 卷，上海古籍出版社 1997 年版，第 40 页。

《诗》之辙固大有不同。

此外，"大抵《鲁诗》行于西汉，而《韩诗》行于东汉，二家互为盛衰"①。真正在两汉发生影响的"《诗》学"是鲁、韩二家，而《齐诗》家翼奉虽然提出相当特别的"说《诗》"思路，所谓"观性以历，观情以律"云云，但其自道"唯奉能用之，学者莫能行"②，恐怕实际影响不大。从整体上看待三家"《诗》学"的文论话语，即透过三家"《诗》说"之"异义"寻绎其"《诗》学"的基本观念，则"情性"、"美刺"、"致用"三观念庶几可以概括。

"情性"是三家"《诗》学"的理论基点。将"《诗》学"视为"情性之学"，以"情性"解《诗》，在三家《诗》并无二致。如《齐诗》总说《国风》："室家之道修，则天下之理得，故《诗》始《国风》，《礼》本《冠婚》。始乎《国风》，原情性而明人伦也；本乎《冠婚》，正基兆而防未然也"③，《鲁诗》说《驺虞》："及周道衰微，礼义废弛，强陵弱，众暴寡，万民骚动，百姓愁苦，男怨于外，女伤于内，内外无主，内迫情性，外逼礼仪，叹伤所说，而不逢时，于是援琴而歌"④，《韩诗》说《伐柯》："原天命，治心术，理好恶，适情性，而治道毕已。四者不求于外，不假于人，反诸己而存矣。《诗》云：'伐柯伐柯，其则不远'"⑤，而其典型表达即《齐诗》学者翼奉所说："诗之为学，情性而已"⑥。

对"情性"的解释，具见萧吉《五行大义》，要旨有二：

1. 以"仁义礼智信"等"五常"释"性"，以"喜怒哀乐好恶"等释"六情"，认为"情胜性则乱，性胜情则治。性自内出，情从外来，情性之交，间不容系"；

2. 将"性情"与"五行"、"六律"、"阴阳"、"五藏"、"五方"相配，认为其间存在对等关系。⑦

①　唐晏：《两汉三国学案》，中华书局 1986 年版，第 299 页。
②　班固：《汉书·眭两夏侯京翼李传》，中华书局 1962 年版，第 3170 页。
③　匡衡上疏，见班固《汉书·匡张孔马传》，中华书局 1962 年版，第 3340 页。
④　蔡邕：《琴操》，见王先谦《诗三家义集疏》上册，中华书局 1987 年版，第 119 页。
⑤　韩婴：《韩诗外传》，见许维遹《韩诗外传集释》，中华书局 1980 年版，第 77—78 页。
⑥　班固：《汉书·眭两夏侯京翼李传》，中华书局 1962 年版，第 3170 页。
⑦　萧吉：《五行大义》，上海书店出版社 2001 年版，第 106、108 页。

以"仁义"等释"性"、以"喜怒"等释"情"、以"性"节"情"，这一旨在解释"人"之"性"、"情"的思路，在孟子、荀子已肇其端，而将"阴阳"、"五行"、"五方"、"五藏"等与"情性"相配合，寻求其间互感互动的关系，则是战国秦汉儒生致力开发的"一天人"的话语构架。

如果说"《诗》学"家对《诗》"原性"的理解，因其对"性"的伦理限定，更多地表现出对于先儒"《诗》言志"说的承继，则其对《诗》"原情"的理解及明确表达，就更多地表现出汉儒"《诗》说"的特点了。这也可追溯至先秦，例如据上海博物馆藏战国楚竹书整理之《孔子诗论》，孔子说："《诗》亡隐志，乐亡隐情，文亡隐言"①，可知孔子论《诗》，已注意到"诗"与"情"的内在关联，但将其明确地凸显出来却不能不说是汉儒之功。这就是朱自清所说的："西汉时，《韩诗》里有'饥者歌食，劳者歌事'的话，更明显地着重诗人，并明显地指出诗缘情的作用。"② 重"情"是汉代文化看重人的感性生命在"《诗》学"领域的体现，而这在三家《诗》都是普遍的观念。

将"原情"引入"《诗》学"阐释，有可能导出"情感主义"的诗歌观念，而在三家"《诗》说"的遗存中，也的确存在着从"个体情感"视域"解《诗》"的片段。例如，《齐诗》说《清人》之旨："清人高子，久屯外野。逍遥不归，思我慈母"，"慈母望子，遥思不已。久客外野，我心悲苦"，表达出慈母念子、孝子思母的亲情，虽然也间接地批评了迫使母子不得不忍受分离之苦的"久屯外野"的戍边政策，但这种亲情因置于前景而凸显。至于《鲁诗》说《燕燕》之旨，更细致地描写了送别场景，表现出婆媳之间的深厚感情：定姜是卫定公夫人，其子"既娶而死，其妇无子，毕三年之丧，定姜归其妇，自送之至于野，恩爱哀思，悲以感恸，立而望之，挥泣垂涕，乃赋诗曰：'燕燕于飞，差池其羽。之子于归，远送于野。瞻望弗及，泣涕如雨。'送去，归泣而望之，又作诗曰：'先君之

---

① 周凤五：《〈孔子诗论〉新释文及注解》，见上海大学古代文明研究中心、清华大学思想文化研究所编《上博馆藏战国楚竹书研究》，上海书店出版社 2002 年版，第 152 页。

② 朱自清：《朱自清说诗》，上海古籍出版社 1998 年版，第 29 页。

思，以畜寡人。'"①

两篇"《诗》解"表明"今文《诗》学"对"诗"的情感肌质已具相当了解。这种以"诗"的眼光解读《诗》的阐释路向，可称为"文学之《诗》"的阐释路向。但这一阐释路向并未发展成为"今文《诗》学"话语的整体结构，因为还存在另外一条居于主导地位的阐释路向，此即以"经"的眼光解读《诗》的"经学之《诗》"的阐释路向。

在经学视域中，"五经"是"圣人"谕示"天道"的载体，因而《诗》的本体是"天道"，《诗》篇则是有关"天道"的叙事，是对"王道""盛衰"的"具象化"表现，这种"具象化"表现就是"天道"的"印记"。发现"印记"是"《诗》学家"解读"诗"的根本旨趣，于是"差不多每一首都有了作者，有了微言大义的美刺，有了圣道王功的奇迹"②。这就决定了"文学之《诗》"与"经学之《诗》"的阐释路向不可能发展成并立的二元诠释结构，而只能是以"经学之《诗》"统摄"文学之《诗》"的整体结构。而在"经学之《诗》"的压力下，"诗情"无论在性质、强弱等向度上有多少差别，最终指向都只能是"圣道王功"。

于是，"闵"、"乐"、"伤"、"恶"、"忧"、"悔"、"哀"、"怨"等情感形式，便被剥离其"具体性"与"情境性"，抽象成"普遍性"的情感形式。例如，《鲁诗》释《羔裘》、《匪风》："会在河、伊之间，其君骄贪啬俭，减爵损禄，君臣卑让，上下不临。诗人忧之，故作《羔裘》，闵其痛悼也；《匪风》，冀君先教也"③，《齐诗》释《黄鸟》："子车鍼虎，善人危殆。黄鸟悲鸣，伤国元辅"，《韩诗》释《罘苢》："诗人伤其君子有恶疾，人道不通，求己不得，发愤而作"④，表明虽然《诗》学家承认"诗"表现情感，也用以解释"诗"的发生，但"忧"、"闵"、"伤"、"愤"之"情"并未关涉"诗人"对自我生命的体验，而是附加了政治伦理意味，成为"王道"之"兴衰"的表征。

---

① 王先谦:《诗三家义集疏》上册，中华书局1987年版，第342、137页。

② 罗根泽:《中国文学批评史》（一），上海古籍出版社1984年版，第73页。

③ 王符:《潜夫论·志氏姓》，见汪继培、彭铎《潜夫论笺校正》，中华书局1985年版，第414页。

④ 王先谦:《诗三家义集疏》上册，中华书局1987年版，第453、47页。

相应的诠《诗》模式就是"王政"—"情感"—"诗篇"：歌颂"王政"兴盛与"王""有德"的"情感"表现于"诗篇"，即是"美诗"；批评"王政"坏败与"王""失德"的情感表现于"诗篇"，即是"刺诗"，而"王道理想"则是统摄"美"、"刺"之"元"。于是"文学之《诗》"展现的社会生活与人性人情的丰富性，就被窄化为"美"、"刺"两端，而所"美"所"刺"又不过"王政"而已。

这一诠释模式决定了"今文《诗》学"的"致用"观念必然是政治功利主义和伦理主义的。既然《诗》是"王政"之"盛衰"的"具象化"表现，便可由"诗"察知其"盛衰"之所由，进而实现以"王道"指导政治实践的目的："览诗人之旨意，察《雅》《颂》之终始，明舜、禹、皋陶之相戒，显周公、箕子之所陈，观乎人文，化成天下"①；反之，若"遵衰周之轨迹，循诗人之所刺，而欲以成太平，致雅颂，犹却行而求及前人也"②。这种观念在汉初的意义体现在如何转化秦之"暴政"，与汉初"德政"未兴之政治局面相契合，其后又集中于对刘汉帝国政治偏失的批判与匡补，意在落实儒家政治文化理念，建构儒家理想政制与社会。

这两种趋指不同但入径一致的思想路线在三家"《诗》说"中留下了印记，如"德治"、"民本"、"尊贤"等"王道政治"的基本理念在"《诗》解"中均有体现，而"以《诗》为谏"也就获得了"义理"支撑。例如，《鲁诗》学者王式"以《诗》三百五篇朝夕授王，至于忠臣孝子之篇，未尝不为王反复诵之也；至于危亡失道之君，未尝不流涕为王深陈之也"③，而《齐诗》"翼氏学"之"四始"、"五际"论的言用指向亦不外乎此，"阴阳"、"五行"、"灾异"的话语方式使其言说更具神秘性和真理性。至于《韩诗》，按班固记述，韩婴"推诗人之意，而作《内外传》数万言，其语颇与齐、鲁间殊，然归一也"④，表明"《韩诗》学"同样秉持政治功利主义的"致用"观。

伦理政治学的"致用"观念是"今文《诗》学"以"情性"解

---

① 鲁丕上疏，见范晔《后汉书·卓鲁魏刘列传》，中华书局 1965 年版，第 884 页。
② 刘向上封事，见班固《汉书·楚元王传》，中华书局 1962 年版，第 1942 页。
③ 班固：《汉书·儒林传》，中华书局 1962 年版，第 3610 页。
④ 同上书，第 3613 页。

"诗"的功能视域,而归本于"治心"。汉儒认为:"情性者,心也,本也。化俗者,行也,末也。末生于本,行起于心。是以上君抚世,先其本而后其末,顺其心而理其行"①,"明于情性乃可与论为政,不然,虽劳无功"②。虽然"心"由"情"、"性"构成,"性"为"体"而"情"为"用",但人们容易为"情"所困,溺于"情"而惑乱其"性",因此需要以"性"节"情",而"六经者,圣人所以统天地之心,著善恶之归,明吉凶之分,通人道之正,使不悖于其本性者也"③。

如此,则《诗》就被赋予"统"、"理"人之"情性"的功能,此即"以《诗》治心"。如研习《鲁诗》的刘向在《列女传》中讲述的故事:

> (庄)姜交(姣)好,始往,操行衰惰,有冶容之行,淫佚之心。傅母见其妇道不正,谕之曰:"子之家,世世尊荣,当为民法则;子之质,聪达于事,当为人表式;仪貌壮丽,不可不自修整。衣锦絅裳,饰在舆马,是不贵德也。"乃作诗曰:"硕人其颀,衣锦絅衣。齐侯之子,卫侯之妻;东宫之妹,刑侯之姨,谭公维私。"砥厉女之心以高节,以为人君之子弟为国君之夫人,尤不可有邪僻之行焉。女遂感而自修。④

傅母见庄姜"妇道不正","有冶容之行,淫佚之心",故作《硕人》之诗以"砥厉"其心,寄寓"贵德"之意,以此节制庄姜的情欲,使之最终可"为民法则"、"为人表式"。这也是"善声感人"的一个例证。

"今文《诗》学"学者论《诗》的起点是"情",他们十分清楚"诗"因"情"而"作",亦因"情"而"感"人"心",但是这种认识受制于"政治"与"伦理"的双重规约与指引,"情"并未按其自身逻辑发展出本体性。这不仅是因为在中国"心性"理论中,"性"才是"体",

---

① 王符:《潜夫论·德化》,见汪继培、彭铎《潜夫论笺校正》,中华书局1985年版,第371页。

② 董仲舒:《春秋繁露·正贯》,见苏舆《春秋繁露义证》,中华书局1992年版,第144页。

③ 匡衡上疏,见班固《汉书·匡张孔马传》,中华书局1962年版,第3343页。

④ 王先谦:《诗三家义集疏》上册,中华书局1987年版,第277页,引文断句略有不同。

更是因为在"经学之《诗》"统摄"文学之《诗》"的阐释框架下，诸如"乐"、"怨"、"愤"、"闵"之"情"是与"圣道王功"相关的抽象的情感形式。也正因此，在对《雅》、《颂》的解释中，个体性的诗人之"情"尚能与"圣道王功"相匹配，但在对《风》的解释中，就不免存在无法弥补的诠释裂痕而遭致宋儒的讥刺。而当翼奉以"四始"、"五际"理论排比诗篇，以此阐明"王道兴衰之所由"之历史镜鉴；以"六情"、"十二律"理论配合诗篇，以此为"天子"提供"知下之术"，则"文学之《诗》"的阐释路向完全隐匿于"经学之《诗》"的光晕。

三

"圣王作乐"、"圣人作经"是今文经学文论话语建构不言而喻的思想根基和逻辑前提，但在"五经"中，只有《春秋》的著作权是明确归于孔子名下的经书。为了阐发《春秋》"微言"中蕴含的"大义"，"《春秋》学"归纳出若干"《春秋》笔法"，合称为"义法"，典范性表述是《春秋公羊传》。这些"义法"更多涉及创作论的问题。

对"公羊学"家来说，解读《春秋》的第一个问题是：孔子为什么作《春秋》？传世文献表明，最早确认孔子"作"《春秋》及其写作意图的是孟子，他说："世衰道微，邪说暴行有作。臣弑其君者有之，子弑其父者有之。孔子惧，作《春秋》。《春秋》，天子之事也。"（《孟子·滕文公下》）"孔子作《春秋》为天下立法"，这是"公羊学"家的根本信念。曾师从董仲舒学习《公羊春秋》的司马迁认为：

> 孔子明王道，干七十余君，莫能用，故西观周室，论史记旧闻，兴于鲁而次《春秋》，上记隐，下至哀之获麟，约其辞文，去其烦重，以制义法，王道备，人事浃。七十子之徒口受其传指，为有所刺讥褒讳挹损不可以书见也。①

《春秋》上明三王之道，下辨人事之经纪，别嫌疑，明是非，定犹与，善善恶恶，贤贤贱不肖，存亡国，继绝世，补弊起废，王道之

---

① 司马迁：《史记·十二诸侯年表》，中华书局1959年版，第509页。

大者也。……拨乱世反之正，莫近于《春秋》。《春秋》文成数万，其指数千。万物之散聚皆在《春秋》。①

（孔子）西狩获麟，曰："吾道穷矣。"故因史记作《春秋》，以当王法，其辞微而指博，后世学者多录焉。②

按杨向奎所论，司马迁是西汉"前期公羊学派的重要人物"③，则可判定司马迁所说"孔子作《春秋》以当王法"是一典型性表述。

不过，"为天下立法"乃是"天子"之事，而孔子以"布衣"身份做此大事，便拥有了"素王"这一独特身位："孔子作《春秋》，先正王而系万事，见素王之文焉"④，"故《春秋》应天作新王之事，时正黑统。王鲁，尚黑，绌夏，亲周，故宋"⑤。这一并非基于历史事实而是基于信仰的表述，寄托了"公羊学"家的批判精神，因为"以孔子为王，就意味着用体现价值（王道）的世界来批判现实（霸道与无道）的世界，使此现实世界获得一来自形上世界的改造力量"⑥，故有"《春秋》新王说"、"《春秋》王鲁说"、"孔子改制说"等话语系统的构造。所谓《春秋》"王鲁说"，"实际上是指孔子继周之后受命而王天下"，"这样的主张给人以野心勃勃的印象，似乎儒家不是一个可以辅佐任何朝廷的学派，而是一个拥戴孔氏而自有其宗教信仰与政治抱负的集团"⑦。至于《春秋》"义法"之"义"，也就是对此宗教信仰与政治抱负的阐明，故有"天子一爵说"、"张三世说"、"大一统说"、"通三统说"等思想的发明。当儒者以"《春秋》之义（道、法）如何，故当如何"的表达式，介入现实政治、文化生活建构时，表达的正是以"形上世界"改造"现实世界"的精神祈向。

那么，孔子是怎样创作《春秋》的？"公羊学"家认为，孔子作《春

---

① 班固:《汉书·司马迁传》，中华书局1962年版，第2717页。
② 司马迁:《史记·儒林列传》，中华书局1959年版，第3115页。
③ 杨向奎:《大一统与儒家思想》，中国友谊出版公司1989年版，第84页。
④ 董仲舒:《举贤良对策》，见班固《汉书·董仲舒传》，中华书局1962年版，第2509页。
⑤ 董仲舒:《春秋繁露·三代改制质文》，见苏舆《春秋繁露义证》，中华书局1992年版，第187—189页。
⑥ 蒋庆:《公羊学引论》，辽宁教育出版社1995年版，第136页。
⑦ 王葆玹:《今古文经学新论》，中国社会科学出版社1997年版，第257页。

秋》而"为天下立法",虽然拥有"天道"的合法性,却没有"政治身位"的正当性,因而难免"有所刺讥褒讳挹损不可以书见",因此对那些"体天之微"的"大义"的表达,就必须采取一种特别的书写方式,一种特别的"书一法"。经由此一视域转换,《春秋》就不仅是记录"春秋"历史事实的"史",更是寄寓"三王之道"的"经"。而"公羊学"家释读《春秋》的兴趣也不在于增广见闻,而是通过体察孔子作《春秋》的真实心意、探究孔子如何在"书写"中寄寓"王道",来阐发儒家的历史哲学和政治哲学思想。如此一来,那些有关《春秋》"书一法"的归纳总结,也就具有了超越性与典范性——《春秋》不仅仅是儒家政治哲学的样本,也是"作""文"的范本。

博通"五经"、以"公羊学"为学问根柢的董仲舒说:"志为质,物为文。文著于质,质不居文,文安施质?质文两备,然后其礼成。文质偏行,不得有我尔之名。俱不能备而偏行之,宁有质而无文。……然则《春秋》之序道也,先质而后文,右志而左物。"① 这可以看作"公羊学"文论话语的总则。许结认为:"在董仲舒文学思想结构中,文代表着无数众物(多)和外饰的美,质则代表着一种灌注万物之中的志气、精神(一),而其以质率文,以一统多的观念,是董仲舒经心建构的大文化思想的缩影。"② 这一源自先秦而蕴涵着汉儒文化理想的"文质观"的文论意义在于:1. 将言辞"一统"于"王道理想"的创作论;2. "见其指者,不任其辞。不任其辞,然后可与适道"的接受论,这些都具现于《公羊春秋》释义中。

经学家认为,《春秋》是"作""文"的典范,因此"圣人"才设立"《春秋》教":"属辞比事,《春秋》教也。……属辞比事而不乱,则深于《春秋》者也"(《礼记·经解》)。所谓"属辞"即选择言辞,所谓"比事"即排比史事,涉及如何选用恰当的言辞和适合的材料表达"王道",而"属辞比事"之所以"不乱",正是因为有此"王道"的指引与统摄。

那么,孔子是如何"属辞比事"、为后人垂范的?司马迁说:"孔子

---

① 董仲舒:《春秋繁露·玉杯》,见苏舆《春秋繁露义证》,中华书局 1992 年版,第 27 页。
② 许结:《汉代文学思想史》,南京大学出版社 1990 年版,第 97 页。

在位听讼，文辞有可与人共者，弗独有也。至于为《春秋》，笔则笔，削则削，子夏之徒不能赞一辞。弟子受《春秋》，孔子曰：'后世知丘者以《春秋》，而罪丘者亦以《春秋》'"①，表明经孔子"笔削"的《春秋》确实蕴涵着不易为外人明道的深意。而既然孔子"作《春秋》"是根据"史记旧闻"、"约其辞文，去其烦重"而成，这种深意首先体现在如何选择"史记旧闻"上。

例如，《礼记·坊记》说："《鲁春秋》犹去夫人之姓曰吴，其死曰孟子卒"，证诸《论语·述而》所记：

> 陈司败问："昭公知礼乎？"孔子曰："知礼。"孔子退，揖巫马期而进之曰："吾闻君子不党，君子亦党乎？君取于吴为同姓，谓之吴孟子。君而知礼，孰不知礼？"巫马期以告，子曰："丘也幸，苟有过，人必知之。"

既然其他诸侯国也知道"吴孟子"一事，可知《坊记》记载属实。但是《春秋》只写道："夏五月甲辰，孟子卒"，当中有何深意？《公羊传》解释说："孟子者何？昭公之夫人也。其称孟子何？讳娶同姓，盖吴女也"②，意谓鲁昭公娶同为姬姓的吴女孟姬违背"礼制"，而孔子要为之"讳"，就把《鲁春秋》昭公娶姬孟子的原史料删削掉了。

这种深意也表现在孔子对史料的排比上。随着"公羊学"体系日趋完善，经学家们探赜索隐的努力也日益明朗。首要的问题是：为何《春秋》记事始于隐公元年，而终于哀公十四年？《公羊传》解释说："《春秋》何以始乎隐？祖之所逮闻也。所见异辞，所闻异辞，所传闻异辞。何以终乎哀十四年？曰：备矣"③，意谓这种断代只是因为史料所限，并无深意，虽然在桓公二年《传》中也猜测可能有"为贤者讳"的意思。这大概是

---

① 司马迁：《史记·孔子世家》，中华书局1959年版，第1944页。
② 《春秋公羊传注疏·哀公十二年》，见阮元校勘《十三经注疏》，中华书局1980年版，第2351页。
③ 《春秋公羊传注疏·哀公十四年》，见阮元校勘《十三经注疏》，中华书局1980年版，第2353页。

"公羊学"先师的理解。

发展到董仲舒的《春秋繁露》，《春秋》的断代方式开始有了较为明确的意指：

> 《春秋》分十二世为三等，有见，有闻，有传闻。有见三世，有闻四世，有传闻五世。故哀、定、昭，君子之所见也。襄、成、文、宣，君子之所闻也。僖、闵、庄、桓、隐，君子之所传闻也。所见六十一年，所闻八十五年，所传闻九十六年。于所见微其辞，于所闻痛其祸，于传闻杀其恩，与情俱也。是故逐季氏而言又雩，微其辞也。子赤杀，弗忍书日，痛其祸也。子般杀而书乙未，杀其恩也。屈伸之志，详略之文，皆应之。吾以其近近而远远，亲亲而疏疏也。有知其厚厚而薄薄，善善而恶恶也，有知其阳阳而阴阴，白白而黑黑也。①

意谓断代方式本身就表现了"亲亲疏疏"、"善善恶恶"的评价，所谓"于所见微其辞，于所闻痛其祸，于传闻杀其恩，与情俱也"，就是说不同时代的历史叙述蕴涵了孔子的感情所向。

不过，这种评价与感情的表达依然较为隐晦，尤其是与"王道"的联系还未清晰化。等到何休写作《春秋公羊传解诂》的时代，这一切就都明朗了：

> 于所传闻之世，见治起于衰乱之中，用心尚麤粗，故内其国而外诸夏，先详内而后治外，录大略小，内小恶书，外小恶不书；大国有大夫，小国略称人；内离会书，外离会不书是也。于所闻之世，见治升平，内诸夏而外夷狄，书外离会，小国有大夫。宣十一年秋，晋侯会狄于攒函，襄二十三年，邾娄劓我来奔是也。至所见之世，著治太平，夷狄进至于爵，天下远近小大若一，用心尤深而详，故崇仁义、讥二名，晋魏曼多、仲孙何忌是也。所以三世者，《礼》：为父母三

---

① 董仲舒：《春秋繁露·楚庄王》，见苏舆《春秋繁露义证》，中华书局 1992 年版，第9—11 页。

年，为祖父母期，为曾祖父母齐衰三月。立爱自亲始，故《春秋》据哀录隐，上治祖祢。所以二百四十二年者，取法十二公，天数备足，著治法式。①

《春秋》之所以记载 242 年的历史，是取法"天道"制定"王治""法式"，而将此长程历史断分为"三世"，则不仅合于"礼制"，而且表达了孔子的政治理想。

本田成之认为："所传闻之世为衰乱时代，仅以鲁国为中心，治然后及于其他诸侯；所闻时代是升平，即是'内诸夏而外夷狄'，因既已进于升平，所以撤废了鲁国与其他诸侯的小区别，以中国一体为内，治然后及于夷狄；而所见时代就是太平时代，把那区别中国夷狄的狭隘思想完全舍弃，而至于所谓'夷狄进至于爵'，连国境的区别也没有的人类平等的思想，是把全世界看作平等而治理的"②，这无疑是与《礼记·礼运》表达的"大同"类似的"大一统"的乌托邦。姑且不论这种历史哲学和政治哲学是否合乎历史真实与孔子本意，但何休认定《春秋》"始于隐而终于哀"的叙事结构寓含"王道"，确实可作为《公羊春秋》诠释学的典范，而其在文论上产生的影响则是"以意统文"的写作观。

"公羊学"还认为，《春秋》的"文辞"也统摄于"王道"。董仲舒指出："《春秋》慎辞，谨于名伦等物者也。是故小夷言伐而不得言战，大夷言战而不得言获，中国言获而不得言执，各有辞也。有小夷避大夷而不得言战，大夷避中国而不得言获，中国避天子而不得言执，名伦弗予，嫌于相臣之辞也。是故大小不踰等，贵贱如其伦，义之正也。"③ 司马迁也举证说：

> 吴楚之君自称王，而《春秋》贬之曰"子"；践土之会实召周天子，而《春秋》讳之曰"天王狩于河阳"，推此类以绳当世。贬损之

---

① 何休：《春秋公羊传解诂》，见阮元校勘《十三经注疏》，中华书局 1980 年版，第 2200 页。
② 本田成之：《中国经学史》，孙俍工译，上海书店出版社 2001 年版，第 125 页。
③ 董仲舒：《春秋繁露·精华》，见苏舆《春秋繁露义证》，中华书局 1992 年版，第 85 页。

义，后有王者举而开之。《春秋》之义行，则天下乱臣贼子惧焉。①

　　"谨于名伦等物"而使"乱臣贼子惧"，体现了孔子的"正名"思想，而这正是《春秋》"运辞"的旨趣所在，至有"一字褒贬"之称。"公羊学"家总结出若干"书—法"，其中多合《春秋》文意。例如，"贬"称"楚王"为"楚子"，意在"道名分"，实为"诸侯召周天子"，却记作"天王狩于河阳"，这是"为尊者讳"，这些解释确实符合《春秋》的文本结构。

　　但当"公羊学"家以之为《春秋》写作的通则，更相发明出所谓"名氏褒贬"、"日月褒贬"之说，则有凿空臆说的可能。所谓"名氏褒贬"，如《春秋》书曰："夏四月辛卯，尹氏卒"，《公羊传》解释说："尹氏者何？天子之大夫也。其称尹氏何？贬。曷为贬？讥世卿，世卿非礼也"。所谓"日月褒贬"，如《春秋》书曰："六月壬戌，公败宋师于菅。辛未，取郜。辛巳，取防"，《公羊传》解释说："取邑不日，此何以日？一月而再取也。何言乎一月而再取？甚之也。内大恶讳，此其言甚之何？《春秋》录内而略外，于外大恶书，小恶不书；于内大恶讳，小恶不讳"，何休《解诂》则说："明取邑为小恶，一月再取，小恶中甚者耳，故书也"②，意谓孔子是通过记"辛未辛巳"之"日"的"曲笔"方式，对隐公"一月再取邑"的行为表示不满。

　　对这些"书写""条例"，集"公羊学"大成的何休进行了概括，而多不合史实，这也最终导致其在与郑玄有关《春秋》"三传"的论战的失败。后来郑樵批评说："凡说《春秋》者，皆谓孔子寓褒贬于一字之间，以阴中时人，使人不可晓解。三《传》唱之于前，诸儒从之于后，尽推己意而诬以圣人之意，此之谓欺人之学"，"汉儒之说，以乱世无如《春秋》之深，灾异无如《春秋》之众者，是不考其实也"③，虽然有失于以偏概

---

　　① 司马迁：《史记·孔子世家》，中华书局1959年版，第1943页。
　　② 《春秋公羊传注疏·隐公十年》，见阮元校勘《十三经注疏》，中华书局1980年版，第2210页。
　　③ 郑樵：《通志·灾祥略序》，见王叔民点校《通志二十略》，中华书局1995年版，第1905、1906页。

全，却针砭入里地指出了"公羊学"释义穿凿附会之弊。不过，单就文论的基本原理而言，"公羊学"是一种极端的方式强调了"言辞"的构织应以"文旨"为统率，"作品"的"意义"决定于"作者"的"意图"，"思想"和"思想的表达"本质上是一回事，这是一种"意图主义"的作品论和创作论。

"公羊学"对孔子"为何"及"如何"写作《春秋》的考索，本意是阐发其政治哲学思想，但也同时对儒家文论话语建构施与影响，发展出关于"文"之发生与创作的原理。至于其将《春秋》视作传递"王道"、"拨乱反正"之"经"的诠释视野，则可发展出"尚用"的文论话语。但这"尚用"被赋予神圣性、严肃性，如孔子所说："我欲载之空言，不如见之于行事之深切著明也"①，其致用取向是解除"天下"忧患、实现"王道"理想的道义担当精神："贵除天下之患，故《春秋》重，而书天下之患徧失……天下者无患，然后性可善；性可善，然后清廉之化流；清廉之化流，然后王道举"，具体表现为"立义以明尊卑之分，强干弱枝以明大小之职，别嫌疑之行以明正世之义，采摭托意，以矫失礼。善无小而不举，恶无小而不去，以纯其美。别贤不肖以明其尊，亲近以来远，因其国而容天下，名伦等物不失其理。公心以是非，赏善诛恶而王泽洽，始于除患，正一而万物备"②。这是作为"文"之典范的《春秋》之"用"，"故有国者不可以不知《春秋》，前有谗而弗见，后有贼而不知。为人臣者不可以不知《春秋》，守经事而不知其宜，遭变事而不知其权。为人君父而不通于《春秋》之义者，必蒙首恶之名。为人臣子而不通于《春秋》之义者，必陷篡弑之诛，死罪之名"③，可见其"用"之大。

"公羊学"的"尚用"观的精神指向是"伦理"和"政治"，而在儒学视域中，"伦理秩序"与"政治秩序"一体化，因而《春秋》之"用"就同时能建立"人心"的秩序与社会的秩序。这种"尚用"观寄寓了儒生的政治、文化理想，同时也与新兴王朝在政治实践上的自我期许有重合

---

① 司马迁:《史记·太史公自序》，中华书局 1959 年版，第 3297 页。
② 董仲舒:《春秋繁露·盟会要》，见苏舆《春秋繁露义证》，中华书局 1992 年版，第 140—142 页。
③ 司马迁:《史记·太史公自序》，中华书局 1959 年版，第 3298 页。

之处，其前提是将《春秋》视作"政治宝典"。但如果要运用"经典文化"来整饬、引导现实的文化创制，《春秋》"尚用"就会合乎逻辑（经典叙事、圣人叙事）地转化为"文"的规范性要求。

例如，史传、汉赋的创作导向就明显地体现出其影响。司马相如、扬雄、班固等"赋家"都明确表示自己的创作目的是"有补时政"，即使被称为"滑稽之雄"的东方朔也在《非有先生论》中说："卑身贱体，说色微辞，愉愉呴呴，终无益于主上之治，则志士仁人不忍为也"①。至于司马迁的《史记》，更是明确以"《春秋》义法"为创作精神。他说："先人有言：'自周公卒五百岁而有孔子。孔子卒后至于今五百岁，有能绍明世，正《易传》，继《春秋》，本《诗》《书》《礼》《乐》之际？'意在斯乎！意在斯乎！小子何敢让焉"②，"继《春秋》"是其作《史记》的宏愿，而其方法与目的则是"网罗天下放失旧闻，考之行事，稽其成败兴坏之理，凡百三十篇，亦欲究天人之际，通古今之变，成一家之言"③，"厥协《六经》异传，整齐百家杂语，藏之名山，副在京师，俟后世圣人君子"④。这不仅是"公羊学"的"大一统"思想的体现，而且显然寓含了"为后世立法"的意思。

---

① 班固：《汉书·东方朔传》，中华书局 1962 年版，第 2870 页。
② 司马迁：《史记·太史公自序》，中华书局 1959 年版，第 3296 页。
③ 班固：《汉书·司马迁传》，中华书局 1962 年版，第 2735 页。
④ 司马迁：《史记·太史公自序》，中华书局 1959 年版，第 3319—3320 页。

第五章　古文经学文论话语建构:历史与信念

> 本立而道生，知天下之至啧而不可乱也。
>
> ——许慎《〈说文解字〉叙》

第一节　古文经学的崛起及其与今文经学的冲突

一

"古文"、"古文经"与"古文经学"是三个既有联系但又不能完全等同的概念。一般认为，"古文"是与汉代社会通行之标准书体"隶书"不同的字体类型，或以之为"籀书"（大篆），或称之为"古文"，而汉世已不能人人尽识。或如王国维所论，秦国用"籀书"，而六国用"古文"，"汉人以其用以书六艺，谓之古文"①。至于"古文经"，若从"写本"看，即为用"古文"书写的儒家"经典"；若从"学派"看，则是"古文经学"的诠释对象，二者存在语义交叉关系，却并非全然对等。

这首先是因为"凡诸经记，原本皆古文，后易而隶书，遂为今文耳"②，"今文经学"所依据的"经"、"传"文本，有一些确有其"古文祖本"。例如，伏生为躲避战乱而庋藏于墙壁夹层中的《尚书》，原本为

---

① 王国维：《观堂集林（外二种）》（上），河北教育出版社 2001 年版，第 186—187 页。
② 顾实：《汉书艺文志讲疏》，上海古籍出版社 1987 年版，第 44 页。

"古文"，但经以"隶书"传写，就成了《今文尚书》。而"古文经学"所凭借之"经"、"传"文本，也未必全用"古文"书写。例如，据师从孔安国的司马迁说："孔氏有古文《尚书》，而安国以今文读之，因以起其家"①，可知孔安国所传之《古文尚书》，也曾经过"今读"即"隶定"程序。更重要的原因则是，"古文经学是根据一部分古文经典而构造的学说体系，并不是一切古文经典都能成为古文经学的依据，而古文经典的出现与古文经学的兴起，更是性质不同而且时间也不同的两件事情"②。若此则"古文经"亦非"自明概念"，而需将其"语境化"，置于秦汉之际的社会变动与"经学历史"脉络中，才能获得较切近真实的理解。

一般来说，社会的剧烈动荡会刺激思想观念的创新，因为秩序失衡同时也打破了既有思想世界的平静，而所谓"思想"总是针对"家、国、天下"的大事情的所"思"所"想"，但以系统性为标志的"学术"的积累、推进和完善则需要相对和平安定的社会环境。儒家以"六艺专门之学"与"诸子百家之学"相区隔，其知识生产与思想阐发均以《诗》、《书》、《礼》、《易》、《春秋》的存在为前提和基础，这些"典"、"籍"不惟携带不易，而且"读"、"解"亦难，尤其需要有一个利于学术传承的稳定宽松的政治和文化环境。因此之故，自公元前 230 年秦始皇翦灭韩国，开始统一大业，一直到公元前 202 年项羽兵败自尽、汉朝建立，其间的社会动荡对儒家学派影响最为深重，不但人才缺失严重，若《书》、《礼》等"典籍"亦散失大半。一直到汉惠帝刘盈废除秦始皇"焚书"时颁行的"挟书律"，而文帝、景帝、武帝各朝又广开民间"献书"之路，以"经"、"传"、"说"、"记"等称名的儒家著述才大量出现。

这些著作以书写文字形态为准，可分为两类，一是以"今文"字体写就之"经籍"，一是以"古文"写就之"经籍"。前者又可分为两种情况：

1. "经籍"的"祖本"已无可考，那些被称为"经学先师"的儒者凭记忆、靠背诵，以授"生徒"，"经籍"文本凭师生的"口耳授受"得以承传，在适当的时机"书于竹帛"，形成了"定本"，例如《公羊传》、

---

① 司马迁：《史记·儒林列传》，中华书局 1959 年版，第 3125 页。
② 王葆玹：《今古文经学新论》，中国社会科学出版社 1997 年版，第 107 页。

《穀梁传》等"《春秋》传"即著于文帝、景帝时代；

2. 有确定可考的"古文祖本"，不过，既然"隶书"已经通行，则像伏生那样的"经师"为了教学上的方便，也就将"经籍"改写为"今文"。这些以"今文"字体写就的"经籍"在汉武帝时代已经定型，唯此在"官学"中设立的"五经""博士"才能以之为"教本"，并享有"国家法典"性质。

后者根据史料记载，主要有两个来源，一是"不知其所由来"的民间秘藏，一是如"孔壁"等所谓"山崖"、"屋壁"所藏。而收采古籍规模较大者有二：一是河间献王刘德所搜求的"古文先秦旧书，《周官》、《尚书》、《礼》、《礼记》、《孟子》、《老子》之属，皆经传说记，七十子之徒所论。其学举六艺，立《毛氏诗》、《左氏春秋》博士"；一是鲁恭王刘馀发掘孔子"宅壁"所得之"《古文尚书》及《礼记》、《论语》、《孝经》凡数十篇，皆古字也"。此外尚有：

1. 做过秦朝御史的北平侯张苍所献、写定于先秦的《春秋左氏传》，张苍并与贾谊、刘公子"修习之"，贾谊还为其做过"训故"[①]；

2. "出于鲁淹中及孔氏"之《礼古经》；

3. 文帝时得自魏文侯的"乐人"窦公所献之《周官·大宗伯·大司乐》；

4. 民间流传之《费氏易》："刘向以中《古文易经》校施、孟、梁丘经，或脱去'无咎'、'悔亡'，唯费氏经与古文同"[②]。

据此则"古文经书"有《周官》（《周礼》）、《礼》（《仪礼》）、《古文尚书》、《易》、《毛诗》，"古文传记"则有《春秋左氏传》、《礼记》、《论语》、《孝经》等，当中的一部分通过各种渠道被汇总、收藏于皇家图书馆，称为"中秘古文"，直到刘向、刘歆等人"陈发秘藏，校理旧文"[③]，才得以为学者所见。

这些"古文"典籍有"经"有"传"、"记"，似乎具备了"经学"

---

① 班固：《汉书·景十三王传》、《艺文志》、《儒林传》，中华书局 1962 年版，第 2410、1706、3620 页。

② 班固：《汉书·艺文志》，中华书局 1962 年版，第 1710、1712、1704 页。

③ 班固：《汉书·楚元王传》，中华书局 1962 年版，第 1969—1970 页。

之为"学"的形式条件，以"今文经学"为学问根柢的知识阶层对其也有知识和思想方面的兴趣，如贾谊就曾为《左传》"训故"，以传其孙贾嘉，贾嘉又传授给赵人贯公，因此而为河间献王刘德"博士"，至于"儒生官僚"在其"奏"、"疏"、"议"中引述《左传》之"义"的也并非罕见，但在刘歆"欲建立《左氏春秋》及《毛诗》、《逸礼》、《古文尚书》皆列于学官"① 之前，儒家学人并没有用"经传"的眼光看待这些书籍，更没有从"经学"的视野看待同样出自前辈儒者之手的文字释读和文本阐释。之所以会出现这种不合一般情理的现象，除了一些学者由于没有机会见到"中秘古文"（如《周礼》），因而无从置评以外，更重要的原因则是：

1. 这些"古文"典籍并没有形成具有内在思想脉络的系统，"经文"与所谓"传文"之间甚至还缺乏必要的对应性。典型如《左氏春秋》，不惟所记历史年限与《春秋》不相吻合，而且与《公羊传》、《榖梁传》相比，其形式也并不是用以解释《春秋》之"经"的"传"，故此今文经学家"谓《左氏》为不传《春秋》"。这种局面一直到刘歆才得以改变："初《左氏传》多古字古言，学者传训故而已，及歆治《左氏》，引传文以解经，转相发明，由是章句义理备焉"②；

2. 与这些"古文"典籍或者长期处于"民间"或者"臧于秘府"有关，其"师"、"弟"授受的情形没有明文记载，也就难以勾勒出一个清晰的"传经谱系"，而在注重"师法"、"家法"的"经学文化语境"中，这也就意味着无法确立其在儒家"学统"中的位置，反对古文经学的范升说"《费》、《左》二学，无有本师"③，其真实意图即在以此褫夺古文经学在儒家知识思想系统中的合法性；

3. "儒学意识形态"成型后，"经学"就已不单单是儒者的个人信仰所系，今文经学"更贴近现实，能更直接、更简捷地满足最高统治者的需要"④，因此不仅为刘汉王朝的"治统"合法性提供了强力支撑，同时也

---

① 班固：《汉书·楚元王传》，中华书局 1962 年版，第 1967 页。
② 同上书，第 1970、1967 页。
③ 范晔：《后汉书·郑范陈贾张列传》，中华书局 1965 年版，第 1228 页。
④ 张涛：《经学与汉代社会》，河北人民出版社 2001 年版，第 69 页。

为儒生提供了获取功名利禄之途，更通过国家意识形态的教化/规训机制成为支配性的社会文化意识，决定"何为经典"的"经典"意义生成机制，即成型于此"教化"机制和文化意识。

看来有必要区分两种含义的"古文经学"，一是指以"古文经典"为对象的"诠释学"，一是指以某些"经典"为知识、思想资源建立起来的"经学派别"。二者存在交叉关系，但不能等同混淆：就诠释对象而言，二者不尽相同，"经学派别"意义上的"古文经学"并不限于"古文经典"——即使"《毛诗》"本文亦羼杂"今"、"古"字，并非严格意义上的"古文经书"，而作为"诠释学"的"古文经学"，其释义对象的"经典性"，只有在"经学派别"确立之后才得到承认。例如，以《穀梁传》名家的刘向十分喜好《左传》，所谓"刘子政玩弄《左氏》，童仆妻子皆呻吟之"①，但当刘歆依据《左传》"数以难向，向不能非间也，然犹自持其《穀梁》义"②，表明在刘向的视野中，《穀梁传》具有《左传》无法替代的"经典性"；就建立时间而言，作为"诠释学"的"古文经学"早于作为"经学派别"的"古文经学"，前者为"七十子之徒所论"，至少可以追溯到西汉初、中期，后者则创立于西汉末期的刘歆之手，其贡献在于：

1. 不仅将《古文尚书》、《逸礼》、《左传》、《毛诗》合成整体，以"经书群"的形式出现，意在表明"古文经传"同样具有学问上的贯通性和系统性，而且将"《左氏春秋》"命名为"《春秋左氏传》"，将其与《春秋》"经文"相配合，赋予其"传文"性质，以及"章句"这一"当代"学术话语形式，无论这种配合是否属于"附会"、"裁割"，是否切合历史本相，但在"经学文化语境"中却是提高《左传》乃至"古文经学"地位的有效方式；

2. 论证"古文经学"不但亦有其源流统绪，其在儒家"学统"中的地位甚至高于"今文经学"，例如认为《左氏春秋》为左丘明所作，起因于孔子"制作《春秋》，以纪帝王之道"③，"有所褒讳贬损，不可书见，

---

① 王充：《论衡·案书篇》，上海人民出版社 1974 年版，第 437 页。
② 班固：《汉书·楚元王传》，中华书局 1962 年版，第 1967 页。
③ 刘歆：《移让太常博士书》，见班固《汉书·楚元王传》，中华书局 1962 年版，第 1968 页。

口授弟子，弟子退而异言。丘明恐弟子各安其意，以失其真，故论本事而作传，明夫子不以空言说经也……及末世口说流行，故有《公羊》、《穀梁》、《邹》、《夹》之《传》"①，又说"左丘明好恶与圣人同，亲见夫子，而《公羊》、《穀梁》在七十子后，传闻之与亲见之，其详略不同"②，故此《左氏传》对《春秋》"经义"的解释更为真实详细；

3. 批评作为"意识形态话语"的"今文经学"存在根本缺陷，不但"经或脱简，传或间编"，而且"缀学之士不思废绝之阙，苟因陋就寡，分文析字，烦言碎辞，学者罢老且不能究其一艺。信口说而背传记，是末师而非往古，至于国家将有大事，若立辟雍封禅巡狩之仪，则幽冥而莫知其原。犹欲保残守缺，挟恐见破之私意，而无从善服义之公心"，而"古文经传"正可弥补"今文经传"的缺漏，"古文经学"正可纠正"今文经学"的错讹，此"皆先帝所亲论，今上所考视，其古文旧书，皆有征验，外内相应"③。

这三个贡献无疑是对"古文经传"的"意义重组"——由此形成了新的"经典系统"，也是对"古文经学"的"文化重构"——由此形成了新的"解释系统"，而刘歆的《移让太常博士书》不但正式树立起"古文经学"的旗帜，标志着作为"学派"/"思潮"的"古文经学"由此成型，而且也正式揭开了今、古文经学论争的序幕。

二

问题是：既然像《周官》一类"古文经传"在汉武帝时代已然面世，何以不能像"今文经传"一样用来"经世致用"，反而被藏于"秘府"、束之高阁？既然作为"诠释学"的"古文经学"早已存在，何以迟至西汉末年才由刘歆首倡之？既然如刘歆所说："往者博士《书》有欧阳，《春秋》公羊，《易》则施、孟，然孝宣皇帝犹复广立《穀梁春秋》，《梁

---

① 班固：《汉书·艺文志》，中华书局 1962 年版，第 1715 页。
② 班固：《汉书·楚元王传》，中华书局 1962 年版，第 1967 页。
③ 刘歆：《移让太常博士书》，见班固《汉书·楚元王传》，中华书局 1962 年版，第 1970、1971 页。

丘易》,《大小夏侯尚书》,义虽相反,犹并置之"①,则何以"今文""博士"不能在"官学"中容纳"古文经传"的存在?

这绝非只是因为"古文"难识难解,故须假以时日,并因此限制了古文经学应对"时势"的能力,而是也像今文经学的兴起一样涉及"皇权政治",同样与汉武帝有关,而这桩经学史"公案"的主角则是汉景帝之子、河间献王刘德。

班固称刘德"修学好古,实事求是。从民得善书,必为好写与之,留其真,加金帛赐以招之……故得书多,与汉朝等……其学举六艺,立《毛氏诗》、《左氏春秋》博士。修礼乐,被服儒术,造次必于儒者。山东诸儒多从而游","夫唯大雅,卓尔不群,河间献王近之矣"②。"河间王国"不仅是汉代初年重要的图书汇集地,也是儒家经学教育和研究中心,尤多"古文经传",并创设了"古文经学""博士",而颇具儒者情怀的刘德亦俨然成了经学的"保护人"、"赞助人",以其"藩王"的身份与权力,为经学的传承发展提供了必要的物质基础和制度空间。

这无疑令那些以传承"华夏礼制"为己任的儒生激动不已,文人学士云集景从亦在情理之中。但他们绝不会想到,这样一件似乎是为刘汉帝国的"文教"事业增光添彩的文化盛事,会招致汉武帝的疑忌:

> 河间献王经术通明,积德累行,天下雄俊、众儒皆归之。孝武帝时,献王来朝。被服造次必于仁义。问以五策,献王辄对无穷。孝武帝艴然难之,谓献王曰:"汤以七十里,文王以百里,王其勉之。"王知其意,归即纵酒听乐,因以终。③

蒙文通于此论道:"献王诚以干武帝之忌而死,宜献王之所学亦朝廷之所黜、河间之儒亦朝廷之所摈也。河间献《周官》,武帝则以为末世渎

---

① 刘歆:《移让太常博士书》,见班固《汉书·楚元王传》,中华书局1962年版,第1971页。
② 班固:《汉书·景十三王传》,中华书局1962年版,第2410、2436页。
③ 司马迁:《史记·五宗世家》集解引《汉名臣奏》杜业奏,中华书局1959年版,第2094页。

乱不验之书，河间献《左氏》，而先帝不以为经"①。

　　"武帝之忌"可能包括两方面内容：一是"河间王国"俨然成了"文化中心"，其在文化上的成就堪与作为"政治中心"的中央朝廷相媲美，这种两个"中心"的格局显然不是"大一统帝国"的题中应有之义，因而是一个"文化政治"事件；二是刘德俨然具有"圣王"的精神气质和强大的社会感召力，而且这种感召力来自其儒学修养，藉"大居正义"稳固其皇位继承权的刘彻无疑对此相当敏感，因而尽管刘德绝无觊觎皇位之野心，其真心倾慕者乃"文化儒学"，而非"政治儒学"，但在诸侯王国分裂因素尚存的政治背景中，亦百口难辩其间差异，只有放纵嗜欲以示并无威胁而已。

　　然而即使刘德如此自抑颓隳，既然"古文经传"、"古文经学"与其关系如此密切，几成其"文化象征符码"，汉武帝也绝无可能将其立于"王官"——以"《春秋》公羊学"为领袖的"今文经学"才是最合乎"文化政治"需要的选择，而要为"天下"、"四方"设立仪轨的中央朝廷又怎么可能屈尊效仿"藩国"侯王的做法？

　　若此则"古文经学"的命运起始就与"政治"纠缠在一起，而"政治"就必然涉及权力/权利的分配和控制，这甚至可以说是"政治"的基本问题。真正令汉武帝感到不安的是作为诸侯王的刘德对其"一人专制"、不可共享的政治/文化权力的潜在威胁，"古文经传"、"古文经学"则是这种潜在威胁的外在表征，而当刘歆试图为《左传》等"古文经传"在"学官"中争取一席之地时，尽管他无意颠覆今文经学的地位，而是要以古文经学补苴罅漏，"今文经传"的"博士"和出身"今文经学"的朝廷要臣也同样感到了这种威胁。"哀帝令歆与'五经'博士讲论其义，诸博士或不肯置对"，而在其"移书"批评后，"诸儒皆怨恨。是时名儒光禄大夫龚胜以歆移书上疏深自罪责，愿乞骸骨罢。及儒者师丹为大司空，亦大怒，奏歆改乱旧章，非毁先帝所立。上曰：'歆欲广道术，亦何以为非毁哉？'歆由是忤执政大臣，为众儒所讪，惧诛，求出补吏"②，汉哀帝刘

----

① 蒙文通：《经学抉原》，见其《经史抉原》，巴蜀书社 1995 年版，第 69 页。
② 班固：《汉书·楚元王传》，中华书局 1962 年版，第 1972 页。

欣的偏袒使刘歆得免于难，但这场几乎没有涉及学理问题的今、古文经学之"首争"也就此作罢。

今、古文经学的第二次论争发生在东汉光武帝建武年间（公元28—55年），尚书令韩歆奏请将《费氏易》、《左传》立于"学官"，引发激烈争论，余波延及汉明帝、汉章帝时期。《费氏易》争议无多，而重心在《左传》是否当立"博士"。建武四年（公元28年）正月，光武帝刘秀"朝公卿、大夫、博士，见于云台"，以《梁丘易》名家的今文经学"博士"范升认为"《左氏》不祖孔子，而出于丘明，师徒相传，又无其人，且非先帝所存，无因得立"，遂与韩歆、许淑等人互相辩难，"日中乃罢"，各持己见。退朝之后，范升又"上疏"申论，其要点有三：

1. 强调如增立"博士"，会引发作为"官学"的"经学"既有格局的混乱，而《左传》之争立"博士"亦是引发混乱之一端："近有司请置《京氏易》博士，群下执事，莫能据正。《京氏》即立，《费氏》怨望，《左氏春秋》复以比类，亦希置立。《京》、《费》已行，次复《高氏》，《春秋》之家，又有《驺》、《夹》。如令《左氏》、《费氏》得置博士，《高氏》、《驺》、《夹》，'五经'奇异，并复求立，各有所执，乖戾分争。从之则失道，不从则失人，将恐陛下必有厌倦之听"，其中《京氏易》、《高氏易》虽并属今文经学，但也在其反对之列；

2. 认为《左传》本身亦不具备进入"学官"、设立"博士"的资格，因为无论是从"学统"还是"义理"看，《左传》之为《春秋》"传"都颇多疑点："《费》、《左》二学，无有本师，而多反异"，因"'五经'之本自孔子始，谨奏《左氏》之失凡十四事"，在范升眼中，这"十四事"显然是有悖于孔子"教旨"的；并且，在其申论后，"难者以太史公多引《左氏》，升又上太史公违戾'五经'，谬孔子言，及《左氏春秋》不可录三十一事"，连司马迁也一并批评，其批判逻辑是：既然司马迁本人都悖谬"五经"、孔子，则其称引《左传》又何足为据？

3. 谆谆教诲光武帝遵循先帝"故事"，因为对于《费氏易》和《左传》的"无有本师，而多反异"，"先帝前世，有疑于此"，"愿陛下疑先帝之所疑，信先帝之所信，以示反本，明不专己"，这可为刘秀承接西汉

"法统"争取人心、舆论的支持；并且，从政治实践的优先性而言，增立"博士"也有不切实际之嫌，"今陛下草创天下，纪纲未定，虽设学官，无有弟子，《诗》《书》不讲，礼乐不修，奏立《左》、《费》，非政急务"，而"天下之事所以异者，以不一本也"①。

针对范升对《左传》的批评，以为"《左氏》浅末，不宜立"，陈元也"诣阙上疏"，与其针锋相对。陈元之父陈钦"习《左氏春秋》"，"与刘歆同时而别自名家"，陈元"少传父业，为之训诂"，"与桓谭、杜林、郑兴俱为学者所宗"。其上疏要点有四：

1. 强调对于《左传》在儒家"学统"中的合法性，光武帝刘秀其实早有"圣虑裁断"："知丘明至贤，亲受孔子，而《公羊》、《穀梁》传闻于后世，故诏立《左氏》，博询可否，示不专己，尽之群下也"，而"今论者沈溺所习，玩守旧闻，固执虚言传受之辞，以非亲见事实之道。《左氏》孤学少兴，遂为异家之所覆冒"，"其为雷同者所排，固其宜也。非陛下至明，孰能察之"，这不啻于责难范升未免有负"圣望"，而其对《左传》的批评亦难服"圣心"；

2. 认为范升对《左传》和司马迁的批评根本不能成立："所议奏《左氏春秋》不可立，及太史公违戾凡四十五事"，"案升等所言，前后相违，皆断截小文，媟黩微辞，以年数小差，掇为巨谬，遗脱纤微，指为大尤，抉瑕摘釁，掩其弘美，所谓'小辩破言，小言破道'者也"；

3. 认为范升"先帝不以《左氏》为经，故不置博士，后主所宜因袭"的主张也不能成立，刘秀不必理睬，因为"若先帝所行而后主必行者，则盘庚不当迁于殷，周公不当营洛邑，陛下不当都山东也。往者，孝武皇帝好《公羊》，卫太子好《穀梁》，有诏诏太子受《公羊》，不得受《穀梁》。孝宣皇帝在人间时，闻卫太子好《穀梁》，于是独学之。及即位，为石渠论而《穀梁氏》兴，至今与《公羊》并存。此先帝后帝各有所立，不必相因也"；

4. 认为设置《左传》"博士"实有重要的"文化政治"意义，"方今干戈少弭，戎事略戢，留思圣艺，眷顾儒雅，采孔子拜下之义，卒渊圣独

---

① 范晔：《后汉书·郑范陈贾张列传》，中华书局 1965 年版，第 1228—1229 页。

见之旨，分明白黑，建立《左氏》，解释先圣之积结，洮汰学者之累惑，使基业垂于万世，后进无复狐疑，则天下幸甚"。

陈元上疏后，"范升复与元相辩难，凡十余上。帝卒立《左氏》学，太常选博士四人，元为第一。帝以元新忿争，乃用其次司隶从事李封，于是诸儒以《左氏》之立，议论讙譁，自公卿以下，数廷争之。会封病卒，《左氏》复废"①。

这次论战以光武帝刘秀支持的古文经学获胜而告结束，尽管《左传》"博士"设置的时间十分短暂。值得分析的是，尽管论战双方都清楚"裁判权"和"决定权"均掌握在皇帝手中，故此都不遗余力地争取皇帝的支持，将"经学"问题与"皇权政治"问题合并讨论，为此还都将"先帝"对"古文经传"的态度作为历史和心理依据，而陈元对"《左传》"的辩护也并未超出刘歆的思路与言路，但双方毕竟已在"学理"层面展开正面交锋，而且是十余次相互辩难。其间具体情形虽无文献可征，但可想象必定涉及大量经学问题，其焦点当是"《左传》是否更能传达孔子之道"，也表明今文经学家同样娴熟"古文经传"。

不过，这仍然不是纯粹的学术之争，范升所说"天下之事所以异者，以不一本"就透露了其真实心意，既然反对增立"博士"，也就意味着以"学官"既有"今文经传"为"本"，意味着维持既定格局不变。这格局既是"学术"的，也同时是"政治"的，与权力/利益有内在关联。这也正是今文经学"博士"、官僚议论喧哗、"廷争"不断的原因所在，由此造成的巨大压力使刘秀也不能不权衡利弊，先是考虑今文经学"博士"、官僚的感受，不用"太常"举荐的"第一"陈元为"博士"，继而在李封病死后不再增立"博士"，今文经学在国家文教制度中的独霸地位一如其旧，这也说明了今、古文经学之争的政治意味。

第三次论争发生在汉章帝时，有关于《左传》与《公羊传》的"短长""优劣"，可谓第二次论争的延续。不过，这次论争的发起者实是汉章帝刘炟，而承担者是贾逵、李育。刘炟"特好《古文尚书》、《左氏传》。建初元年，诏逵入讲北宫白虎观、南宫云台。帝善逵说，使发出

---

① 范晔：《后汉书·郑范陈贾张列传》，中华书局 1965 年版，第 1229—1233 页。

《左氏传》大义长于二传者。遂于是具条奏之"，其要点有三：

1.《左传》与《公羊传》相比有同有异，"摘出《左氏》三十事尤著明者，斯皆君臣之正义，父子之纪纲。其余同《公羊》者什有七八，或文简小异，无害大体。至如祭仲、纪季、伍子胥、叔术之属，《左氏》义深于君父，《公羊》多任于权变"，若此则《左传》不但与《公羊传》同传儒家"道统"，更有"义长"之处，在"学官"中应有一席之地；

2.《左传》有益于"皇权政治"和王朝秩序的稳固，应循由"先帝""损益"、"博观"的"故事"兴立《左传》，因为"凡所以存先王之道者，要在安上理民也。今《左氏》崇君父，卑臣子，强干弱枝，劝善戒恶，至明至切，至直至顺。且三代异物，损益随时，故先帝博观异家，各有所采。《易》有施、孟，复立梁丘，《尚书》欧阳，复有大小夏侯，今三传之异亦犹是也"；

3.《左传》可与被称为"内学"的"图谶"互证，尤能论证刘汉皇帝在古今帝王系谱中的"统系"、"源流"："'五经'家皆无以证图谶明刘氏为尧后者，而《左氏》独有明文。'五经'家皆言颛顼代黄帝，而尧不得为火德。《左氏》以为少昊代黄帝，即图谶所谓帝宣也。如令尧不得为火，则汉不得为赤。其所发明，补益实多。"

这些解释不但使《左传》拥有了清晰的"治统意识形态"语义，更符合信重"图谶"的汉章帝的心理需要，故贾逵虽难免"附会文致"之讥刺，却也为《左传》争取到了机会："书奏，帝嘉之，赐布五百匹，衣一袭，令逵自选《公羊》严、颜诸生高才者二十人，教以《左氏》，与简纸经传各一通。"不仅如此，"逵数为帝言《古文尚书》与经传《尔雅》诂训相应，诏令撰欧阳、大小夏侯《尚书》《古文》同异。逵集为三卷，帝善之。复令撰齐、鲁、韩《诗》与《毛氏》异同。并作《周官解故》"①。贾逵向今文经学发起的挑战未遇抵抗，除却汉章帝刘炟的授意和支持，可能与今文经学满足于"分文析字"的"章句"之学、缺乏思想创新有关，亦因其牵合"图谶"的释义策略切合刘汉"治统"正当性论证的政治需求，而对"图谶"的权威性、神圣性，今文经学中人亦须臣

---

① 范晔：《后汉书·郑范陈贾张列传》，中华书局 1965 年版，第 1236—1239 页。

服,故此对贾逵的辩护亦难以作答。这又一次体现了"政治权力"与"话语权力"的互动。

至于"少习《公羊春秋》"的李育的辩难,其初并非针对贾逵,而是因其"颇涉猎古学。尝读《左氏传》,虽乐文采,然谓不得圣人深意,以为前世陈元、范升之徒更相非折,而多引图谶,不据理体,于是作《难左氏义》四十一事"。汉章帝建初元年"拜博士。四年,诏与诸儒论'五经'于白虎观,育以《公羊》义难贾逵,往返皆有理证,最为通儒"[1]。李、贾二人辩难的具体情形亦无可考,但至少表明学理上的论争渐成今、古文经学之争的"常态化"模式,而且开始出现兼通今、古文经学的"通儒",这预示了今、古文经学融合的远景。

最终结果是,汉章帝建初八年(公元83年),"诏诸儒各选高才生,受《左氏》、《穀梁春秋》、《古文尚书》、《毛诗》,由是四经遂行于世。皆拜逵所选弟子及门生为千乘王国郎,朝夕受业黄门署,学者皆欣欣羡慕焉"[2]。《左传》虽未立于"学官",但"古文经传"却得到较以往都高的地位,既然受学"古文经传"的儒生亦可出仕任官,则是否立于"学官"已经无关紧要,而从章帝所说:"'五经'剖判,去圣弥远,章句遗辞,乖疑难正,恐先师微言将遂废绝,非所以重稽古,求道真也。其令群儒选高才生,受学《左氏》、《穀梁春秋》、《古文尚书》、《毛诗》,以扶微学,广异义焉"[3],亦可窥见今文经学已渐衰颓的消息。

这种衰颓的趋势竟无改变,迄于桓灵之际,何休有感于"公羊学"的危机,"乃作《春秋公羊解诂》,覃思不窥门,十有七年","又以《春秋》驳汉事六百余条,妙得《公羊》本意","与其师博士羊弼,追述李育意以难二传,作《公羊墨守》、《左氏膏肓》、《穀梁废疾》",由此引发了第四次今、古文经学之争。

与何休论战的是服虔和郑玄。服虔"作《春秋左氏传解》","以《左传》驳何休之所驳汉事六十条"[4],又作《左氏膏肓释痾》,批评何休的

---

① 范晔:《后汉书·儒林列传》,中华书局1965年版,第2582页。
② 范晔:《后汉书·郑范陈贾张列传》,中华书局1965年版,第1239页。
③ 班固:《汉书·肃宗孝章帝纪》,中华书局1962年版,第145页。
④ 范晔:《后汉书·儒林列传》,中华书局1965年版,第2583页。

《左氏膏肓》。"但念述先圣之元意，思整百家之不齐"的郑玄更与何休针锋相对，"发《墨守》，鍼《膏肓》，起《废疾》。休见而叹曰：'康成入吾室，操吾矛，以伐我乎！'初，中兴之后，范升、陈元、李育、贾逵之徒争论古今学，从马融答北地太守刘瓌及玄答何休，义据通深，由是古学遂明"①，其中值得注意的是：

1. 相比以往，这次论争是较为纯粹的学术之争，尽管何休作《春秋公羊传解诂》的动机在于通过强调"大一统"、"一法度"等《春秋》"大义"，欲图针对宦官集团把持朝政的政治困局"拨乱反正"，其强调《公羊》义理深远，不可驳难，如墨翟之守城，批评《左传》病入膏肓，《穀梁》废如残疾，亦有尊崇《公羊》政治功用的深意，但服虔、郑玄与何休的论争本身却是在学术平台上开展的，没有政治权力的介入，亦与"学官"了不相干，且非意气用事，而是诉诸"经"之"义理"和事实，对于今、古文经学而言都具有总结的性质；

2. 何休之批评《左传》，服虔特别是郑玄为《左传》的辩护、对《公羊春秋》的批评，都表明经学发展至东汉中期，今、古文经学的相互了解已十分深入，活跃于民间的古文经学家熟稔作为意识形态支柱的"今文经传"固不必说，问题在于今文经学家对"古文经传"的了解，这既是因为古文经学的势力日益壮大，今文经学家不能再像其前辈一样采取"不肯置对"的做法，而必须正面回应其挑战，也是在今、古文经学之争淡化政治色彩、回归学术立场后的必然选择；

3. 论争的结果是"义据通深"的古文经学由此昌明，但就实质看，真正胜出的乃是混合今、古文经学的"郑学"，何休慨叹郑玄"入吾室，操吾矛，以伐我"即有此意。此为经学发展大势所趋，即使集"公羊学"之大成的何休亦不能挽狂澜于既倒，所谓"守文之徒，滞固所禀，异端纷纭，互相诡激，遂令经有数家，家有数说，章句多者或乃百余万言，学徒劳而少功，后生疑而莫正。郑玄括囊大典，网罗众家，删裁繁诬，刊改漏失，自是学者略知所归"②。

---

① 范晔：《后汉书·张曹郑列传》，中华书局 1965 年版，第 1207—1208 页。
② 同上书，第 1212—1213 页。

　　见诸史籍的今、古文经学之争即如上述,第三、第四次争论显然较为零碎,但其意义并不稍弱,若综合起来,可以发现:

　　　今古文家相攻击,始于《左氏》《公羊》,而今古文家相攻若仇,亦惟《左氏》《公羊》为甚。四家《易》之于《费氏易》,三家《尚书》之于《古文尚书》,三家《诗》之于《毛诗》,虽不并行,未闻其相攻击。惟刘歆请立《左氏》,则博士以左丘明不传《春秋》抵之;韩歆请立《左氏》,则范升以《左氏》不祖孔子抵之……各经皆有今古文之分,未有相攻若此之甚者。①

　　这是因为《春秋》在"五经"中拥有最强的"思想法权"性质,诸如"大一统"、"大复仇"等《公羊春秋》"大义",直接为汉帝国意识形态的建构提供了基石,并为旨在整合社会、凝聚"人心"的意识形态话语实践提供持续解释,若此则对《春秋》解释权的争夺亦即对帝国意识形态解释权的争夺,这既是一个"文化政治"问题,亦有关于功名利禄的切身利益。

　　与此相关,"凡学有用则盛,无用则衰。存大体,玩经文,则有用;碎义逃难,便辞巧说,则无用。有用则为人崇尚,而学盛;无用则为人诟病,而学衰。"②拘守"师法"、"家法"的今文经学末流不但在应对"时事政治"问题上乏力,而其繁琐"章句"在解释"意识形态话语"方面亦令人生厌,两相结合,不但难以餍足皇帝的需要,亦令志存高远的儒者失望,汉章帝之所以授意和支持贾逵全面挑战今文经学,其意在此。但这并不意味着今文经学一无长处,无论在传承儒家的政治理想还是在帝国意识形态建构方面,今文经学自有古文经学难以替代的位置和功能,这也就是汉哀帝诸帝要在今、古文经学之间寻求平衡的原因所在,也是今、古文经学最终走向融合的原因所在。

---

　　① 皮锡瑞:《经学通论·春秋·论公羊左氏相攻最甚何郑二家分左右祖皆未尽得二传之旨》,中华书局1954年版,第51页。

　　② 皮锡瑞:《经学历史》,中华书局1959年版,第134页。

三

今、古文经学"非惟文字不同，而说解亦异"，如"许慎《五经异义》有《古尚书》说，《今尚书》夏侯、欧阳说；《古毛诗》说，《今诗》韩、鲁说；《古周礼》说，《今礼》戴说；《古春秋》左氏说，《今春秋》公羊说；《古孝经》说，《今孝经》说"①，具体说来，"不仅在于所书写的字，而且字句有不同，篇章有不同，书籍有不同，书籍中的意义有大不同；因之，学统不同，宗派不同，对于古代制度以及人物批评各各不同；而且对于经书的中心人物，孔子，各具完全不同的观念"②，并且"今学守家法，古学尚兼通……今学务趋时，古学贵守真"③，则需追问古文经学何以形成其思想风格与学术类型？

第一方面的原因是儒家内部的不同思想倾向和学术传统。刘师培认为：

> 两汉之时经学有今古文之分，今文多属齐学，古文多属鲁学。今文家言多以经书饰吏治，又详于礼制，喜言灾异五行；古文家言详于训诂，穷声音文字之原，各有偏长，不可诬也。④

进而言之，"齐学"、"鲁学"也各有其所从来，如蒙文通认为"《穀梁》鲁学，言礼则与孟子符同，正以孟子为鲁学之嫡派也"⑤，但王葆玹则认为孟子是"齐学"的始祖，"鲁学"的源头则有二：一是鲁地固有的礼学及孔氏家学，二是荀子。"鲁学"以"礼学"为主，而齐学以"《春秋》学"为主⑥。相较而言，"齐学"之恢弘驳杂确实有类于孟子的理想主义与浪漫气质，而"鲁学"之谨笃亦与荀子的思想气质吻合，或可如冯友兰所论："孟子乃软心的哲学家，其哲学有唯心论的倾向；荀子为硬心

---

① 皮锡瑞：《经学历史》，中华书局 1959 年版，第 87—88 页。
② 周予同：《周予同经学史论著选集》，上海人民出版社 1996 年版，第 2 页。
③ 钱穆：《两汉经学今古文平议》，商务印书馆 2001 年版，第 247 页。
④ 刘师培：《经学教科书·序例》，见李妙根编《刘师培论学论政》，复旦大学出版社 1990 年版，第 97 页。
⑤ 蒙文通：《经学抉原》，见其《经史抉原》，巴蜀书社 1995 年版，第 86 页。
⑥ 王葆玹：《今古文经学新论》，中国社会科学出版社 1997 年版，第 81—95 页。

的哲学家，其哲学有唯物论的倾向"①。

　　孟、荀的思想风格影响了儒学中的"齐学"、"鲁学"，而"尽管两家所传都是今文经，但就它们的治学特点和风格而言，齐学容易演变为今文学派，鲁学则容易演变为古文学派，而且鲁学的某些经籍，也与古文存在着某种关联。如《穀梁传》，史籍中往往与古文经传并提，甚至与古文一样在汉代的大部分时间处于在野地位"，如尹更始、刘向等学者，都兼习《左传》和《穀梁传》，就颇能说明二者的亲密关系；而且，"《穀梁传》中确实有不少与古文经传相同或相似的文字。所以，从一定意义上讲，今古文之争实际上源于齐学与鲁学之争"②。例如，"申公独以《诗经》为训故以教，亡传，疑者则阙弗传"，"而齐辕固、燕韩生皆为之传。或取《春秋》，采杂说，咸非其本义。与不得已，鲁最为近之"③，"疑者则阙弗传"与"采杂说，咸非其本义"云云，表明《鲁诗》谨笃与《齐诗》、《韩诗》驳杂的风格。从儒家思想的内在视野追踪溯源，古文经学"贵守真"的思想风格来自"荀子—鲁学"的学术系统。

　　第二方面的原因是"古文经传"自身。既然任何"解释"的方向和性质都不仅取决于"语境"和"解释主体"，亦深受"解释对象"的制约，则"古文经传"是以"古文"书写的"经传"这一性质，决定了古文经学必得从"文字训诂"入手，考证"典章"、"文物"，清理历史事实，而此解释实践又不免受到今、古文经学之争的压力和牵引：

　　1. 汉代的通行文字是"隶书"，而"隶书"行之既久，则"古文"渐不可识，典型如"《泰誓》后得，博士集而读之"，因此当"古文经传"问世，首要和基础的工作便是考订、疏通文字，要考订、疏通文字就必得借助文字学的知识和技术，这就造成"两汉古文学家多小学家"的现象，而"原古学家之所以兼小学家者，当缘所传经本多用古文，其解经须得小学之助，其异字亦足供小学之资，故小学家多出其中"④。考订文字，必得取谨严的态度，追根溯源，以求准确的字义，所以"古文家言详于训

　　①　冯友兰：《中国哲学史》上册，华东师范大学出版社 2000 年版，第 214 页。
　　②　张涛：《经学与汉代社会》，河北人民出版社 2001 年版，第 68 页。
　　③　班固：《汉书·儒林传》、《艺文志》，中华书局 1962 年版，第 3608、1708 页。
　　④　王国维：《观堂集林（外二种）》（上），河北教育出版社 2001 年版，第 202 页。

诂，穷声音、文字之原"。相较而言，"今文经传"因为采用人人皆识的"隶书"，故其"经学释义"可由文字直接导向思想的想象腾挪。若此则"穷声音、文字之原"既是古文经学之所"长"（学术），亦是其所"短"（思想），因此颇受今文经学家的讥嘲，他们将"古文经学"与"小学"等同，以之贬低古文经学的学术与政治地位。

但在古文经学家眼里，事情并不是这样简单，如被时人赞誉为"'五经'无双"[①] 的许慎就认为：

> 文字者，经艺之本，王政之始。前人所以垂后，后人所以识古。故曰本立而道生，知天下之至啧而不可乱也。[②]

这是说，"小学"不仅是教人识字的技术，更是探求"'五经'之道"的基础：假如连"经书"的准确意指都搞不清楚，又何谈体悟"圣人"的真实心意？在"学术"之外，"好古文字"的张敞则以实践证明了不通"古文"会在国家"政教制度"安排上导致怎样严重的问题：汉宣帝时，"美阳得鼎，献之。下有司议，多以为宜荐见宗庙"，而张敞独以为"不宜"，原因是出鼎之地不是周朝旧居之地，而鼎文也明示其为"周之所以褒赐大臣，大臣子孙刻铭其先功"之物，故不宜将其供奉于汉帝宗庙。[③]

2. 在"古文经传"中，《周礼》和《左传》引起的争议最多，因其记载的"典章制度"与"春秋史实"多与"今文经学"诸说有异。例如，《周礼》所记"官制"是：太师、太傅、太保"三公"，冢宰、司徒、宗伯、司马、司寇、司空"六卿"，以及"六卿"之属大夫、士、庶人在官者凡万二千，而今文《王制》所记"官制"却是：司徒、司马、司空"三公"，以及九卿、二十七大夫、八十一元士，凡百二十。《左传》所记"春秋史实"是：《经》文记至鲁哀公十六年孔子逝世，较《春秋》本经多二年；其《传》文则纪事至悼公四年，较《春秋》本经则多出十七年。

---

① 范晔：《后汉书·儒林列传》，中华书局 1965 年版，第 2588 页。

② 许慎：《〈说文解字〉叙》，见严可均辑《全上古三代秦汉三国六朝文》（一），中华书局 1958 年版，第 741 页。

③ 班固：《汉书·郊祀志》，中华书局 1962 年版，第 1251 页。

而《公羊》、《穀梁》所记，却是上起鲁隐公元年，下至鲁哀公十四年。

这种不同在今、古文经学具有非同寻常的意义，因为"《礼》学"与"《春秋》学"皆相关于国家"政教制度"设计、"意识形态"论证的思想与法理资源。所以今文经学家判定《周礼》乃是"末世渎乱不验之书"、"六国阴谋之书"，而刘歆则以之为"周公致太平之迹，迹具在斯"①；今文经学家判定《左传》"不传《春秋》"，而刘歆则以为"左丘明好恶与圣人同，亲见夫子，而《公羊》、《穀梁》在七十子后，传闻之与亲见之，其详略不同"，意在表明"古文经传"同样具备"经典"的合法性：《左传》所记不仅最为翔实，而且深体孔子心意；孔子追迹周公制作的周代"礼乐文化"，而《周礼》正是周公的创作。

这就导出古文经学"经典释义"的两条进路，即"阐发义理"与"考证史实"。面对已然在国家"文教"制度中占据要津的今文经学的责难，古文经学如欲与之分享意识形态的解释权，便不能不在"文字训诂"的基础上，对"名物"、"典章"与历史事实详加考证与清理，以提供坚实的学理根据，证明"古文经传"所记载的"典章"、"制度"、"史实"，同样承载着圣人"道统"、"帝王之道"。另外，从"经典释义"的指向来说，古文经学欲图在国家意识形态领域谋一席之地，便不能不以"皇权政治"为思考前提，这就使其义理阐发不可能越出今文经学已经圈定的范围，甚至还要从今文经学那里广为借鉴，古文经学家多通"今文经传"亦与此相关。

第三方面的原因来自于"学统"与"政统"的紧张关系，而与两汉学风的转变密切相关：

1. 今文经学的"体制化"使其在社会意识领域成为强势话语，但当一切都有了固定答案，思想的定型与僵化也就在所难免，"知识生产"遂成为追逐名利地位的手段。今文经学内部的种种纷争也因此不再具有思想论争的性质，而是通过曲为新解，争取在"学官"中获得一席之地。于是今文经学末流竟逐浮华之辞，一意标新立异，"支叶番滋，一经说至百余

---

① 贾公彦《序〈周礼〉废兴》所载林存孝、何休、刘歆的观点，见阮元校勘《十三经注疏》，中华书局1980年版，第636页。

万言"，而多远离"经书"本旨。

例如，桓荣"受朱普学章句四十万言，浮辞繁长，多过其实。及荣入授显宗，减为二十三万言。郁复删定成十二万言"①，张奂学《欧阳尚书》，因"《牟氏章句》浮辞繁多，有四十五万余言，奂减为九万言"②。蒙文通批评说：

> 　　末流之害既深，故许防、樊準皆思正言以救其弊，刘歆斥博士为信口说而背传记，许慎诟俗儒为怪旧艺而善野言，古文之学遂乘之而起，则今文学者有以致之也。马融答刘璨，郑玄答何休，必曰"义据通深"。李育、贾逵争论今、古学，必曰"往复皆有理证"。盖承博士倚席不讲，儒者竞论浮华之后，徒言义理不足以振其颓，必以证据济之，以引文明者为高说，两京之学，至是而又一变也。③

古文经学重"实证"、贵"守真"的学术风格，正承今文经学末流之弊而起，转而成为古文经学学派的自觉追求。

2. 尽管光武帝刘秀个人喜好古文经学，但东汉"学官"仍承袭西汉"博士"旧制，此即《诗》齐、鲁、韩三家，《书》欧阳、大夏侯、小夏侯三家，《礼》大戴、小戴二家，《易》施、孟、梁丘、京四家，《公羊》严、颜二家，计十四家，今文经学始终掌控着国家"文教制度"的解释权。汉章帝召开"白虎观经学会议"，又以今文经学为主统一了自汉武帝以来的各派经学"异说"，"于是在过分自足而完整的意识形态笼罩下，思想往往无从发展，而思想者也往往容易在充满了现成答案的思想世界中自甘沉默"④。如此则无论今、古文经学对于"五经""义理"的阐发都已无必要，儒者的思路也便从思想的天空退回到其所依据的知识基础，在对经典文本的精确注释中安顿心灵，并以恪守"古典知识"的方式显示自身

---

① 范晔：《后汉书·桓荣丁鸿列传》，中华书局1965年版，第1256页。
② 范晔：《后汉书·皇甫张段列传》，中华书局1965年版，第2138页。
③ 蒙文通：《经学抉原》，见其《经史抉原》，巴蜀书社1995年版，第71页。
④ 葛兆光：《七世纪前中国的知识、思想与信仰世界》，复旦大学出版社1998年版，第426页。

的存在价值。

这种"知识主义"的追求得到了"古文经传"的支持,而古文经学家的学养也使其较今文经学家略胜一筹。倘说今文经学也需要"训经解诂",但只是以之为"通经"手段,由于认为"言不尽意",相信"《诗》无达诂,《易》无达占,《春秋》无达辞"①,今文经学家致力于开掘、发挥"经书"中的"微言大义"和"言外之意",而在古文经学家,"训经解诂"即是目的所在,"强调的不是神秘体验也不是任意想象,不是对圣贤哲理的敬虔心情也不是对微言大义的钩玄索隐,而是历史、事物以及语言文字的确定性知识,是对经典的学术性诠解"②,这就有足够的理由构成一种"学"的传统。若从儒家知识精英的处身方式来说,可称为以"知识"对抗"权力",但这虽于学术积累有益,却无可避免地削弱了儒者的思想能力。

第二节　古文经学的制度构想与文论视野

一

作为"古文经传"释义学的"古学",在形成与今文经学相颉颃的"古文经学"派别以后,其"义理"阐发既然不能越出"皇权意识形态"的域限,则其对于两汉思想的整体格局也就不能产生实质性的影响。但是,古文经学"尚通"、"贵真"的思想风格却于汉儒思想论说的整理颇为有益,如郑玄一类的经学大师都运用古文经学的思想方法,以整合今、古文经学的"经说",便是明证。这就使古文经学虽然没有发展出特别的"主义论说",却以一种平实的更具学理性的话语方式保存了经学"义理",这"义理"便是统摄于"王道理想"的制度规划与文化规范。

在各类"经"、"传"中,《周礼》集中表达了古文经学关于国家政治/文化制度的理想规划,而正是在对此理想规划的诠释过程中,古文经学的文论话语建构起来,并获得具体规定。"《周礼》释义"的逻辑前提

---

① 董仲舒:《春秋繁露·精华》,见苏舆《春秋繁露义证》,中华书局1992年版,第95页。
② 葛兆光:《七世纪前中国的知识、思想与信仰世界》,复旦大学出版社1998年版,第430页。

是其蕴含了"圣王"指示的"王道"、"大法",但这招致今文经学家的质问:《周礼》是"经"吗?

《周礼》亦即《周官》,在史书中二名通用。其见诸记载,最早是《史记·封禅书》:武帝与公卿诸生议封禅,"群儒采封禅《尚书》、《周官》、《王制》之望祀射牛事"①。《汉书·艺文志·六艺略》记载:"《周官经》六篇。"班固自注曰:"王莽时,刘歆置博士。"② 并记汉文帝时得其《大司乐》章,在汉武帝时代,河间献王搜求古籍,得到《周官》,献于朝廷。其改称《周礼》,见于《汉书·王莽传》:王莽"居摄"三年,"莽母功显君死,意不在哀,令太后诏议其服",刘歆与博士诸儒七十余人共议其事,说王莽"开秘府","发得《周礼》"③。然而,在此前十四年,刘歆已经在其《七略》中著录了《周官》④。

就基本的事实而言,该书至少在汉武帝时代已经基本成型,当时儒生还试图据以制定对"王朝政治"具有重大意义的"封禅"制度,但何以并未得到刘彻的礼遇,反而尘封于"皇家藏书馆",湮没无闻达一百多年,以至于当刘歆发出问世,诸儒反"共排以为非是"?又为什么能在王莽时代获得崇高地位,"列之于经",并为其"置博士"?这就需要对《周礼》的内容、执政者与知识人的不同看待视野略加讨论。

关于《周礼》的成书年代和作者,自来歧见纷出,盖因"于诸经之中,其出最晚,其真伪亦纷如聚讼"⑤。据当代学者的研究成果,基本上可将《周礼》认定为战国后期以来的儒门后学,以儒家政治理念为根本,根据前代典章制度、诸子思想材料,对国家政治制度的理想规划。"从总体上来说,《周礼》是一种政治学说或政治理论的特殊表达形式,即是一种以官吏制度体系与政治思想体系有机结合的理想政治典章。就官制体系而言,其中汇集了周秦以来实存的和虚拟的官名与职掌;就思想体系而言,则汇集了先秦诸子有关政治思想的材料。也就是说,对于社会生活的

---

① 司马迁:《史记·封禅书》,中华书局1959年版,第1396—1397页。
② 班固:《汉书·艺文志》,中华书局1962年版,第1709页。
③ 班固:《汉书·王莽传》,中华书局1962年版,第4090—4091页。
④ 王葆玹:《今古文经学新论》,中国社会科学出版社1997年版,第145页。
⑤ 永瑢等:《四库全书总目提要·经部·礼类一》,中华书局1965年版,第149页。

各种规定正是通过对官府的职能和官吏的职掌,及其所遵循的政治原则而体现出来的。"①

　　从今本《周礼》看,全书以"依天地四时而行政令"的思想为基础,分述天、地、春、夏、秋、冬"六官"的官制,除《冬官》亡失而补入之《考工记》外,其余"五官"的叙述结构皆为:"惟王建国,辨方正位,体国经野,设官分职,以为民极。乃立×官××,使帅其属而掌邦×,以佐王×邦国,×官之属",然后叙述各官所属官职的名称及人数,再分述各属官的职务。其体例之完整、结构之严密,真如朱熹所称赞:"《周礼》一书,也是做得缜密,真个盛水不漏。"② 从其对"六官"职能的具体安排看,所谓"治典"、"教典"、"礼典"、"政典"、"刑典"、"事典",可知其"设官"、"分职"的制度规划,覆盖了经济、军事、教育、外交、法律、文化等各个社会领域。就其如此整齐有序的安排来看,其理想性是显而易见的,但这并不意味着其全为凿空虚造,其中不少"官名"、"官职"带有鲜明的历史印记。

　　《周礼》的制度构想体现的基本政治理念是以"王权"为核心的"以礼治国"。刘歆之所以与"博士"、"诸儒"将《周官》改名作《周礼》,一个意图就是强调其"设官"、"分职"中蕴涵的"礼"的意义,于是"周官"与"周礼",虽只一字之差,而释义方向迥异。王国维指出:"周之制度、典礼,乃道德之器械,而尊尊、亲亲、贤贤、男女有别四者之结体也",然"尊尊、亲亲、贤贤,此三者治天下之通义也"③。古文经学家将《周礼》视为"周公致太平之迹",注解"三礼"的郑玄就以其全为"周制",如果《礼记》与《仪礼》所载"礼制"与《周礼》不合,便以之为"夏制"或"殷制"。

　　既然如此,古文经学也就一定会从所谓"天下之通义"作解,而《周礼》本文也提供了与《礼记》相似的纲领性概括的明确指示:

---

　　① 王启发:《政治经典与经典政治——〈周礼〉与古代理想政治》,见《经学今诠续编》(《中国哲学》第二十三辑),辽宁教育出版社 2001 年版,第 350 页;彭林更认为其成书当不早于文景时代,见其《〈周礼〉主体思想与成书年代研究》,中国社会科学出版社 1991 年版。
　　② 黎靖德编:《朱子语类》卷 86,中华书局 1994 年版,第 2204 页。
　　③ 王国维:《观堂集林(外二种)》(上),河北教育出版社 2001 年版,第 302、299 页。

以八统驭万民，一曰亲亲，二曰敬故，三曰进贤，四曰使能，五曰保庸，六曰尊贵，七曰达吏，八曰礼宾。（《周礼·天官冢宰·大宰》）

《周礼》对"官制"、"军制"、"法制"、"田制"等制度的设计，虽然兼综"礼"、"法"，而实质精神无不统摄于"礼治"，其核心原则是"尊尊"、"亲亲"、"贤贤"，其政治主张是"兴德治"、"重礼教"，而其最终目的则是建立以血缘为纽带的等级分明而又"和而不同"的理想社会秩序，这正是"士大夫政治"传统的体现。

因此，虽然在制度设计和施政方式上，《周礼》对诸子思想材料多所借鉴——例如，从"阴阳家"借鉴了"象法""天地"、"四时"的官制架构，从"法家"借鉴了"法制"思想和司法程序，甚至具体的办案方法，表现出知识与思想的综合倾向，但其根本的政治理念仍然来源于儒家传统，例如上引《天官冢宰·大宰》就明确了"尊尊"、"亲亲"、"贤贤"的"教""民"原则，这与法家的"法治"独尚"尊尊"而不及"亲亲"、"贤贤"，实有质的差别。①

《周礼》构想的以"王权"为核心的金字塔式的政治秩序，虽是基于儒生"礼治"的"文化政治"信念，因而具有乌托邦性质，却也可以转化为现实"政制"形式，倘以"圣王经典"的面目出现，在经典信仰盛行的时代，无疑具有强烈的感召力。因此，汉武帝之"非弃"《周礼》，绝非因其触动了刘汉帝国"政教"制度的合法性及其利益之故——这套将"天子"置于金字塔顶端的制度设计反而可以为其提供"经典"根据，而是与献书的河间献王刘德有关。自文帝、景帝以来始终存在着的刘姓诸侯王与中央政府之间的紧张关系，使差一点成为宫廷斗争牺牲品的刘彻，必须进一步从政治策略与思想控制两方面，对付这些名义上服从中央而实际上拥有极大自治权的诸侯王，将政治权力和意识形态控制权掌握在一人手里。刘德"对问"关涉政事的"五策"，"辄对无穷"，不能不使接受儒家经典教育、深知其中玄机的刘彻感到威胁，"王其勉之"一语便表露出其

---

① 阎步克：《士大夫政治演生史稿》，北京大学出版社 1998 年版，第 87 页。

真实想法,而刘德对此也心领神会。因此,汉武帝将立旨在规划政治制度的《周礼》判定为"末世渎乱不验之书",并藏诸"秘府",其实质是为了保障"一人专制"的绝对权力,而在意识形态领域以"宫廷文化"统一"藩国文化"的体现。

至于王莽的"新政",虽然在政治制度、土地制度和经济制度上,多以《周礼》为依据,从而激发起许多儒生的政治热情,但在意识形态分析视野中,其重视《周礼》,首先是因《周礼》为处处效法周公的王莽"居摄"、"称帝"提供了"上公九命"的理论依据,其次则是藉此表明其"易姓而王"的"新朝"在"思想法权"和"道统"上的正当性,所以才会将改名为《周礼》的《周官》立于"学官",因此主要是一种政治策略。因此,王莽虽推重《周礼》,却"只是汲取他所需要的东西,而不是'照单全收'。甚至在其他儒家书籍中对他有利而与《周礼》制度不同的,他也有所取舍。有时虽仍托名于'周',其实并不源于《周礼》"[1]。王莽"改制"虽然"实现了儒家以圣人为王取代一姓为王的政制法理,推行了一系列儒教政制理想的革命,堪称儒教政治的历史典范"[2],但其"改制"的精神动力和思想资源并不完全以《周礼》为本,其对《周礼》的接纳仅限于"政制形式"层面。至于"改制"失败的真正原因则在于,王莽并不能按照实际政治需要和官僚制度理性程序的要求实施改革,以至于越改越趋于混乱。

由此看来,虽然汉武帝和王莽对《周礼》的态度从表面看起来相反,其看待视野却均为"治统意识形态",这与儒生试图以《周礼》为制度思想资源转化现实政治的看待视野是有区别的。而即使在儒家内部,也存在"周公致太平之迹"与"六国阴谋之书"的不同看法,则是围绕既定国家"文教制度"的解释权而展开的今、古文经学派别斗争的表现。在经学已经制度化,"学经"已成"进仕之径"、"明经"已成"取利禄之资"的情况下,这种斗争的实质便是非常现实而具体的利益之争。

倘说在古文经学,《周礼》被视作合乎"礼治"原则的理想"政教制

---

① 周予同:《周予同经学史论著选集》,上海人民出版社 1996 年版,第 686 页。
② 刘小枫:《臆说纬书与左派儒教士》,见其《个体信仰与文化理论》,四川人民出版社 1997 年版,第 591—592 页。

度”的直接表达，并将其制作权归于周公，则《左传》便是通过对“春秋”历史的翔实记载，忠实地表达了孔子作《春秋》的本意。这本意也无外乎“礼治”，而其理想形式则是周公制定的“礼乐制度”。于是，《左氏春秋》便升格为《春秋左氏传》，得与《公羊》、《穀梁》并列为“《春秋》三传”，堂而皇之地进入了儒家的“经典”系统。

《左传》由“史”成为“传”的转变是由刘歆完成的。史载：“初《左氏传》多古字古言，学者传训故而已，及歆治《左氏》，引传文以解经，转相发明，由是章句义理备焉。”① 其看待视野具见于班固因《七略》而成之《艺文志》：

> 周室既微，载籍残缺，仲尼思存前圣之业，乃称曰：“夏礼吾能言之，杞不足徵也；殷礼吾能言之，宋不足徵也。文献不足故也，足则吾能徵之矣。”以鲁周公之国，礼文备物，史官有法，故与左丘明观其史记，据行事，仍人道，因兴以立功，就败以成罚，假日月以定历数，藉朝聘以正礼乐。有所褒讳贬损，不可书见，口授弟子，弟子退而异言。丘明恐弟子各安其意，以失其真，故论本事而作传，明夫子不以空言说经也。《春秋》所贬损大人当世君臣，有威权势力，其事实皆形于传，是以隐其书而不宣，所以免时难也。及末世口说流行，故有《公羊》、《穀梁》、《邹》、《夹》之《传》。②

这里揭明了两点：

1. 孔子写作《春秋》的目的是“存前圣之业”，所谓“前圣”即是文、武、周公，而方法是“据行事，仍人道”，具体“书—法”则是“因兴以立功，就败以成罚，假日月以定历数，藉朝聘以正礼乐”，因此就有“褒讳贬损”的价值评判；

2. 这种评判因为直指“有威权势力”的执政者，不能不采取隐晦的方式进行，“不可书见”，所以孔子必须“口授弟子”，但弟子理解不同，

---

① 班固：《汉书·楚元王传》，中华书局 1962 年版，第 1967 页。
② 班固：《汉书·艺文志》，中华书局 1962 年版，第 1715 页。

故有"异言"而"各安其意",有可能在传播中失却孔子本意,于是,曾经与孔子共"观"鲁国旧史、深知孔子"心意"的左丘明便"论本事而作传",以防弟子"空言说经"。于是就有"论本事"的《左传》,与"口说"而成之《公羊传》、《穀梁传》,都是通由《春秋》而体认孔子"心意"的解释性著作。

从第一点可以看出,刘歆"创通大义"①的总体思路与"今文《春秋》学"并无二致,都将《春秋》视为孔子阐发"王道"的伟大创作,但"《公羊》学"家以之为孔子行"素王"之事、为后世"王者""立法"之作,而刘歆则以之为孔子保存周公"礼制"、针砭春秋"礼崩乐坏"之作。从第二点可以看出,刘歆证立《左传》之"经典性"的思路,与其《移让太常博士书》责备今文经学"信口说而背传记,是末师而非往古"同趋,而《左传》因为"左丘明好恶与圣人同,亲见夫子",因此比仅凭"口说"而可能"失其真"的《公羊》、《穀梁》更可信从。这种看待视野与证立方式为后来"《左传》学家"普遍遵循,如陈元就认为"今文《春秋》学"家皆"沈溺所习,玩守旧闻,固执虚言传受之辞,以非亲见事实之道"②。

更重要的是,"刘歆之创立古学,发端于《左氏》,归重于《周官》"③。其以《左传》为通过"论本事"而亲传孔子作《春秋》以"兴礼治"之意的看待视野,奠定了后来"《左传》学家"以清理历史的方式申论"周礼"的释义取径。这虽由《左传》本文的意义结构所定——"贯穿于整部《左传》中的思想是重礼和重民"④,但同样受到尊信"周礼"的经学家"释义兴趣"的牵引,故郑玄曰:"《左氏》善于礼"⑤。两相结合,则《左传》本文再三再四地从理论和史实两方面说明决不能违背、废弃"礼",便转而成为旨在阐释"周公制礼"之伟大意义的经典性的证明。

---

① 孔颖达:《春秋左传正义·春秋序》,见阮元校勘《十三经注疏》,中华书局1980年版,第1707页。
② 范晔:《后汉书·郑范陈贾张列传》,中华书局1965年版,第1230页。
③ 蒙文通:《经学抉原》,见其《经史抉原》,巴蜀书社1995年版,第78页。
④ 沈玉成、刘宁:《春秋左传学史稿》,江苏古籍出版社1992年版,第84页。
⑤ 郑玄:《六艺论》,第5页,见《经义知新记》(丛书集成初编本),中华书局1985年版。

此后，"言《左氏》者本之贾护、刘歆，贾之徒有陈元，刘之徒有郑兴、贾逵，而《左氏》起也。贾逵、郑众，洪雅博闻，又以经书传记相证明为解，而《周官》起也。《左氏》初出，固不用《周官》立说，大同今文。乃《周官》立而《左氏》袭用之"①。

需要注意的是，虽然"《左传》学家"主要依据《周礼》解释《左传》中的"礼制"，但并不排斥"今文《礼》学"，例如服虔《春秋左氏传解谊》就既引《周礼》，也用《仪礼》，这是由古文经学"尚兼通"的性质决定的。

二

虽然《周礼》和《左传》指涉的思想领域不同，但在古文经学的学问构架中又结成一个意义整体。在此意义整体中，作为"文化规范"的古文经学的文论话语便有了一个可依托的制度架构，这尤以《周礼》的意义为显豁。

这是因为，《周礼》表达的古文经学理想的政治、"文教"制度，为其文论话语提供了直接的经典根据：既然《周礼》指示着周公"兴致太平"的"常道"，则其中关于文艺审美的安置和规定也足以为后世取法。这便是《周礼》从"典章制度"方面对"诗"、"乐"、"舞"所做规定的文论意义，而由于"诗"、"乐"、"舞"三位一体，则古文经学文论话语建构的核心问题就是"乐"的"政教"功能。

《周礼·春官·大司乐》记"大司乐"之职有云：

> 以乐德教国子：中、和、祗、庸、孝、友。以乐语教国子：兴、道、讽、诵、言、语。以乐舞教国子：舞《云门》、《大卷》、《大咸》、《大磬》、《大夏》、《大濩》、《大武》。

这段文字集中论述了对"国子"亦即将来从事政治治理的贵族子弟进行"乐教"的基本内涵：

---

① 蒙文通：《经学抉原》，见其《经史抉原》，巴蜀书社 1995 年版，第 77 页。

1. "乐德"是指"乐"应当具有的道德精神，按郑玄的解释就是："中，犹忠也；和，刚柔适也；祗，敬；庸，有常也；善父母曰孝，善兄弟曰友"。《周礼·春官·大师》也说："教六诗：曰风，曰赋，曰比，曰兴，曰雅，曰颂。以六德为之本，以六律为之音"，郑玄解释说："所教诗必有知、仁、圣、义、忠、和，乃后可以教以乐歌。"① 赋予"乐"以"六德"的目的是以之陶冶心灵，使"国子"通过"乐教"而养成"中、和、祗、庸、孝、友"的德性。这与《礼记·乐记》所说"乐者，通伦理者也"同一旨归；

2. "乐语"是指与"乐"相应合的言语表达，有六种方式，按郑玄的解释就是："兴者，以善物喻善事；道，读曰导，导者，言古以剀今也；倍文曰讽，以声节之曰诵，发端曰言，答述曰语。"这是教"国子"用《诗》的方式，按孔颖达的说法，"兴"还有"以恶物喻恶事"义，"道"是以《诗》"陈古以刺今"，"讽是直言之，无吟咏；诵则非直背文，又为吟咏"②。六种方式实可分为两两相对的三组，即"兴"与"道"一组，重在"赋诗"的意义；"讽"与"诵"一组，重在"赋诗"的节奏；"言"与"语"一组，重在"赋诗"的对答。三组六种方式互相匹配，即指在不同的场合、以不同的言语方式表达不同的意思，例如可用"直言"的方式"陈古刺今"，也可用"吟咏"的方式"以善物喻善事"；

3. "乐舞"是指以"舞"的形式保存、再现历史。郑玄解释说："此周所存六代之乐。黄帝曰《云门》、《大卷》，黄帝能成名万物，以明民共财，言其德如云之所出，民得以有其族类。《大咸》、《咸池》，尧乐也。尧能禅，均刑法以仪民，言其德无所不施。《大磬》，舜乐也，言其德能绍尧之道也。《大夏》，禹乐也。禹治水傅土，言其德能大中国也。《大濩》，汤乐也。汤以宽治民而除其邪，言其德能使天下得其所也。《大武》，武王乐也。武王伐纣以除其害，言其德能成武功。"③ 教"国子"学习"六代乐舞"，不仅可以使之知晓"先王"施行"德政"的功业，更可引导其以"先王"为典范，成就"德治天下"的功绩。

---

① 阮元校勘：《十三经注疏》，中华书局1980年版，第787、796页。
② 同上书，第787页。
③ 同上。

同篇接着论述了"乐"的功能:"以六律、六同、五声、八音、六舞、大合乐,以致鬼神示,以和邦国,以谐万民,以安宾客,以说远人,以作动物。""乐"用于"祭祀",可接引"天神"、"地示"、"人鬼";用于"政治",可"和邦国"、"谐万民";用于"外交",可"安宾客"、"说远人"。甚至,"乐"能感致"万物"。如是,则"乐"之用可谓大矣。

关于"乐""谐万民"的具体情形,《周礼·地官·大司徒》有云:

> 以乐礼教和,则民不乖。
>
> 以乡三物教万民,而宾兴之。一曰六德:知、仁、圣、义、忠、和。二曰六行:孝、友、睦、姻、任、恤。三曰六艺:礼、乐、射、御、书、数。
>
> 以五礼防万民之伪,而教之中;以六乐防万民之情,而教之和。

明确论及"乐"在"教化""万民"方面的功能。

对于"乐礼",孔颖达解释说:"谓飨宴作乐之时,舞人周旋皆合礼节,故乐亦云礼也",又说:"凡人乖离,皆由不相和合,乐主和同民心,故民不乖也",郑玄的解释则是:"乐者,所以荡正民之情思,使其心应和也"[①]。孔颖达指出了"寓礼于乐"、"乐亦云礼"的"乐教"的实质,郑玄则指出了"乐教"由感动"民之情思",使归于"正",进而"和同""民心"的"治心"过程。这与《礼记·乐记》所说"使亲疏贵贱长幼男女之理,皆形见于乐",此为"寓礼于乐";"君子反情以和其志,比类以成其行。奸声乱色不留聪明,淫乐慝礼不接心术,惰慢邪辟之气不设于身体。使耳目鼻口心知百体皆由顺正,以行其义",此为"正心"、"治心",虽有简略繁复之分,却无实质不同。

"乐礼"之称表明"乐"与"礼"存在水乳交融的关系,与旨在区分社会等级的"礼"相伴随的是旨在和谐人心的"乐"。例如《周礼·春官·乐师》对"射礼"的规定:

---

① 阮元校勘:《十三经注疏》,中华书局1980年版,第703、708页。

凡射，王以《驺虞》为节，诸侯以《狸首》为节，大夫以《采蘋》为节，士以《采蘩》为节。

按郑玄的解释："《驺虞》者，乐官备也；《狸首》者，乐会时也；《采蘋》者，乐循法也；《采蘩》者，乐不失职也。是故天子以备官为节，诸侯以时会为节，卿大夫以循法为节，士以不失职为节"①，"王"、"诸侯"、"大夫"、"士"四个等级在演行"射礼"时所用乐章各有象征意义，因而这里表述的就不是用共同的"六乐"沟通"上下""情志"，而是通过有感染力的"乐"施与心理控制，使人能心悦诚服地遵循"礼"的规定，维护等级社会秩序。当社会各个阶层的人们或者以共同之"乐"而"和同"其"情"，或者因不同之"乐"而安于"礼"，而都能将外在规范转化为内心自觉时，整个社会就会形成"和而不同"的融洽氛围，这便是"乐""和邦国"的作用。

《周礼·地官·保氏》又曰:

保氏掌谏王恶，而养国子以道，乃教之六艺:一曰五礼，二曰六乐，三曰五射，四曰五驭，五曰六书，六曰九数。

郑玄解释说:"谏者，以礼义正之。"② 因为"六乐""以六德为之本"，是"道"的寓托，因此"乐"也便是"谏"的方式，其具体形式便是"兴、道、讽、诵、言、语"。就"兴"来说，或者通过"以善物喻善事"，为"王"树立楷模，以资效法；或者通过"以恶物喻恶事"，使"王"以之为戒，幡然醒悟。就"道"来说，便是"陈古讽今"，而或"直言"，或"婉语"。这是前述"乐德"和"乐语"的转出义，而落实于对"国子"施行的"乐教"。

由上述分析可知，《周礼》有关"乐"的表述展开于"礼"、"乐"互补的解释框架，因此那些对"乐"的"制度安置"和意义规定，皆旨

---

① 阮元校勘:《十三经注疏》，中华书局 1980 年版，第 793 页。
② 同上书，第 731 页。

在造就"和而不同"的社会秩序。更具典范意义的是,《周礼》将"乐"纳入国家"文教制度",则"乐教"便不仅得到国家体制的保障,其本身也是国家体制的构成部件。当中蕴涵着一种典型的从"意识形态规范"立场看待文艺审美的思路,当古文经学家从"经"的意义上接受这些基于历史记忆的规划,便可依照其中凸显的精神原则,对现实文艺创作进行"转出式"的规定,根本性思路就是为建构"和而不同"的社会秩序而对文艺审美予以"制度性"设计和意义赋予。于是,从创作角度而言,便赋予文艺审美以政治使命与伦理内涵;从接受角度而言,便赋予文艺审美以意识形态功能。

倘说《周礼》在古文经学文论话语建构上的意义偏重于对"文"的制度性安置,则《左传》的意义便是偏重于"文"之"法"的规定,特别是《左传》由"史"而"经"的诠释学转向,使那些关于史书"笔法"的归纳获得了"超越性"与"典范性",其实质即如何在"书写"中寄寓"王道"。可从如下三方面略加申论:

1. 与刘歆的思路相同,桓谭对《春秋》"三传"进行比较,突出了《左传》在传达孔子"心意"上的优长:

> 鲁人穀梁赤为《春秋》,残略多所遗失。又有齐人公羊高,缘《经》文作《传》,弥离其本事矣。《左氏传》于《经》,犹衣之表里,相待而成。《经》而无《传》,使圣人闭门思之,十年不能知也。①

由此,《左传》与《春秋》形成"互文"结构,共同申论由孔子发扬光大的"礼乐"的伟大意义,其叙述逻辑是:"礼乐"精神→《春秋》"大义"→《左传》"文辞",而《左传》运用"文辞"以表达"礼乐"精神的基本方式是"具论本事"。

由此可引申出两方面意义:从创作角度说,由"三传"比较所见《左传》之优长,则"文"便应致力于叙写真实,唯此才能完满地表达意义,即要求以基于确切知识基础的"真实"为"作文"规范,这不仅是

---

① 桓谭:《新论·正经》,上海人民出版社1977年版,第36—37页。

对"君子理想"的一种表达："无验而言之谓妄，君子妄乎？不妄"①，而且也出于规范现世文化的考虑："世俗之性，好奇怪之语，说虚妄之文"，"虚妄显于真，实诚乱于伪，世人不悟，是非不定；朱紫杂厕，瓦玉集糅，以情言之，岂吾心所能忍哉！"②从接受角度说，既然"意义"是通过"本事"显现出来的，则对"意义"的理解也便应通过追究"本事"而"逆取"之，由此形成追索"文本"之"意义"的实证方法论，对此可从"《毛诗》学"尤其是郑玄那里见出其实践。

2.《左传》中颇有托"君子"、"孔子"语态的言辞，直接构成了对"春秋"史实人物的是非褒贬，如隐公十一年《传》云：

> 君子谓："郑庄公于是乎有礼。礼，经国家，定社稷，序民人，利后嗣者也。许，无刑而伐之，服而舍之，度德而处之，量力而行之。相时而动，无累后人，可谓知礼矣。"

这是通过对郑庄公的推许，寄寓着以"礼"为核心的价值判断标准。不仅如此，有些言辞还明确表达了文论主张，如成公十四年《传》云：

> 君子曰："《春秋》之称，微而显，志而晦，婉而成章，尽而不汙，惩恶而劝善，非圣人谁能修之？"

通过对"非圣人谁能修之"的推许，揭明"《春秋》笔法"是通过婉约含蓄的言语表达方式极尽事实，以达劝善惩恶之目的。

这在杜预那里被归纳为五条"为例之情"。钱钟书说："窃谓五者乃古人作史时心向神往之楷模，殚精竭力，以求或合者也。虽以之品目《春秋》，而《春秋》实不足语于此。使《春秋》果堪当之，则'无传而著'，《三传》可不必作；既已作矣，亦真如韩愈《寄卢仝》诗所谓'束高阁'，俾其若有若亡可也。"③只要存在"经典崇拜"，《左传》对

---

① 扬雄：《法言·问神》，见汪荣宝《法言义疏》，中华书局 1987 年版，第 159 页。
② 王充：《论衡·对作篇》，上海人民出版社 1974 年版，第 530、531 页。
③ 钱钟书：《管锥编》第一册，中华书局 1979 年版，第 161 页。

"《春秋》笔法"的判定就会作为"心向神往之楷模",而在文艺创作实践中发生影响。

3.《左传》还有不少对春秋时期贵族社会中"引《诗》"、"用《诗》"、"观乐"的记载,当中蕴含的一些文艺观念属于"前儒家时代",可谓中国文论的"元观念"。例如,据顾易生的分析,《左传》襄公二十九年所记季札"观乐"的言论,就"表现出对中和之美的强烈向往,为孔子赞美'《关雎》乐而不淫,哀而不伤'的前驱,而且比其前人和稍后的孔子所说丰富得多"①。但是,这些"元观念"不仅在汉代以来的文艺批评和文艺实践层面持续性地产生影响,为"华夏美学"传统的形成奠定了深厚的人性和社会性根基;而且,依循古文经学以《左氏》为解《春秋》之《传》的诠释视野,就会合乎逻辑地以这些"元观念"为思想资源和历史明证,建构起旨在为实现儒家的"审美乌托邦"提供文艺审美模式的"规定型"文论——其兴趣不是要归纳"文法",形成关于"文"的知识,而是要以儒家文化信念规定"文法",因而"历史"是被"信念"修正过的"历史",当此"历史"被视为"真实",则"信念"也就坚如磐石。

第三节　《毛诗》与古文经学文论话语的规范表述

一

《周礼》、《左传》提出了古文经学文论话语的建构取向与制度文化视野,《毛诗》则是对古文经学文论话语的规范表述,其基本构架是:"情志合一"的发生论、"主文谲谏"的创作论、"政教美刺"的功能论,三者互为支撑,而又统一于古文经学的"文化政治"理念。

如同"今文《诗》学",《毛诗》也秉持"经学之《诗》"的阐释视野,因为《毛诗》的释义前提也是《诗》之为"经",但是"经学之《诗》"的阐释视野的根据何在?"今文《诗》学"家的思路是基于"天道"的"本原论","古文《诗》学"家的思路则是基于"历史"的"发生论":

---

① 顾易生、蒋凡:《中国文学批评通史·先秦两汉卷》,上海古籍出版社1996年版,第47页。

诗之兴也，谅不于上皇之世。大庭轩辕，逮于高辛，其时有亡，载籍亦蔑云焉。《虞书》曰："诗言志，歌永言，声依永，律和声。"然则诗之道放于此乎？有夏承之，篇章泯弃，靡有孑遗。迄及商王，不风不雅。何者？论功颂德，所以将顺其美；刺过讥失，所以匡救其恶，各于其党，则为法者彰显，为戒者著明。①

对"诗之道"的追索，既关涉"诗"的起源问题，也有关于"诗"的精神根基问题，而此思路的重要性在于论证以"政教"、"美刺"论《诗》的正当性，亦即"经学之《诗》"的正当性。今文经学关于"文"之"本"/"原"的"思想论说"是为经学文论话语建构确立"形上"根据，而古文经学对于"文"之发生的追本溯源，则是为经学文论话语建构奠定历史基础。

所以，尽管"古文《诗》学"与"今文《诗》学"同样都是以"经"的眼光看待《诗》，但其阐释方法表现出自觉的历史意识，所谓"欲知源流清浊之所处，则循其上下而省之；欲知风化芳臭气泽之所及，则傍行而观之。此诗之大纲也。举一纲而万目张，解一篇而众篇明"②。按蒋凡的分析，这实际上给出了解释"文学"的一般原则："从纵向历史发展角度考察，'循其上下而省之'，探溯源流，以明文学的发展；从社会的横向联系看，通过考察社会各个侧面，'傍行而观之'，解释文学与社会的关系。通过对于具体诗歌作品的研究，举一反三，把握整体"③。这就为古文经学文论话语奠定了一个似乎更具学理性的根基。

在继承"诗言志"观念的基础上，《毛诗大序》将"情"、"志"并提，认为："诗者，志之所之也。在心为志，发言为诗。情动于中而形于言。言之不足，故嗟叹之；嗟叹之不足，故永歌之；永歌之不足，不知手之舞之足之蹈之也"。这一关于"诗"的发生学解释有两点需要注意：

1."志"与"情"统摄于"心"，二者都蕴集于"中"而可发于

---

① 郑玄：《诗谱序》，见阮元校勘《十三经注疏》，中华书局1980年版，第262页。
② 同上书，第264页。
③ 顾易生、蒋凡：《中国文学批评通史·先秦两汉卷》，上海古籍出版社1996年版，第650页。

"言"，即通过一定的语言形式表达出来，因此就"诗"的发生来说，"志"与"情"均有理由成为"言"的直接来源；

2. 蕴集于"中"的"情"具有相当强烈的性质，故由"言"至于"嗟叹"，进于"永歌"，终于"手之舞之足之蹈之"，情感表达形式愈趋奔放。因此，"诗"之为"言"，便具有"表达志意"与"宣泄情感"的双重功能。

问题在于："志"与"情"的关系是怎样的？是"情"统一于"志"，还是"情"、"志"并立？倘若承认"情"的本体性，便会发展出以"个体情感"为批评核心的"情感主义"的诗学，但一如"今文《诗》学"，《毛诗大序》虽然对"诗"的情感肌质有相当深入的理解，认为"诗""吟咏情性"，"发乎情，民之性也"，是"人"源于"道"之"性"的必然呈现，但其建构的"诗"的发生学解释框架还是以"志"统"情"。因此，"诗"表达的"志"也就是伴随着"情感"波动的"志意"，"诗"抒发的"情"也就是渗透着"志意"因素的"情感"，实质则是以"志"限制"情"的方向与强度，此即"发乎情，止乎礼义"。这种理性主义的诗学强调"诗"表现的乃是经过理性过滤和管控的情感，而以"礼义"为规范的"志"正是人的本性的实现，但这与其说是对"诗"之"文学性"的概括，不如说是对"诗"的"意识形态"性质的规定，而这又受到两种力量的牵制：

1. 在"隐性话语"层面，这种规定是古文经学推尊的儒家"文化政治"理念在"《诗》学"上的体现，其根本精神是由今文经学明确表述的"王道理想"，具体规范则是"德治"、"民本"、"尚贤"之类，而核心是"礼治"，即在文化上以"礼义"规训"人心"，通过"文化成功"达到"政治成功"，而《诗》正是承担此文化功能的范本，这一观念也成为《毛诗》学者排比诗篇的标准，例如"变风"、"变雅"之诗便起于"王道衰，礼义废，政教失，国异政，家殊俗"；

2. 在"显性话语"层面，这种规定是以论证"治统"合法性为要务的"皇权意识形态"对"礼乐""教化"的规定。古文经学家与今文经学家一样是"礼乐国家秩序"的守护人，因而虽然今、古文《诗》学对诗篇的解说不尽一致，但差异性解说的解释前提却基本一致。例如齐、

鲁、韩、毛四家"《诗》学"对《关雎》诗旨的解释:

> 鲁说曰:后妃之制,夭寿治乱存亡之端也。是以佩玉晏鸣,《关雎》叹之,知好色之伐性短年,离制度之生无厌,天下将蒙化,陵夷而成俗也。故咏淑女,几以配上,忠孝之笃、仁厚之作也。

> 齐说曰:言太上者民之父母,后夫人之行不侔乎天地,则无以奉神灵之统而理万物之宜,故《诗》曰:"窈窕淑女,君子好仇。"言能致其贞淑,不贰其操,情欲之感无介乎容仪,宴私之意不形乎动静,夫然后可以配至尊而为宗庙主。此纲纪之首、王教之端也。

> 韩说曰:诗人言雎鸠贞洁慎匹,以声相求,隐蔽于无人之处,故人君退朝入于私宫,后妃御见有度,应门击柝,鼓人上堂,退反宴处,体安志明。今时大人内倾于色,贤人见其萌,故咏《关雎》,说淑女,正容仪以刺时。

> 毛说曰:后妃之德也。风之始也,所以风天下而正夫妇也。……是以《关雎》乐得淑女以配君子,忧在进贤,不淫其色,哀窈窕,思贤才,而无伤善之心。是《关雎》之义也。[①]

都认为《关雎》寓含意义重大的"婚姻"、"夫妇"之"道",象征"后妃之德"。"齐说"、"韩说"主旨在要求"人君"自正"夫妇之道","鲁说"、"毛说"进而要求"人君"、"后妃"正"夫妇之礼",为"天下"树立楷模,只是"鲁说"重在"刺",而"毛说"重在"美"。

究其实质,"《诗》学"家一方面试图运用儒家政治理念和理想政制对"君"的言行进行约束,也包括限制"后妃"、"母党"、"外戚"势力的潜在意图;另一方面,他们又需要维护"王权"、"君权"、"夫权"的绝对权威,表现为单向规定"后妃之德"即"女性"在"夫妇之伦"中的义务。这意味着《诗》的意义结构是由双重"文化立场"构成的,体现了"精英话语"与"皇权话语"的共谋与龃龉,而这在四家"《诗》学"并无二致,表明今、古文"《诗》学"有相同的问题

---

① 王先谦:《诗三家义集疏》上册,中华书局1987年版,第4—5页。

意识和解释背景。这正是《毛诗大序》成为汉代儒家"《诗》学"纲领的原因，也是今文经学"博士唯拒立《左氏》及《佚礼》、《佚书》，固不非弃《毛诗》"① 的原因所在。

因此，"诗"之"情志合一"的发生论，实质是先行以"王道理想"和"皇权意识形态"规定"志"的品质与指向，进而以内涵明确的"志"规范"情"的品质与指向，于是也就将"诗"的意义空间限定于政治文化圈域。所以《毛诗大序》接着论及"诗"／"乐"与政治状态、社会风俗的关系："情发于声，声成文，谓之音。治世之音安以乐，其政和；乱世之音怨以怒，其政乖；亡国之音哀以思，其民困"，明确了"情志"之所由来：社会和平、政治清明，"情志"的品质就会是"安以乐"；政治乖戾、社会动荡，"情志"的品质就会是"怨以怒"；至于国破家亡，人民流离失所，"情志"的品质就会是"哀以思"。于是，"诗"本身可能具有的情感的个体性，因此而被抽象为有限的情感样式："乐"、"伤"、"思"、"恶"、"闵"、"忧"、"困"、"悔"、"美"、"哀"、"怨"，而与政治、"人心"相关。

当《毛诗》学者以此"成见"揣测"诗人"意图，便不免流于拘迂、穿凿之弊，如梁启超所讥刺：

> 若细按其内容，则捧腹喷饭之资料更不可一二数。例如《郑风》，见有"仲"字则曰祭仲，见有"叔"字则曰共叔段，余则连篇累牍，皆曰"刺忽""刺忽。"郑立国数百年，岂其于仲、段、忽外，遂无他人？而诗人讴歌，岂其于美刺仲、段、忽外，遂无他情感？凿空武断，可笑一至此极！其余诸篇，大率类此也。②

甚至对于一己之私情——例如"男女之情"，《毛诗》学者虽然有所心领神会，却强行另作他解。例如《郑风·野有蔓草》，"今文《诗》学"以为其旨在"思遇贤人"，而《毛诗》解作"思遇时也。君之泽不下流，民穷于兵革，男女失时，思不期而会焉"。王先谦说："《毛诗》者以为男

---

① 蒙文通：《经学抉原》，见其《经史抉原》，巴蜀书社 1995 年版，第 72 页。
② 陈引驰编校：《梁启超国学讲录二种》，中国社会科学出版社 1997 年版，第 63 页。

女之词，而诗之真失矣。"① 其实"今文《诗》学"所谓"思遇贤人"亦非《野有蔓草》本意，至于《毛诗》将"思不期而会"的"男女之情"归因于"君之泽不下流，民穷于兵革，男女失时"，则为其赋予了"政教"寓意。

如此可说《毛诗》的诠释框架也由"文学之《诗》"与"经学之《诗》"的阐释路向构成，"诗人"之"情志"与"诗"之"情志"，组成《毛诗》解《诗》的意义结构，可分别称为"言用意义结构"和"文本意义结构"。《毛诗》为每首诗都排定了作者，表明其对"诗"的发生学解释实际偏重于"言用意义结构"。例如《周南·卷耳》，《毛诗》认为：

> 后妃之志也。又当辅佐君子，求贤审官，知臣下之勤劳。内有进贤之志，而无险诐私谒之心，朝夕思念，至于忧勤也。②

以《卷耳》为"后妃"所作，则"思妇"朝夕思念"远人"之"深情"，就改变其性质而成为"后妃"辅佐"君子"之"忧思"。这意味着，"诗人"的"意图"决定了"文本"的"意义"，因而《毛诗》对"诗"之"情志"的诠解并非生成于"文本意义结构"。这可以理解为先秦士人的"用《诗》"传统在"诗"的发生学解释上的回声。

二

既然《毛诗》学者将"诗"的发生限定于政治文化圈域，则"诗旨"也就被设定为对"政教"之"得失"的情感反应和志意表达。《毛诗》将305 篇诗分为"风、雅、颂"三类，根据是："以一国之事，系一人之本，谓之风；言天下之事，形四方之风，谓之雅。雅者，正也，言王政之所由废兴也。政有小大，故有小雅焉，有大雅焉。颂者，美盛德之形容，以其成功告于神明者也。"③ 虽有产生地域和题材、性质的不同："风是产生于各诸侯国的地方诗歌，雅是产生于周朝中央地区的诗歌。至于颂，则是祭

---

① 王先谦：《诗三家义集疏》上册，中华书局 1987 年版，第 369 页。
② 阮元校勘：《十三经注疏》，中华书局 1980 年版，第 277 页。
③ 同上书，第 272 页。

祀时赞美祖宗的诗乐"①，"《风》为平民文学，《雅》为士大夫文学，《颂》为庙堂文学"②，但"说风是风化（感化）、风刺的意思，雅是正的意思，颂是形容盛德的意思。这都是按着教化作用解释的"③。因此这种分类并非基于"诗"自身性质，而是基于"诗"之外的"文化政治"考虑，当中隐含着《毛诗》的诗歌创作论，其"情志合一"的诗歌发生论于此产生了两方面的意义：

1. "情志并举"、"以志统情"的"情志合一"论，要求"作诗"必得以儒家"道德理性"和"政治理性"引导和规约"情"的方向和强度，因此并不是所有情感都可以进入"诗"的表现领域，而只有那些相关于政治生活、有助于"政教"秩序建构、寄寓"王道理想"的情感才能转化为"诗情"，所以《毛诗》对《郑风》"诗旨"的解释，也就会"于美刺仲、段、忽外，遂无他情感"。而且，这种"诗情"实际上只有"喜"和"哀"两种类型，分别对应于"王政"的"得"与"失"、"兴"与"衰"。在阐发"诗旨"的"小序"中，《毛诗》学者以"史"证"诗"，着意寻求"诗情"与"王政"的直接关联，于是几乎每篇诗都被赋予"圣道王功的奇迹"，而"本来是属于个人生活和情感的咏叹都成了王道兴衰的直接证明"④；

2. 对"统情"之"志"的政治功利性质的限定，又使儒家"德性伦理"窄化为"政治伦理"，因此，虽然《毛诗》学者承认"情"之于"诗"的重要意义，认为"言情"是"诗"之"文体"特征，但"情"的"个体性"必须纳入"伦理"的"群体性"，此即"以一国之事，系一人之本"的语义指向。例如，《小雅·蓼莪》本"是丧亲之后，痛哭陈辞，故王褒闻此诗辄痛哭，弟子为之废读也。《诗序》乃以为刺幽王，民人劳苦，孝子不得终养"⑤，即指虽然这种"亲子之情"生发自个体性生命，但其指向却是群体性生命。这就遮蔽了个体生命经验的多样性，而只

---

①　顾易生、蒋凡：《中国文学批评通史·先秦两汉卷》，上海古籍出版社 1996 年版，第 406 页。

②　蒋伯潜：《十三经概论》，上海古籍出版社 1983 年版，第 203 页。

③　朱自清：《经典常谈·诗经第四》，生活·读书·新知三联书店 1980 年版，第 34 页。

④　郜积意：《经典的批判——西汉文学思想研究》，东方出版社 2000 年版，第 166 页。

⑤　蒋伯潜：《十三经概论》，上海古籍出版社 1983 年版，第 222 页。

有因应"治世"、"乱世"、"亡国"之政治现实的"乐"、"怨"、"哀"之情的抽象形式。

具体到"作诗"的方法,便是"赋比兴"。不过,虽然《毛诗大序》将其与"风雅颂"合为"六义",但并没有对其做界定和说明。郑玄在注《周礼·春官宗伯·大师》"教六诗,曰风,曰赋,曰比,曰兴,曰雅,曰颂"时解释道:

> 赋之言铺,直铺陈今之政教善恶;比,见今之失,不敢斥言,取比类以言之;兴,见今之美,嫌于媚谀,取善事以喻劝之。①

这并不完全符合《周礼》的"六诗"说,因为"六诗"既为"大师"教"瞽矇"演唱的六种"乐歌",则"赋比兴"也便主要是三种"乐歌"的名称,虽然"大师"也要传授这三种"乐歌"之"义",以便演唱者能以适宜的方式进行表演。但郑玄所说却明显地重在揭明"赋比兴"作为表现方法的不同特征,这正与《毛诗序》以"风雅颂"为"诗体"而将"赋比兴"排除在外相合。这就有理由将郑玄对"赋比兴"的解释视为《毛诗》的诗歌创作方法论,而将其与"传"、"序"、"笺"合论,可从如下三方面理解:

1. 就一般意义而论,郑玄实际揭明了三种各具特点的方法:"赋"是"铺陈","比"是"取比类","兴"是"取善事以喻劝",其对"比兴"的理解与郑众所说"比者,比方于物也;兴者,讬事于物"② 大致相同,说明《毛诗》对于如何运用适当的"诗性语言"表达"情志",已经有相当深入的理解,这已奠定了朱熹、李仲蒙、范处义等学者解说"赋比兴"的思路。而且,就《诗》本文来说,"赋比兴"也确实是三种组织"情感"、"志意"的方法、技巧,因此郑玄的解释实有其文本依据,这可以理解为"文学之诗"阐释路向的体现。问题是,当郑玄由"文本"层次进入到"文本"与"社会关系"层次,作为一般表现手法的"赋比兴"

---

① 阮元校勘:《十三经注疏》,中华书局 1980 年版,第 796 页。

② 郑玄注:《周礼·春官宗伯·大师》所引,见阮元校勘《十三经注疏》,中华书局 1980 年版,第 796 页。

便在"经学之诗"阐释路向的压力下，发生意义的偏转："赋"是"直铺陈今之政教善恶"，"比"是"刺""恶"，"兴"是"美""善"，成为"表现诗歌政治教化功能的三种不同方式"①。可见，从《周礼》"合乐"的"六诗"转成《毛诗》的"六义"，"赋比兴"已经发生了质的变化；

2. 从《毛诗》的"序"、"传"、"笺"看，明确点明"比兴"的诗篇较多，"赋"则没有明言，这有两方面的原因：（1）从本诗说，如《邶风·静女》全用"赋"法者较少，而特多"比兴"之"诗"，即使在"比兴"中，也以"兴"为主，这是《毛诗》倡言"比兴"而"独标兴体"（《文心雕龙·比兴篇》）的文本根据，因为解释总要以解释对象的意义架构为释义基础；（2）虽然经学家试图以《诗》的"经典释义"为资本介入国家"政教秩序"的建构，但他们并不具有从事政治、文化批判的独立身份，而只能在"意识形态视域"中探讨《诗》的全部问题。直接铺陈"政教"得失的"赋"固然有"美"、"刺"两个指向，但"刺"却有可能引发意识形态领域的动荡，乃至威胁帝国"治统"合法性，这种直露的表白不如委婉"劝谕"的"比兴"来得妥当。由此也可窥测汉儒的处身方式与心境：他们既无法抗衡"皇权意识形态"的权力话语，又不愿放弃儒家的"王道理想"与文化自尊，于是以"比兴"解"诗"就成了折中或者说最具现实可能性的方案——既能表达意愿而不至于"媚谀"之嫌，又能避免与"皇权意识形态"发生思想冲突，这可以看作是一种自我保护的话语策略；

3. 如前所述，《毛诗》对《诗》的解释存在双重意义结构，即"文本意义结构"与"言用意义结构"，分别对应于"文学之诗"与"经学之诗"的阐释路向。由于《毛诗》设定的"诗人"多数与"诗"不合，例如以《卷耳》为"后妃"所作，便颇令人难解，如崔述所质疑："以夫人而我其臣，言太亲狎；况进贤为人君之职，而夫人侵之，如是岂可为训?"蒋伯潜更质疑道："携顷筐采卷耳，岂后妃之事哉?"②类似例证不胜枚举。因此之故，在经学逻辑上似乎具有内在统一性的双重意义结构实际上

---

① 刘松来：《两汉经学与中国文学》，百花洲文艺出版社 2001 年版，第 319 页。
② 蒋伯潜：《十三经概论》，上海古籍出版社 1983 年版，第 192 页。

处于"意义断裂"状态。

为此，《毛诗》学者试图通过"比兴"的创作论，弥合"文本意义结构"与"言用意义结构"的罅隙，其对《秦风·蒹葭》的释义即为典型例证。《小序》总论诗旨曰："刺襄公也。未能用周礼，将无以固其国焉"，解"蒹葭苍苍，白露为霜"曰："兴也……白露凝为霜然后岁事成，国家待礼然后兴"，解"遡洄从之，道阻且长"曰："逆礼则莫能以至也"，解"遡游从之，宛在水中央"曰："顺礼求济，道来迎之"①，于是，"诗"表述的对"恋人"的上下求索之情便成了"逆"、"顺""周礼"的"象喻"，而"蒹葭苍苍，白露为霜"的诗意情境则成为"国家待礼然后兴"的政治象征，其间转化的中介即是"兴"。离开这一中介，则无论如何不可能将此"情诗"与《毛诗》的"政治学阐释"联系在一起。就此而言，"比兴"既是一种创作方法，同时也是一种阐释方法。

三

由"情志并举"、"以志统情"的发生论，"赋"、"比"、"兴"并提而以"比兴"为主的创作论，合乎逻辑地推导出《毛诗》对"诗"的理想风格的规定，此即"主文谲谏"。郑玄解释说："主文，主与乐之宫商相应也；谲谏，咏歌依违，不直谏"②，此即"要求诗人在以诗规讽统治者时，必须通过委婉曲折的方式，而不要过于切直刻露，以维护君主的尊严"，"从审美角度言，'主文谲谏'同时又强调艺术的'谐和'"，即"通过'譬喻不斥言'的婉转表现方式，协调刚柔"，以达到更好的效果，与"温柔敦厚"的"诗教"说相一致，"艺术风格必须含蓄蕴藉，委婉入情"③。

这一规定虽与《诗》本身有密切关系，但更是儒家知识人"处身方式"及其"情感经验"在"《诗》学"领域的"映射"。虽然他们自认是"帝王师"，希望通过引导"帝王"的政治实践而实现儒家的乌托邦构想，但是他们对于"道义"理想的自我推尊，既有可能强化其话语权

---

① 阮元校勘：《十三经注疏》，中华书局1980年版，第372页。

② 同上书，第271页。

③ 顾易生、蒋凡：《中国文学批评通史·先秦两汉卷》，上海古籍出版社1996年版，第411—413页。

力，但也可能随时招致祸端。一方面需要维护"帝王"的政治权威，另一方面又须维护儒家道德理想主义的"治政"理念，这种两难处境使他们不能不采取一种折中的"劝谏"方式，所谓"言之者无罪，闻之者足以戒"①。在经学文论话语建构上，作为"诗"的审美风格，"主文谲谏"是创作论的思想结点，但它又恰是创作论的逻辑起点。这意味着，《毛诗》实际是先行规定了"主文谲谏"的理想类型，再以此为前提规范"诗"的创作，这一话语建构思路更清楚地说明了其"规定型"文论的特质。

而从逻辑上说，"情志合一"的发生论、"主文谲谏"的创作论，都取决于"政教美刺"的功能论。《毛诗》对"诗"的功能/价值的论说，大致包括如下意涵：

1. 既然《毛诗》看待《诗》的根本性/基础性视野是"经学之《诗》"，则《诗》也就具有"政治教科书"的重大价值。而按经学家的设想，通过"诗教"或"以《诗》为谏"的方式，掌控政治权柄的"王"可从中汲取经验教训。这便是《小序》探赜索隐得出的"王政之所由废兴"的"王道"，所谓"论功颂德，所以将顺其美；刺过讥失，所以匡救其恶，各于其党，则为法者彰显，为戒者著明"。尤其是《诗》经孔子手定，按郑玄的规范解释就是："孔子录周衰之歌，及众国贤圣之遗风。自文王创基，至于鲁僖四百年间，凡取三百五篇，合为《国风》、《雅》、《颂》"②，则"以《诗》为镜鉴"的功能论实具有充分的合理性。这与其说是对《诗》曾经发生的政治文化功能的事实概括——例如，孔子就曾经将《诗》作为培养"为政"者的"教本"，还说"诵《诗》三百，授之以政，不达；使于四方，不能专对；虽多，亦奚以为"（《论语·子路》），不如说是体现了经学家对儒家"道统"、"政统"、"学统"的坚定信念。

2. 郑玄认为："诗者，弦歌讽喻之声也。自书契之兴，朴略尚质，面称不为谄，目陈不为谤，君臣之接如朋友然，在于恳诚而已。斯道稍衰，奸伪以生，上下相犯。及其制礼，尊君卑臣。君道刚严，臣道柔顺。于是

---

① 阮元校勘：《十三经注疏》，中华书局 1980 年版，第 271 页。
② 郑玄：《六艺论》，孔颖达《毛诗正义·诗谱序》引，见阮元校勘《十三经注疏》，中华书局 1980 年版，第 263 页。

箴谏者希，情志不通。故作诗者以诵其美而讥其过"①，这一解释意在通过追溯历史，阐明"尊君卑臣"时代"主文谲谏"之"诗"的必然性和必要性。"弦歌"即"主文"，"讽喻"即"谲谏"，其目的则是"诵其美而讥其过"，以通"上下情志"。蒋凡认为："所谓'美'，也就是作家对于生活采取了歌颂的态度；而'刺'则是作家对现实采取了暴露与批判的态度。歌颂美的事物，是希望人们把它作为学习的榜样；揭露或批判丑恶事物，是要求人们抛弃它，并引以为戒。"②

而在"歌颂"与"批判"二者，《毛诗》更看重"批判"，所以标为"美"的"诗"有124篇，而标为"刺"的"诗"有181篇。郑玄的解释，与《毛诗大序》所说"下以风刺上"、"国史明乎得失之迹，伤人伦之废，哀刑政之苛，吟咏情性，以风其上"③，指意相同而凸显"诗史"的历史意识。这种解释固然可得到《诗》本身的支撑——例如，《魏风·葛屦》就明确表达了"诗人"的意图："维是褊心，是以为刺"，《小序》解释说："刺褊也。魏地狭隘，其民机巧趋利，其君俭啬褊急，而无德以将之"④，即希望"魏君"能由此"知民情"、"兴德教"、"化民俗"，但更是经学家的政治文化想象在"《诗》学"话语上的表现。

3. 在经学家看来，《诗》寓托的"王道"对每个人的义务和责任都有具体规定，而且因其"诗"的美学形式，这些规定并非基于抽象的理则，而是基于真实的生命感觉的"情感"，所以不仅易于为"人"接受，且能深入"人心"，因而"先王以是经夫妇，成孝敬，厚人伦，美教化，移风俗"，此即"诗"之"上以风化下"⑤的文化功能。其原理是，无论是"美"或"刺"，《诗》都是对与儒家理想的伦常秩序相匹配的"生活感觉"的审美"叙事"，当人们"为某个叙事着迷，就很可能把叙事中的生活感觉变成自己的现实生活的想象乃至实践的行为"，而"一个人进入过某种叙事的时间和空间，他（她）的生活可能就发生了根本的

---

① 郑玄：《六艺论》，第3页，见《经义知新记》（丛书集成初编本），中华书局1985年版。
② 顾易生、蒋凡：《中国文学批评通史·先秦两汉卷》，上海古籍出版社1996年版，第409页。
③ 阮元校勘：《十三经注疏》，中华书局1980年版，第271页。
④ 同上书，第356—357页。
⑤ 同上书，第270、271页。

变化"①。

　　《毛诗》学者认为，这种通过改变"生活感觉"使人心甘情愿地维护社会秩序的做法比"法治"和"行政"手段更有效和持久，所以说"故正得失，动天地，感鬼神，莫近于诗矣"②。不过，对《毛诗》学者而言，"生活感觉"的转变并非基于由"诗"的文本结构生发的全部意义蕴涵，而是由"经学之诗"统摄"文学之诗"的释义结构决定的"王道"，因而这种转变的实质也就是"人心"／"生活感觉"的格式化。

　　由上述描述与讨论，可得出两点结论：

　　1.《毛诗》的文论话语虽然在思想资源上源于先秦儒家，而且对先秦"说诗"、"用诗"的士人文化传统进行了理论概括，实质则是身处"皇权意识形态"压力之下的汉儒表述其政治、文化信念的方式，因此同样是一种"规定型文论"。这种类型的文论话语建构逻辑是以"诗"的"政教"功能为立论基点，以此确定"诗"的类型特征，再以此为根据规定"诗"的创作方法，进而描述"诗"的发生与进展的具体情形。由于对"诗"的精神内涵与审美品质已经预先设定，因而"诗"的"历史"是被经学家的政治和美学"信念"改写/重塑的"历史"，而又反过来构成"信念"的强力支撑；

　　2.《毛诗》政治功利取向的文论话语与"今文《诗》学"并无本质不同，差别在于话语表达方式，如蒋凡所论："《毛诗》属古文学派，它较多地保持了部分先秦儒家的思想资料，具有较为明显的复古倾向；而今文学派则为了适应汉代统治者的政治需要，搀杂了较多的谶纬之类的神学内容"③。这是就今、古文"《诗》学"的典型特征而言，因为"今文《诗》学"颇具神秘主义色彩的"言说"方式也经历了一个发展过程。不过，"今文《诗》学"逐渐趋同于基于"阴阳"、"五行"概念的"天人合一"的话语架构，并在东汉与"谶纬之学"混同，而"古文《诗》学"家虽然竭尽努力，欲使《毛诗》获得"学统"的正当性，却重在"训

---

　　① 刘小枫：《沉重的肉身》，华夏出版社2008年版，第5页。
　　② 阮元校勘：《十三经注疏》，中华书局1980年版，第270页。
　　③ 顾易生、蒋凡：《中国文学批评通史·先秦两汉卷》，上海古籍出版社1996年版，第418页。

诂","义理"简洁,疏离"谶纬",始终以平实的"言说"方式解说"诗旨",也是事实。比较更多地依靠"信仰"的今文经学文论话语,这种表达方式更有说服力。因此,当历史进程愈来愈呈现出"祛魅"/"理性化"的特征,今文经学文论话语便逐渐失去效力,而以《毛诗大序》为典范的古文经学文论话语便成了儒家文论的基本范式。

第六章　谶纬经学文论话语建构：秘传与启示

诗者，天地之心，君德之祖，百福之宗，万物之户。

——《诗含神雾》

第一节　作为儒家"秘言知识论"的谶纬经学

一

何为"谶纬"？《四库全书总目提要》的解释提供了讨论的基础：

> 谶者诡为隐语，预决吉凶……纬者经之支流，衍及旁义……盖秦汉以来，去圣日远，儒者推阐论说，各自成书，与经原不相比附。如伏生《大传》、董仲舒《春秋阴阳》，核其文体，即是纬书，特以显有主名，故不能托诸孔子。其他私相撰述，渐杂以术数之言，既不知作者为谁，因附会以神其说。迨弥传弥失，又益以妖妄之词，遂与谶合而为一。然班固称圣人作经，贤者纬之；杨侃称纬书之类，谓之秘经，图谶之类，谓之内学，河洛之书，谓之灵篇；胡应麟亦谓谶纬二书，虽相表里，而实不同。则纬与谶别，前人固已分析之。后人连类而讥，非其实也。右《乾凿度》等七书，皆《易纬》之文，与图谶之荧惑民志、悖理伤教者不同。①

---

① 永瑢等：《四库全书总目·经部·易类六》，中华书局1965年版，第47页。

由这一出自清代"王官学"的判定，可引申出两点认识：

1. "谶"与"纬"不同。"谶"的文体风格是"诡为隐语"，其功能是"预决吉凶"，但它不是普通的预言，而是事关国家"政教制度"安排、"关于改朝换代的大事的预言"①，因此是具有"政治煽动和预言吉凶的功能话语"②，此即所谓"荧惑民志、悖理伤教"；"纬"则是"正经"之"别传"，所谓"经之支流，衍及旁义"，是"儒者推阐论说"的"私相撰述"，与伏生的《尚书大传》、董仲舒的《春秋繁露》在文体性质上并无二致，只是"纬书""不知作者为谁"而《尚书大传》、《春秋繁露》"显有主名"罢了；

2. "谶"与"纬"最终合而为一。某种类型的知识人为了获取"话语权力"与"思想法权"，将"不知作者为谁"而且"渐杂以数术之言"的"纬书"的著作权归于孔子，更"益以妖妄之词"，所谓"附会以神其说"，于是"孔子不仅是圣而且是神"，"记神话离奇怪诞之说，无所不知，无所不晓"③，至于"弥传弥失"，"遂与谶合而为一"，这便造成"谶"、"纬"名称的混杂："所谓谶也，符也，录也，图也，书也，候也，纬也，汉人通用，互文，未始以为嫌也。盖从其验言之则曰'谶'，从其徵信言之则曰'符'，从所谓《河图》文字之颜色言之则曰'录'"④，"不仅谶纬历史地证明了无严格的区分，就是谶纬和《六经》有时也是没有什么区分的"⑤。

一个合理的猜测是，尽管若干"谶言"的作者于史无征，但既然事关国家"政教制度"、"治统"合法性问题，则只能出自于有野心的政治家与知识人之手。有野心的政治家自己也制造"谶言"——例如真定王刘扬"病瘿"，就造出"赤九之后，瘿扬为王"的"预言"，欲以"惑众"⑥，但照一般事实推论，有野心的政治家多为"授意者"，实际造作"谶言"

---

①　王葆玹：《今古文经学新论》，中国社会科学出版社 1997 年版，第 73 页。

②　刘小枫：《臆说纬书与左派儒教士》，见其《个体信仰与文化理论》，四川人民出版社 1997 年版，第 571 页。

③　钟肇鹏：《谶纬论略·前言》，辽宁教育出版社 1991 年版，第 5 页。

④　陈槃：《谶纬释名》，见《历史语言研究所集刊》第 11 册，中华书局 1987 年影印版，第 300 页。

⑤　王利器：《谶纬五论》，见其《晓传书斋集》，华东师范大学出版社 1997 年版，第 90—91 页。

⑥　范晔：《后汉书·任李万邳刘耿列传》，中华书局 1965 年版，第 763 页。

的乃是因为各种原因甘为附庸的知识人。他们所依据的是流行于秦汉社会的一般知识、思想与信仰，因此与"纬语"出自同一学脉，只是"谶言"一般会有特定与确定的语义指向，而"纬语"更偏重于一般与普遍的"义理"与"方法"。

就话语类型与政治文化功能而言，"谶"与"纬"确实有别，而就其出于同一知识、思想平台而言，则"谶"与"纬"相为表里："谶纬虽有不同，然皆原于阴阳，为汉儒本色。"① 例如，《春秋汉含孳》有云："刘季握卯金刀，在轸北，字季，天下服。卯在东方，阳所立，仁且明。金在西方，阴所立，义成功。刀居右，字成章，刀击秦。枉矢东流，水神哭祖龙"②，以拆字法将"劉"析为"卯"、"金"、"刀"三字，又依据秦汉知识思想界流行的以"阴阳"、"五行"配"四方"、"五德"的理论解说三字，谕示刘邦会"承天命"而代"秦"为"帝"，故虽载入"纬书"，而实即"谶言"。

进一步考虑，若将"谶纬"视为儒家的一种思想和政教文化理念类型，即可发现其所具有的"秘言知识论"性质。从文体上看，"谶"与"纬"皆具神秘气息，"谶"者"诡为隐语"，"纬"也不例外："纬书文体鬼气靡靡，所谓神章灵篇。"③"谶纬之学的基本内容和主要倾向，是把儒家经典神秘化和宗教化。它是有文献体系的政治神话，其中包括了完整的三皇五帝系统、圣人感生受命的传说、任意比附的灾异祥瑞等等，实际上就是封建神学与庸俗经学的混合物"④，内多舛乱颠倒之辞，晦涩拗口之句，故被判定为"文辞浅俗，颠倒舛谬，不类圣人之旨"⑤。然而，正是凭藉这些妖妄诡奇的"秘言"，"谶纬神学动辄讲'革命'、'革政'、'五德'更代，在社会动乱之际有极大的煽惑力，受到野心家的欢迎，它使专制君王在民众眼中只不过是历史舞台上的匆匆过客"⑥。而从东汉光

① 钱穆：《国学概论》，商务印书馆 1997 年版，第 122—123 页。
② 安居香山、中村璋八：《纬书集成》，河北人民出版社 1994 年版，第 812 页。
③ 刘小枫：《臆说纬书与左派儒教士》，见其《个体信仰与文化理论》，四川人民出版社 1997 年版，第 583 页。
④ 许道勋、徐洪兴：《经学志》，上海人民出版社 1998 年版，第 111 页。
⑤ 魏徵、令狐德棻：《隋书·经籍志》，中华书局 1973 年版，第 941 页。
⑥ 吕宗力：《东汉碑刻与谶纬神学》，见《研究生论文选集·中国历史分册》（一），江苏古籍出版社 1984 年版，第 85 页。

武帝刘秀"宣布图谶于天下"的做法，即"把谶纬写成定本，使谶纬定型化，此后凡有增损改易谶纬的也得治罪。这样就使谶纬书籍定型化，并且用政治和法律的权力来维持谶纬神学的尊严"①，亦可见谶纬之"秘言"的政治指向。

可以这样说，"谶纬"之"秘言"乃是"特定的儒教士群体的语式：纬书神话叙述和托圣人语态既是纬书家的思想类型的表征，亦是政治文化冲突中的竞争方式，不能把托圣人语态和神人系统及其历史谱系神圣化仅看作是加强政治文化冲突中的竞争力的一种策略，它也是一种政制思想信念的表达——神权政制的诉求"。表现于"纬书"，则"易纬是自然理则的神义化解释，当新王的天理依据；尚书纬是儒教圣王的历史谱系，受命而王论的历史依据，朝代相替时易姓而兴之理的历史叙述；春秋纬是孔子当新王的神义化解释，有如儒教的新律，新的历史启示，受命而王论的新的历史理据，由此孔子成为后世儒教士当新王的精神楷模；孝经纬则是教化国家的伦理圣训。纬书圣统的这一结构表明，纬书具有华夏国家宗教的自然法圣典的性质，其核心是：受天命而王，以教化天下"②。

以"秘言知识论"传达"神权政治"诉求的"谶纬之言，起源太古，然以经淯纬，始于西京，以纬俪经，基于东汉"，"谶以辅纬，纬以正经。而儒生稽古，博士释经，或注中侯之文，或阐秘书之旨"③，便与"治统意识形态"及今、古文经学发生历史性关联。史载："汉自武帝颇好方术，天下怀协道艺之士，莫不负策抵掌，顺风而届焉。后王莽矫用符命，及光武尤信谶，士之赴趋时宜者，皆骋驰穿凿，争谈之也"，"光武善谶，及显宗、肃宗因祖述焉。自中兴之后，儒者争学图纬，兼复附以妖言"④，"帝王"的崇信使"谶纬"在知识界蔚成风气。阮元曾据汉代碑碣记载胪列："姚浚尤明图纬秘奥，姜肱兼明星纬，郭泰探综图纬，李休又经群纬，袁

①　钟兆鹏：《谶纬论略》，辽宁教育出版社 1991 年版，第 28 页。

②　刘小枫：《臆说纬书与左派儒教士》，见其《个体信仰与文化理论》，四川人民出版社 1997 年版，第 583、595 页。

③　刘师培：《谶纬论》，见李妙根编《刘师培论学论政》，复旦大学出版社 1990 年版，第 73 页。

④　范晔：《后汉书·方术列传》、《张衡列传》，中华书局 1965 年版，第 2705、1911—1912 页。

良亲执经纬，杨震明河洛纬度，祝睦该洞七典，唐扶综纬河洛，刘熊敦五经之纬图，杨著穷七道之奥，曹全甄极毖纬，蔡湛少耽七典，武梁兼通河洛，张表该览群纬，丁鲂兼究秘纬，李翊通经综纬"，表明"汉代五经家，不仅今文学家与谶纬有密切的关系，就是古文学家及混淆今古文学家者，其对于谶纬，也每有相当的信仰。至于反对谶纬的，如《文心雕龙·正纬》篇中所举的'桓谭疾其虚伪，尹敏戏其深瑕，张衡发其僻谬，荀悦明其诡诞'，都是完全出于个人见解的超脱，和经学学统上没有多大的关系"①。

谶纬在东汉意识形态领域地位尊崇，享有知识等级与思想层级的至上性。谶纬首先是为政治实践提供策略和修辞的"治政法典"，如汉明帝刘庄因"日食"而下诏自责："日食之变，其灾尤大，《春秋》图谶所为至谴。永思厥咎，在予一人。群司勉修职事，极言无讳"②，又如汉桓帝刘志延熹八年（公元165年），刘瑜上疏"陈事"，"特诏召瑜问灾异之徵，指事案经谶以对"③。谶纬也是为"文教制度"安排提供"义理"支持的"圣经宝典"，如学《庆氏礼》、"博物识古，为儒者宗"的曹褒，给汉明帝上疏"请制礼乐"，以为"大汉当自制礼，以示百世"，盖因《河图括地象》曰："有汉世礼乐文雅出"，《尚书琁机钤》曰："有帝汉出，德洽作乐，名予"；汉章帝欲"制定礼乐"，下诏曰："《河图》称'赤九会昌，十世以光，十一以兴。'《尚书琁机钤》曰：'述尧理世，平制礼乐，放唐之文。'予末小子，讬于数终，曷以缵兴，崇弘祖宗，仁济元元？《帝命验》曰：'顺尧考德，题期立象。'且三五步骤，优劣殊轨，况予顽陋，无以可堪，虽欲从之，未由也已。每见图书，中心恶焉"，于是曹褒得以"次序礼事，依准旧典，杂以《五经》谶记之文，撰次天子至于庶人冠婚吉凶终始制度，以为百五十篇，写以二尺四寸简"④。

也正因其"治政法典"和"圣经宝典"的性质，谶纬具有"统一群

---

① 周予同：《周予同经学史论著选集》，上海人民出版社1996年版，第56页。
② 范晔：《后汉书·显宗孝明帝纪》，中华书局1965年版，第111页。
③ 范晔：《后汉书·杜栾刘李谢列传》，中华书局1965年版，第1855—1857页。
④ 范晔：《后汉书·张曹郑列传》，中华书局1965年版，第1201—1203页。

言"的权威性。这方面的典型例证，就是汉明帝永平元年（公元58年），樊儵"与公卿杂定郊祠礼仪，以谶记正《五经》异说"①。甚至由此而发生具有喜剧性质的事件：

> （翟酺）四世传《诗》。酺好《老子》，尤善图纬、天文、历算。……时尚书有缺，诏将大夫六百石以上试对政事、天文、道术，以高第者补之。酺自恃能高，而忌故太史令孙懿，恐其先用，乃往候懿。既坐，言无所及，唯涕泣流连。懿怪而问之，酺曰："图书有汉贼孙登，将以才智为中官所害。观君表相，似当应之。酺受恩接，悽怆君之祸耳！"懿忧惧，移病不试。由是酺对第一，拜尚书。②

太史令孙懿之所以"忧惧，移病不试"，是因为《春秋保乾图》有言："汉贼臣，名孙登，大形小口，长七尺九寸，巧用法，多技方，《诗》《书》不用，贤人杜口"③，可见谶纬强大的政治文化力量。

而从儒家经学视野看，虽然"谶纬家"自己也造作"经典"，如所谓"《河图》九篇，《洛书》六篇，云自黄帝至周文王所受本文。又别有三十篇，云自初起至于孔子，九圣之所增演，以广其意。又有《七经纬》三十六篇，并云孔子所作"④，但既然谶纬多与儒家经典相关，其中最重要的还是《七经纬》，而且"谶以辅纬，纬以正经"，则"纬书学"同样有理由视为一种类型的经典解释之学。例如，钟肇鹏指出："《稽览图》是讲卦气的，它把《易经》同历法结合起来，其中心思想是附会《易经》的卦爻，来讲节候占验，宣扬一种新的天人感应神学目的论"⑤，这与"今文《易》学"之孟喜、京房一派几乎是同一路数。而且，孟喜、京房均宣称得自"师"的"真传"、"秘授"，却均遭"同门"断然否认，据此可做一推想：他们用"卦气"、"灾异"诠释"卦爻"的"思路"、"言路"，应当别

---

①　范晔：《后汉书·樊宏阴识列传》，中华书局1965年版，第1122页。
②　范晔：《后汉书·杨李翟应霍爰徐列传》，中华书局1965年版，第1602页。
③　安居香山、中村璋八：《纬书集成》，河北人民出版社1994年版，第805页。
④　魏徵、令狐德棻：《隋书·经籍志》，中华书局1973年版，第941页。
⑤　钟肇鹏：《谶纬论略》，辽宁教育出版社1991年版，第37页。

有传承，而像《易乾凿度》之类的"纬书"则可能是其思想来源。

再从儒家的思想脉络看，儒学亦存在"神秘主义"因素。不仅儒家尊崇的"圣王"如禹、周公都是"大巫"："周公开始把中国古代的宗教信仰转移运用到政治场合中来，而周公之政治运用又是极具教育意味的。孔子则把周公的那一套政治和教育思想颠倒过来，想根据理想的教育来建立理想的政治。但在最后，周公与孔子两人，大体上仍保留着古代相传宗教信仰之最高一层即关于天和上帝的信仰"①；而且，今文经学的"天道崇拜"和"圣王崇拜"，以及体悟"天道"与"圣心"的知识论、"正心"而"成圣"的修养论，本就带有"神秘主义"色彩。那些对"宇宙论知识"与"数术"、"方技"抱有浓厚兴趣的儒门后学，"把古代中国关于宇宙的观念、天文地理的知识、星占望气等技术、神仙传说与故事，与传统的道德和政治学说糅合在一起，一方面试图以理论与经典在知识系统中提升自己的文化等级与品位，一方面试图以这一套囊括诸家，包笼天地人神，贯通终极理想、思想道德、制度法律与具体方术的知识系统干预政治，以建立理想的秩序"②。

这种话语构造的结果便是孔子成了"神性教主"，而那些塑造孔子"神性"的儒家知识人则成了"灵知"。"占星"、"望气"、"推运"、"筮卜"等便是他们"通灵"的手段，而"谶言"、"纬语"也就成了他们的"秘言知识论"。冯友兰认为："孔丘究竟是一个学者还是一个受天命的王，这是古文经学和今文经学的一个根本分歧之点。孔丘究竟是一个人还是一个神，这是古文经学和谶纬的一个根本分歧之点"③，据此可说，在对"孔子形象"的塑造背后活跃着精神气质和文化理念各别的三类儒家知识人。

二

"谶纬家"有关"世界"的知识和想象，通过两种话语运演方式建构

---

① 钱穆：《中国学术通义》，台北学生书局 1976 年版，第 3—4 页。

② 葛兆光：《七世纪前中国的知识、思想与信仰世界》，复旦大学出版社 1998 年版，第 411 页。

③ 冯友兰：《中国哲学史新编》（中卷），人民出版社 1998 年版，第 245 页。

起完整的世界图景，一是以"阴阳"、"五行"为骨干，一是以"八卦"为骨干，而"基本的哲学基础则是中国文化中独特的天人合一观念"①。

《易乾凿度》对"宇宙时间"与"宇宙生成"有如下想象/解释："有太易，有太初，有太始，有太素也。太易者，未见气也。太初者，气之始也。太始者，形之始也。太素者，质之始也。气形质具而未离，故曰混沦。"②"宇宙"本始"太易"而共生于"一元"之"气"，"太易"是"气"的潜在状态，以后经过"太初"、"太始"、"太素"，分化为"气"、"形"、"质"，成就"天地"、"万物"，而"元气既是神学的基本概念，又是自然宇宙生成论的基本概念"③。"自然宇宙"与"神学"世界因此可以"互通"、"互感"，例如"二十八宿，天元气，万物之精也"，故东方的"角"、"亢"等七宿"其形如龙，曰左青龙"，南方的"井"、"鬼"等七宿"其形如鹑鸟，曰前朱雀"，西方的"奎"、"娄"等七宿"其形如虎，曰右白虎"，北方的"斗"、"牛"等七宿"其形如龟蛇，曰后玄武"，"二十八宿，皆有龙虎鸟龟之形，随天左旋"④，这一星辰分布与五位"天帝"的座次是相对应的："五精星坐，其东苍帝坐，神名灵威仰，精为青龙"，"黄帝坐，一星在太微宫中，含枢纽之神，其精有四象"，"其南赤帝坐，神名曰赤熛怒，其精为朱鸟之类"，"其西白帝坐，曰白招炬，其精为白虎之类"，"其北黑帝坐，神名曰协光纪，其精为玄武之类"⑤，而"五帝之运，各象其类"，"五帝所行，同道异位，皆循斗枢玑衡之分，遵七政之纪、九星之法"⑥。

五"天帝"亦各有其统属，主持"日月"、"星辰"、"岁时"、"七政"、"阴阳"、"度量"，导引宇宙生化的万般景象，"天"的系统正如人类社会一样井然有序："天不独立，阴阳俱动，扶佐立绪，合于二六，以

---

① 吕宗力、栾保群：《〈纬书集成〉前言》，河北人民出版社 1994 年版，第 7 页。
② 安居香山、中村璋八：《纬书集成》，河北人民出版社 1994 年版，第 10—11 页。
③ 金春峰：《汉代思想史》，中国社会科学出版社 1997 年版，第 368—372 页。
④ 《尚书考灵曜》，见安居香山、中村璋八《纬书集成》，河北人民出版社 1994 年版，第 366 页。
⑤ 《诗含神雾》，见安居香山、中村璋八《纬书集成》，河北人民出版社 1994 年版，第 466—467 页。
⑥ 《春秋文曜钩》、《春秋运斗枢》，见安居香山、中村璋八《纬书集成》，河北人民出版社 1994 年版，第 669、710 页。

三为举，故三能六星，两两而比，以为三公。三三而九，阳精起，故北斗九星以为九卿。三九二十七，故有摄提、少微、司空、执法、五诸侯，其星二十七，以为大夫。九九八十一，故内列倍卫阁道即位扶匡天子之类八十一星，以为元士。凡有百二十官，下应十二月。数之经纬，皆五精流气，以立宫廷。"① 虽然"五帝"依次"行运"，但并非没有规则，而超出人类的解释能力范围之外。因为五"天帝"同样包含"气"，而"气"又是世界统一性之所在，当其运入"八卦"，转为"八卦之气"，便可通过"八卦"的推演，而在思想空间中描述世界图景，乃至预测其发展的可能性。

　　"谶纬家"关于自然世界的想象性知识，多依据"阴阳"、"五行"学说与"象数学"而得以成立。例如，《春秋考异邮》以"阴阳"解释动物属性："阳立于三，故狗各高三尺"，"阳物大恶水，故蚕食而不饮。阳立于三春，故蚕三变而后消，死于三七二十一日，故二十一日而茧"，又据"五行相克"理论解释动物之间关系，如"土胜水，故蝍蛆搏蛇"，"金伐木，故鹰击雉"。再如，《春秋说题辞》以"阴阳"解释"山"、"月"、"云"的自然现象："阴含阳，故石凝为山"，"阳制阴，故水为雨"，"月之为言，假也，阴之相也。假日之光，而助其明"，"云之为言，运也，动阴路。触石而起，谓之云。含阳而起，以精运也"②。这些解释试图将"可见"与"想象"的世界万物全部纳入"阴阳"、"五行"的框架中，依靠数字的推演与"阴阳"、"五行"的定性比附，描述世界的构成并预测其变动。本田成之认为："这种谶纬、阴阳、五行、灾异之说，虽然妄诞可笑者多，但这是时世，不能说今日的科学的知识不会被将来的世界作如是观"③，无疑是一种"同情"的理解。重要的是，这些解释使混沌的世界变得清晰有序，可以把握，不仅是为满足人类求知的本性，更是为人类的生存提供强大的信念支撑。

---

　　①　《春秋合诚图》，见安居香山、中村璋八《纬书集成》，河北人民出版社 1994 年版，第770 页。

　　②　安居香山、中村璋八：《纬书集成》，河北人民出版社 1994 年版，第 785—787、861—862 页。

　　③　本田成之：《中国经学史》，孙俍工译，上海书店出版社 2001 年版，第 134—135 页。

"宇宙秩序"既然与"人类秩序"互为"映射"关系，则"人类秩序"可以理解为对"宇宙秩序"的取法。例如，《论语谶考》说："黄帝受地形、象天文以制官"，"王者封国，上应列宿之位。其余小国，不中星辰者，以为附庸"，《春秋元命包》说："周五等爵，法五精"①，《礼含文嘉》说："五者，天子、公、侯、伯、子、男，所以承天也"，《春秋佐助期》说："天子法斗，诸侯应宿"②，都遵循此逻辑。"天子"、"三公"、"九卿"、"二十七大夫"、"八十一元士"，所谓"百二十官"，既是"天地"秩序，也是"国家"官制，二者互为依据。

更重要的是，作为"儒教社会"结构原则的"三纲说"——"君为臣纲，父为子纲，夫为妻纲"③，所谓"三纲大义，名教所尊，而经无明文，出《礼纬含文嘉》"④，而其正当性论证来自于《易乾凿度》："象法乾坤，顺阴阳，以正君臣父子夫妇之义"，其逻辑正如郑玄注解所说："天地阴阳，尚有尊卑先后之序，而况人道乎？""三纲"原则既然为"天道"所决定，则根据这一原则建构起的王朝国家秩序便能获得《礼稽命徵》所说的"天降祥瑞"："王者君臣父子夫妻尊卑有别，则石生于泽也"，"父子君臣夫妇尊卑有别，凤皇至，飞翔于明堂"⑤。

这一本质上与"宇宙秩序"具有同一性的"人类秩序"，以"天子"为"至尊"。这是因为"天子"是"天爱之子"，其"神"、"精"、"血气"与"天地"、"五帝"相通："天子者继天治物，改政一统，各得其宜，父天母地，以养生人，至尊之号也"，"天子至尊也，神精与天地通，血气含五帝精，天爱之子也"⑥。这是说，"天子"的精神生命与生物性生命的本体论根据是"天"，这决定了其德性品质的神圣性与其"受命而王"的正当性，而其使命就是"代天宣化，完成天所不能执行之工作"⑦，

---

① 安居香山、中村璋八：《纬书集成》，河北人民出版社 1994 年版，第 1086、617、622 页。
② 同上书，第 497、819 页。
③ 《礼含文嘉》，见安居香山、中村璋八《纬书集成》，河北人民出版社 1994 年版，第 499 页。
④ 皮锡瑞：《经学历史》，中华书局 1959 年版，第 109 页。
⑤ 安居香山、中村璋八：《纬书集成》，河北人民出版社 1994 年版，第 6、510 页。
⑥ 《易纬》、《春秋保乾图》，见安居香山、中村璋八《纬书集成》，河北人民出版社 1994 年版，第 332、806 页。
⑦ 萧公权：《中国政治思想史》，新星出版社 2005 年版，第 201 页。

所以他要"观天文，察地理，和阴阳，揆星度，原神明之变，获福于无方"，遵循"天地"、"神明"的变化"轨迹"，以之为政治实践的根本纲领。"天子"是社会秩序的创立者，矗立在社会秩序的顶端，因而作为社会秩序"定度"的"礼制"也须以其为衡量标尺。而且，"礼有三起，礼理起于太一，礼事起于遂皇，礼名起于黄帝"①，"礼"本身的合法性根据就是"天道"与"圣王"。

在"基础存在论"层面，"人"自身与"天"相应共感，成就"天"、"地"、"人"相贯通的整体宇宙秩序：

> 人与天、地并为三才。天以见象，地以效仪，人以作事，通乎天地，并立为三。其精之清明者为圣人，最浊者为愚夫，而其首目手足皆相同者，有不同于常者为禽兽矣。

> 为人取象于天地，庭法紫微，颜法端门，颐为辅。北斗以应人之七孔，昆仑为颠，嵩高为准，目以象河，口以象海，耳为附域边界亭堠也。

甚至，因为"阳立于三，故舌在口中者长三寸，象斗玉衡。阴合有四，故舌沦入溢内者长四寸"②。在现代科学的知识体系中，这些对"人"的自我理解只会被定性为"伪科学"或"迷信"，但在汉代却是深深植入"生活世界"的"普遍性知识"。

由此也可以发现，今、古文经学与谶纬经学实有相同的知识、思想背景和问题意识，只是他们的知识谱系转型方式略有不同。例如，属于今文经学的"齐学"是以"经学"为主而兼采"方术"知识，而谶纬经学则是以"方术"为主而兼采"经学"知识，若就其最终成型的思想架构来说，其间差别实甚微弱。

关于"历史"的知识和想象也是谶纬经学的重要内容，其核心是

---

① 《礼含文嘉》，见安居香山、中村璋八《纬书集成》，河北人民出版社 1994 年版，第 496、504 页。

② 《春秋元命包》，见安居香山、中村璋八《纬书集成》，河北人民出版社 1994 年版，第 621、625 页。

"五德终始"的"历史循环论"。《春秋命历序》说"历史"始源于"天地开辟"，而"自开辟至获麟二百二十七万六千岁，分为十纪，凡世七万六百年"，至于"积获麟至汉"，则"合为二百七十五岁"①。在此漫长时间中，"圣王"薪火相传，盖有"开辟时期"、"十纪时期"、"庖牺氏十五代"、"五帝"等伟大时代②，再加上夏、商、周、秦、汉，于是历史不再混乱无序，而是呈现出可清晰辨认的轨迹，其规律是"五德之运，同徵合符，膺箓次相代"③。历代"圣王"不但禀受"五德"之一以为"治统"根据，如"天皇氏以木王，地皇氏以火纪"，"伏牺氏以木德王天下……轩辕氏以土德王天下……夏后氏金行……殷人水德……周人木德"④，而且皆有"符瑞"、"图箓"之类符号表征："帝王之兴，多从符瑞。周感赤雀，故尚赤。殷致白狼，故尚白。夏锡玄珪，故尚黑"。这是因为"天子皆五帝精，宝各有题序，次运相据起，必有神灵符纪，诸神扶助，使开阶立遂"，故"敬受瑞应而王，改正朔，易服色"⑤。"纬书"所记"圣王""受命"之"瑞应"，多为"龙凤"、"麒麟"、"玄龟"、"图箓"、"祥云"、"景星"等。

既然"治统"递嬗"五德终始"循环不息，"次运相据"，则"五帝"及其在人类社会的代理人"天子"均有相应"治期"。例如，《春秋保乾图》说："黑帝治八百岁，运极而授木，苍帝七百二十岁而授火。"《春秋元命包》的解释是："天道煌煌，非一帝之功。王者赫赫，非一家之常。顺命者存，逆命者亡。"《尚书考灵曜》亦云："天道无适莫，常传其贤者"，"自三皇以下，天命未去飨善，使一姓不再命"。而在"谶纬家"的"政治神话叙事"中，"圣王"都秉持"天下非一家之有"的儒家政治哲学理念，如《尚书中候考河命》就说："舜乃权持衡而笑曰：明哉，夫天下非一人之天下也，亦乃见于钟石笙筦乎？"《尚书中候握河纪》则记"尧曰：皇道

---

① 安居香山、中村璋八：《纬书集成》，河北人民出版社 1994 年版，第 885 页。
② 冷德熙：《超越神话：纬书政治神话研究》，东方出版社 1996 年版，第 75 页。
③ 《春秋内事》，见安居香山、中村璋八《纬书集成》，河北人民出版社 1994 年版，第 886 页。
④ 《春秋命历序》、《春秋内事》，见安居香山、中村璋八《纬书集成》，河北人民出版社 1994 年版，第 875、887 页。
⑤ 《春秋感精符》、《春秋演孔图》、《春秋瑞应传》，见安居香山、中村璋八《纬书集成》，河北人民出版社 1994 年版，第 746、581、896 页。

帝德，非朕所专"①，于此可见谶纬经学的"革命"思想。

　　综上所述，"谶纬家"构造的"历史"循环于"金"、"木"、"水"、"火"、"土"的"五德"，帝王"世系"、"治统"的嬗变转移既有规律可循，而且其"兴"其"亡"皆有外在、具体的"征象"，因此可以依据某种"征象"预言"历史"的走向。至于"五德"转移是遵循"五行相胜"原理，还是"五行相生"原理，这虽然涉及"进化论的循环史观"或"退化论的循环史观"②，因而并非单纯的技术性问题，但在对历史进程的判定上却并无异议。不过，"谶纬家"对"五德"转移的安排显然存在矛盾，"相胜"、"相生"两说并存其中，应该有一个因应时世而不断调整的过程，总体上是以"五行相生"说为主，这与刘汉帝国确定其"治统"合法性并据此择用意识形态类型相关。后世"王官学"禁绝谶纬的理由是"文辞浅俗，颠倒舛谬，不类圣人之旨"，似乎根由谶纬话语之"鄙俗性"，其真正理由则在于"谶纬论不适于作为帝国之稳定的意识形态。五德循环的政治理论，不仅对于帝王是危险的，对于文吏官僚也不利。一朝天子一朝臣，循环统治论会使文吏官僚失去稳定性。任何帝王都想坐天下以永世。五德终始论会引出受命—革命的正当性，以礼乐论为政治理论，就要安稳得多"③。

　　现存"纬书"中还有关于"世界"的一般性的知识与想象，如《河图》说："黄河出昆仑山东北角刚山，东北流千里，折西而行，至于蒲山。南流千里，至华山之阴。东流千里，至于桓雍。北流千里，至于下津。河水九曲，长者九千，入于渤海"，《诗含神雾》说："四文蛮貊，制作器物，多与中国反，书则横行，食则合和，伏则交脚，鼓则细腰。如此类甚众。中国之所效者，貂蝉、胡床、胡饭"④，涉及地理、民俗诸多方面。这从某种程度上体现了汉代知识人的求知欲以及汉代文化的包容性，但在谶纬经学系统中，其意义在于构建"天"、"地"、"人"、"神"互感互应

---

　　① 安居香山、中村璋八：《纬书集成》，河北人民出版社 1994 年版，第 806、620、373、430、423 页。

　　② 王葆玹：《今古文经学新论》，中国社会科学出版社 1997 年版，第 432—436 页。

　　③ 刘小枫：《臆说纬书与左派儒教士》，见其《个体信仰与文化理论》，四川人民出版社 1997 年版，第 566 页。

　　④ 安居香山、中村璋八：《纬书集成》，河北人民出版社 1994 年版，第 1218、465 页。

的理想秩序,那些知识和想象便是铺展开这一理想秩序的"砖石"和"填充物"。而从"谶纬家"自我标榜为"灵知"的精神气质看,他们极力扩张自己的知识系统,正足以显示其超凡能力,那些真假参半的知识和想象,在满足人们好奇心的同时,也会加强对"谶言""纬语"的信仰。

三

上述有关"世界"、"历史"的"知识"/"想象",已经约略显示出谶纬经学的思想框架。虽然在现代知识体系中不免牵强附会,但"阴阳"、"五行"和"易卦"理论不但使零散、片段的知识形成系统,也为构想井然有序因而是理想化的世界图景提供了操作方式。

"谶纬家"相信,"天"、"地"、"人"、"神",世界万物,基于数字的"类同"与"阴阳"、"五行"的"比类"性质,可以相互感应。例如,《河图括地象》论"天"与"地"的对应:"天有五行,地有五岳。天有七星,地有七表。天有四维,地有四渎。天有八气,地有八风。天有九道,地有九州";《春秋元命包》论"天"与"人"的感应:"人发与星辰俱设,发时堕落者,以星不流绝也","凡天象之变异,皆本于人事之所感,故逆气成象,而妖星见焉";论"人"与"神"的感应:"尧火精,故庆都感赤精而生","扶都感白气而生汤","苍神精感姜嫄而生,卦之得震,故周苍代商"①。不仅"圣王"皆有"异表",所谓"尧眉八采"、"舜重瞳子"、"禹耳三漏"、"汤臂四肘"、"文王四乳"、"武王骈齿"②,而且,"受命"、"革命"皆有"瑞应"、"灾祥",所以说"天之与人,昭昭著明,甚可畏也"③。"天人相应相感"无疑也是今文经学的支撑性观念,但在谶纬经学中,"天"与"人"的"感应"关系得到彻底推阐,而此彻底性是今文经学未曾达到的。这既与谶纬经学建构其思想系统的"方术"知识基础有关,也与"谶纬家"的"政治神学"信仰有关。

---

① 安居香山、中村璋八:《纬书集成》,河北人民出版社 1994 年版,第 1090、628、654、591、593 页。

② 《春秋元命包》,见安居香山、中村璋八《纬书集成》,河北人民出版社 1994 年版,第 591—595 页。

③ 《春秋纬》,见安居香山、中村璋八《纬书集成》,河北人民出版社 1994 年版,第 910 页。

对井然有序的世界图景的构想与解释，虽然不乏臆想色彩，但在"天道崇拜"和"圣贤崇拜"盛行的汉代社会，却为"谶纬家"设计王朝国家的政治、文化秩序提供了充分的知识基础和信仰根据。诸如法律、教育、仪式、典礼、服饰等，在"纬书"中都有具体规定，最终目的仍在于维护依照儒家的政治文化理念建构的理想社会秩序，这其实与今、古文经学并无区别，亦堪表明"谶纬家"的"儒教士"身份。

《乐叶图徵》就描述了一个理想的社会制度：

> 圣人授民田，亦不过百亩。此天地之分，黄钟之度九而调八音，故圣人以九顷成八家。上农夫食九口，中者七口，下者五口，是为富者不足以奢，贫者无饥馁之忧，三年余一年之畜，九年余三年之畜……为富者虑贫，强者不侵弱，智者不诈愚，市无二价，万物同均，四时当得，公家有余，恩及天下，与天地同德……尊卑各有等，於士则义让有礼，君臣有差，上下皆次，治道行……明礼义，显贵贱，明烛其德，卒之以度，则女功有差，男行有礼……章制有宜，大小有法，贵贱有差，上下有顺……功成者爵赏，功败者刑罚……诛一动千，杀一感万，使死者不恨，生者不怨。①

这种制度设计是"圣王法承天"的结果。按照"谶纬家"的一贯思路，"人类秩序"是以"宇宙秩序"为典范的，但只有"圣王"才具备以"宇宙秩序"为典范创制"人类秩序"的资格，而这正是"圣王"的在世使命，所谓"圣人不空生，必有所制，以显天心"②。

"谶纬家"宣称，孔子就是这样一个"圣王"，但他是一个以"平民"身份"显天心"的"素王"。今存《论语谶考》、《论语摘辅象》、《春秋演孔图》诸篇，对孔子及其弟子的"异表"、"圣体"、"感生"有较为集中的描述，孔子为"素王"，为"天下""制法"，而若颜渊、子路、子贡、左丘明等人，则或为"司空"，或为"司徒"，或为"素臣"，为孔子

---

① 安居香山、中村璋八：《纬书集成》，河北人民出版社 1994 年版，第 562—564 页。

② 《春秋演孔图》，见安居香山、中村璋八《纬书集成》，河北人民出版社 1994 年版，第580 页。

"制宪""立法"助一臂之力。① 对孔子及其弟子形象的塑造,为儒家团体植入"宗教性",而对"谶纬家"来说更有重要意义:既然他们是阐释"圣王"(孔子)体悟"天心"之"秘言"的特殊阶层,那么他们也就具备依据"圣王之道"指导政治、文化建构的权力。

第二节 谶纬经学的文论视野与话语建构

一

对谶纬经学的知识、思想和信仰的清理,为讨论其"文论视野"与"话语建构"划定了范围和指向,但在进入这一问题域之前,我们还必须考虑四个问题:

1. 清代学者陈乔枞认为:

> 诗纬……皆察躔象以纪星辰之度,推始际以著历数之运,徵休咎以合神明之契。其间天运循环终始之理,人事兴衰得失之原,王道治乱安危之故,靡不包罗囊括,兼综而条贯之,告往知来。圣门言诗之旨,有线未绝,端赖乎是。②

讨论谶纬经学"文论视野"与"话语建构",亦当以此为基点和轴心。问题在于,现存"谶言""纬语"既然为后人辑佚而成,则必然有所遗漏;而且,辑佚之文既然出自"正统"经学视野,那就一定会有删节,这就决定了对谶纬经学文论话语的整理不可能复其原貌。

2. 由于"纬书"形成的层累性质,且在传授上又没有"师法"、"家法"之类保障其纯洁性的体制,故多自相矛盾,有些表述也与今、古文经学相同。例如,《诗含神雾》之"上以风化下,下以风刺上,主文而谲

---

① 周予同:《纬谶中的孔圣与他的门徒》,见《周予同经学史论著选集》,上海人民出版社1996年版;顾颉刚:《谶纬的内容》,见其《秦汉的方士与儒生》,上海古籍出版社1978年版;钟肇鹏:《谶纬中的孔子及其弟子》,见其《谶纬论略》,辽宁教育出版社1991年版。

② 陈乔枞:《诗纬集证·自序》,见《续修四库全书》总第77卷,上海古籍出版社1997年版,第761页。

谏，言之者无罪，闻之者足以戒”①，即全同于《毛诗大序》。从整体上看，现存“谶言”“纬语”中的文论话语虽然有神秘主义色彩，但精神指向与今、古文经学文论话语并无二致，此即依照儒家“王道政治”、“文化政治”理念对“文”的精神内涵与文化功能做出规定。原因可能在于：

（1）有关“诗”、“礼”、“乐”的“谶纬”话语片段之所以能保留至今，可能是因为今、古文经学家引用“谶纬”注释“五经”而又不予说明导致的结果；

（2）与政治意识形态领域的“一统”趋向和知识人“文化立场”的趋同相一致，汉代的知识生产和思想阐发存在“标准化”的倾向，今、古文经学是这样，谶纬经学也概莫能外，这是因其有共同的问题意识、文化语境、思想资源，包括“基础性”的文论视野与话语。

3. 与今、古文经学文论话语建构方式相同，谶纬经学文论话语也生成于“经典释义”过程，只是“经典”在“谶纬家”看来具有“神性”品质。例如，对经学家来说，最具优先性的问题是经典文本的正当性论证，其在文论上的意义是如何理解“文”的本原。依“神道”而“设教”的“谶纬家”既然将世界存在之究竟根据归本于“皇天”、“上帝”，则“六经”的存在根据也在于此，如《易》、《书》、《诗》：

> 遂皇始出，握机矩，是法北斗，而成七政，表计寰图。其刻曰：苍渠通灵，苍牙通灵，昌之成运，孔演明道经。
>
> 《尚书》，篇题号，尚者，上也。上天垂文象，布节度，书者，如天之行也。
>
> 《诗》者，天文之精，星辰之度，在事为诗，未发为谋，恬澹为心，思虑为志，故诗之为言志也。②

“六经”昭示“天心”，囊括万物，开启“王道”，是“皇天”、“上

---

① 《诗含神雾》，见安居香山、中村璋八《纬书集成》，河北人民出版社 1994 年版，第 466 页。

② 《易纬通卦验》、《尚书璇机钤》、《春秋说题辞》，见安居香山、中村璋八《纬书集成》，河北人民出版社 1994 年版，第 246、396、856 页。

帝"颁示于人的"神章灵篇"，而此"神章灵篇"又必得"圣王"才能体
察，如是则不啻为儒家"弘道"、"立教"之凭藉，所谓"天人同度，正
法相授。天垂文象，人行其事，谓之教。教之为言效也。上为下效，道之
始也"，而"《六经》所以明君父之尊，天地之开辟，皆有教也"①。

　　推崇"六经"的精神典范意义，进而试图以"六经"寓含的"王道"
理想转化现实政治，这是经学家共同的运思取向。"六经"蕴涵着"天运
循环终始之理，人事兴衰得失之原，王道治乱安危之故"，这一经典看待
视野是经学家建构文论话语的共同前提。谶纬经学的独特之处是其"神义
化"的"经典圣性论"。此论所及，则"纬书"也具有"神性"品质。例
如，《春秋演孔图》乃是"天帝"昭示孔子"作《春秋》"的"神书"：
"得麟之后，天下血书鲁端门曰：趋作法，孔圣没。周姬亡，慧东出。秦
政起，胡破术。书纪散，孔不绝。子夏明日往视之，血书飞为赤鸟，化为
白书，署曰《演孔图》，中有制图作法之状。"②

　　4. 由"天人感应"进而"神人感应"，既是谶纬经学构造知识、阐发
思想、张扬信仰之通途，也是"谶纬家"建构文论话语之理则。由于
"世界"、"历史"、"社会"均统摄于"天"、"神"，则汉儒有关"诗"、
"乐"的共识性理解，在"谶言"、"纬语"中就被赋予神秘性。由于文献
不足之故，对其话语组织的具体情形已不能完全了然，但也可约略想象其
大体规模。

　　作为"六经"的解释性著作，"纬书"的性质表明了"谶纬家"看待
经典文本的方式。例如，"易纬是自然理则的神义化解释，当新王的天理
依据；尚书纬是儒教圣王的历史谱系，受命而王论的历史依据，朝代相替
时易姓而兴之理的历史叙述；春秋纬是孔子当新王的神义化解释，有如儒
教的新律，新的历史启示，受命而王论的新的历史理据，由此孔子成为后
世儒教士当新王的精神楷模；孝经纬则是教化国家的伦理圣训。"③　"六

---

　　① 《春秋元命包》、《春秋说题辞》，见安居香山、中村璋八《纬书集成》，河北人民出版社
1994 年版，第 620、856 页。
　　② 《春秋演孔图》，见安居香山、中村璋八《纬书集成》，河北人民出版社 1994 年版，第
578 页。
　　③ 刘小枫：《臆说纬书与左派儒教士》，见其《个体信仰与文化理论》，四川人民出版社
1997 年版，第 595 页。

经"是"圣王"对于"神明"启示的书写，经典文本具有非同寻常的神圣意蕴。通过对"圣王"制作经典的"心意"和"作法"的体察与表述，"谶纬家"建构了一种"神秘主义"的文论话语："世界"和"历史"都出自"神"的安排，"神"令人敬畏，但也对人充满关怀，所以才会昭示"趋吉避凶"的"徵象"，并通过"圣王"，以"文字"、"声音"、"形象"的形式阐发其意义，引导社会秩序和人类生活的组织和价值赋予。例如，"孔子作《春秋》，陈天之际，记异考符"，"孔子明天文，占妖祥，若告非其人，则虽言之不著"，于是"元年春王正月"便有"黄帝受图"所昭示的"五始"之义："元者气之始，春者四时之始，王者受命之始，正月者政教之始，公即位者一国之始"。这种理解取径也表明《春秋纬》与"公羊学"存在千丝万缕的联系，甚至托孔子"语态"说："传我书者，公羊高也"①，于是"公羊学"的"先师"就跻身于孔子钦点的"圣徒"之列。

二

按照儒家的"文化政治"理念，运用"阴阳"、"五行"的理论架构，凭藉"方技"、"数术"等知识技术，"谶纬家"构想出井然有序的世界图景，"天"、"地"、"人"、"神"，"自然"、"社会"，"精神"、"物质"，虽然各有分际，但通过"感应"彼此"交通"。"诗"、"乐"之"文化创制"，亦"比类"而起，既与"世界秩序"互动互应，也是此秩序之构成要件。

例如，《乐稽耀嘉》说："东夷之乐，持矛舞，助时生也。南夷之乐，持羽舞，助时养也。西夷之乐，持戟舞，助时杀也。北夷之乐，持干舞，助时藏也"，这是对于"华夏"周边民族之"乐"的知识与想象，涉及"乐容"、"乐仪"、"乐义"。"四夷"所持之"矛"、"羽"、"戟"、"干"，或有现实依据，而以"乐"、"舞"的形式"助时生"、"助时养"、"助时杀"、"助时藏"，安排得如此齐整，正与《易乾凿度》所云之"四正四

---

① 《春秋握诚图》、《春秋元命包》、《春秋说题辞》，见安居香山、中村璋八《纬书集成》，第826、605、855 页。

维"相应:

> 震生物于东方,位在二月。巽散之于东南,位在四月。离长之于
> 南方,位在五月。坤养之于西南方,位在六月。兑收之于西方,位在
> 八月。乾制之于西北方,位在十月。坎藏之于北方,位在十一月。艮
> 终始之于东北方,位在十二月。八卦之气终,则四正四维之分明,生
> 长收藏之道备,阴阳之体定,神明之德通,而万物各以其类成矣。①

"东、西、南、北"之地理方位,在宇宙运行系统中发挥"生、长、收、藏"四种功能,与其相配之"乐",也遵循此原理,所以有助于"时",而"四夷之乐"亦为"宇宙秩序"之不可或缺者。

"谶纬家"还运用"五行"、"四方"、"四时"、"五音"、"月历"、"声律"、"天干"、"地支"相互配合,来建构和解释宇宙图景。不同"方位"所配合之"音律"不同,则于此"方位"产生之"诗"、"乐"的内涵、品质、形式也就有不同。《诗含神雾》就据以解释"齐风"、"陈风"、"曹风"、"秦风"、"唐风":

> 齐地处孟春之位,海岱之间,土地汙泥,流之所归,利之所聚,
> 律中太族,音中宫角。陈地处季春之位,土地平夷,无有山谷,律中
> 姑洗,音中宫徵。……曹地处季夏之位,土地劲急,音中徵,其声清
> 以急。……秦地处仲秋之位,男懦弱,女高朕,白色秀身,音中商,
> 其言舌举而仰,声清而扬。……唐地处孟冬之位,得常山太岳之风,
> 音中羽,其地硗确而收,故其民俭而好畜,此唐尧之所起也。②

这些对各地地理状况、民情风俗的描述一定有事实依据,但与《汉书·地理志》所记不同。这种"差异性叙述"可以理解为经学各派的分歧,但以"宫角"、"宫徵"、"徵"、"商"、"羽",断配"齐"、"陈"、

---

① 安居香山、中村璋八:《纬书集成》,河北人民出版社 1994 年版,第 549、8 页。
② 同上书,第 460 页。

"曹"、"秦"、"唐"等"风诗"的"音律"，表明"谶纬家"的一种意图，即将"诗"分布于想象的"世界"畛域，以此表明"世界"的完整性与"诗"存在"映射"关系，于是《诗》就不仅分享"世界"的完整性，而且可以依据"感应"理则，由"诗"而知"政"，进而以"诗"为"教"，与神灵感通，而"齐一"民心。

"谶纬家"论"诗"、"乐"之功能即据此而发。《诗含神雾》说：

> 《诗》者，持也，以手维持，则承负之义，谓以手乘下而抱负之。……在于敦厚之教，自持其心，讽刺之道，可以扶持邦家者也。①

就精神实质说，这并未越出《礼记·经解》典范表述的"温柔敦厚，《诗》教也"的儒家"《诗》学"纲领。所谓"扶持邦家"，即《毛诗大序》所说："经夫妇，成孝敬，厚人伦，美教化，移风俗"。

钟肇鹏指出："《诗纬》以扶持邦家为说，注重《诗》的社会政治作用，这是儒家《诗》教的共性，但以《诗》训持，说者认为乃《齐诗》的解释"②，认为"纬学多用齐诗"的陈乔枞也说："人心者，天地之精，群生之本，故政之治乱，由于君之心也，能自持其心，则可以扶持邦家矣"③，这种解释确实深体"谶纬家"用心。依《乐动声仪》所论："承天心，理礼乐，通上下四时之气，和合人之情，以慎天地者也"，则"诗"、"乐"之所以能与"人心"相通，盖本于"天心"，而转换的关键则是"君心"即"圣王"的体认："圣王知物，极盛则衰，暑极则寒，乐极则哀。是以日中则昃，月盈则蚀，天地盈虚，与时消息。制礼作乐者，所以改世俗，致祥风，和雨露，为万牲，获福于皇天者也。圣人作乐，绳以五元，度以五星，碌贞以道德，弹形以绳墨，贤者进，佞人伏。"④

---

① 安居香山、中村璋八：《纬书集成》，河北人民出版社1994年版，第464页。
② 钟肇鹏：《谶纬论略》，辽宁教育出版社1991年版，第84页。
③ 陈乔枞：《诗纬集证》，见《续修四库全书》总第77卷，上海古籍出版社1997年版，第798页。
④ 安居香山、中村璋八：《纬书集成》，河北人民出版社1994年版，第537、538页。

　　依照"谶纬家"的思想与信仰，"皇天"、"上帝"创造了"宇宙秩序"，又通过与其"形""体"同构的"圣王"管理"人类秩序"。"圣王"的道德超越性与智慧的超卓性并非基于自身努力，而是为"天"、"神"所赋予，是其与生俱来的"在体"品质，故能创造伟大的文明业绩。孔子"感黑龙精"，虽"德运"未至，仅为"素王"，但同样具备"神性"，因此也有"神迹"、"圣功"："孔子论经，有鸟化为书。孔子奉以告天，赤爵（雀）集书上，化为玉，刻曰：孔提命，作应法，为赤制。"① 所谓"为汉帝制法"、"为天下制法"，既指"政教"制度设计，也包含"文化"规范意味。而且，按照"圣人虽生异世，其心意同如一"② 的逻辑，则孔子"制法"便与往古"圣王"无异，而"谶言""纬语"谕示的孔子"心意"也就是往古"圣王"的"心意"。

　　"谶纬家"对孔子形象的"神化"的实质是"自神"其政治、文化身份，同时也意在表明儒家"诗教"、"乐教"传统其来有自，"诗"、"乐"乃是历代"圣王"的"文化创制"，其功能有三：

　　1. 以"诗"、"乐"感通"天"、"神"，介入、推动宇宙运行。《乐稽耀嘉》说：

　　　　用鼓和乐于东郊，为太暤之气，勾芒之音。歌随行，出云门，致魂灵，下太一之神。……用声和乐于中郊，为黄帝之气，后土之音。歌黄裳从容，致和散灵。……用动和乐于郊，为颛顼之气，玄冥之音。歌北湊大闰，致幽明灵。③

　　以"东郊"、"中郊"、"北郊"配合"太暤"、"黄帝"、"颛顼"诸帝，与谶纬经学构想的"世界秩序"相合，而"下太一之神"、"致和散灵"、"致幽明灵"云云，则是说"诗"、"乐"具有"通神"的功能，而

────────────

① 《春秋演孔图》，见安居香山、中村璋八《纬书集成》，河北人民出版社 1994 年版，第578 页。

② 《乐稽耀嘉》，见安居香山、中村璋八《纬书集成》，河北人民出版社 1994 年版，第549 页。

③ 安居香山、中村璋八：《纬书集成》，河北人民出版社 1994 年版，第 551 页。此处当有阙文，按颛顼"水德"，其位在北，似应为"用动和乐于北郊"。

且，所"通"之"神"不同，其所用"诗"、"乐"亦有差异。

"诗"、"乐"既可"通神"，则亦能促动宇宙运行、万物生长："徵音和调，则荧惑日行四十二分度之一，伏五月得其度，不及明从晦者，则动应制，致焦明，至则有雨，备以乐之和"，"五音和，则五星如度"①。将"音律"与"方位"、"神灵"排设得如此有序，并以"气"作为"感通"的媒介，已不复是单凭直觉、想象与经验的"通神"方法，而是较为后起的知识和思想。

2. 以"诗"、"乐"察知"政治"之"得失"。《诗》之成型，特别是"风诗"的汇集编订，其精神动源是周王朝以《诗》"观民风"、"教国子"的"文化政治"观念，而"文化"与"政治"的"一体互动"性，既是儒家政治哲学的基本理念，也是统摄汉代"《诗》学"话语的根本精神。通过"诗"了解社会政治风俗状况、"人心"所向，这是汉儒的共同看法，"谶纬家"也概莫能外。如《乐叶图徵》说："圣人之作乐，不可以自娱也，所以观得失之效者也"，"乐听其声，和以音，考以俗，验以物类"，《诗含神雾》说："治世之音，温以裕，其政平。乱世之音，怨之怒，其政乖。诗道然"②，这与今文经学的《礼记·乐记》、古文经学的《毛诗大序》并无实质不同。

"谶纬家"更多地体现出以"阴阳"、"灾异"说《诗》的基本思路。例如，《诗含神雾》解说《十月之交》："烨烨震电，不宁不令，此应刑政之大暴，故震电惊人，使天下不安"，本诗原有此义，而解诗者更发挥之，明以"刑政大暴"应"震电惊人"。再如，《诗推度灾》解说《十月之交》："百川沸腾，众贤进，山冢崒崩，人无仰，高岸为谷，贤者退，深谷为陵，小临"③，陈乔枞《诗纬集证》正确地补辑为"小临大"，并释"百川沸腾"曰："水者，纯阴之精也。阴气盛洋溢者，小人专制擅权，妬嫉贤者，依公结私，侵乘君子，小人席胜，失怀得志，故涌水为灾"④。

---

① 《乐动声仪》，见安居香山、中村璋八《纬书集成》，河北人民出版社 1994 年版，第 544 页。
② 安居香山、中村璋八：《纬书集成》，河北人民出版社 1994 年版，第 555、557、466 页。
③ 同上书，第 460、469 页。
④ 陈乔枞：《诗纬集证》，见《续修四库全书》总第 77 卷，上海古籍出版社 1997 年版，第 778 页。

"百川沸腾"的自然现象之所以是"小人专制擅权"的"预兆"与"明证"，原因在于二者皆是"阴气盛洋溢"，故能形成对应。这种解"诗"方法也为今文经学的"齐《诗》学"与"韩《诗》学"所用，"谶纬家"的特别之处是进而将异常的自然现象视为"神"的"启示"，而"诗"则是对此"启示"的"诗性书写"。

至于"乐"，在"谶纬家"看来，各种"器乐"、"乐律"和"君"、"臣"、"民"、"法度"等社会人事，都存在一一对应的关系：

> 钟音调，则君道得，君道得，则黄钟、蕤宾之律应。君道不得，则钟音不调，钟音不调，则黄钟、蕤宾之律不应。鼓音调，则臣道得，臣道得，则太簇之律应。管音调，则律历正，律历正，则夷则之律应。声（按：当为磬字）音调，则民道得，民道得，则林钟之律应。竽音调，则法度得，法度得，则无射之律应。琴音调，则四海合岁气，百川合一德，鬼神之道行，祭祀之道得，如此则姑洗之律应。五乐皆得，则应钟之律应，天地以和气至，则和气应；和气不至，则天地和气不应。①

因此通过辨审"器乐"之"调"与"不调"，便可了解政治秩序是否稳固、政治治理是否得当。这种特别强调"乐"的伦理文化内涵和政治文化功能的理论，固然具有针对中国艺术传统的解释有效性，但也无疑忽视了"乐"的多样化的意义表达可能性，将"乐"窄化为对"君臣之道"、"律历法度之正"的象征符号。

3. 运用"诗"、"乐"从事政治治理实践，又可从两个方面理解：

其一，《诗含神雾》说："颂者，王道太平，成功立而作也"，《乐叶图徵》说："受命而王，为之制乐，乐其先祖也"，亦即以"诗"、"乐"的审美形式昭示"王道"，昭示"王者"之"受天命而王"的合法性，如此则有"天降瑞应"，以示嘉奖："五音克谐，各得其伦，则凤皇至"②。

---

① 《乐叶图徵》，见安居香山、中村璋八《纬书集成》，河北人民出版社 1994 年版，第555—556 页。

② 安居香山、中村璋八：《纬书集成》，河北人民出版社 1994 年版，第 465、558、560 页。

其逻辑是，"五音"不仅是"宫、商、角、徵、羽"五种"音律"，更有相对应的"人事"表征：

> 宫为君，君者当宽大容众，故其声弘以舒，其和清以柔，动脾也。商为臣，臣者当以发明君之号令，其声散以明，其和温以断，动肺也。角为民，民者当约俭，不奢僭差，故其声防以约，其和清以静，动肝也。徵为事，事者君子之功，既当急就之，其事当久流亡，故其声贬以疾，其和平以功，动心也。羽为物，物者不齐委聚，故齐声散以虚，其和断以散，动肾也。①

于是，"五音克谐"的审美形式，就表征着由"君、臣、民、事、物"构成的"人类秩序"的和谐融洽。反之，如果"商声欹散，邪官不理；角声忧愁，为政虐民，民怨故也；徵声哀苦，事烦民劳，君淫佚；羽声倾危，则国不安"②，"人类秩序"即混乱不堪。这与今、古文经学同一思路，"五音"之不同并不因为五种音声的"物理性质"，而是决定于其象征的"人类秩序"，而这种"人类秩序"又是基于儒家政治理想的"乌托邦"想象。

其二，"教化""天下"，维护依据"神道"、"王道"建构的"政教"秩序。《乐动声仪》说："乐者，移风易俗。所谓声俗者，若楚声高，齐声下。所谓事俗者，若齐俗奢，陈俗利巫也"，"以雅治人，风成于颂"，《乐稽耀嘉》说："作乐，所以防隆满，节喜盛也"③，这与今文经学所说："先王……使其声足乐而不流，使其文足论而不息，使其曲直繁瘠廉肉节奏，足以感动人之善心而已矣，不使放心邪气得接"，"乐也者，圣人之所乐也，而可以善民心。其感人深，其移风易俗，故先王著其教焉"（《礼记·乐记》），堪相比证。而"诗"、"乐"之所以能转化风俗，维护"人类秩序"的稳定，"乐教"之所以可能，则是因为"乐"之"五音"与"人"之"五脏"，存在基于"阴阳"、"五行"的异质同构，故能"感

---

① 《乐动声仪》，见安居香山、中村璋八《纬书集成》，河北人民出版社 1994 年版，第 542 页。
② 《乐纬》，见安居香山、中村璋八《纬书集成》，河北人民出版社 1994 年版，第 566 页。
③ 安居香山、中村璋八：《纬书集成》，河北人民出版社 1994 年版，第 538、543、548 页。

应"、"共鸣",如所谓"宫声动脾"、"商声动肺"之类,而且"器乐"、"乐律"也同"人事"——对应,如此则通过"观"、"听"内在和谐的各种"器乐",也就能够以普遍性的"人事"理则规约人的感觉、欲望、情感,认同于通过"礼"和"乐"的原则建构起来的"和而不同"的"人类秩序"。

第三节 《诗纬》:儒家《诗》学的另类话语

一

两汉"《诗》学"流派声势最大者为齐、鲁、韩、毛四家,但在其外应当还存有别说,这是学界的共识。既然《诗纬》也是阐发"诗旨"的"解释性"著作,且如陈乔枞所说"圣门言诗之旨,有线未绝,端赖乎是",则探讨《诗纬》的《诗》学,有助于理解两汉"《诗》学"的整体状况。

在对"诗"的基本理解上,现存《诗纬》片段与四家"《诗》学"尤其是"齐《诗》学"多有相通之处。例如,关于"诗"的功能,《诗含神雾》所说"在于敦厚之教,自持其心,讽刺之道,可以扶持邦家焉",就是《礼记·经解》所说"温柔敦厚"的"诗教"观的另一种表达。至于《诗含神雾》对"诗"的本质界定,所谓"诗者,天地之心,君德之祖,百福之宗,万物之户"①,与"齐《诗》学"家匡衡所说:"《六经》者,圣人所以统天地之心,著善恶之归,明吉凶之分,通人道之正,是不悖于其本性也。故审六艺之指,则人天之理可得而和,草木昆虫可得而育,此永永不易之道也",可互证、互解,更能清楚地显示《诗纬》与"齐《诗》"的精神联系。

据此,如果将《诗纬》视为后起的解《诗》著作,则可说《诗纬》是对《礼记》文本中有关"诗"的思想材料,以及四家"《诗》学"尤其是"齐《诗》"诗说的糅合拼凑。这是一种可能性,而且有文献根据,例如《诗含神雾》所说"上以风化下,下以风刺上,主文而谲谏,言之

---

① 安居香山、中村璋八:《纬书集成》,河北人民出版社1994年版,第464页。

者无罪，闻之者足以戒"，就全同于《毛诗大序》。但也得考虑另一种可能性，即将这些基本观念视为汉儒的普遍性识见，各家"《诗》学"不过是按照自己的思想旨趣、以不同的话语方式加以表达而已。

这种可能性基于两方面的判断：1. 各家"《诗》学"有相同的解释对象，以及大致相同的学问背景和问题意识；2. 徐复观推测："先秦本有一叙述诗本事并发挥其大义之'传'，为汉初诸家所共同祖述，而不应强分属于某一家。"① 上海博物馆所藏战国楚简中，有孔子论《诗》的二十九简材料，整理为《孔子诗论》。研究者认为，这些材料是孔门弟子对孔子说《诗》的记录，甚至可能就是相传"发明章句"的子夏所作，而子夏又是传授《诗》的源头，因此很有可能是汉初诸家"《诗》学""共同祖述"的本子。"纬书"的兴起，固然可以确定为西汉成帝、哀帝之后，但这是从谶纬在国家"政治意识形态"领域所居要位而做出的判断，"纬书"的成型必然有其"源流"、"统绪"。《诗纬》当也如此，其源头也可能是类似《孔子诗论》的先儒著作，后来不断吸收其他诸家《诗》说及解《诗》方法，累积而成，以表达"神义论"的政治信念和期待。

事实上，《诗纬》中保存了相当古老的诗歌观念。例如，《诗含神雾》托孔子"语态"说："诗者，天地之心，刻之玉版，藏之金府"②，可能就是一种古老的诗歌观念。所谓"玉版"，据 1987 年安徽凌家滩第四号墓出土形制，是一种方形的玉器，"正面有刻琢的复杂图纹。在其中心有小圆圈，内绘八角星形。外面又有大圆圈，以直线准确地分割为八等份，每份中有一饰叶脉纹的矢形。大圆圈外有四饰叶脉纹的矢形，指向玉版四角"③。玉版的形制表明"中国人已经有了天圆地方、大地有四极八方、四方有神祇作为象征的空间观念"④，而其出土时夹在两片用于占卜的玉龟甲（背甲、腹甲）中间，说明它是用来占卜的器具。如此则《诗含神雾》所说"刻之玉版"，便与巫术文化相关，是巫师的作为，包含着以

---

① 徐复观：《两汉思想史》第三卷，华东师范大学出版社 2001 年版，第 8 页。
② 安居香山、中村璋八：《纬书集成》，河北人民出版社 1994 年版，第 464 页。
③ 李学勤：《走出疑古时代》，辽宁大学出版社 1997 年版，第 115 页。
④ 葛兆光：《七世纪前中国的知识、思想与信仰世界》，复旦大学出版社 1998 年版，第 88 页。

"诗"感通"天地"、"神祇"的意思，这种对"诗"之本体的理解在两汉相当独特。《诗纬》很有可能继承了远古巫师的文化传统，其训"诗"为"持也，以手维持，则承负之义，谓以手乘下而抱负之"，就可能来自对远古时代巫师从事祭祀活动的记忆。

现存《诗纬》片段保存了一些具体的"《诗》说"，如释《驺虞》："彼苗者葭，一发五豝。孟春，兽肥草短之候也"，释《蟋蟀》："蟋蟀在堂，流火西也"①，这是对"诗"的意象的"时节"解释；再如释《关雎》："关雎知原，冀得贤妃、正八嫔"，"关雎恶露，乘精随阳而施，必下就九渊，以复至之月，鸣求雄雌"②，这是对"诗旨"的解释。由此片段，有理由猜测《诗纬》也采用了"文字训诂"、"分章析句"的解《诗》方法。但是，这些解释在《诗纬》诗论结构中只是基础性的工作，"谶纬家"的兴趣在于推阐《诗》与"人类秩序"、"宇宙秩序"的一体性。这就是将"诗"置于宇宙运行的大秩序中，以揭示历史运动的规律，揭明"受命而王"、"受命—革命"的正当性，并依据"音律"体察"民情"，以"教化""天下"。揭示"受命—革命"正当性之历史依据的理论是"四始五际"，涉及今传《毛诗》本中的"雅诗"；阐发依据"音律"体察"民情"，进而"教化""天下"的理论是"六情十二律"，涉及今传《毛诗》本中的"风诗"。

二

在《诗纬》中，"四始"、"五际"是一个理论整体。《诗推度灾》云："建四始五际而八节通。"③ 所谓"八节"，是指一年中"阴"、"阳"交际的八个关节点，即八"节气"：

> 八节之风，谓之八风：立春，条风至；春分，明庶风至；立夏，清明风至；夏至，景风至；立秋，凉风至；秋分，阊阖风至；立冬，

---

① 《诗汎历枢》，见安居香山、中村璋八《纬书集成》，河北人民出版社 1994 年版，第 481 页。
② 《诗推度灾》，见安居香山、中村璋八《纬书集成》，河北人民出版社 1994 年版，第 471 页。
③ 同上书，第 469 页。

不周风至；冬至，广莫风至。①

而"四始五际"理论就是说明其间"阴"、"阳"转化情况，并以之与《诗》配合，说明"王道""兴废"之所由。"四始"强调的是王朝"起"、"兴"、"盛"、"衰"的四个起始点，"五际"强调的则是王朝政治变改的五个关节点。

与"四始五际"相配的"诗"，其具体情况如何？后世学人曾提出种种推排方法，以遥想古人心迹。从思路上说，大致有两种：一是将十二"地支"与《诗》相配，一是按"三期"说将十二"地支"与"雅诗"相配。前说可能过于宽泛，且不合《诗纬》以"四始五际"探究"王政""兴衰"之历史规律的意图；后说在取《诗》范围上合乎《诗纬》意图，但仍属猜测。所谓"三期"，是运用十二"地支"推算"时历"的方法，每"支"分三"节"，一"节"当"十年"，故有三百六十年，与一年三百六十日整数相当，但具体推算是从"亥仲"起始的，据此则一个王朝的兴衰史只有三百五十年，此后便当开始新的"受命"，开启新王朝的历史。

郎顗就曾据此推算刘汉王朝的历史：

汉兴以来三百三十九岁，于《诗三基》（李贤注："基"当作"朞"，谓以三朞之法推之也），高祖起亥仲二年，今在戌仲十年。《诗氾历枢》曰："卯酉为革政，午亥为革命，神在天门，出入候听。"言神在戌亥，司候帝王兴衰之得失，厥善则昌，厥恶则亡……臣以为戌仲已竟，来年入季……宜因斯际，大蠲法令，官名称号，舆服器械，事有所更，变大为小，去奢就俭，机衡之政，除烦为简。改元更始，招求幽隐，举方正，徵有道，博采异谋，开不讳之路。②

从"亥仲"推算至"戌仲"，计有三百四十年，而"高祖起亥仲二年"，故减去一年，是为三百三十九岁。汉顺帝阳嘉二年当"戌仲"，一

---

① 《易纬》，见安居香山、中村璋八《纬书集成》，河北人民出版社1994年版，第333页。
② 范晔：《后汉书·郎顗襄楷列传》，中华书局1965年版，第1065—1066页。

"节"之"十年"已经结束,此后进入"戌季",乃是"革命"的关键时期。如果汉帝不想"天下""易姓",便得"改元更始",以示新的"受命而王"。这是对历史发展的一种"机械论"和"神义论"的解释。若以之配合"雅诗",一"支"三"节",以配三"诗",则从"亥仲"到"戌季",共三十五"节"、105 篇"诗",正合"雅诗"总数。①

所谓"四始",按《诗纬》的说法是:

> 《大明》在亥,水始也。《四牡》在寅,木始也。《嘉鱼》在巳,火始也。《鸿雁》在申,金始也。②
> 《四牡》,草木萌生,发春近气,役动下民。
> 立火于《嘉鱼》,万物成文。
> 金立于《鸿雁》,阴气杀,草木改。③

在《毛诗》系统里,《大明》属《大雅·文王之什》,《四牡》、《嘉鱼》、《鸿雁》分属《小雅》之《鹿鸣之什》、《南有嘉鱼之什》、《鸿雁之什》,但《诗纬》是否如此编系,已不得而知。《毛诗》、《鲁诗》都有"四始"之说,《毛诗》以"风"、"大雅"、"小雅"、"颂"为"四始",《鲁诗》更明确地说:"《关雎》之乱以为《风》始,《鹿鸣》为《小雅》始,《文王》为《大雅》始,《清庙》为《颂》始"④。郑玄《笺》云:"始者,王道兴衰之所由也",孔颖达《正义》云:"此四者,人君行之则为兴,废之则为衰"⑤,这些说法表明,"四始"观念的提出"是汉人致力于在《诗》与政治之间建立一种必然联系的努力"⑥,"就是要求诗人把诗歌创作和国家的命运、王道的兴废结合起来"⑦。

---

① 详参连鹤寿在其《齐诗翼氏学》中的具体排比,见《续修四库全书》总第 75 卷,上海古籍出版社 1997 年版。
② 《诗汎历枢》,见安居香山、中村璋八《纬书集成》,河北人民出版社 1994 年版,第 480 页。
③ 《诗推度灾》,见安居香山、中村璋八《纬书集成》,河北人民出版社 1994 年版,第 477 页。
④ 司马迁:《史记·孔子世家》,中华书局 1959 年版,第 1936 页。
⑤ 阮元校勘:《十三经注疏》,中华书局 1980 年版,第 272 页。
⑥ 郜积意:《经典的批判——西汉文学思想研究》,东方出版社 2000 年版,第 171 页。
⑦ 袁长江:《先秦两汉诗经研究论稿》,学苑出版社 1999 年版,第 309 页。

《诗纬》之"四始"说，与《毛诗》、《鲁诗》大有不同。这不仅表现在对所以为"始"的"诗"的选择有异，而且将"诗"与"阴阳"、"五行"、"四季"相配，《毛诗》、《鲁诗》仅以"诗义"当"王政之所由废兴"——如《毛诗》说："《关雎》，后妃之德也，《风》之始也，所以风天下而正夫妇也，故用之乡人焉，用之邦国焉"①，而《诗纬》却更为复杂。

对此，陈乔枞有相当精深的理解：

> 纬说因金木水火有四始之义，以诗文托之，盖欲王者法五行而正百官，正百官而理万事，万事理而天下治矣。政教之所从出，莫不本乎五行，乃通于治道也。
>
> 四始者，五行本始之气也。亥地西北，坎水居之；寅地东北，震木居之；巳地东南，离火居之；申地西南，兑金居之。
>
> 古之作乐，每三诗为一终。……说始际者，则以与三期相配，如《文王》为亥孟，《大明》为亥仲，《緜》为亥季，其水始，独言《大明》，犹三期之先仲此季后孟也。故《鹿鸣》《四牡》《皇华》，同为寅宫，举《四牡》以表之；《鱼丽》《嘉鱼》《南山》，同为巳宫，举《嘉鱼》以表之；卯不言《伐木》，而言《天保》，容三家《诗》次不尽与《毛》同耳……且其戍子丑为何等篇，不可推测矣。②

以之为基点，可从两个方面来解说《诗纬》"四始"意涵：

1."四始"首先是指以"阴阳"、"五行"学说构建起的循环不息的宇宙系统论。"始"是"四季"所起始，即"寅"为"春"之"始"（"立春"），"巳"为"夏"之"始"（"立夏"），"申"为"秋"之"始"（"立秋"），"亥"为"冬"之"始"（"立冬"）。"金"、"木"、"水"、"火"主运"四时"，于是就有"亥水"、"寅木"、"巳火"、"申

---

①　阮元校勘：《十三经注疏》，中华书局 1980 年版，第 272、269 页。

②　陈乔枞：《诗纬集证》，见《续修四库全书》总第 77 卷，上海古籍出版社 1997 年版，第762、786 页。

金"之应。"五行"对应"八方"，于是就有"亥地西北"、"寅地东北"、"巳地东南"、"申地西南"之说。"八方"对应"八卦"，于是又有"亥坎"、"寅震"、"巳离"、"申兑"之论。"阴""阳"之"气"，依"方位"运行其间，"阳气"从"始"至"终"，"阴气"从"终"至"始"，表现"四季"的循环更替、"万物"的死而复苏，这些又可通过"卦爻"之"阴阳"的增减或转变而可察知。至于"四始"要始于"亥"，则是因为"亥者，核也，阂也。十月闭藏，万物皆入核阂"，"凡推其数，皆从亥之仲起，此天地之所定，阴阳气周而复始，万物死而复苏，大统之始"①，意谓"亥"是新生命开始之际，"阳气"发生之"始"，所谓"大统之始"。

2. "宇宙"、"历史"、"人事"皆因"五行相生"原理而循环不息，"王者"理应效法"宇宙"的运行规则而"正百官"、"理万事"。在此方面，《大明》等四组十二篇"诗"提供了基于周朝历史的"王道""兴废"之所由，但是这十二篇在《诗纬》中具体包括哪些"诗"，却不易断定。陈乔枞所列是按《毛诗》，但他也承认《诗纬》的排序与《毛诗》不尽相同。揣测说《诗》者"心意"，统而观之，《大明》等"诗"所揭示的正是周王朝由"受命而兴"至于"衰败而亡"的过程，而以之为"始"者，则是因为在此四个关节点上的"阴阳际会"足可为"王者"取法：

其一，《大明》记述周朝初兴之际，正如在旧的生命体孕育新生命的开始，故以之配"亥"。经过古公亶父、王季两代的努力，此时文王虽已"受天命"，亦即具备了"治统"正当性，却仍臣服于殷，力量尚微弱。所以应当"小心翼翼，昭事上帝"，内修"德性"，善择"佳偶"、"贤妃"，养育"明德"后代，谨慎"夫妇之伦"，以为"天下"取范。在经学家看来，"夫妇之伦"为"王道"之"本"。以"十二月消息卦"考之，"亥"当《坤》卦，《坤》卦"纯阴"，与《大明》配合，正有两重意涵：一是《坤》卦象"王后"之"德"，此即"善择贤妃"之义；一

---

① 《诗推度灾》、《诗汜历枢》，见安居香山、中村璋八《纬书集成》，河北人民出版社1994年版，第475、480页。

是"阴柔事物其性虽柔，但渐积渐盛，力量同样无穷……应该随顺自然，因势利导，积极促成矛盾向好的方向转化"①，此即"小心翼翼"之义。相应于"季节"，即是"冬"，生命正是在漫长寒冷但又具孕育性的"冬季"成长起来的。

其二，《四牡》写"文王为西伯之时，三分天下有其二，以服事殷。使臣以王事往来于其职，于其来也，陈其功苦以歌乐之"②。此时周虽仍臣服于殷，却"三分天下有其二"，已蓬勃兴起，故以之配"寅"："寅者，移也，亦云引也。物芽稍吐，引而申也，移出于地也"，"寅者演也，物演渐大，少阳之气也"③。此时当王朝兴盛之际，"王事"繁多，因此"王者"应当体恤"臣民"劳苦，合理役使，并记其功勋，以示慰劳，这是"正君臣"、"正君民"之"伦"。以"十二月消息卦"考之，"寅"当《泰》卦，由《坤》经《复》卦、《临》卦，"阳爻"渐增至三，所谓"少阳之气也"，此后便一路"通泰"。但"王者"又应居安思危，力求"上下交泰"。相应于"季节"，即是"春"，所以有"《四牡》，草木萌生，发春近气，役动下民"的说法。

其三，《嘉鱼》所记为周朝"礼乐文化"之盛。此时已进入太平盛世，故以之配"巳"："巳者，已也。故体洗去，于是已竟也"，"巳者，已也。阳气已出，阴气已藏，万物出，成文章"④。当此盛世，"王者"应当积极从事"制礼作乐"的"文教"创制，"改正朔"，"易服色"，"兴文教"，这就要尊用"贤才"，所谓"乐与贤者共之"⑤。以"十二月消息卦"考之，"巳"当《乾》卦，《乾》卦"纯阳"，极尽恢弘，但也潜伏着盛极而衰的危机，所以"王者"应当谦虚谨慎，与"贤才"一起致力于"文治"、"武功"的建设，这样才能保障太平盛世的长久稳固。相应于"季节"，即是"夏"，此时"万物"竞相展现其风采，所以有"立火

---

① 蒋凡：《周易演说》，湖南文艺出版社1998年版，第18页。
② 《毛诗》郑笺，见阮元校勘《十三经注疏》，中华书局1980年版，第407页。
③ 《诗推度灾》，见安居香山、中村璋八《纬书集成》，河北人民出版社1994年版，第474、475页。
④ 《诗推度灾》、《诗汎历枢》，见安居香山、中村璋八《纬书集成》，河北人民出版社1994年版，第474、483页。
⑤ 《毛诗》小序，见阮元校勘《十三经注疏》，中华书局1980年版，第419页。

于《嘉鱼》，万物成文"的说法。

　　其四，《鸿雁》所记为"周室"衰落、"王道"衰微，故以之配"申"："申者，伸也。伸犹引也，长也，衰老引长"①。此时虽然"阴气"极盛，"王朝政治"已趋近末路，"万民离散，不安其居"，是"衰"之"始"，但"王者"尚可努力于"劳来还定，安集之。至于矜寡，无不得其所焉"②，以调和"阴阳"，庶几可出现"王朝中兴"的局面。以"十二月消息卦"考之，"申"位当《否》卦，"从全卦言，《否》卦象征以阴长阳消的否闭；但从上乾而言，则在泰与否的斗争中，九四已开始消阴为阳，九五则进一步发展，根本扭转了时局，阴消阳长，转否为泰"③，因此尚有努力余地。相应于"季节"，即是"秋"，所以说"金立于《鸿雁》，阴气杀，草木改"，一片凋零不堪的景象，足以为人警戒。

三

　　所谓"五际"，按"纬书家"的说法就是：

　　　　卯酉之际为革政，午亥之际为革命，神在天门，出入候听。
　　　　卯，《天保》也。酉，《祈父》也。午，《采芑》也。亥，《大明》也。
　　　　亥为革命，一际也。亥（按：当从陈乔枞说，作戌亥之间）又为天门，出入候听，二际也。卯为阴阳交际，三际也。午为阳谢阴兴，四际也。酉为阴盛阳微，五际也。④

　　可知"五际"说同样是以"干支"位配合诗篇，于是《天保》配"卯"位，于"节气"当"春分"；《祈父》配"酉"位，于"节气"当"秋分"；《采芑》配"午"位，于"节气"当"夏至"；《大明》配

---

　　① 《诗推度灾》，见安居香山、中村璋八《纬书集成》，河北人民出版社1994年版，第474—475页。
　　② 《毛诗》小序，见阮元校勘《十三经注疏》，中华书局1980年版，第431页。
　　③ 蒋凡：《周易演说》，湖南文艺出版社1998年版，第99页。
　　④ 《诗推度灾》、《诗汎历枢》，见安居香山、中村璋八《纬书集成》，河北人民出版社1994年版，第468、480、481页。

"亥"位，于"节气"当"立冬"。合"四始"说以观，则有"立春"、"春分"、"立夏"、"夏至"、"立秋"、"秋分"、"立冬"七个"节气"，不够"八节"之论，但是，如果缺少与"冬至"相配的"子"位，则"建四始五际而八节通"便不可解。

对此有两种解释：一是《诗纬》本没有配合"子"位之"诗"，一是《诗纬》"辑文"佚失了"子"位。有的学者引用《诗纬》"十周参聚，气生神明，戌午革运，辛酉革命，甲子革政"，并其注释"十周名曰大刚，则三期会聚，乃生神明，乃圣人改世欤？周文王戌午决虞、芮讼，辛酉年青龙衔图出河，甲子年赤雀衔丹书。而圣武伐纣，戌午日军渡孟津，辛酉日作《泰誓》，甲子日入商都"，与《尚书》、《逸周书》、《荀子》、《淮南子》、《利簋》铭文对勘，认为"四始"、"五际"说中佚去了"子"位，并断定《大明》正当"子"位，而《十月之交》当"戌亥之间"。这是一种可能的思路和解释，但论理尚弱，最显著的表现就是这一解释与"四始"说不能很好地搭成整体诠释架构。

例如，如将《大明》配在"子"位，此时武王"伐纣"已经取得决定性的胜利，就会与相隔"丑"位的"寅"位之《四牡》发生冲突。如前文所述，《四牡》所记只是"文王三分天下有其二"，尚未与商纣展开最后的较量，这也可以从"卦象"和"季节"的象征得到确证：从"卦象"看，"寅"位之《泰》卦三"阳"三"阴"，而"阳"呈上进趋势，表明虽然新旧力量势均力敌，但新力量必定会取得顺利；从"季节"看，"亥"、"子"、"丑"，分别对应于"冬季"之10月、11月、12月三个月份，此时生命种子尚孕育于旧壳之中，象征"王朝"初兴的状况，而"寅"对应"立春"，则是美好春天的开始，象征新王朝已经具有了崭新气象。既然如此，则怎么可能在"子"位已然"克商"，而至于"寅"还是"三分天下有其二"呢？

现依照传统的解说思路，将《诗纬》"五际"说大义胪列如下：

1. 所谓"五际"是"阴阳终始际会之岁，于此有变改之政"①，意在强调"变改"的时机，则"五际"即"阴阳"之"终"、"始"、"往"、

---

① 班固：《汉书·眭两夏侯京翼李传》孟康注引，中华书局1962年版，第3173页。

"复"的五个关节点:"亥"当"立冬",于卦为《坤》,虽然"纯阴",却酝酿着"阳气",至"冬至"则"一阳生",变为《复》卦;至于"春分"之"卯",于卦为《大壮》,则"阳"盛"阴"衰;至于"立夏"之"巳",于卦为《乾》,"纯阳",便渐生"阴气";至"夏至"之"午",则"阳"谢"阴"兴,于卦为《姤》;至"立秋"之"申",则"阴"长"阳"消,于卦为《否》;至"秋分"之"酉",则"阴"盛"阳"微,于卦为《观》;至于"戌",则"阴"极生"阳",于卦为《剥》。这样看来,"卯酉之际为革政"者,是说"卯"虽为"阳"盛"阴"衰,"酉"虽为"阴"盛"阳"微,但都有一盛一衰,不比"寅"与"申"之"阴""阳"匹敌,所以从"卯"到"酉",是"阳"盛极而衰,从"酉"到"卯",是"阴"盛极而衰,是两个发生重大变改的关节。而"午亥之际为革命"者,就是说"午"位之《姤》五"阳"一"阴","亥"位之《坤》"纯阴",与所从来"巳"位之《乾》"纯阳"、"戌"位之五"阴"一"阳"之《剥》相比,在卦象上发生了重大的变动。

2. 基于上述卦位"阴""阳"的推演,"卯"位是从"阴""阳"匹敌,进至"阳"盛"阴"衰之关节点,是"革政"之际;"午"位是从"纯阳"进到"阴"谢"阳"兴的关节点,是"革命"之际;"酉"位是从"阴""阳"匹敌,进至"阳"谢"阴"兴的关节点,是"革政"之际;"亥"位是从"极阴生阳",进至"纯阴兴阳"的关节点,是"革命"之际。此外,既然陈乔枞已经考出"亥"当为"戌亥之间",则"戌亥之间"是为"一际"。其理由有二:

其一,如郎顗解释"神在天门,出入候听"是"言神在戌亥,司候帝王兴衰得失,厥善则昌,厥恶则亡"[1],其所说之"神",对应于《乾》,但这是一种"神义论"的解释;

其二,由"戌"到"亥",是"万物死而复苏,大统之始",由此开始了新一轮循环。比之于生命历程,则"亥"为"一际",是孕育于旧生命体中的新生命的开始;"卯"为"一际",是新生命开始脱去旧壳、崭露新气象的时机;"午"为"一际",是新生命体内开始出现不稳定因素

---

[1] 范晔:《后汉书·郎顗襄楷列传》,中华书局 1965 年版,第 1065 页。

的时机；"酉"为"一际"，是不稳定因素已经严重影响生命健康的时机；"戌亥之间"，当西北生"水"之地，是"阴极盛"而"阳极微"，旧的生命体死亡并预示着新生命将要诞生的时机。

3. 由孔颖达所引可知："亥"配《大明》，"卯"配《天保》，"午"配《采芑》，"酉"配《祈父》，已有"四际"，再加上翼奉所说"闻五际之要《十月之交》篇"①，即将《十月之交》配于"戌亥之间"，则"五际"可成。进一步说，《大明》处"冬"之"始"，《天保》处"春"之"仲"，《采芑》处"夏"之"仲"，《祈父》处"秋"之"仲"，《十月之交》处"秋"之"季"、"冬"之"始"的交界。合"四始"所说以比拟"王朝"历史，则《大明》是"开国"之初起，《四牡》是"王朝"之勃兴期，《天保》是"王朝"之兴盛期，《嘉鱼》是"王朝"之极盛期，《采芑》是"王朝"之初衰期，《鸿雁》是"王朝"之中衰期，《祈父》是"王朝"之颓衰期，《十月之交》是"王朝"衰亡期。于是，所谓"五际"正当一个"王朝"开国初起、兴盛、初衰、颓衰、衰亡五个时期。《诗纬》将这五个时期视为极其重要的时期，认为"王者"如能在此时采取积极措施，谨慎治理政事，就能达到"王朝永固"的目的。他们认为周王朝的历史就提供了这方面的经验教训，而"雅诗"则是对周王朝历史的叙写，这叙写并非"记实"，而是体现儒家政治、文化理念的"叙事"。

具体说来，《大明》组诗叙述周"受命而王"的历史，古公亶父、王季、文王三代"圣王"皆能宣扬"德政"，而殷纣却败坏"德性"，故"天命""去殷而适周"，这种对王朝更替动因的解释体现了儒家"德化"的"天命"观；《天保》叙述周公继承文王、武王事业，通过平定"管蔡之乱"、"制礼作乐"，以及营建洛邑、宗祀"文武"、实行"分封"等举措，奠定了王朝盛世的基础，体现了"宪章文、武、周公"的儒家政治理想；《采芑》记周宣王"中兴"，其主要业绩是征伐外敌，继续推行"封建制"，使周王朝扩大充实，但民力耗竭，已显露衰弱的迹象，"天命"转移开始萌芽，体现了儒家的外交观和"重民"观；《祈父》叙述周宣王

---

① 班固：《汉书·眭两夏侯京翼李传》，中华书局 1962 年版，第 3173 页。

末年，虽然继续推行"封建"，征讨外敌，但"用人非贤"，而"官非其人则职废"，结果屡战屡败，于是"贤人"逃去，体现了儒家的"尊贤"观与"量才授职"的"用人"观；《十月之交》"刺"周幽王时皇父擅恣，褒姒专宠，"国人皆怨，故申侯与缯、西夷、犬戎共攻幽王，杀王丽山之下"①，虽然"国运"尚在，但"王朝"毁灭已为期不远："幽王既死，周室遂分裂"，"因此周室东迁后，政令亦骤然解体"②。此后便进入"春秋"之"霸政时期"（钱穆语），开始孕育新王朝的兴起，体现出儒者加强"君权"、限制"外戚"的政治观念。

从《大明》至《十月之交》，"天命"随着"王朝兴衰"的历史进程而流转递嬗。《大明》揭示的是"受天命而王"，《十月之交》揭示的是"逆天命而亡"，但"天命"之"失"实际从《采芑》已经开始，而据陈乔枞："天地之道，阴阳代嬗，治乱相承，阴生阳死，阴盛阳衰，极治则生乱，乱则思治，故曰革命"，《天保》、《祈父》，皆继承上一时期的"治政"方针，虽然因"天道用阳不用阴"而处于"或上或下"的不同时代，却皆为"阴阳之气所交会，日月至此为中道，万物盛衰出入之所，故为革政"③。一是"断裂式"的"变革"，一是"渐进式"的"变改"。至于《十月之交》，从《祈父》而言是"革政"，从《大明》而言是"革命"，而"神在戌亥，司候帝王兴衰得失，厥善则昌，厥恶则亡"，有"历运"变改之徵，可称其为"革运"。

"五际"说概如上述，其话语建构方式与"四始"说相同，即基于"阴阳"之"消长"、"虚盈"的"天道—自然—历史—诗篇"同一。"四始"、"五际"说的核心意涵是"受天命而王"，从"亥仲"至"戌亥之间"，即构成了"受天命而王"的全过程，只不过有"顺"、"逆"之分。任何"王朝"的命运都不能背离这一过程，因为这是"天道"及其决定的"历史"之本然，所以"天下"绝非为"一姓王朝"所专有，旧王朝

① 《毛诗正义·小大雅谱》孔颖达《正义》，见阮元校勘《十三经注疏》，中华书局1980年版，第403页。
② 钱穆：《国史大纲》上册，商务印书馆1994年版，第48、49页。
③ 陈乔枞：《诗纬集证》，见《续修四库全书》总第77卷，上海古籍出版社1997年版，第787、786页。

由盛而衰、最终被新王朝所代替，乃是"天道"、"历史"之必然。由此也可看出《诗纬》"革命"思想的彻底性，所以刘小枫认为"纬书家才是汉代今文家革命思想的集大成者"①。不过，这种学理上的彻底性落实在政治实践层面时，却出现了缺口，此即如郎顗"上疏"所称："一姓王朝"只要通过"改元更始"的方式，便可重获"天命"，得到"天"的护佑，说明知识精英的"道义"理想始终不能与"皇权"相抗衡，反而只有借重于这种体制力量才可能得到落实。

四

"四始五际"相关于《诗纬》"受天命而王"之"圣王历史观"，"六情十二律"则相关于"教化""天下"之"文化政治观"，其侧重点是"知人心"、"通人情"、"览民俗"。"四始五际"的思想基石是"阴阳"，而"六情十二律"的基础概念是"音律"。在此，翼奉的"齐《诗》翼氏学"与《诗纬》发生了精神与话语的关联。

现存"纬书"佚文有部分材料涉及"六情十二律"之说，《春秋演孔图》更明言"诗含五际六情"②。但在现存《诗纬》片段中，却不见关于"六情十二律"的"论理性"言说，而仅体现于对"诗"的具体解释中。那么，怎样理解"六情十二律"的内涵及其在"《诗》学"上的应用？这要从翼奉讲起。

《汉书·翼奉传》载：

> 翼奉字少君，东海下邳人也。治《齐诗》，与萧望之、匡衡同师。三人经术皆明，衡为后进，望之施之政事，而奉惇学不仕，好律历阴阳之占。

"好律历阴阳之占"与其解《诗》的两条思路相关。如前所述，"阴阳"是"五际"说的思想基石，而翼奉说："《易》有阴阳，《诗》

---

① 刘小枫：《儒家革命精神源流考》，见其《个体信仰与文化理论》，四川人民出版社 1997 年版，第 511 页。

② 安居香山、中村璋八：《纬书集成》，河北人民出版社 1994 年版，第 583 页。

有五际，《春秋》有灾异，皆列终始，推得失，考天心，以言王道之安危"，《十月之交》之为"一际"，正来自翼奉。至于"律历"，则与"性情"相关。翼奉说："《诗》之为学，情性而已。五性不相害，六情更兴废。观性以历，观情以律，明主所宜独用，难与二人共也。……唯奉能用之，学者莫能行"①，可知"五际"、"性情"正是翼奉"《诗》学"的核心架构。

翼奉对"六情十二律"之说十分看重。当时平昌侯王临想要跟他学习这套理论，翼奉不但"不肯与言"，更赶紧给汉元帝上"封事"，说明其中缘故：

> 臣闻之于师，治道要务，在知下之邪正，人虽乡正，虽愚为用；若乃怀邪，知益为害。知下之术，在于六情十二律而已。……今陛下明圣虚静以待物至，万事虽众，何闻而不谕，岂况乎执十二律而御六情！……以律知人情，王者之秘道也，愚臣诚不敢以语邪人。②

意为"六情十二律"是"知下之术"，"以律知人情"是"王者之秘道"，这也难怪他要自重其说。

翼奉所说之"性"、"情"，其意涵具见于萧吉《五行大义》：

> 五行在人为性，六律在人为情。性者，仁、义、礼、智、信也；情者，喜、怒、哀、乐、好、恶也。五行处内御阳，喻收五藏；六情处外御阴，[喻] 收六体。故情胜性则乱，性胜情则治。性自内出，情从外来，情性之交，间不容系。
>
> 好则膀胱受之，水好前，故曰好。怒则胆受之，少阳始盛，万物前萌也。恶则小肠受之，夏长养万物，恶伪，故曰恶。喜则大肠受之，金为珍物，故曰喜。乐则胃受之，土生养万物，上下皆乐。哀则三焦受之，阴阳之府，阳升阴终，其宫室竭，故曰三焦，故哀悽也。

---

① 班固：《汉书·眭两夏侯京翼李传》，中华书局 1962 年版，第 3167、3172、3170 页。
② 同上书，第 3167—3168 页。

　　东方性仁情怒，怒行阴贼主之；南方性礼情恶，恶行廉贞主之；
下方性信情哀，哀行公正主之；西方性义情喜，喜行宽大主之；北方
性智情好，好行贪狼主之；上方性恶情乐，乐形奸邪主之。①

　　翼奉还说："五行动为五音，四时散为十二律。"② 显然，翼奉将"五
行"、"十二律"、"五脏"、"六方"、"四时"等相互比配，目的是要建构
一个具有极强的"延展性"和"阐释性"的理论架构，以沟通"天"、
"地"、"人"、"物"、"事"，为"王者"提供一种"知下之邪正"、"知人
之情"的方法。

　　"知下之邪正"的方法是"观性以历"。从翼奉本人的实践看，是以
"月"、"日"、"时"推断人"性"之"邪"、"正"，而"师法用辰不用
日，辰为客，时为主人"，其间又根据"时辰"、"正邪"的配合区分为种
种情况。③ 翼奉就用这种方法"推占"王临为"邪人"，因为其"时辰"
是"正月癸未日加申，有暴风从西南来。未主奸邪，申主贪狼，风以大阴
下抵建前，是人主左右邪臣之气也。平昌侯比三来见臣，皆以正（晋灼
曰：此当言邪辰加邪时，字误作正耳）辰加邪时"④。"月"为"正月"，
"日"为"癸未"——按"用辰不用日"说即"未"，"时"为"申"，皆
有其质的规定性——所谓"奸邪"、"贪狼"等，经过排比，就可知其为
"邪臣"。

　　"知人之情"的方法是"观情以律"，这就与《诗》发生了联系。原
因有二：1. 既然翼奉认为"《诗》之为学，情性而已"，那也就会着力发
掘和阐发"诗"之"情性"，这是"学理依据"；2. 就《诗》之为"诗"
而言，"情"与"乐律"也确实存在对应，这是"文本依据"。具体到解
《诗》方法，就是将"十二律"（黄钟、太簇、姑洗、蕤宾、夷则、无射、
大吕、夹钟、中吕、林钟、南吕、应钟）与"六情"配合，以阐说"诗
旨"。这在《诗纬》对"风诗"的解说中得到了体现。

----

　　① 萧吉：《五行大义》，上海书店出版社 2001 年版，第 106、108 页。
　　② 班固：《汉书·眭两夏侯京翼李传》晋灼《注》引，中华书局 1962 年版，第 3196 页。
　　③ 班固：《汉书·眭两夏侯京翼李传》载翼奉语，中华书局 1962 年版，第 3170 页。
　　④ 同上书，第 3168、3169 页。

　　前文曾列举《诗含神雾》对"齐"、"陈"、"曹"、"秦"各国"风诗"之不同风格的解说，那是把"诗"之"音律"与"季节"、"地理"相配合，认为其间存在对应关系，可以理解为在"诗"的"审美形式"与"世界"的"时空形式"之间寻求统一性的努力，这也是"一天人"的时代文化精神的体现。与此相似，《诗推度灾》论及各国在"天文"上的"分野"："邶国为结蝓之宿，鄘国天汉之宿，卫国天宿斗衡，王国天宿箕斗，郑国天宿斗衡，魏国天宿牵牛，唐国天宿奎娄，秦国天宿白虎，气生玄武，陈国天宿大角，桧国天宿招摇，曹国天宿张弧"①，目的亦在解释各国"风诗"之不同。问题是，这些说法与《汉书·天文志》、《律历志》颇不相侔。何以如此？有学者认为，除了"陈国"外，《诗纬》对其他各国的"分野"都做了调整，而之所以要做这种调整，可能就是因为翼奉所说之"执十二律以御六情"。

　　例如，把"唐"调整在"亥"位，原因在于：1. "亥"有"闭藏"之意；2. "律"中"应钟"，按《汉书·律历志》的解释，则"应钟，言阴气应亡射，该藏万物而杂阳阖种也"；3. "方位"属"北"，而"北行贪狼"，经过这样调整，就可以解释《唐风》为什么"多俭"，如《蟋蟀》、《山有枢》都是如此。再如，把"齐"调整在"寅"位，则是因为：1. "寅"有"物大、物多"之意；2. "律"中"太簇"，按《汉书·律历志》的解释，则"太族：族，奏也，言阳气大，奏地而达物也"②；3. "方位"属"东"，而"东方之情，怒也"。何谓"怒"？孟康解释说："东方木……木性受水气而生，贯地而出，故为怒"③，这就可以解释《齐风》为什么"体式"舒缓，有"泱泱大国"之风范。而之所以对"陈"未作调整，是因为"陈"处"季春"，"律"中"姑洗"。按《乐叶图徵》的解释："岁气百川一合德，鬼神之道行，祭祀之道得，如此则姑洗之律应"④，所以"律"之"姑洗"，应"鬼神"、"巫祭"之事，而与《陈风》正合。就此看来，《诗纬》对"风诗"的解释，其方法正是所谓"观情以律"。

---

① 《诗推度灾》，见安居香山、中村璋八《纬书集成》，河北人民出版社1994年版，第472页。
② 班固：《汉书·律历志》，中华书局1962年版，第960、959页。
③ 班固：《汉书·眭两夏侯京翼李传》颜师古《注》引，中华书局1962年版，第3168页。
④ 安居香山、中村璋八：《纬书集成》，河北人民出版社1994年版，第556页。

　　似乎可以这样说，《诗纬》以"六情十二律"论《诗》，是特别针对"风诗"的诠释框架，虽然不免削足适履，为了保证理论的完美而牺牲"诗"的自身品质，但也因此而能将多样性的"风诗"编入一个有"内在逻辑性"和"形式齐整性"的思想系统中，对于"王者"而言，不能不说是一种具有可操作性的"知下之术"。这无疑是体现"经学之《诗》"视域的"《诗》学"话语，但从文论视域看，也表现出两方面的统一性，一是"情感"与"审美形式"的统一性，一是"人心"、"政治"与"审美"的统一性，尽管这种统一性有牵强附会之嫌。就此而言，尽管《诗纬》是儒家"《诗》学"的另类话语，但其精神内核还是儒家的"《诗》教"传统。

第七章　经学话语与汉代文学世界:理论与实践

万物纷错，则悬诸天；众言淆乱，则折诸圣。

——扬雄《法言·吾子》

第一节　经学话语与汉代文学图景的关联

一

许总指出："中国文学形式的真正确立正可溯源于儒家传道言志的活动，而中国文学从理论到实践的主流，显然也是由儒家思想所规范。"①儒家思想之所以能持续性地规范"中国文学从理论到实践的主流"，大概有内、外两方面原因：

1. 在诸子学派中，儒家因其"述而不作"的传统而完整地保存了中国民族的"文化元典"，不仅通过"六经之教"传承诸如"诗言志"之类"本源性"的"中国文学"观念，培育中国民族的"审美心性"，为各种类型的"文学"创作提供中国特色的主题、素材和典范形式，而且通过因应时代变动的"经典释义"，保持着积极介入"文学"论理与实践的活力；

2. 儒家思想的"体制化"、"意识形态化"，亦即从一种"知识精英话

①　许总：《宋明理学与中国文学》，百花洲文艺出版社1999年版，第71页。

语"成为中华帝国的"主导"/"统治"思想，成为"普遍性知识"乃至"霸权话语"，就使其基于"文化政治"理念的文论话语，从一种有关"文学"的想象/设计定型为强制性的"规范"，具体落实为表达国家意志并由国家政治、文化、法律等制度支撑的文艺政策。

由于儒学的"体制化"、"意识形态化"肇始于汉代，而经学又是汉代儒学的知识形态，则经学与汉代文学世界的关联就是从上述两个方面展开的。就事实而论，儒家思想对"中国文学"理论与实践的规范，也正是从汉代开始奠基的。

大致说来，经学与汉代文学世界的关联表现在三个方面，而需要先予重点分析的是经学与汉代文学史图景的关联。就可能性而论，"学术"与"文学"在"顺承影响"、"逆反影响"之外，还存在深微难察的"文化影响"。据此可说，当儒家经学不仅因其与中国社会结构的适应性，更依托"皇权意识形态"和"国家体制"力量，弥散性地分布于汉代精神领域的各个方面和生活世界的各个层面，乃至于"经书标准性内容，对于人类精神所支配的种种生活来说，无论在内在的道德教化层面还是在外在的实际应用层面，都是广泛而普遍的依据"①，于是，对于作为一种"生活方式"、"话语类型"的"文学"来说，经学便不仅成为"文学"主题建构之"广泛而普遍的依据"，更与"士人心态"的"文学表现"存在精神内涵与话语经纬的同构关系。

既然如此，提出如下关键词——"皇权意识形态"、"经学话语"、"士人心态"、"文学表现"，依据其间存在的"疏离"、"悖立"、"整合"等关系，描述与阐释经学与汉代文学史图景的整体关联，就是切合历史实际的思路。大致情形是，"皇权意识形态"与"经学话语"虽然在刘汉帝国"治统合法性"的论证上达成共识，但政治、文化理念毕竟不同，经学并不能按儒生所期望的那样在国家"文教体制"中发挥作用，因此会有话语表现上的偏差与歧义。单就经学自身而言，"经学"有"学"与"术"的分际，指涉两种"士人心态"、生存境遇、政治文化期望，或直接或间

---

① 加贺荣治：《中国古典解释史·魏晋篇》，转引自葛兆光《七世纪前中国的知识、思想与信仰世界》，复旦大学出版社 1998 年版，第 408 页。

接地影响文化构思的方向、话语表现的方式。不仅如此,"文学表现"固然会深受"皇权意识形态"的归约,映现游移于"道义理想"与"统治意识"两端的"士人心态",但也要遵循"文学"的基本规则,而"正是文学自身所固有的质的规定性最终导致了两汉文学对经学的背离"①。这些错综复杂的关联织就了汉代文学发生、嬗变的语义网络,决定了经学之于汉代文学的"顺承影响"、"逆反影响"、"文化影响"。

两汉四百年的文学演进历程,清晰地显示出经学与文学的一个基本关系就是"整合"与"悖立"。西汉初年,以道家、法家思想为骨干的黄老刑名之学在社会意识领域占优势地位,儒家经学尚处在恢复期,但已开始寻求进入意识形态中心地带的通道与方式,与黄老之学争夺思想法权的斗争或隐或显地进行着。与此学术之争形成同构关系的是,文学也以沿循为主,但已显现以"经学话语"表述的价值理念整合"文学表现"的意念与指向,这在"楚歌"、辞赋、散文等文体写作中都有体现,呈现出旧曲新声交错共生的文学生态。

从"庙堂文学"看,虽然主流是刘邦《大风歌》、戚夫人《春歌》代表的"楚声歌诗",而或慷慨悲怀,或凄切忧伤,具有相当强烈的情感肌质,显示其楚地文化基因,但已开始出现以儒家观念为根基、为新帝国的政治和文化建设服务的"新文学"。唐山夫人所作"颂世"、"倡孝"的《安世房中歌》便是一个典范作品,如萧涤非所评价:"汉初贵黄老,而夫人独以儒学制歌于焚书坑儒、解冠溲溺之际,虽云其体宜尔,盖亦难能可贵。"② 从"士林文学"看,虽然知识精英尚未找到与时代精神、王朝气象相适应的文学体类、审美品格,却已经开始致力于"把文学创作与个人的关系发展成一种个人与社会、个体命运与政治生活的紧密结合体"③,文学创作的基点开始逐渐移向儒家经学。这尤其鲜明地体现在政论散文的"经术化",而有"主题"与"表现"两层意涵。所谓"主题"的"经术化"是指汉初政论散文以经学观念为圭臬,通过总结前朝兴亡教训,而在"仁"、"礼"之类儒家的基本文化价值与政治实践之间建立起切合关系,

① 刘松来:《两汉经学与中国文学》,百花洲文艺出版社2001年版,第16页。
② 萧涤非:《汉魏六朝乐府文学史》,人民文学出版社1984年版,第36页。
③ 邬积意:《经典的批判——西汉文学思想研究》,东方出版社2000年版,第70页。

"所以远在汉武帝罢黜百家、独尊儒术之前，贾山立论已经大讲尊儒的话"①。所谓"表现"的"经术化"是指由于儒家文化价值对于历史批判的涵摄，以及对于这种涵摄的强烈信认，于是不惟引经据典地展开论述，而且"大抵论证充分，逻辑严密，少有策士之辞的浮靡与诡辩，其结构和语言，也趋于详密严整"②，散文的审美风格悄然发生转变。

同时也存在"文学表现"疏离、悖立"经学话语"的情形，特别是当知识精英痛心于理想无法实现，便会从经学视域转向黄老道家，以"达观"、"遁世"的文学话语宣泄情感、抚慰心灵，贾谊的《吊屈原赋》、《鵩鸟赋》，严忌的《哀时命》，就都是这样的作品。马积高指出："从思想内容来说，贾谊赋同屈原赋虽有其相承相通之处，但也有所不同。屈赋中的思想感情从里到外都是炽热的。贾赋却在炽热的内核上蒙了一层旷达的外壳"，而严忌则"欲远祸全身而又恋于功名，故愤世之感与忧生之意交作，与屈原的以死殉国、义无反顾实不相同"③。这无疑是汉初士人心态的真实抒写，虽然隐藏于"达观"表象下的是无可奈何的深沉的悲哀，"骚体赋"的"文学表现"却实在疏离、背离了"经学话语"。

汉初的政论散文与"骚体赋"的创作体现了经学与文学的不同关联，而经学在社会意识领域逐渐抬头却尚未获得思想法权，与文学开始萌生主旨与形式上的新质却并未创造出标志性文体，二者形成了文化发生学意义上的同构关系。

从汉武帝建元初起，与儒家经学全面进入国家政教体制、转化为民族国家意识形态相应，经学与文学的关联呈现在从文学制度建设以至文学作品的主题建构、风格形式等多个层面，而今、古文经学之争也超逸出经学本身，对文学嬗变产生了直接的影响。就政论散文而言，"炳焉与三代同风"的"大汉之文章"④，就确立于汉武帝时代。以董仲舒的散文创作为

---

① 郭预衡：《中国散文史》上册，上海古籍出版社 1986 年版，第 234 页。
② 郭预衡：《中国古代文学史长编》（秦汉魏晋南北朝卷），首都师范大学出版社 1995 年版，第 46 页。
③ 马积高：《赋史》，上海古籍出版社 1987 年版，第 59、66 页。
④ 班固：《两都赋序》，见严可均辑《全上古三代秦汉三国六朝文》（一），中华书局 1958 年版，第 602 页。

典范，像匡衡、谷永、刘向等人的作文套路均是"依经立义"、"引经据典"，多讲"天人感应"、"灾异谴告"，文章风格也从汉初的"纵横驰说"转变为典雅醇厚的"坐而论道"。刘熙载认为："贾长沙、太史公、淮南子三家文，皆有先秦遗意；如董江都、刘中垒，乃汉文本色也。"① 可以说，经学对文学的"顺承影响"造就了汉代政论散文的基本风格。不过，随着今文经学的衰落、古文经学的兴起，以至于整个经学的衰微，散文写作也出现了新的气象。从扬雄、桓谭、王充以迄王符、崔寔、仲长统，作文立义创意，无复依傍，求实征信，清峻通脱，其初是意在反对今文经学末流，回到儒家的本真立场，最终则兼采道、法诸家，于是由"经学话语"对"文学表现"的"整合"，一变而为"文学表现"对"经学话语"的"背离"。

这也体现在"史传文学"的创作上。从司马迁开始，"在充分利用经学著述的材料和形式的同时，史家们也大都以经学为宗镜，将自己的史著视为经学的辅翼和解说"②，自觉地运用"经学话语"组织史料，结构文章。而且，正如经学在社会意识领域里的全面胜利是在汉元帝时代才得以完成，"史传文学"向经学的全面归附也是从刘向的《新序》、《说苑》、《列女传》开始的。至于司马迁的《史记》则体现出接纳与超越、整合与悖立并存的特征，能够"不拘于史法，不囿于字句"（鲁迅语），也不定于一尊，而广据见闻，独抒己见，愤世嫉俗，忧思深广，所以才成为"史家之绝唱，无韵之《离骚》"（鲁迅语）③。而班固的《汉书》则标志着"经学话语"整合"史传文学"的最终完成，不仅以维护刘汉帝国的"治统合法性"为己任，宣扬"天人感应"、"君权神授"，依据经学伦理原则褒贬人物，其"表志""序言"、"纪传""赞语"，称述"经义"之处所在多是，而且结构详密齐整，语言典雅凝重，刘熙载认为其文"宗仰在董生、匡、刘诸家，虽气味已是东京，然尔雅深厚，其所长也"④。东汉中期以后，随着经学的式微，虽然如《东观汉记》之类与经学著述存在渊源

---

① 刘熙载：《艺概·文概》，上海古籍出版社 1978 年版，第 14 页。

② 张涛：《经学与汉代社会》，河北人民出版社 2001 年版，第 246 页。

③ 郭预衡：《历代散文丛谈》，山西人民出版社 1986 年版，第 69—70 页。

④ 刘熙载：《艺概·文概》，上海古籍出版社 1978 年版，第 15 页。

关系的"纪传体史书"① 的编纂仍在继续，但叙事简要、省约易读的"编年体史书"却再度兴起，反映了人们试图摆脱经学繁冗习气的心理。

更具代表性的文学体类是"汉赋"。虽然"枚乘摛艳，首制《七发》，腴辞云构，夸丽风骇"②，初步具备了"大赋"的基本特征，但司马相如才是"大赋"的开创者，其以"大一统"为主旨的《上林赋》的创制，不仅标志着"藩国地域文学"的终结与"宫廷统一文学"的定型，也标志着"文人"终于找到了将"个体命运"与"王朝政治"、"个人情感"与"意识形态"融为一体的文学活动方式。经学对"大赋"的整合是全方位的："赋家"的创作动机是希望"赋作"能发挥如《诗》"美刺"一样的政治文化功能，通过"文学表现"诠释"君权神授"等经学话语是"大赋"的基本主题，而"博采经义"则成了基本方式。至于在对前人作品的"模拟"中力求"创新"，更是与经学讲究"师法""家法"、循规蹈矩的学风存在精神意念上的"映射"关系。"就汉文化的整体结构而言，相如等作家创制大赋作品表现的思想正与强盛的帝国行政模式，经学家宇宙同人事、阴阳五行同王道政治结合的大一统思想匹配"③。

与此同时，"大赋"的"文学表现"对经学话语的"背离"也始终存在，遂有"意图"与"效果"的矛盾："赋家"期望以"经学话语"、儒家基本文化价值为支撑，运用种种修辞策略、叙事技巧，不仅热情地颂扬"大汉声威"，更讽谏和规劝"天子"力行合乎儒家理想的政治实践。但是，对于"山水"、"田猎"、"女乐"、"宫苑"、"饮食"、"音乐"之盛美的铺陈，却"通过想象、夸饰的构思，铺张扬厉的手法，富丽充沛的语言，创作出错彩镂金、宏伟恢奇的意境"④，实质上造成接受者对"大赋"修辞功能的迷恋，而忽略其"讽谕"指向。于是，诸如经学主题、讽谏功

---

① 刘知己《史通·列传》曰："夫纪传之兴，肇于《史》《汉》。盖纪者，编年也；传者，列事也。编年者，历帝王之岁月，犹《春秋》之经；列事者，录人臣之行状，犹《春秋》之传。《春秋》则传以解经，《史》、《汉》则传以释纪。"见赵吕甫《史通新校注》，重庆出版社 1990 年版，第 108 页。

② 刘勰：《文心雕龙·杂文》，见周振甫《文心雕龙注释》，人民文学出版社 1981 年版，第 147 页。

③ 许结：《汉代文学思想史》，南京大学出版社 1990 年版，第 128 页。

④ 姚文铸：《汉魏六朝的文学与儒学》，河北人民出版社 1995 年版，第 145 页。

能、"博采经义"的话语表现等都被消解，这是"大赋"无法克服的内在矛盾。

可以说，今文经学对文学的整合直接促成了"大赋"的真正成型，而经学类型与形态的演进也影响"汉赋"创作的嬗变。从话语表现来说，今文经学繁琐"章句"的泛滥，与"大赋"对于华文冗辞的追求，在文化精神和"士人心态"两方面存在同构关系："经学烦琐，是夸饰学者有学问。汉赋繁丽，是炫耀诗人有才情。两者的思维与情感方式，是同构的，都对它们所处的世界充满自信与豪迈之情。"① 而且，虽然今文经学也杂有"谶言"、"纬语"，但至于"光武善谶，及显宗、肃宗因祖述焉。自中兴之后，儒者争学图纬，兼复附以妖言"②，谶纬经学才始在社会意识形态领域确立其权威性。受此风气的影响，东汉前期的"大赋"，虽然与西汉"大赋"在主题建构、强调"讽谕"指向方面一脉相承，但在话语表现上出现了新的动向，这就是多引用"谶言""纬语"以颂美天子，表现"君权神授"的主题，如李尤《函谷关赋》、崔骃《反都赋》大都如此。

从汉哀帝开始，古文经学挑战今文经学，赢得越来越多士人的瞩目与兴趣，不仅其重新发掘的儒家经典成为文化创造的知识与思想资源，"贵守真"、"尚兼通"（钱穆语）的思想风格也渐成那些厌倦了今文经学"竞论浮华"的士人们的思考方式，这对"大赋"创作的题材、风格都有影响。例如，班固的《两都赋》已开始减少夸饰成分，注重信实，语言风格也平实晓畅，更具代表性的则是堪称"大赋"殿军的张衡《二京赋》：虽然同样需要"引经据典"，"依经立义"，但张衡多用"古文经传"的语句，依据"古文经学"的解释，有关"制度"、"典礼"的知识，也多依从《周礼》，其铺采摛文，摹写物态，也征引史事，尤为关注"文物"、"制度"的知识性陈述，支撑这种话语表现的正是古文经学"崇实征信"的学风与理性的文化精神。

上述经学之于汉赋创作的"顺承性影响"，实质是"体制化"了的经

---

① 王振复：《中国美学的文脉历程》，四川人民出版社 2002 年版，第 307 页。
② 范晔：《后汉书·张衡列传》，中华书局 1965 年版，第 1911—1912 页。

学，依据其意识形态本性，整合包括文学在内的其他文化形态的体现，但不仅这种整合始终存在龃龉、摩擦，而且，一旦经学自身失去了文化创造能力与社会意识的控制能力，则其宣扬的一整套观念、规范、典范都会轰然倒塌，甚至还会刺激起反向发展的文化创造意愿。因此之故，从东汉中期开始直至汉末，"不但今文早已失却其作为统治工具的作用，就是古文的经典注疏也已不足以厌悦人心"，所以经学开始走向"折衷今、古"的道路，而"两汉经学的结束的显明的表现，就是经今古文学的合流。而时代思想的主流，则已经开始向着玄学方面潜行了"①。时代思潮的转变在文学世界中的表现，就是抒发个体性情感的清新自由的抒情"小赋"的兴起，表明"文学表现"开始摆脱"经学话语"的拘囿、控制，走上符合其自身文化特质的道路。可以说，"大赋"的解体象征了一个时代文学精神的终结，而与之对立的抒情"小赋"的兴起则标志着新时代文学精神的悄然来临。

此外还需注意，包蕴于经学形态中的"小学"，与"大赋"盛衰及其风格的转变也颇有关联。其积极影响主要体现在"小学"为赋家提供了选择语词的广阔空间，加速了单音词向复音词的转变进程，提高了文学语言的表意能力，"大赋"在语言上的特点正建基于"小学"的兴盛。对此，郭绍虞早有精彩论断："无论原有的单音语词与孳化的复音语词，一样可以为音节之助。于是文人于此种语词，可以任意选择，使之单复相合，短长相配，而形成文字型的文学。汉代赋家的技巧实在即在这一方面。汉代赋家，如司马相如作《凡将》，扬雄作《训纂》，大抵都是兼通小学的。此种作用即在能选择古语，以为词藻音节之助而已。又当时赋家颇能利用双声叠韵的连语与累叠的重言，或者使之重叠配合，或使之与单音语词相互配合，这也是赋家助成音节的技巧。"② 及至东汉，"小学转疏"（《文心雕龙·炼字》）导致的最重要的结果有二，一是对规范用字的要求，一是语言风格上的趋于平易，这正与上述古文经学兴盛对"大赋"创作的影响同步。

---

① 侯外庐、赵纪彬、杜国庠、邱汉生：《中国思想通史》第二卷，人民出版社 1957 年版，第 328 页。

② 郭绍虞：《语文通论》，开明书店 1941 年版，第 70—71 页。

二

其次需要考察汉代文学的经学主题,这可说是经学向文学渗透最为显明的表现,而徘徊于"学"、"术"两端的"士人心态"在其中表露无遗。

可将汉代文学的经学主题分为三种类型。第一种是依据经学观念论证刘汉王朝的"治统合法性",具体包括运用"天道崇拜"与"圣贤崇拜"证明"大一统"帝国类型的合理性,而"受天命而王"的汉帝则具有超凡德性,这在政论散文、"大赋"、"史传文学"的创作中皆有体现。就政论散文而言,从董仲舒《举贤良对策》开始,大谈"天人相感"便成"大汉文章"之本色,不复如汉初散文以总结历史经验教训为基本思路,而是将"天道"作为社会政治、文化秩序合理性的来源,以"天人感应"学说论证"皇权专制"的合法性,这是散文家的关注中心。就"大赋"创作而言,从司马相如《上林赋》开始,通过"文学表现"虚构"大一统"的盛世气象、诠解"君权神授"学说便是基本主题,不仅颂扬"汉帝"的"受命而王",且诸如"明堂"、"辟雍"、"灵台"等建筑也都被神化,具有了"候天意"、"通神灵"的功能。就"史传文学"而言,从司马迁《史记》开始,不仅"尊汉"、"颂汉"成为创作的基本意图,对历代帝王谱系的构建也鲜明地体现出"大一统"观念,而将"受天命而王"的"汉帝"塑造为具有超凡德性与神异貌相的"圣王",其意正在通过"历史叙事"建立刘汉帝国的"治统合法性"。

与此紧密相关的则是论证"儒教意识形态"的正当性。这不仅直接表现为对儒家经典之神圣性质的建构,典范如匡衡的奏疏:"六经者,圣人所以统天地之心,著善恶之归,明吉凶之分,通人道之正,使不悖于其本性者也。故审六艺之指,则人天之理可得而和,草木昆虫可得而育,此永永不易之道也"①,不仅直接表现为对儒家经学的提倡,更具"诗性"意味的做法是通过赋予汉帝以儒家"圣王"的形象,使那些对于王朝"治统合法性"与帝王超凡德性的论证,同时也成为"儒教意识形态"合理性的明证。这里还涉及经学内部斗争,即围绕国家"政教"制度的解释权

---

① 班固:《汉书·匡张孔马传》,中华书局 1962 年版,第 3343 页。

而展开的经学正统之争，如范升《上疏让博士》、《奏难费氏易左氏春秋立博士》、陈元《上疏难范升奏左氏春秋不宜立博士》、贾逵《条奏左氏长议》、徐防《五经宜为章句疏》就都是以此为主题，而刘歆的《移让太常博士书》则是典范性的作品。

第二种类型的主题是"依经立义"，以"经术"为"政论"。与"经学"的学理建构不同，"经术"的指向是实际政治实践。从此立场出发的知识精英把维护现有"政治秩序"与"意识形态"视为在世志业，而或者是依据经由"经学话语"表达的儒家文化价值引导政治实践，或者是干脆放弃儒家的"理想主义"信念，运用经学研究提供的有关古代制度、礼仪的知识与技术，以满足"在上者不甘于卑近，而追慕前古盛治，借以粉饰太平，夸炫耳目"①的心理、政治的需要。可将这类主题细化为三个层次：

1. 依据儒家的"王道理想"设计国家的"政教"制度，其核心观念有"德治"、"民本"、"尚贤"、"孝悌"、"仁爱"、"和谐"、"大一统"诸项。这些观念集中表现于东汉章帝时结撰的《白虎通》中，而从汉初陆贾、贾谊、晁错开始，依据这些观念议论诸如"宗庙祭祀"、"官僚考黜"、"荐举"、"教育"、"谏诤"、"巡狩"、"分封建爵"等制度，便是政论散文的一个重要主题；

2. 依据经典文本、"经义"提出解决现实问题的方案。皮锡瑞将其概括为"以《禹贡》治河，以《洪范》察变，以《春秋》决狱，以三百五篇当谏书"②，具体实践如平当引《孝经》奏"复太上皇寝庙园"，王吉引《诗》疏"谏昌邑王罢游猎"，京房根据"《春秋》灾异"建议罢免权臣石显，尤为突出的便是据"天人相应"、"阴阳灾异"进谏言事，可说是表达此类经学主题的基本模式；

3. 依据经学的知识和思想美化政事，鼓吹汉帝的"文治"、"武功"，塑造其神圣形象。如司马相如的《喻巴蜀檄》、《封禅文》，终军的《白麟奇木对》，就是依据经学观念为汉武帝开发"巴蜀""南越"、举行"封禅

---

① 钱穆：《国学概论》，商务印书馆1997年版，第88页。
② 皮锡瑞：《经学历史》，中华书局1959年版，第90页。

大典"而作的堂皇叙事。

第三种类型的主题是归本于"经学话语"的文学伦理取向。自从儒家思想积极介入中国文学，再现人们的伦理生活、表现对于伦理原则的笃守或背叛，便构成中国文学传统的重要内容。汉代是儒家伦理观念全面影响文学伦理取向建构的开始。征诸史实，率先明确表达了这种创作旨趣并集中表现儒家伦理主题的是刘向：

> （向）睹俗弥奢淫，而赵、卫之属起微贱，踰礼制。向以为王教由内及外，自近者始。故採取《诗》《书》所载贤妃贞妇，兴国显家可法则，及孽嬖乱亡者，序次为《列女传》，凡八篇，以戒天子。①

在《贤明传》、《仁智传》、《贞顺传》、《节义传》名目下记载那些"贤妃贞妇"的事迹，以之为劝诫"天子"的"读本"，就是对儒家的"仁"、"义"、"智"、"信"等伦理观念的诠释与宣扬。

儒家的"仁义"、"孝道"观在汉代诗歌中也有体现，如唐山夫人《安世房中歌》大倡"孝道"，开汉朝"以孝治天下"之先声，而朱穆《与刘伯宗绝交诗》则通篇运用"比体"，是对"仁义"观念的"文学表现"。在"大赋"创作中，铺张扬厉的修辞背后隐含了对儒家"节俭"观念的推崇。而在"史传文学"中，《汉书》鲜明地体现了儒家伦理精神的全面胜利。班固赞颂忠贞报国的苏武，批评"游侠"虽"有绝异之姿，惜乎不入于道德"，遂将"历史叙事"转化为儒家伦理观念的印证。

"经学话语"对于文学伦理取向的规约，甚至在"下层文学世界"中也有体现。例如，按萧涤非的分析，"在汉乐府抒情一类中，最可注意者，厥为描写夫妇情爱一类作品。南朝清商曲，多男女相悦及女性美之刻画，汉时则绝少此种。盖两汉实为儒家思想之一尊时期，其男女之间，多能以礼义为情感之节文……故其所表现之女性，大率温厚贞庄，与南朝妖冶娇羞，北朝之决绝刚劲者，歧然不同。如云'他家但愿富贵，贱妾与君共餔糜。'如云

---

① 班固：《汉书·楚元王传》，中华书局1962年版，第1958页。

'若生当相见，亡者会黄泉。'如云'愿得一心人，白头不相离。''使君自有妇，罗敷自有夫'之类，皆忠厚之至也"①，所谓"温厚贞庄"，所谓"忠厚之至"，就体现了儒家伦理精神对于女性形象建构的影响。

在对"经学话语"与文学主题之间的关联做简略清理之后，可以政论散文与"大赋"的创作为例，就经学之"学"、"术"分际对于文学主题建构的影响做一讨论，着力展呈士大夫阶层的矛盾心态。

按郭预衡的分析，自董仲舒以后，"一些儒者，讲政治，谈哲学，无不涉及天人感应、阴阳灾异。文章的内容和风格都发生了变化。汉代文章从纵横驰骋转变为坐而论道，可以说是从董仲舒开始的"②。在"文学表现"层面，举凡"水旱"、"地震"、"日食"、"月食"、"星陨"、"雨雪"、"霜降"等自然灾害和奇异现象，都为儒者所瞩目，而通过对"灾异谴告"的解释表达政治见解，则成为"经术化"政论散文写作的基本套路，其中蕴涵着由"经学"、"经术"的分野导致的话语冲突。

如前所述，"经学"的语用指向是儒家经典的精神意义，以保存、承传儒家文化理想为"道义担当"；"经术"的语用指向则是现世政治，以维护现有"政教"秩序与意识形态为"在世志业"。就基本事实而论，政论散文以大汉帝国的"政治合法性"为创作前提，承认谏言对象皆具"承天理人"之超凡德性，因此那些通过"灾异谴告"话语表达的政治、文化构思，就必然是以支持和延续刘汉王朝统治为"立言"之本，而对经学资源的取用指向自然就是以之为立论依据解决具体政事。另一方面，尽管散文家试图在自然灾异现象与社会政治生活之间建立某种想象性的对应联系，以使帝王惕然心惊，进而幡然醒悟，但基本的政治理念却还是归本于儒家，于是在"道"与"势"、"道统"与"政统"之间造成无法从根本上化解的冲突。

而因为儒生的社会身份已经发生了"从直接拥有确认价值与意义的话语权力的帝王之师友，到间接依靠灾异祥瑞的感应来恳请君主认可价值与意义的帝王之臣下"③的巨大变化，则通过对"灾异谴告"的解释谆劝帝

---

①　萧涤非：《汉魏六朝乐府文学史》，人民文学出版社 1984 年版，第 83 页。
②　郭预衡：《中国散文史》上册，上海古籍出版社 1986 年版，第 253 页。
③　葛兆光：《七世纪前中国的知识、思想与信仰世界》，复旦大学出版社 1998 年版，第 385 页。

王"退而修其德"，进而按照"王天下"的理想施行"德政"，就似乎是唯一具有可能性的申说"理想"和"谏言"的方式。皮锡瑞曾分析汉儒的文化心态说："当时儒者以为人主至尊，无所畏惮，借天象以示儆，庶使其君有失德者犹知恐惧修省。此《春秋》以元统天、以天统君之义，亦《易》神道设教之旨。汉儒藉此以匡正其主。"① 汉代政论散文之所以多论"阴阳"、"灾异"，固然与其所由产生的文化语境相合，单就"士人心态"而言，也可据此作解。

　　"大赋"的主题建构也可见出"经学"、"经术"分际的双重影响。以司马相如、扬雄、班固、张衡为典范的"大赋"写作，铺排渲染刘汉帝国"大一统"的恢宏气象，自觉维护"天子"高矗顶端而以"宫廷文化"为中心的"政教秩序"，并依据儒家的"圣王"论塑造刘彻、刘秀等所谓"明君"的形象，如是则其对天下太平的盛世景象的诗性建构，就是对于现有"政教秩序"、"意识形态"之正当性、合理性的"话语象征"。另一方面，"汉大赋的确是第一次集中地把作品的主题放在反对帝王的骄奢淫逸上"②。虽然"赋家""以游戏的姿态来从容地进行修辞描绘，也正是因为这种心态，赋的修辞描绘才具有审美的效果"③，却并不餍足于"游戏"，而是期望他们的作品也能发挥严肃的政治文化功能，于是又在行文中津津乐道"天子"对"仁政"、"节制奢欲"、"与民同乐"等儒家政治理念的信服。司马迁说司马相如"虽多虚辞滥说，然其要归引之节俭，此与《诗》之风谏何异"④，正揭示出"赋家"的复杂心态，及其与"经学话语"的精神联系。

　　如对政论散文与"大赋"的写作旨趣做一比较，或者可以说，倡言"阴阳"、"灾异"的政论散文意图以"约之以天"的方式限制"王权"，亦即在"天子"之世俗最高权力之上设立"神圣之天"对之加以制约；巨细描摹"物象"、"事态"的"大赋"意图以"合之以制"的方式限制"王权"，亦即通过强调"天子"在政教体制中的角色意识，使其自觉接

① 皮锡瑞：《经学历史》，中华书局 1959 年版，第 106 页。
② 龚克昌：《汉赋研究》，山东文艺出版社 1990 年版，第 397 页。
③ 邬积意：《经典的批判——西汉文学思想研究》，东方出版社 2000 年版，第 227 页。
④ 司马迁：《史记·司马相如列传》，中华书局 1959 年版，第 3073 页。

受体制约束。在此方面，班固《两都赋》、张衡《二京赋》对"天子"之"逾制"、"奢侈"的批判，可谓典型例证。有意味的是，由大赋"主"、"客"对答的基本叙事结构决定了的双重主题的最终完成形式，是"客"对于儒家治国大道的幡然醒悟、心悦诚服，这无疑反映了以"主"为代言人的知识阶层的自我期许，但也折射出其徘徊于"学"、"术"之间的处身方式，而"劝百讽一"的叙事效果则宣告了"道义理想"的最终破灭。这也可以理解为"文学表现"对"经学话语"的疏离乃至悖立。

三

最后再以乐府为例，对经学之于文学的"制度建构"略作述论。

班固描述武帝宣帝时期的文化盛况说：

> 至于武宣之世，乃崇礼官，考文章，内设金马石渠之署，外兴乐府协律之事，以兴废继绝，润色鸿业……故言语侍从之臣，若司马相如、虞丘寿王、东方朔、枚皋、王褒、刘向之属，朝夕论思，日月献纳，而公卿大臣御史大夫兒宽、太常孔臧、大中大夫董仲舒、宗正刘德、太子太傅萧望之等，时时间作，或以抒下情而通讽谕，或以宣上德而尽忠孝。[①]

"金马石渠"意指国家藏书机构，与学术文化对应，而"乐府"则是与审美文化对应的国家文化机构，二者的设立皆在"兴废继绝，润色鸿业"。

不过就事实而论，乐府并非汉武帝的首创。1977年，在陕西临潼秦始皇墓附近出土的错金甬钟，上刻"乐府"二字，说明秦代已经设有乐府官署。汉初一如秦制，乐府机构得以保存，故而司马迁记载："高祖过沛诗《三侯之章》，令小儿歌之。高祖崩，令沛得以四时歌舞宗庙。孝惠、孝文、孝景无所增更，于乐府习常肆旧而已"[②]。然而却是汉武帝为乐府赋予了"大一统"的内涵，令后世印象深刻，以至于连博学多识之班固也将

---

① 班固：《两都赋序》，见严可均辑《全上古三代秦汉三国六朝文》（一），中华书局 1958 年版，第 602 页。

② 司马迁：《史记·乐书》，中华书局 1959 年版，第 1177 页。

乐府的设立归于武帝名下:"自孝武立乐府而采歌谣,于是有代赵之讴,秦楚之风,皆感于哀乐,缘事而发,亦可以观风俗,知薄厚云。"①"立"绝不能作"创设"、"创立"解,而只能理解为"重建"、"扩充","扩充"指其数量规模,"重建"指其精神内涵。

班固的这一说法意谓汉武帝设立乐府遵循了"王官采诗"的经学观念。《诗经》学家相信历史上曾经存在"采诗"的制度、机构和活动,以之解释十五"国风"的形成。按班固的描述,因为"哀乐之心感,而歌咏之声发。诵其言谓之诗,咏其声谓之歌。故古有采诗之官,王者所以观风俗,知得失,自考正也",而"采诗"的时间和做法是"孟春之月,群居者将散,行人振木铎徇于路,以采诗,献之大师,比其音律,以闻于天子"②。何休更明确了"采诗者"的身份:"男年六十、女年五十无子者,官衣食之,使之民间求诗。乡移于邑,邑移于国,国以闻于天子。故王者不出牖户,尽知天下所苦,不下堂而知四方。"③ 这些振振有词的"叙事"固然有历史事实的支撑,但更是出自汉儒的政治/文化构想,因而是对历史图景的"文化重建"。

作为"先王之制","王官采诗"承担了使"王者"了解社会人心、民情风俗并据以纠偏政治的功能,而这毫无疑问是只有"圣王"才可能有的事业。这里体现了儒家的"审美政治学",此即由《礼记·乐记》典范表述的"声音之道与政通"、"审乐以知政",认为可以"从音乐(包括诗歌)的风格上去考察其中所体现的思想感情,从而借以辨别政治优劣,风俗好坏"④。

当儒者以这样的"王官采诗"观念看待汉武帝重建/扩充的乐府,或者不免"润色鸿业"之嫌,但同时也寄寓了对于政治清明的渴望,对于"圣王"事业的期盼。而这恰恰与意欲"上参尧舜,下配三王"的汉武帝的精神意念相投,遂使"王官采诗"由一种历史追忆,"由一种学说、观

---

① 班固:《汉书·艺文志》,中华书局 1962 年版,第 1756 页。

② 班固:《汉书·艺文志》、《食货志》,中华书局 1962 年版,第 1708、1123 页。

③ 何休:《春秋公羊传注疏》宣公十六年《疏》,见阮元校勘《十三经注疏》,中华书局 1980 年版,第 2287 页。

④ 张少康、刘三富:《中国文学理论批评发展史》上卷,北京大学出版社 1995 年版,第 20 页。

念，具形而为一种王朝制度"①，而由乐府这一国家文化机构来承担。史书有阙，汉武帝"采歌谣"的具体情形已不能了然，但据班固所记，有"吴楚汝南歌诗十五篇"、"燕代讴雁门云中陇西歌诗九篇"、"邯郸河间歌诗四篇"、"齐郑歌诗四篇"、"淮南歌诗四篇"、"左冯翊秦歌诗三篇"、"京兆尹秦歌诗五篇"、"河东蒲反歌诗一篇"、"洛阳歌诗四篇"、"河南周歌诗七篇"、"河南周歌声曲折七篇"、"周谣歌诗七十五篇"、"周谣歌诗声曲折七十五篇"、"周歌诗二篇"、"南郡歌诗五篇"②，可知武帝确实有过采集不同地域的"歌"、"谣"之举。不论汉武帝的"乐府采诗"是否真能达到儒生所期望的"观风俗，知薄厚"的政治功能，它至少再现了儒生理想的政治/文化图景，这图景兼有政治和文化"一统"的性质。"代赵之讴，秦楚之风"的汇聚乐府，体现了政治和文化"一统"于"天子"代表的中央朝廷的象征意义。

班固还记载了汉武帝重建乐府的另一政治/文化功能："至武帝定郊祀之礼，祠太一于甘泉，就乾位也；祭后土于汾阴，泽中方丘也。乃立乐府，采诗夜诵，有赵、代、秦、楚之讴。以李延年为协律都尉，多举司马相如等数十人造为诗赋，略论律吕，以合八音之调，作《十九章》之歌。以正月上辛用事甘泉圜丘，使童男女七十人俱歌，昏祠至明。夜常有神光如流星止集于祠坛，天子自竹宫而望拜，百官侍祠者数百人皆肃然动心焉。"③ 这里体现出的是另一种意义的"一统"，即"王者功成作乐"，而乐府就是主管和负责"作乐"的文化机构。

乐府之成为国家文化机构，其重大意义在于将儒家经学观念落实为一项国家体制，从而使得职能在"俗乐"的乐府获得了"沟通上下"的政治功能，所谓"抒下情而通讽谕"、"宣上德而尽忠孝"。乐府"采诗"有助于实现政治清明，这是儒生的期望与信念，所以才尽力描绘/想象其历史功能，以为自己的"托古改制"树立一个可效仿的榜样。因此，尽管汉武帝"乃立乐府"的真正用意在于为体现"大一统"的"郊祭礼"配置"乐舞"，是一项旨在显示其"圣王"品质与帝国合法

---

① 李山：《经学观念与汉乐府、大赋的文学生成》，《河北学刊》2003 年第 4 期。

② 班固：《汉书·艺文志》，中华书局 1962 年版，第 1754—1755 页。

③ 班固：《汉书·礼乐志》、《艺文志》，中华书局 1962 年版，第 1045、1756 页。

性的宗教活动，与儒生所期望的、经书中所记载的像周朝立国之初那样以"礼乐"转化全国风俗的做法并不一致，但形式上的相似还是令那些以恢复三代礼制为职志的儒生们激动不已。尽管如"郊祭礼"一类"天子礼"，隔断了每个人与神圣之"天"／"天帝"的联系，但在"天子"／"国家"一体性的"王朝国家"，其宗教意义上的神圣性与意识形态意义上的威慑性具有不容置疑的普遍性，强有力地缔构了新的国家认同与民族文化认同。

就实质而言，乐府的文化功能在于宣示了春秋末期以来与贵族"雅乐"相对的民间"俗乐"的合法性，既然如郊祭、封禅等国家大典都采用"俗乐"，则在日常生活中享受"俗乐"就更是正大光明的，这倒也体现了"上行下效"的示范性。当时的状况是，"今汉郊庙诗歌，未有祖宗之事，八音调均，又不协于钟律，而内有掖庭材人，外有上林乐府，皆以郑声施于朝廷"。至汉成帝时代，"世受河间乐"的王禹的弟子宋畢等上书言"乐"，博士平当认为"宜领属雅乐，以继绝表微"，"事下公卿，以为久远难分明"，平当的建议就此作罢。"是时，郑声尤甚。黄门名倡丙强、景武之属富显于世，贵戚五侯定陵、富平外戚之家，淫侈过度，至与人主争女乐。哀帝自为定陶王时疾之，又性不好音"，以为"郑卫之声兴则淫辟之化流，而欲黎庶敦朴家给，犹浊其源而求清其流，岂不难哉！孔子不云乎？'放郑声，郑声淫。'其罢乐府官。郊祭乐及古兵法武乐，在经非郑卫之乐者，条奏"，"然百姓渐渍日久，又不制雅乐有以相变，豪富吏民湛沔自若"①。虽然哀帝刘欣罢黜"乐府官"实有其个人原因（"性不好音"），且针对"贵戚"、"外戚"的僭越而发，试图以此整肃朝纲，但诏书中的"堂皇叙事"倒是符合儒家的"复古礼乐观"。

在儒家看来，"郑声"鼓荡情绪，快乐太过（"淫"），不利于"中和"人格的养成，无助"教化"，因而要禁绝其与人民接触的途径，通过推广"雅乐"以实现文化的整一、风俗的移易。尽管如此，"俗乐"已然盛行于各个社会阶层，其冲决之势已非衰颓之"雅乐"所能抗衡扭转，春

---

① 班固：《汉书·礼乐志》，中华书局 1962 年版，第 1071—1074 页。

秋末年以来五百年的"雅"、"俗"之争就此作结。这并不符合儒者的文化期待,所以班固说:"大汉继周,久旷大仪,未有立礼成乐,此贾谊、仲舒、王吉、刘向之徒所为发愤而增叹也。"①

这里体现出儒家思想观念的内在冲突。汉武帝所立乐府体现了"王官采诗"和"圣王作乐"的儒家观念,无疑具有"形式的合理性",却不具有"实质的合理性",因为乐府实现了"俗乐"的合法化,而依照儒家"礼乐治国"思想,只有"雅乐"才堪当"教化"之重大使命。这就使乐府也成为"意识形态"与"精英意识"纠缠冲突的场所。儒生一方面褒扬乐府"兴废继绝,润色鸿业",也以自己的创作参与其中,同时又"发愤而增叹"其对"雅乐"的冲击。其实这种冲击由来已久,战国时颇有"好古"之称的魏文侯已对子夏坦承"端冕而听古乐,则唯恐卧;听郑卫之音,则不知倦"(《礼记·乐记》),西周"雅乐"已经随着周朝政治控制力的衰微,不复具有统治性文化的特征,于是各地带有区域性特征的民间歌舞兴盛起来,并要求获得其合法地位。对于作为"平民为天子的统一政府"的刘汉王朝来说,承认"俗乐"的合理性并以之为基础创造一种新的文化模式,以求规范各地差异性文化,实现与"政治一统"相适应的"文化一统"格局,乃是合乎"政治理性"也顺应"民心"的举措,当中体现的乃是一种与"平民王朝"身份相当的文化精神。

作为国家文化机构,凭借国家体制力量,乐府以其创制"新声曲"的文化实践为新帝国的审美文化确立了基调,以其多样化的"作乐"活动丰富了"歌诗"艺术表现手段,进而形成文学史的传统——例如"楚声"、"秦声"的贡献在于产生"五言诗体",而"新声曲"则开后世"长短歌行"一派,"斯二体者,皆汉乐府所独擅,诗骚之所未有,而固有得于声调之助也"②。不仅如此,乐府还从主体方面为汉代"歌诗"艺术的繁荣准备了条件,这一方面是指"言语侍从之臣"、"公卿大臣"之文人的参与及其示范引领作用,另一方面是指乐府机构本身培养出大量专业艺术人

---

① 班固:《汉书·礼乐志》,中华书局1962年版,第1075页。

② 萧涤非:《汉魏六朝乐府文学史》,人民文学出版社1984年版,第27—32页,引文见第31页。

才。乐府极盛时期有多少"乐人"、"舞人"已无可考,单就汉哀帝时"罢乐府官"的情形看,裁撤人员中有"竽工员"、"琴工员"、"柱工员"、"绳弦工员"、"张瑟员"、"鼓员"、"倡"、"讴员"、"竽瑟钟磬员"等名目,"其四百四十一人不应经法,或郑卫之声,皆可罢","其三百八十八人不可罢","大凡八百二十九人"①,于此可知其数量众多,类型多样。可以说,乐府不仅推动了汉代"歌舞"艺术的发展繁荣,且其本身就是汉代审美文化图景的重要构成,这是乐府在审美文化史上的贡献,而这已然越出了儒家经学视野。

第二节　经学话语与汉代文学知识的建构

一

对经学与汉代文学关联的考察,为讨论根植于经学语境的汉代文学知识建构提供了基础。大致说来,对于"经学文论话语"的移植与延展乃是这类文学知识构建的基本模式,而在文论话语的移植和延展中同样存在着"经学整合"与"文学悖立"这一基本关系。

首先需要讨论的是汉代文学知识建构的运思方式与表述方式。如前所述,刘汉帝国构建"大一统"意识形态的需要,儒家知识精英对于知识系统的自我调整,以及诸如"仁义"、"孝悌"等儒家文化观念对基于宗族血缘的传统社会结构的适应性,这三种因素使经学成为汉代唯一合法的学术形态,是"历史阐释"、"制度证立"、"文化建构"唯一可凭藉的"宏大叙事",任何生活领域的话语表述都只能或者从儒家经典文本中寻求论证根据,或者用经学的形式包装个体性的"思想论说"。这也就是刘勰在《文心雕龙》中明确的"明道"、"征圣"、"宗经",实为"经学时代"儒家文论话语构建的基本范型。

就文化渊源而论,这种模式根源于孔子创立的儒学对于前代传统"温和的突破"性质,以及"以述为作"的话语建构方式。儒学性格决定儒者必得守持《诗》、《书》"六经",儒家"法则六经"的"学统"亦承此

---

① 班固:《汉书·礼乐志》,中华书局1962年版,第1073—1074页。

性格而生，又反过来成为"六经"经典化之形式上的保证①。所以在"诸子"学派中，儒家不惟特别尊重文化典籍和历史依据并以此相标榜，而且不断为《诗》、《书》"六经"赋予神圣性质，这种相互塑造同时确立了儒学和"六经"的文化形象以及儒者的文化身位。

在经典"神圣化"历程中，荀子是一个关键人物，他一方面指出"礼、乐法而不说，《诗》、《书》故而不切，《春秋》约而不速"，另一方面又认为其中蕴涵着"圣人"体会到的"天下之道"、"百王之道"：

> 学恶乎始？恶乎终？曰：其数则始乎诵经，终乎读《礼》……《书》者，政事之纪也；《诗》者，中声之所止也；《礼》者，法之大分，类之纲纪也……《礼》之敬文也，《乐》之中和也；《诗》《书》之博也，《春秋》之微也，在天地之间者毕矣。（《荀子·劝学》）

> 圣人也者，道之管也。天下之道管是矣，百王之道一是矣，故《诗》《书》《礼》《乐》之归是矣。《诗》言是其志也，《书》言是其事也，《礼》言是其行也，《乐》言是其和也，《春秋》言是其微也……天下之道毕是矣。乡是者臧，倍是者亡。乡是如不臧、倍是如不亡者，自古及今，未尝有也。（《荀子·儒效》）

这其实是儒家"法则六经"的"学统"内在逻辑的自然发展，虽由荀子给予清晰的表述——故而郭绍虞认为"传统的文学观，其根基即确定于荀子"②，但其思想源头却是自称"述而不作，信而好古"（《论语·述而》）的孔子。

汉儒与荀子存在师承关系，自然也会遵循、发挥荀子的思路，更为执

---

① 徐洪兴：《孔子与"六艺"》，载潘富恩、徐洪兴、朱志凯主编《孔子思想研究》，上海古籍出版社 1999 年版。此外，关于"六经"之称，过去一般认为始于战国中晚期，且出自于非儒学派，但郭店儒简出土后，人们更相信所谓"六经"之称实出自于儒家，而为道家等学派所取。例如《六德》："夫夫，妇妇，父父，子子，君君，臣臣，六者各行其职而狱犴无由作也。观诸《诗》《书》则亦在矣，观诸礼乐则亦在矣，观诸《易》《春秋》则亦在矣。"《语丛一》："《易》所以会天道、人道也；《诗》所以会古今之恃也者；《春秋》所以会古今之事也；礼，交之行述也；乐，或生或教者也；……者也。"见荆门市博物馆《郭店楚墓竹简》，文物出版社 1998 年版，第 188、194—195 页。释文据相关研究略有改动。

② 郭绍虞：《中国文学批评史》，新文艺出版社 1955 年版，第 18 页。

着和明确地赋予经典文本以神圣性质，这其实也是确立其文化权威身份的途径和方法。最为清楚地表述汉儒关于"道"、"圣"、"经"关系之认识的当是西汉元帝时代的今文经学家翼奉，他在《奏封事》中说：

> 臣闻之于师曰，天地设位，悬日月，布星辰，分阴阳，定四时，列五行，以视圣人，名之曰道。圣人见道，然后知王治之象，故画州土，建君臣，立律历，陈成败，以视贤者，名之曰经。贤者见经，然后知人道之务，则《诗》、《书》、《易》、《春秋》、《礼》、《乐》是也。①

既然说"闻之于师"，可见其说有传承，而事实上，董仲舒确实已然论及"道"、"圣"、"经"的关联："天下无二道"，"圣者法天，贤者法圣"，"先王之遗道，亦天下之规矩六律而已"②。

至于在"语文写作"层面阐述三者关系的则是扬雄：

> 万物纷错，则悬诸天；众言淆乱，则折诸圣……在则人，亡则书，其统一也。
>
> 舍舟楫而济乎渎者，未矣；舍五经而济乎道者，未矣。弃常珍而嗜乎异馔者，恶睹乎其识味也？委大圣而好乎诸子者，恶睹其识道也？③

不过，落实在文论话语建构层面，全面体现经学影响并予以典范表述的，则是东汉王逸集汉代《楚辞》研究之大成的《楚辞章句》。

从书名本身就可看出，王逸的"楚辞学"是对"经学"的移植。所谓"章句"，乃是一种对文献典籍的"字"、"词"、"句"、"章节"、"句读"详加注解的注释形式，直接源自西汉今文经学，当然也有更早的渊源。在汉代，"章句"固定为对"五经"的注释体例。王逸用"章句"体例为并不属于"五经"的《楚辞》作注，单就形式而论，具有学术史意

---

① 班固：《汉书·眭两夏侯京翼李传》，中华书局1962年版，第3172页。
② 董仲舒：《春秋繁露·楚庄王》，见苏舆《春秋繁露义证》，中华书局1992年版，第14页。
③ 扬雄：《法言·吾子》，见汪荣宝《法言义疏》，中华书局1987年版，第82、67页。

义的有如下三点：

1. 自汉武帝刘彻设立"五经博士"，"经"的范围就已确定，即《诗》、《书》、《礼》、《易》、《春秋》。既然王逸将自己注释《楚辞》的著作称为"章句"，则其首要任务就是要证明《楚辞》具备"经"的性质。按王逸的说法，至少在对《离骚》颇有研究的淮南王刘安那里，《离骚》已经得称为"经"，但不具备"五经"那样官方法定的性质。王逸则对《离骚》做了如下解释：

> 屈原执履忠贞而被谗邪，忧心烦乱，不知所愬，乃作《离骚经》。离，别也；骚，愁也；经，径也。言已放逐离别，中心愁思，犹陈直径以风谏君也。

把"经"解作"径"，这正是经学家的普遍做法。王逸更说："复以所识所知，稽之旧章，合之经传，作十六卷章句"①，清楚地交代了其用心所在，全书正是以《离骚》为"经"，以其他作品为"传"，而为此"经"、"传"的文字、篇章作"训诂"和"释义"，就是"章句"。这可以视为用经学著述形式对《楚辞》文化身份的改写，也可以说是为"《楚辞》研究"披上一件"经学外衣"。

2. 以"章句"体例疏通文字、阐发经典文本义涵，曾是历经劫难的儒家经学确立"学统"的成功做法，然而时至东汉，今文经学的内斗使"章句"之学愈趋繁琐，更远离了"五经"与经学的精神实质，其积弊正如班固所批评：

> 博学者又不思多闻阙疑之义，而务碎义逃难，便辞巧说，破坏形体；说五字之文，至于二三万言。后进弥以驰逐，故幼童而守一艺，白首而后能言；安其所习，毁所不见，终以自蔽。②

---

① 王逸：《楚辞章句叙》，见严可均辑《全上古三代秦汉三国六朝文》（一），中华书局1958年版，第786页。

② 班固：《汉书·艺文志》，中华书局1962年版，第1723页。

在此情势下，王逸自承所作"虽未能究其微妙，然大指之趣略可见矣"①，清楚表明了他写作《楚辞章句》的用心在于阐发《楚辞》文本之"大义"，故此虽然挪用"章句"体例，却能避免所谓"博学者"的繁琐积弊，文句的训释多简明扼要，而阐明"大义"的方式则是"作序"，有"总序"、"小序"之别。这种做法与古文经学之《毛诗》"大序"、"小序"体例相同，其间影响显然可见。于此可说，《楚辞章句》虽名为"章句"，却是对"章句"旧例的革新与突破，而与东汉古文经学"尚通贵真"之学风相合。

3. 运用"经学话语"指称《楚辞》从文本结构到价值意义的各个层面，以此寻绎《楚辞》与"五经"的渊源关系。从文本层面寻绎这种关系的典范例证是对《离骚》的评论：

> 《离骚》之文，依托《五经》以立义焉："帝高阳之苗裔"，则《诗》"厥初生民，时惟姜嫄"也；"纫秋兰以为佩"，则"将翱将翔，佩玉琼琚"也；"夕揽洲之宿莽"，则《易》"潜龙勿用"也；"驷玉虬而乘鹥"，则《易》"时乘六龙以御天"也；"就重华而陈词"，则《尚书》咎繇之谋谟也；"登昆仑而涉流沙"，则《禹贡》之敷土也。②

这种回溯至"五经"话语表现的运思方式与表述方式，本从"尊经"思维而来，乃是汉代"知识生产"的普遍方式，而王逸则意在表明《离骚》也具有"依经立义"的性质，所谓"言必有据"，而"据依五经"，意谓"五经"是所有"思想论说"与"诗性话语"的动源与根基。

更具意义的则是运用"经学话语"阐释"屈骚精神"，这也可视为从精神实质层面对《离骚》之为"经"的确认。王逸说：

> 昔者孔子叡圣明喆，天生不群，定经术，删诗书，正礼乐，制作

---

① 王逸：《楚辞章句叙》，见严可均辑《全上古三代秦汉三国六朝文》（一），中华书局1958年版，第786页。

② 同上书，第787页。

《春秋》，以为后王法。门人三千，罔不昭达。临终之日，则大义乖而微言绝。其后周室衰微，战国并争，道德陵迟，谲诈萌生，于是杨墨邹孟孙韩之徒，各以所知，著造传记，或以述古，或以明世，而屈原履忠被谗，忧悲愁思，独依诗人之义而作《离骚》，上以讽谏，下以自慰。遭时暗乱，不见省纳，不胜愤懑，遂复作《九歌》以下凡二十五篇。①

有两点值得注意：

1. 将屈原与"杨墨邹孟孙韩"诸子相提并论，则屈原的作品便与他们的"著造传记"处在同等层次；

2. 《离骚》与《诗》一样旨在"讽谏"，更说"《离骚》之文，依《诗》取兴，引类譬喻，故善鸟香草，以配忠贞；恶禽臭物，以比谗佞；灵修美人，以媲於君；宓妃佚女，以譬贤臣，虬龙鸾凤，以托君子，飘风云霓，以为小人"②，则无论是创作意图抑或话语表现，《离骚》都堪与《诗》媲美。由此也可以发现王逸的论证逻辑：既然《诗》之为"经"，其旨在"讽谏"，则只要确定了《离骚》的"讽谏"品格，便可以将其与《诗》相提并论，如此则运用"章句"的注释体例也就具备了学理依据。

在最隐微的精神意念层面，王逸殚精竭虑的努力，是要为《楚辞》确立可以分享"五经"之权威性的合法性根据，而其思想前提是对于"五经"之典范性乃至神圣性的认同。这可以说是经学文化语境中的文论话语建构的必然方式，即使司马迁的"发愤著述"说，虽然本意在强调创作个性，却也取此"思路"与"言路"：

　　昔西伯拘羑里，演《周易》；孔子厄陈、蔡，作《春秋》；屈原放逐，著《离骚》；左丘失明，厥有《国语》；孙子膑脚，而论兵法；不韦迁蜀，世传《吕览》；韩非囚秦，《说难》《孤愤》；《诗》三百

---

① 王逸：《楚辞章句叙》，见严可均辑《全上古三代秦汉三国六朝文》（一），中华书局1958年版，第786页。

② 王逸：《离骚经叙》，见严可均辑《全上古三代秦汉三国六朝文》（一），中华书局1958年版，第787页。

篇，大抵贤圣发愤之所为作也。此人皆意有所郁结，不得通其道也，故述往事，思来者。①

　　既然《易》、《诗》、《春秋》的创作也基于文王、孔子等"往圣"、"前贤"发自内心的激愤之情，则"发愤著述"说也就获得了经典文本的支撑，虽然这一观念确实肇自孔子对《易》的理解："作《易》者，其有忧患乎"（《易·系辞下》），但更是司马迁"遭李陵之祸，幽于缧绁"的个体生存困境体验在写作上的表现，以及基于这种体验对历史上的诸多作品创作动机的同情理解。

　　甚至，在经学"正统"看来颇有异端思想的扬雄和王充的文论话语建构中，这种"思路"与"言路"也得到贯彻。例如，在语言观上，扬雄主张"文必艰深"，而王充倡导"言文一致"，当时都受到指责。对扬雄，时人批评说像其《太玄》一类著作"观之者难知，学之者难成"，扬雄的解释是：只有"文必艰深"，才能达到如"圣人之文"一般的"约"、"要"、"浑"、"沉"的风格，并且，这并非权宜之计，而有其必然性："若夫闳言崇议，幽微之途，盖难与览者同也……彼岂好为艰深哉？势不得已也。"② 对王充，时人指责其文风"与经艺殊轨辙"，因为"圣人之言，鸿重优雅，难卒晓睹。世读之者，训古乃下。盖圣贤之材鸿，故其文语与俗不通"。王充对此不以为然，反而从语言流变角度论证道："经传之文，圣贤之语，古今言殊，四方谈异也"③，而"圣人"之"文"与"言"在发生学意义上具有同一性："圣人之言与文相副，言出于口，文立于策，俱发于心，其实一也"④。一倡"艰深"，一倡"通俗"，截然对立，却都要从"圣人"与"五经"寻求论说根据，而且都以维护"圣人"与"五经"的文化权威身份为职志，究其实质，则是因为在经学文化语境中，任何"言说"只有分享"五经"的光辉、沾溉其"圣性"，才能在文化系统中获得合法性。

①　司马迁：《史记·太史公自序》，中华书局 1959 年版，第 3300 页。
②　班固：《汉书·扬雄传》，中华书局 1962 年版，第 3575、3577—3578 页。
③　王充：《论衡·自纪篇》，上海人民出版社 1974 年版，第 450、451 页。
④　王充：《论衡·问孔篇》，上海人民出版社 1974 年版，第 139 页。

二

其次就是对汉代文学观念的影响。大致说来，具有统摄性和主导性的汉代文学观念有如下三种：文学创作动机、写作意图层面的"致用"观念，文学创作模式、理想范型层面的"模拟"观念，文学批评、文本诠释层面的"人格"观念。这些观念虽然可以追溯至先秦文论话语，甚至在某种程度上可以说是中国文论的"基础性"观念，但只是到了汉代，这些观念才不惟清晰地展现出与儒家经学的精神联系，深刻而广泛地影响了文学活动的开展，而且有力地促成了中国"正统"文论的构型。

1. 致用观念

如前所述，"内圣外王"是儒家文论话语建构的内在视野，决定了儒家论创作动机、写作意图的两个运思方向。从"内圣"出发，则"是以文艺，也就是以美作为净化人性的手段，以达到合乎礼的要求，而后能立于礼，成于乐。乐是最高的境界，因为它可以消灭个人的主观成见而达到'人际'协和的目的"①；从"外王"出发，则"文艺"便被纳入"意识形态"论域，对其功能价值的判定是以"制度建构"为准的，认为文艺可以整顿"人心"、"和合天下"，最终则是建构和维护既有差异性而又和谐统一的社会秩序。无论"内圣"抑或"外王"，核心都是"仁"的理念。从"内圣"说，"仁"是生存意义的"本源性"维度；从"外王"说，"仁"是以"仁政"称谓的"治国理民"之道，因而二者内在地具备相通性和相互转化的可能性。

汉儒的文艺功能论，也从"内圣"与"外王"两个运思方向展开，只是在儒家思想"意识形态化"和"体制化"后，其看待视野更偏重在"外王"一维。作为典范性表述，今文经学的《礼记·乐记》、古文经学的《毛诗大序》，即循此维度论"诗教"、"乐教"。《乐记》指出基于"民心"的"乐教"的重要性，所谓"乐也者，圣人之所乐也，而可以善民心。其感人深，其移风易俗易，故先王著其教也"，《毛诗大序》更明确地说："正得失，动天地，感鬼神，莫近于诗矣。先王以是经夫妇，成孝敬，厚人伦，美

---

① 杨向奎：《宗周社会与礼乐文明》，人民出版社 1997 年版，第 377 页。

教化,移风俗",而其操作途径有二:一是"美"即"美盛德之形容",一是"刺"即"下以风刺上"。汉儒用"美"、"刺"解《诗》,是希望通过诗旨的寻绎/解释表述其政治文化理想,而当现实与此理想发生冲突,他们就会沿"刺"的方向看待"诗"的写作动机或目的。当此观念从"经学阐释"层面落实在"文化现实"层面,以"政教"为中心的"讽谏"也就合乎逻辑地成为汉代各种文体创作"统治性"的观念。事实上,即使对《诗》各篇诗旨的读解,汉儒也多取"刺"、"讽谏"的视角。

前文所论经学话语与汉代文学图景的关联,已经涉及各类文体创作体现的"政教"中心的致用观念,在此再以扬雄的"赋论"为中心描述"讽谏"观念在文学各层面上的表现。扬雄早年热衷于"大赋"创作,而且以司马相如的"赋作"为典范,创作了《河东》、《长杨》、《羽猎》等名作,但晚年却决然弃之而不为,其心态的转变见诸如下两段文字:

> 雄以为赋者,将以风也,必推类而言,极靡丽之辞,闳侈巨衍,竞于使人不能加也。既乃归之于正,然览者已过矣。往时武帝好神仙,相如上《大人赋》,欲以风,帝反缥缥有凌云之志。繇是言之,赋劝而不止,明矣。又颇似俳优淳于髡、优孟之徒,非法度所存,贤人君子诗赋之正也,于是辍不复为。①
>
> 或问:吾子少而好赋。曰:然。童子雕虫篆刻。俄而,曰:壮夫不为也。或曰:赋可以讽乎?曰:讽乎!讽则已,不已,吾恐不免于劝也。②

可见虽然扬雄对于早期热衷"大赋"创作的经历颇为后悔,在态度上可说是迥然对立,但其看待视野却并无二致,就是"讽谏"。值得注意的是,扬雄提出了一个重要问题,即"意图"和"效果"的冲突,具体就是"欲讽"与"反劝"的冲突。在此方面,司马相如的《大人赋》就是一个显例。

---

① 班固:《汉书·扬雄传》,中华书局1962年版,第3575页。
② 扬雄:《法言·吾子》,见汪荣宝《法言义疏》,中华书局1987年版,第45页。

　　问题是，为什么会出现这种冲突？扬雄认为，这是因为"大赋"对结构和语言上的宏大叙事风格的追求，使作者的本来意图湮没不彰。这有可能发展出对"赋"的全盘否定，但扬雄并未将此逻辑贯彻到底，而是认为有"诗人之赋"和"辞人之赋"之别：

　　　　或问：景差、唐勒、宋玉、枚乘之赋也，益乎？曰：必也淫。淫则奈何？曰：诗人之赋丽以则，辞人之赋丽以淫。如孔氏之门用赋也，则贾谊升堂、相如入室矣，如其不用何？①

　　"丽"是"诗人之赋"和"辞人之赋"的共有特征，表明扬雄对"赋"的文体特征有切身的理解，而"诗人之赋丽以则"的判定则表明其将价值规范与文学表现完美融合的希冀，至于以"诗人"限定"赋"的类型，则指示了"赋"与《诗》在意义生成上的关联，这也可以视为在经学文化语境中"为赋辩护"的努力。

　　这其实也是汉代"赋论"的基本理解。例如，班固就认可"赋者古诗之流"的说法，认为如司马相如、枚皋、董仲舒等人的创作"或以抒下情而通讽谕，或以宣上德而尽忠孝，雍容揄扬，著于后嗣，抑亦雅颂之亚也"②，更以"讽谕"为核心梳理出从《诗》到"汉赋"的文学史线索："春秋之后，周道寖坏，聘问歌咏不行于列国，学《诗》之士逸在布衣，而贤人失志之赋作矣。大儒孙卿及楚臣屈原离谗忧国，皆作赋以风，咸有恻隐古诗之义。其后宋玉、唐勒，汉兴枚乘、司马相如，下及扬子云，竞为侈丽闳衍之词，没其讽谕之义"③。这甚至成为最高统治者扶植"赋体文学"的理由，如汉宣帝便说："辞赋大者与古诗同义，小者辩丽可喜。辟如女工有绮縠，音乐有郑卫，今世俗犹皆以此虞悦耳目，辞赋比之，尚有仁义讽谕，鸟兽草木多闻之观，贤于倡优博弈远矣"④。

---

　　① 扬雄：《法言·吾子》，见汪荣宝《法言义疏》，中华书局1987年版，第49—50页。
　　② 班固：《两都赋序》，见严可均辑《全上古三代秦汉三国六朝文》（一），中华书局1958年版，第602页。
　　③ 班固：《汉书·艺文志》，中华书局1962年版，第1756页。
　　④ 班固：《汉书·严朱吾丘主父徐严终王贾传》，中华书局1962年版，第2829页。

与此相关的问题是"讽谏"的展开方式，此即《毛诗大序》概括的"主文谲谏"，就是"要求诗人在以诗规讽统治者时，必须通过委婉曲折的方式，而不要过于切直刻露，以维护君主的尊严"①。这一要求在政论散文、"诗赋"等各类文体写作上有不同程度的体现，最明显的则是"大赋"。例如，扬雄写作《甘泉赋》，"欲谏则非时，欲默则不能已，故遂推而隆之，乃上比于帝室紫宫，若曰此非人力之所（能）【为】，当鬼神可也。又是时赵昭仪方大幸，每上甘泉，常法从，在属车间豹尾中。故雄聊盛言车骑之众，参丽之驾，非所以感动天地，逆釐三神。又言'屏玉女，却虙妃'，以微戒斋肃之事"②。具体如在极写"台观"之高峻华贵后，便抒发感慨："袭琁室与倾宫兮，若登高妙远，肃虖临渊"。"琁室"、"倾宫"分别为夏桀、商纣所筑，是亡国的象征。甘泉本依托秦之"林光宫"，原已极为奢侈，汉武帝时又多所增置，虽非汉成帝所造，但扬雄仍有不胜临渊战栗之感，以此委婉地"讽谏"汉成帝的出游。然而，假如忽略《序》的提示，就很难发现作者的"讽谏"意图，因此之故，"一些感觉迟钝的人很不容易在赋中看出什么地方表现出讽刺的意思"③，因为这种委婉曲折的表述方式很容易使"政治话语"的严肃性和明晰性湮没于"侈丽闳衍之词"。

2. 模拟观念

汉代文学模拟观念的形成，与中国文学的"程式化"特质相关，但更受到经学直接而深刻的影响，具体表现在两个方面：

其一，经学对于"道"、"圣"、"经"之同一性的论证确立了儒家经典文本的典范性，不仅指示了通过"语文写作"传达"圣人之道"的"为文"之路，而且就具体写作程序和语体风格而言，经典文本也足堪取法，而"儒家诗学崇尚在经典文本上的'立言'所追寻的政治教化深度模式，对中国古代文学史发展的一个最突出的影响，即是在创作论上把儒家经典文本'六经'（或'五经'）尊崇为文学创作必须遵循且不可超越

---

① 顾易生、蒋凡：《中国文学批评通史·先秦两汉卷》，上海古籍出版社 1996 年版，第 411 页。

② 班固：《汉书·扬雄传》，中华书局 1962 年版，第 3535 页。

③ 青木正儿：《中国文学思想史》，春风文艺出版社 1985 年版，第 149 页。

的最高文学范本，并且把它渗透到每一位接受儒家诗学阐释原则的主体的灵魂深处，并外现于他们对文学现象进行阐释和批评各个方面"①；

其二，经学的"师法"、"家法"意在保障经典授受的纯洁性和思想意识的统一性，然而一旦成为"经典释义"不可逾越的规范，拘守"师法"、"家法"就转而成为阐发独立思想的障碍，而墨守成规之风也不仅盛行于经学界，更向社会文化的各个层面渗透开来。

在此方面，无论从理论表述还是创作实践看，扬雄都是代表性人物。班固说，扬雄"实好古而乐道，其意欲求文章成名于后世，以为经莫大于《易》，故作《太玄》；传莫大于《论语》，作《法言》；史篇莫善于《仓颉》，作《训纂》；箴莫善于《虞箴》，作《州箴》；赋莫深于《离骚》，反而广之；辞莫丽于相如，作四赋：皆斟酌其本，相与放依而驰骋云"②。据此可知，扬雄对于通过模拟经典作品而成名不朽有自觉意识，表明其深受儒家"立言不朽"观念与"经典意识"的影响，而其模拟的对象范围也相当广泛，堪称两汉首屈一指的模拟大师。其对"经"的模拟当时曾遭到相当激烈的指责："诸儒或讥以为雄非圣人而作经，犹春秋吴楚之君僭号称王，盖诛绝之罪也"③，但在扬雄本人看来，这并非僭越之举，而倒是意在阐发和弘扬"圣人之道"："向墙之尸，不可胜人矣。曰：恶由人。曰：孔氏。孔氏者，户也。曰：子户乎？曰：户哉！户哉！吾独有不户者矣。"④

应当承认，模拟观念自有文学创作本身的支持，这涉及文学史、文体史的演进。后世学人对此多有论述，如刘勰就论及诸种文体与"五经"的渊源关系：

> 论说辞序，则易统其首；诏策章奏，则书发其源；赋颂歌赞，则诗立其本；铭诔箴祝，则礼总其端；纪传盟檄，则春秋为根。⑤

---

① 杨乃乔：《经学与儒家诗学》，《中国社会科学》1995 年第 6 期。

② 班固：《汉书·扬雄传》，中华书局 1962 年版，第 3583 页。

③ 同上。

④ 扬雄：《法言·吾子》，见汪荣宝《法言义疏》，中华书局 1987 年版，第 68 页。

⑤ 刘勰：《文心雕龙·宗经》，见周振甫《文心雕龙注释》，人民文学出版社 1981 年版，第 19 页。

　　章学诚也明确指出包括"大赋"在内的汉代文体与战国文章的关联：

> 京都诸赋，苏、张纵横六国，侈陈形势之遗也。《上林》《羽猎》，安陵之从田，龙阳之同钓也。《客难》《解嘲》，屈原之《渔父》《卜居》，庄周之惠施问难也。韩非《储说》，比事徵偶，《连珠》之所肇也。而或以为始于傅毅之徒，非其质矣。孟子问齐王之大欲，历举轻煖肥甘，声音采色，《七林》之所启也；而或以为创之于枚乘，忘其祖矣。①

已描述出文体演进的大致脉络。中国文学本有很强的"程式化"特征，尤其表现为文学体式的稳定性，在结构、句式、用韵方面的"程式化"造就了中国文学传统的稳定性。

　　对于汉代文人来说，在经历了秦朝的文化禁闭与秦汉战争动乱的影响后，模仿历史上的经典作品并在"模仿"中求得"创新"，是很自然的事情，也是延续文学传统的必然选择。而模仿的对象还包括同时代作家的典范作品，例如汉代的"大赋"、"骚体赋"、"七体"、"九体"、"设辞"，就都留下了前后蹈袭的痕迹，其理论表达则是扬雄的"能读千赋则善赋"，时谚"伏习象神，巧者不过习者之门"也是这样的意思②。周勋初曾著《两汉模拟作品一览表》，详细梳理自西汉元帝、成帝以后的模拟情况，可证模拟风气在汉代文坛的普遍而广泛，足以显示模拟观念对汉代文人创作的强烈影响。

　　就事实而论，强有力地影响了汉代文学世界以至于可说是汉代文学创作"支柱性"观念的"模拟观"，其形成受到文学传统和经学观念的双重影响。若细加分辨，可以说经学观念更多在思维模式、文化心态和主题建构方面施加了影响，文学传统的影响则更多体现在具体的创作方法、程式和体例方面，而经学独尊局面的形成又在相当大程度上加固了文学传统的影响。而且，汉代文人在模拟之初尚有"以模仿求创新"的心态，更多地

---

　　①　章学诚：《文史通义·诗教上》，见叶瑛《文史通义校注》，中华书局 1994 年版，第 61—62 页。

　　②　桓谭：《新论·道赋》，上海人民出版社 1977 年版，第 51 页。

与文学传统的影响相关，并因此促进了汉代文学的兴盛，但与经学在社会文化领域的独领风骚相应，模拟也便走向以"学问"代替"才情"的僵化之路，所谓"自卿渊已前，多役才而不课学；雄向已后，颇引书以助文"①。这不仅与经学自身的演进形成同构关系，而且在观念上更多受到了经学的左右。例如，元帝、成帝之后，"赋"的创作"便由武、宣时的尚染纵横之余风变成渐渍于诗教了。而在形式上则发展了武、宣之世业已开端的模拟之风，进一步从骚赋扩展到了文赋"②，"最终导致的结果是，对外在事物的关注、对经典的崇拜不断加深，而对内心直觉的体悟以及情感的抒发渐渐被忽略"③。

对此，王充已经有清醒的反思与批判。针对"文不与前相似，安得名佳好，称工巧"的疑问，他说：

> 饰貌以强类者失形，调辞以务似者失情……文必有与合然后称善，是则代匠斲不伤手，然后称工巧也。文士之务，各有所从，或调辞以巧文，或辩伪以实事。必谋虑有合，文辞相袭，是则五帝不异事，三王不殊业也。美色不同面，皆佳于目；悲音不共声，皆快于耳。酒醴异气，饮之皆醉；百谷殊味，食之皆饱。谓文当与前合，是谓舜眉当复八采，禹目当复重瞳。④

其义甚明，而值得关注的是这里指示出一条以"反经学"面目出现的文论话语建构路径。王充师事班彪，虽然撰作《问孔》、《刺孟》，似乎有违经学通例，却在《论衡》中称引"孔孟"凡四百四十余处，可知其真意在批判"谶纬神学"，"疾虚妄"的指向是欲图复原"圣人"和"经"的本来面目。就基本文论视野看，王充秉持的还是儒家"正统"观念："文岂徒调墨弄笔为美丽之观哉！载人之行，传人之名也。

---

① 刘勰：《文心雕龙·才略》，见周振甫《文心雕龙注释》，人民文学出版社 1981 年版，第503 页。

② 马积高：《赋史》，上海古籍出版社 1987 年版，第 85 页。

③ 郜积意：《经典的批判——西汉文学思想研究》，东方出版社 2000 年版，第 27 页。

④ 王充：《论衡·自纪篇》，上海人民出版社 1974 年版，第 453 页。

善人愿载，思勉为善；邪人恶载，力自禁裁。然则文人之笔，劝善惩恶也”，所以才批评“辞赋”“文丽而务巨，言眇而趋深，然而不能处定是非，辩然否之实。虽文如锦绣，深如河、汉，民不觉知是非之分，无益于弥为崇实之化”①。

3. 人格观念

儒家的哲学、政治学建构都有鲜明的伦理取向，儒家的“经典释义学”亦可称为“道德理性主义”的“释义学”，意谓“道德主义”的释义取径与“人文理性”的解释立场，具体释义策略便是孟子明确化了的“知人论世”与“以意逆志”。当其从“经典释义”层面推延至文学活动层面，就会在创作与接受两方面产生积极影响。这种以“伦理阐释”为中心的批评范式在汉代由“《诗》学”推延至各体文学，进而成为正统的文学批评范式。由于“汉代最大的文学之争集中围绕屈骚进行，上至王室，下被儒生，始于刘安与司马迁，中经扬雄和班固，之后又在王逸的手上经过经学化的理性提炼而得以最终完成”②，所以，以汉代的“屈骚批评”为个案，探讨“人格先行”的批评模式及其蕴涵的“经学话语”与“文学表现”的冲突，就不仅具有可行性，也具备典范性。

就史实而论，尽管贾谊在《吊屈原赋》中已开端绪，但明确地展开对屈原及其创作的批评的是淮南王刘安，司马迁则继续发挥道:

> 屈平正道直行，竭忠尽智以事其君……信而见疑，忠而被谤，能无怨乎? 屈平之作《离骚》，盖自怨生也。《国风》好色而不淫，《小雅》怨诽而不乱。若《离骚》者，可谓兼之矣。……其文约，其辞微，其志絜，其行廉，其称文小而其指极大，举类迩而见义远。其志絜，故其称物芳。其行廉，故死而不容自疏。濯淖污泥之中，蝉蜕于浊秽，以浮游尘埃之外，不获世之滋垢，皭然泥而不滓者也。推此志也，虽与日月争光可也。③

---

① 王充:《论衡·佚文篇》、《定贤篇》，上海人民出版社 1974 年版，第 314、420—421 页。
② 傅勇林:《两汉经学之争与屈骚阐释》，《中国文化研究》2001 年秋之卷。
③ 司马迁:《史记·屈原贾生列传》，中华书局 1959 年版，第 2482 页。

值得注意的有两点：

1. 以"竭忠尽智以事其君"评价屈原，这体现了儒家有关"君"、"臣"关系的伦理规定，而评价的思路则是先确定屈原的"政治人格"，再依据这一前提解释其作品，亦即先行建立一个解释模型、划定一个解释圈域，再将屈原及其作品置于此模型和圈域中显现其意义和价值；

2. 虽然注意到《离骚》文本的"诗性"特征，所谓"其文约，其辞微……其称文小而其指极大，举类迩而见义远"，但对屈原的人格分析并不能形成为"诗性文本"的支撑，"其文约，其辞微"云云显然来自于《易·系辞》，而非《离骚》的真正特点。

可以说，刘安和司马迁建构了两个文本，一是屈原的"人格文本"，一是屈原的"文学文本"，并认为二者存在"映射"关系，尽管同时也预设了两个文本之间的解释裂隙。这也就确立了针对屈原及其作品的解释范式，确立了"屈骚批评"的基本思路和阐释层面。虽然汉代对屈原及其作品有褒、贬之别，但对此解释范式的认同与坚持并无二致。

其后，扬雄认为"臣"不应对"君"表示不满，自恃才高而以死抗争，所以批评屈原："知众嫭之嫉妒兮，何必扬累之娥眉？"[1] 班固则认为屈原违背了"发乎情，止乎礼义"的原则，"露才扬己"，不合乎"君臣之道"，更批评《离骚》：

> 多称昆仑冥婚宓妃虚无之语，皆非法度之政，经义所载，谓之兼《诗》风雅，而与日月争光，过矣。然其文弘博丽雅，为辞赋宗，后世莫不斟酌其英华，则象其从容。自宋玉、唐勒、景差之徒，汉兴枚乘、司马相如、刘向、扬雄，骋极文辞，好而悲之，自谓不能及也。虽非明智之器，可谓妙才者也。[2]

这不仅拆解了刘安、司马迁建构的屈原的"人格文本"，更切断了

---

① 扬雄：《反离骚》，见严可均辑《全上古三代秦汉三国六朝文》（一），中华书局 1958 年版，第 409 页。

② 班固：《离骚序》，见严可均辑《全上古三代秦汉三国六朝文》（一），中华书局 1958 年版，第 611 页。

屈原的"人格文本"与"文学文本"的"映射"关系，却也敞开了单从"诗性"、"文学性"层面理解《离骚》的解释空间。然而，在经学文化语境中，这种拆解和切断必定会导致《离骚》的文化象征意义的削弱乃至丧失。

于是，王逸便不仅直接移植经学的"章句"体例注释《楚辞》，更"依经立义"，建构起汉代"楚辞学"的完整形态，其中就包括"人格先行"的批评范式。从《楚辞章句》的整体结构看，王逸首先反驳班固的批评，重新挺立屈原的伟大人格：

> 且人臣之义，以忠正为高，以伏节为贤。故有危言以存国，杀身以成仁，是以伍子胥不恨于浮江，比干不悔于剖心，然后德立而行成，荣显而名称。若夫怀道以迷国，佯愚而不言，颠则不能扶，危则不能安，婉娩以顺上，逡巡以避患，虽保黄耈，终寿百年，盖志士之所耻，愚夫之所贱也。今若屈原膺忠贞之质，体清洁之性，直若砥矢，言若丹青，进不隐其谋，退不顾其命，此诚绝世之行，俊彦之英也。而班固谓之露才扬己，竞于群小之中，怨恨怀王，讥刺椒兰，苟欲求进，强非其人，不见容纳，忿恚自沈，是亏其高明而损其清洁者也。①

一改扬雄、班固对于屈原"明哲保身"的判定，认为屈原具备"忠正"、"伏节"的"人臣之义"，这是依据儒家伦理而对屈原形象的塑造。

对屈原形象的塑造使其成为一种"文化象征"符号，从此屈原便成为古代知识阶层的人格偶像，而在"屈骚批评"上的落实就是在"国家"、"时势"的阐释框架中解释屈原作品的主旨，这是为屈原人格的先行设定所决定的。在《楚辞章句》中，各篇"小序"体现的正是这一释义取径。对《离骚》题旨的解释已见上述，《九歌》、《九章》也无外乎此：

① 王逸：《楚辞章句序》，见严可均辑《全上古三代秦汉三国六朝文》（一），中华书局1958年版，第786—787页。

屈原怀忠贞之性，而被谗邪，伤君闇闭，国将危亡，乃援天地之数，列人形之要，而作《九歌》《九章》之颂，以讽谏怀王，明己所言，与天地合度，可履而行也。①

可知王逸的思路就是先确定"作者"的"人格"，再将其投射到"作品"，据以确定"作品"的"主旨"，"人格"是"作者"与"作品"的纽带，而"作品"是"作者"之"人格"的诗性表现。

这就构成了一种"解释学循环"，解读"作品"是为澄明"作者"之"人格"，而"作者"之"人格"又是"作品"解读之前提。王逸致力于在《离骚》与"经"的隐微联系上探赜索隐，正是要为此"解释学循环"寻求依据，由此就在屈原的"人格文本"与"文学文本"之间建立起牢固联系。

尚需追究"屈骚批评"透显的汉代知识阶层的心态，大致可从两个层面略予分析：

1. 对屈原人格的分析，运用了儒家"知人论世"的阐释方法，然而依照儒家伦理观念确认屈原的"文化人格"，无论贬、褒，却都是透过"政治教化"的镜像而对屈原形象的话语建构。在此阐释视野中，屈原不仅是一个存在于具体时空中的个体，更是一个凝聚知识阶层政治文化理想与道义担当精神的象征符号，当中蕴涵着这样的期待："一个理想的社会和文化制度必定是贤士能够充分展示才能的社会，是道德、政治、学术和谐统一的社会"②，因而屈原的命运遭际也就成为知识阶层理想的印证。这在王逸的"屈骚批评"中体现得最为显明，将屈原的写作意图、人格作为其作品意义和价值的先决条件的阐释思路，正因此而得以成立；

2. 汉代知识生产有"意识形态话语"、"知识话语"之别，与之相应，汉代文学批评也有"意识形态批评立场"与"精英批评立场"的分辨，二者交织于文本批评中，形成文本批评的双声部，亦造成批评话语的内在冲突，这在扬雄和班固的"屈骚批评"中也有体现。从"意识形态批评

---

① 王逸：《九辩序》，见严可均辑《全上古三代秦汉三国六朝文》（一），中华书局 1958 年版，第 788 页。

② 郜积意：《王逸〈楚辞〉学：立场与方法》，《求索》2002 年第 3 期。

立场"出发，扬雄和班固都对屈原表达不满，但当其转变至与其个体生存境遇相合的"精英批评立场"时，他们又不仅同情屈原的悲剧性命运，而且对屈原的人格与作品仰慕不已，引以为知音，乃至"悲其文，读之未尝不流涕也"①。在《反离骚》中，扬雄说："夫圣贤之不遭兮，固时命之所有"②，仍将屈原视为圣贤。班固同样如此，其《离骚赞序》有云："屈原以忠信见疑，忧愁幽思，而作《离骚》。……屈原痛君不明，信用群小，国将危亡，忠诚之情，怀不能已，故作《离骚》。上陈尧舜禹汤文王之法，下言羿浇桀纣之失，以风。……又作《九章》赋以风谏，卒不见纳。不忍浊世，自投汨罗。原死之后，秦果灭楚，其辞为众贤所悼悲，故传于后。"③ 相较而言，其冲突的情形在班固似乎表现得更为显著，在其"屈骚批评"中明显存在着的话语冲突正可从此作解。

---

① 班固:《汉书·扬雄传》，中华书局 1962 年版，第 3515 页。
② 严可均辑:《全上古三代秦汉三国六朝文》（一），中华书局 1958 年版，第 409 页。
③ 同上书，第 611 页。

参考与引用文献

（按撰著者姓氏音序与出版时间排列）

1. 安居香山、中村璋八：《纬书集成》，河北人民出版社1994年版。

2. 安乐哲：《和而不同：比较哲学与中西会通》，温海明等译，北京大学出版社2002年版。

3. 爱德华·赛义德：《知识分子论》，单德兴译，生活·读书·新知三联书店2002年版。

4. 班固：《汉书》，中华书局1962年版。

5. 本田成之：《中国经学史》，孙俍工译，上海书店出版社2001年版。

6. 陈槃：《古谶纬书录解题》（一），《历史语言研究所集刊》第10册，中华书局1987年影印版。

7. 陈槃：《谶纬释名》，《谶纬溯源上》，《历史语言研究所集刊》第11册，中华书局1987年影印版。

8. 陈槃：《古谶纬书录解题》（二）、《古谶纬全佚书存目解题》（一），《历史语言研究所集刊》第12册，中华书局1987年影印版。

9. 陈槃：《秦汉间之所谓"符应"论略》，《历史语言研究所集刊》第16册，中华书局1987年影印版。

10. 陈槃：《战国秦汉间方士考论》，《古谶纬书录解题附录》（二），《古谶纬书录解题》（三），《历史语言研究所集刊》第17册，中华书局1987年影印版。

11. 陈槃：《论早期谶纬及其与邹衍书说之关系》，《历史语言研究所集刊》

第 20 册，中华书局 1987 年影印版。

12. 程荣纂辑：《汉魏丛书》，吉林大学出版社 1992 年版。

13. 崔瑞德、鲁惟一编：《剑桥中国秦汉史》，杨品泉等译，中国社会科学出版社 1992 年版。

14. 陈良运：《中国诗学体系论》，中国社会科学出版社 1992 年版。

15. 陈鼓应主编：《道家文化研究》第三辑，上海古籍出版社 1993 年版。

16. 陈立：《白虎通疏证》，吴则虞点校，中华书局 1994 年版。

17. 陈来：《古代宗教与伦理：儒家思想的根源》，生活·读书·新知三联书店 1996 年版。

18. 陈乔枞：《〈齐诗翼氏学〉疏证》，见《续修四库全书》总第 75 卷，上海古籍出版社 1997 年版。

19. 陈寿祺撰，陈乔枞述：《三家诗遗说考》，见《续修四库全书》总第 76 卷，上海古籍出版社 1997 年版。

20. 陈乔枞：《诗纬集证》，见《续修四库全书》总第 77 卷，上海古籍出版社 1997 年版。

21. 陈文和主编：《嘉定钱大昕全集》，江苏古籍出版社 1997 年版。

22. 褚斌杰等：《儒家经典与中国文化》，湖北教育出版社 2000 年版。

23. 崔大华：《儒学引论》，人民出版社 2001 年版。

24. 陈良运：《中国诗学批评史》，江西人民出版社 2001 年版。

25. 董仲舒著，苏舆校证：《春秋繁露义证》，钟哲点校，中华书局 1992 年版。

26. 大卫·格里芬编：《后现代科学：科学魅力的再现》，马季方译，中央编译出版社 1995 年版。

27. 杜维明：《现代精神与儒家传统》，生活·读书·新知三联书店 1997 年版。

28. 杜维明：《道·学·政——论儒家知识分子》，钱文忠、盛勤译，上海人民出版社 2000 年版。

29. 范文澜：《中国通史简编》，人民出版社 1964 年版。

30. 范晔：《后汉书》，中华书局 1965 年版。

31. 傅隶朴：《春秋三传比义》，中国友谊出版公司 1984 年版。

32. 费振刚、胡双宝、宗明华辑校：《全汉赋》，北京大学出版社 1993 年版。

33. 冯友兰：《中国哲学简史》，涂又光译，北京大学出版社 1996 年版。

34. 费正清、赖肖尔：《中国：传统与变革》，陈仲丹等译，江苏人民出版社 1996 年版。

35. 福柯著，杜小真编选：《福柯集》，上海远东出版社 1998 年版。

36. 冯友兰：《中国哲学史》，华东师范大学出版社 2000 年版。

37. 郭绍虞：《语文通论》，开明书店 1941 年版。

38. 郭绍虞：《中国文学批评史》，新文艺出版社 1955 年版。

39. 龚自珍：《龚自珍全集》，王佩诤校，上海古籍出版社 1975 年版。

40. 顾颉刚：《秦汉的方士与儒生》，上海古籍出版社 1978 年版。

41. 郭预衡：《历代散文丛谈》，山西人民出版社 1986 年版。

42. 郭预衡：《中国散文史》，上海古籍出版社 1986 年版。

43. 顾实：《汉书艺文志讲疏》，上海古籍出版社 1987 年版。

44. 顾颉刚：《春秋三传及国语之综合研究》，巴蜀书社 1988 年版。

45. 龚克昌：《汉赋研究》，山东文艺出版社 1990 年版。

46. 顾炎武著，黄汝成集释：《〈日知录〉集释》，栾保群、吕宗力校点，花山文艺出版社 1990 年版。

47. 郭预衡：《中国古代文学史长编》（秦汉魏晋南北朝卷），首都师范大学出版社 1995 年版。

48. 顾易生、蒋凡：《中国文学批评通史·先秦两汉卷》，上海古籍出版社 1996 年版。

49. 葛兆光：《中国思想史》，复旦大学出版社 1998 年版。

50. 邬积意：《经典的批判——西汉文学思想研究》，东方出版社 2000 年版。

51. 顾士敏：《中国儒学导论》，云南大学出版社 2001 年版。

52. 郭沂：《郭店竹简与先秦学术思想》，上海教育出版社 2001 年版。

53. 侯外庐、赵纪彬、杜国庠、邱汉生：《中国思想通史》第二卷，人民出版社 1957 年版。

54. 桓谭：《新论》，上海人民出版社 1977 年版。

55. 韩婴著，许维遹校释：《韩诗外传集释》，中华书局 1980 年版。

56. 何耿镛：《经学概说》，湖北人民出版社 1984 年版。

57. 胡平生、韩自强编著：《阜阳汉简诗经研究》，上海古籍出版社 1988 年版。

58. 郝大维、安乐哲：《汉哲学思维的文化探源》，施忠连译，江苏人民出版社 1999 年版。

59. 汉斯–格奥尔格·伽达默尔：《真理与方法》，洪汉鼎译，上海译文出版社 1999 年版。

60. 胡晓明：《中国诗学之精神》，江西人民出版社 2001 年版。

61. 焦循：《孟子正义》，中华书局 1954 年版。

62. 金德建：《先秦诸子杂考》，中州书画社 1982 年版。

63. 蒋伯潜：《十三经概论》，上海古籍出版社 1983 年版。

64. 贾谊：《新书》，《二十二子》本，上海古籍出版社 1986 年版。

65. 金德建：《经今古文字考》，齐鲁书社 1986 年版。

66. 蒋庆：《公羊学引论》，辽宁教育出版社 1995 年版。

67. 金春峰：《汉代思想史》，中国社会科学出版社 1997 年版。

68. 蒋伯潜、蒋祖怡：《经与经学》，上海书店出版社 1997 年版。

69. 蒋凡：《周易演说》，湖南文艺出版社 1998 年版。

70. 荆门市博物馆编：《郭店楚墓竹简》，文物出版社 1998 年版。

71. 姜广辉主编：《经学今诠续编》，辽宁教育出版社 2001 年版。

72. 姜广辉主编：《经学今诠三编》，辽宁教育出版社 2002 年版。

73. 姜广辉主编：《中国经学思想史》，中国社会科学出版社 2003 年版。

74. 匡亚明：《孔子评传》，齐鲁书社 1985 年版。

75. 卡尔·雅斯贝斯：《历史的起源与目标》，魏楚雄、俞新天译，华夏出版社 1989 年版。

76. 克利福德·吉尔兹：《地方性知识——阐释人类学论文集》，王海龙、张家瑄译，中央编译出版社 2000 年版。

77. 刘熙载：《艺概》，上海古籍出版社 1978 年版。

78. 刘勰著，周振甫注：《文心雕龙注释》，人民文学出版社 1981 年版。

79. 刘若愚：《中国人的文学观念》，赖春燕译，台北成文出版社 1981 年版。

80. 陆德明：《经典释文》，黄焯断句，中华书局 1983 年版。

81. 逯钦立辑校：《先秦汉魏晋南北朝诗》，中华书局 1983 年版。

82. 吕思勉：《吕思勉读史札记》，上海古籍出版社 1982 年版。

83. 吕思勉：《秦汉史》，上海古籍出版社 1983 年版。

84. 罗根泽：《中国文学批评史》，上海古籍出版社 1984 年版。

85. 李泽厚、刘纲纪：《中国美学史》第一卷，中国社会科学出版社 1984 年版。

86. 李学勤：《东周与秦代文明》，文物出版社 1984 年版。

87. 李泽厚：《中国古代思想史论》，人民文学出版社 1985 年版。

88. 陆贾著，王利器校注：《新语校注》，中华书局 1986 年版。

89. 刘汝霖：《汉晋学术编年》，中华书局 1987 年版。

90. 林庆彰编著：《诗经研究论集》，台北学生书局 1987 年版。

91. 刘向著，卢元骏注译：《说苑今注今译》，天津古籍出版社 1988 年版。

92. 柳诒徵：《中国文化史》，东方出版中心 1988 年版。

93. 刘安等著，刘文典集解：《淮南鸿烈集解》，中华书局 1989 年版。

94. 李壮鹰：《中国诗学六论》，齐鲁书社 1989 年版。

95. 刘知己著，赵吕甫校注：《史通新校注》，重庆出版社 1990 年版。

96. 刘师培著，李妙根编：《刘师培论学论政》，复旦大学出版社 1990 年版。

97. 刘泽华主编：《中国古代政治思想史》，南开大学出版社 1992 年版。

98. 刘述先著，景海峰编：《儒家思想与现代化——刘述先新儒学论著辑要》，中国广播电视出版社 1992 年版。

99. 黎靖德编：《朱子语类》，中华书局 1994 年版。

100. 劳孝舆：《春秋诗话》，毛庆耆点校，广东高等教育出版社 1996 年版。

101. 廖平：《今古学考》，《中国现代学术经典·廖平蒙文通卷》，河北教育出版社 1996 年版。

102. 李学勤：《古文献丛论》，上海远东出版社 1996 年版。

103. 刘蔚华、赵宗正主编：《中国儒家学术思想史》，山东教育出版社 1996 年版。

104. 冷德熙：《超越神话：纬书政治神话研究》，东方出版社 1996 年版。

105. 梁启超著，陈引驰编校：《梁启超国学讲录二种》，中国社会科学出版社 1997 年版。

106. 李学勤：《走出疑古时代》，辽宁大学出版社 1997 年版。

107. 刘小枫：《个体信仰与文化理论》，四川人民出版社 1997 年版。

108. 刘师培：《经学教科书》，《刘申叔遗书》，江苏古籍出版社 1997 年版。

109. 刘小枫：《现代性社会理论绪论》，上海三联书店 1998 年版。

110. 李景明：《中国儒学史·秦汉卷》，广东教育出版社 1998 年版。

111. 李景林：《教养的本原——哲学突破期的儒家心性论》，辽宁人民出版社 1998 年版。

112. 李申：《中国儒教史》，上海人民出版社 1999 年版。

113. 刘松来：《两汉经学与中国文学》，百花洲文艺出版社 2001 年版。

114. 刘小枫：《拯救与逍遥》（修订本），上海三联书店 2001 年版。

115. 刘厚琴：《儒学与汉代社会》，齐鲁书社 2002 年版。

116. 李宪堂：《先秦儒家的专制主义精神》，中国人民大学出版社 2003 年版。

117. 陆玉林：《中国学术通史·先秦卷》，人民出版社 2004 年版。

118. 吕思勉：《中国制度史》，上海教育出版社 2005 年版。

119. 刘小枫：《沉重的肉身》，华夏出版社 2008 年版。

120. 刘泽华：《中国政治思想史集》，人民出版社 2008 年版。

121. 马端临：《文献通考》，中华书局 1986 年版。

122. 马积高：《赋史》，上海古籍出版社 1987 年版。

123. 马克思、恩格斯：《马克思恩格斯选集》，人民出版社 1995 年版。

124. 蒙文通：《经史抉原》，巴蜀书社 1995 年版。

125. 马勇：《中国儒学》第一卷，东方出版中心 1997 年版。

126. 马宗霍：《中国经学史》，商务印书馆 1998 年影印版。

127. 马一孚：《复性书院讲录》，山东人民出版社 1998 年版。

128. 毛峰：《神秘主义诗学》，生活·读书·新知三联书店 1998 年版。

129. 皮锡瑞：《经学通论》，中华书局 1954 年版。

130. 皮锡瑞：《经学历史》，中华书局 1959 年版。

131. 彭林：《〈周礼〉主体思想与成书年代研究》，中国社会科学出版社 1991 年版。

132. 潘富恩、徐洪兴、朱志凯主编：《孔子思想研究》，上海古籍出版社 1999 年版。

133. 彭林编：《经学研究论文选》，上海书店出版社 2002 年版。

134. 庞朴：《中国文化十一讲》，中华书局 2008 年版。

135. 钱穆：《中国学术通义》，台北学生书局 1976 年版。

136. 钱钟书：《管锥编》，中华书局 1979 年版。

137. 屈原等著，王逸章句，洪兴祖补注：《楚辞补注》，中华书局 1983 年版。

138. 青木正儿：《中国文学思想史》，春风文艺出版社 1985 年版。

139. 钱穆：《国史大纲》，商务印书馆 1994 年版。

140. 钱穆：《国学概论》，商务印书馆 1997 年版。

141. 秦家懿、孔汉思：《中国宗教与基督教》，吴华译，生活·读书·新知三联书店 1997 年版。

142. 钱穆：《两汉经学今古文平议》，商务印书馆 2001 年版。

143. 钱穆：《现代中国学术论衡》，生活·读书·新知三联书店 2001 年版。

144. 阮元校勘：《十三经注疏》，中华书局 1980 年版。

145. 任继愈主编：《中国哲学发展史·秦汉卷》，人民出版社 1985 年版。

146. 阮元：《三家诗补遗》，见《续修四库全书》总第 75 卷，上海古籍出版社 1997 年版。

147. 司马迁：《史记》，中华书局 1959 年版。

148. 司马光：《资治通鉴》，上海古籍出版社 1987 年版。

149. 沈玉成、刘宁：《春秋左传学史稿》，江苏古籍出版社 1992 年版。

150. 司马光：《太玄集注》，中华书局 1998 年版。

151. 上海大学古代文明研究中心、清华大学思想文化研究所编：《上博馆藏战国楚竹书研究》，上海书店出版社 2002 年版。

152. 童书业：《春秋左传研究》，上海人民出版社 1980 年版。

153. 唐晏：《两汉三国学案》，吴东民点校，中华书局 1986 年版。

154. 魏徵、令狐德棻：《隋书》，中华书局 1973 年版。

155. 王充：《论衡》，上海人民出版社 1974 年版。

156. 王聘珍：《大戴礼记解诂》，王文锦点校，中华书局 1983 年版。

157. 王先谦：《汉书补注》，中华书局 1983 年版。

158. 王符著，汪继培笺，彭铎校正：《潜夫论笺校正》，中华书局 1985 年版。

159. 王先谦：《诗三家义集疏》，中华书局 1987 年版。

160. 王先谦：《荀子集解》，中华书局 1988 年版。

161. 吴晗、费孝通等：《皇权与绅权》，天津人民出版社 1988 年版。

162. 王守仁：《王阳明全集》，上海古籍出版社 1992 年版。

163. 闻一多：《闻一多全集》，湖北人民出版社 1993 年版。

164. 王文亮：《中国圣人论》，中国社会科学出版社 1993 年版。

165. 吴龙辉：《原始儒家考述》，中国社会科学出版社 1996 年版。

166. 王葆玹：《今古文经学新论》，中国社会科学出版社 1997 年版。

167. 王利器：《晓传书斋集》，华东师范大学出版社 1997 年版。

168. 王夫之：《船山全书》，岳麓书社 1998 年版。

169. 吴雁南等：《中国经学史》，福建人民出版社 2001 年版。

170. 王国维：《观堂集林（外二种）》，河北教育出版社 2001 年版。

171. 王振复：《中国美学的文脉历程》，四川人民出版社 2002 年版。

172. 萧涤非：《汉魏六朝乐府文学史》，人民文学出版社 1984 年版。

173. 徐天麟：《西汉会要》，上海人民出版社 1977 年版。

174. 徐天麟：《东汉会要》，上海古籍出版社 1978 年版。

175. 许慎撰，郑玄驳、王復辑：《驳五经异义》，《白虎通（及其他一种）》，中华书局 1985 年版。

176. 许结：《汉代文学思想史》，南京大学出版社 1990 年版。

177. 萧华荣：《中国诗学思想史》，华东师范大学出版社 1996 年版。

178. 许道勋、徐洪兴：《经学志》，上海人民出版社 1998 年版。

179. 许总：《宋明理学与中国文学》，百花洲文艺出版社 1999 年版。

180. 萧吉：《五行大义》，钱杭点校，上海书店出版社 2001 年版。

181. 徐复观：《两汉思想史》，华东师范大学出版社 2001 年版。

182. 徐复观：《徐复观论经学史二种》，上海书店出版社 2002 年版。

183. 徐复观著，李维武编：《徐复观文集》，湖北人民出版社 2002 年版。

184. 徐复观：《中国艺术精神》，广西师范大学出版社 2007 年版。

185. 严可均辑：《全上古三代秦汉三国六朝文》，中华书局 1958 年版。

186. 姚际恒：《诗经通论》，中华书局 1958 年版。

187. 永瑢等：《四库全书总目提要》，中华书局 1965 年版。

188. 扬雄著，汪荣宝疏证：《法言义疏》，中华书局 1987 年版。

189. 袁宏著，周天游校注：《后汉纪校注》，天津古籍出版社 1987 年版。

190. 余英时：《士与中国文化》，上海人民出版社 1987 年版。

191. 杨向奎：《大一统与儒家思想》，中国友谊出版公司 1989 年版。

192. 余英时著，辛华、任菁编：《内在超越之路——余英时新儒学论著辑要》，中国广播电视出版社 1992 年版。

193. 俞吾金：《意识形态论》，上海人民出版社 1993 年版。

194. 袁行霈、孟二冬、丁放：《中国诗学通论》，安徽教育出版社 1994 年版。

195. 俞吾金：《俞吾金集》，黑龙江教育出版社 1995 年版。

196. 杨向奎：《宗周社会与礼乐文明》，人民出版社 1997 年版。

197. 阎步克：《士大夫政治演生史稿》，北京大学出版社 1998 年版。

198. 杨乃乔：《悖立与整合：东方儒道诗学与西方诗学的本体论、语言论比较》，文化艺术出版社 1998 年版。

199. 姚文铸：《汉魏六朝的文学与儒学》，河北人民出版社 1995 年版。

200. 袁长江：《先秦两汉诗经研究论稿》，学苑出版社 1999 年版。

201. 余虹：《中国文论与西方诗学》，生活·读书·新知三联书店 1999 年版。

202. 于迎春：《秦汉士史》，北京大学出版社 2000 年版。

203. 严正：《五经哲学及其文化学的阐释》，齐鲁书社 2001 年版。

204. 阎步克：《乐师与史官——传统政治文化与政治制度论集》，生活·读书·新知三联书店 2001 年版。

205. 张金吾：《两汉五经博士考》，商务印书馆 1938 年版。

206. 朱自清：《朱自清古典文学论文集》，上海古籍出版社 1981 年版。

207. 周予同著，朱维铮编：《周予同经学史论著选集》，上海人民出版社 1996 年版。

208. 张岱年：《中国哲学大纲》，中国社会科学出版社 1982 年版。

209. 赵翼：《廿二史劄记》，王叔民校证，中华书局 1984 年版。

210. 章太炎著，朱维铮校编：《章太炎全集》第三卷，上海人民出版社 1984 年版。

211. 郑玄著，陈鱣辑：《六艺论》，《经义知新记》（丛书集成初编本），中华书局 1985 年版。

212. 郑玄著，郑小同编，钱东垣校订，秦鑑附录：《郑志》（丛书集成初编本），中华书局 1985 年版。

213. 周勋初：《文史探微》，上海古籍出版社 1987 年版。

214. 宗白华：《美学与意境》，人民文学出版社 1987 年版。

215. 郑樵：《通志二十略》，王叔民点校，中华书局 1995 年版。

216. 章太炎：《国学讲演录》，华东师范大学出版社 1995 年版。

217. 钟兆鹏：《谶纬论略》，辽宁教育出版社 1991 年版。

218. 章学诚著，叶瑛校注：《文史通义校注》，中华书局 1994 年版。

219. 张少康、刘三富：《中国文学理论批评发展史》，北京大学出版社 1995 年版。

220. 迮鹤寿：《齐诗翼氏学》，见《续修四库全书》总第 75 卷，上海古籍出版社 1997 年版。

221. 赵汀阳：《一个或所有问题》，江西教育出版社 1998 年版。

222. 朱自清：《朱自清说诗》，上海古籍出版社 1998 年版。

223. 周桂钿：《秦汉思想史》，河北人民出版社 2000 年版。

224. 张荣明：《中国的国教：从上古到东汉》，中国社会科学出版社 2001 年版。

225. 张涛：《经学与汉代社会》，河北人民出版社 2001 年版。

226. 朱维铮：《中国经学史十讲》，复旦大学出版社 2002 年版。

227. 赵汀阳：《天下体系》，江苏教育出版社 2005 年版。

228. 张隆溪：《中西文化研究十论》，复旦大学出版社 2005 年版。

229. 张亨：《思文之际论集：儒道思想的现代诠释》，新星出版社 2006 年版。

230. 张祥龙：《思想避难：全球化中的中国古代哲理》，北京大学出版社 2007 年版。

231. 赵汀阳：《坏世界研究：作为第一哲学的政治哲学》，中国人民大学出版社 2009 年版。

后　记

对早期儒家文论话语的研究，有两个目的：一是依照中国文化和儒家思想的内在视野，如其所是地描述和阐释儒家文论的知识和思想；二是借此讨论儒家知识人的生存姿态与文化心态，这也就决定了本书不仅试图在"中国文论史"研究领域有所贡献，还试图切入"中国思想史"的脉络。这不仅符合中国传统文化的整合性质，也希望能如伊格尔顿说的那样，使文学研究成为"观察我们历史的一种特殊方法"。

不过，正如庄子所说："道隐于小成"，而且，写作的意图与结果往往并不一致，假如能在一二个专题上达成目标，就已是作者的幸运。

幸运的是，在我求学的路途上，有邓承奇、蒋凡、束景南、曾繁仁诸先生的引领，如果本书能有所得，也要归功于四位先生的谆谆教诲，以及在学术思想和治学方法上的悉心指点。

本书的部分章节曾作为研究生课程的讲稿，在整理书稿的过程中，不止一次，他们的年轻面孔浮现眼前，使我深切地感受到，一本书绝非冰冷的文字和抽象的思想，而是有生命的，活泼泼地串联起人们的生活世界和精神世界，具有穿越时空的力量。

本书的大部分内容都以论文的形式在《学术月刊》、《文艺理论研究》、《浙江大学学报》、《古代文学理论研究》等刊物上发表，多篇被《人大复印资料》、《中国社会科学文摘》、《高等学校文科学术文摘》转载，对于辛勤工作的编辑们，谨致衷心感谢！

还要感谢浙江工业大学研究生院和人文学院，本书的出版得到"浙江工业大学专著与研究生教材出版基金"和浙江省人文社科研究重点基地研究项目的经费资助。

至于本书最终能够面世，则要感谢中国社会科学出版社武云、陈肖静女士，以及现任职于群言出版社的门小薇女士，没有她们的热情帮助、细致严谨的工作，本书的出版是不可能的。

程 勇

2015 年春于西子湖畔